Junge Generatic

Berthold Huber / Detlef Wetzel (Hg.)

Junge Generation

Studien und Befunde zur Lebenslage und den Perspektiven der bis 35-Jährigen

Mit einem Vorwort von Berthold Huber und Detlef Wetzel

SCHÜREN

Bibliografische Information der Deutschen Nationalbibliothek
Die Deutsche Nationalbibliothek verzeichnet diese Publikation in der Deutschen Nationalbibliografie; detaillierte bibliografische Daten sind im Internet über http://dnb.d-nb.de abrufbar.

Schüren Verlag GmbH
Universitätsstr. 55 · D-35037 Marburg
www.schueren-verlag.de

Lektorat: Katharina Weber
Gestaltung: Nadine Schrey
Umschlag: Wolfgang Diemer, Köln
Umschlagfotos © Jens Braune, Martin Carl, Stephen Petrat, Jan Michalko, Florentine Sievers, Jens Wilken
Druck: fva, Fulda
Printed in Germany
ISBN 978-3-89472-226-5

Inhalt

Lesehinweis: Im Sinne einer guten Lesbarkeit werden in diesem Buch Rollenbezeichnungen (Arbeitnehmer, Vorgesetzter, Arbeitgeber, etc.) häufig im Plural geschrieben, der für diese Rollen eine geschlechtsneutrale Formulierung zulässt. Auf eine Doppelnennung beider Geschlechter wird verzichtet. Wird dennoch die männliche Form im Singular gewählt, so sind immer auch die Arbeitnehmerin, die Vorgesetzte oder die Arbeitgeberin mit einbezogen und angesprochen.

Junge Generation und Gewerkschaften

Vorwort von Berthold Huber und Detlef Wetzel

«Meine Kinder sollen es einmal besser haben als ich.» So lautete das Grundversprechen der bundesrepublikanischen Gesellschaft. In diesem Satz kommt nicht nur Zukunftsoptimismus zum Ausdruck. In ihm steckt vor allem die Erwartung, dass bei entsprechender Anstrengung und Leistung jeder am gesellschaftlichen Fortschritt und der gesamtgesellschaftlichen Wohlstandssteigerung teilhaben kann.

Dieses Grundversprechen unserer Gesellschaft ist zerbrochen. Zerbrochen ist es nicht an der, durch die Finanzmarktkrise ausgelösten, schwersten Wirtschaftskrise in der Nachkriegsgeschichte. Zerbrochen ist es bereits an den gesellschaftlichen Entwicklungen seit den 1990er Jahren, die der Jungen Generation immer schwierigere Berufs- und Arbeitsmarkteinstiege zumuten und ihr immer mehr an Lebensplanungssicherheit genommen haben. Die Wirtschaftskrise verschärfte die Situation allerdings noch zusätzlich. So waren junge Beschäftigte im Jahr 2009 überproportional von krisenbedingtem Jobverlust betroffen.[1] Und diejenigen, die am Übergang zwischen Bildungssystem und Berufsleben standen, trafen oft auf verriegelte Türen.

Befristete Jobs, Leiharbeit, Dauer-Praktika, Minijobs, Scheinselbstständigkeit, Niedriglöhne und immer öfter auch Arbeitslosigkeitsphasen prägen in Deutschland das Arbeitsleben von immer mehr Menschen. Besonders betroffen ist die Junge Generation. Zwei Drittel der heute unter 35-Jährigen waren in ihrer Berufseinstiegsphase mit prekärer Beschäftigung oder Arbeitslosigkeit konfrontiert. Das bedeutet einen enormen Anstieg von Unsicherheit in diesem, für das spätere Leben so wichtigen Lebensabschnitt. Begriffe wie «Generation Praktikum» und «Generation Prekär» sind in die Alltagssprache eingezogen. Das gilt auch aktuell bei anziehender Konjunktur. Die Unternehmen stellen befristet und in Leiharbeit ein. Besonders gravierend und mit unserem Verständnis einer fairen und sozialen Gesellschaft unvereinbar ist es, dass immer mehr jungen Menschen dauerhaft die Perspektive auf ein normales Beschäftigungsverhältnis verwehrt wird. Für sie

1 Das zeigt beispielsweise eine, im Auftrag der IG Metall von TNS Infratest im April 2009 durchgeführte Studie. Vergleiche in diesem Band: Niemann-Findeisen, Sören (2010): Motiviert – aber ausgebremst. Ergebnisinterpretation der Studie: Persönliche Lage und Zukunftserwartungen der Jungen Generation, TNS Infratest Politikforschung im Auftrag der IG Metall, April 2009, in: Huber, Berthold; Wetzel, Detlef (Hg) 2010: Junge Generation. Studien und Befunde zur Lebenslage und den Perspektiven der bis 35-Jährigen. Marburg.

prägen prekäre Beschäftigungsverhältnisse nicht nur den Einstieg ins Arbeitsleben, sondern ihr ganzes Berufsleben ist von prekärer Arbeit und Arbeitslosigkeit durchzogen. Unsicherheit, Armut und gesellschaftliche Ausgrenzung sind nur einige der unerträglichen Folgen für die Betroffenen. Auch langfristig besteht die Gefahr, dass sie durch das Raster unseres Sozialstaates rutschen. Dessen Sicherungsprinzipien bauen zu weiten Teilen auf einem regulären Job auf. Wer von diesen so genannten Normalarbeitsverhältnissen ausgeschlossen bleibt, der hat beispielsweise keine Chance, existenzsichernde Rentenansprüche aufzubauen. Selbst kurze Arbeitslosigkeitsphasen bedeuten für vorher prekär Beschäftigte schnell den Rutsch in Hartz IV. Den Menschen wird die Chance auf ein gutes Leben, auf eine gerechte Teilhabe am gesellschaftlichen Leben und Wohlstand verweigert.

Es geht wohlgemerkt nicht um «Randphänomene». Es ist weder ein Randphänomen im Sinne, dass es «nur» eine kleine, an den Rand der Gesellschaft gedrängte, Gruppe betrifft. Noch ist es für die jungen Menschen ein Randproblem, mit dem man eine kurze Zeit am Übergang ins Berufsleben zu kämpfen hat.

Es geht um gravierende Auswirkungen marktradikaler Politik, die Unsicherheit, permanente Konkurrenz und Renditemaximierung zum gesellschaftlichen Ziel erklärt. Selbstbestimmte Lebensplanung und Entfaltungsmöglichkeiten junger Menschen bleiben dabei auf der Strecke. Das widerspricht unserem Gesellschafts- und Gerechtigkeitsverständnis. Es ist aber auch aus einer volkswirtschaftlichen Perspektive fatal. Gesellschaftliche Potenziale werden vergeudet, der gesellschaftliche Zusammenhalt gefährdet und sozialstaatliche Folgekosten entstehen, während gleichzeitig die Finanzierungsbasis des Sozialstaates ausgehöhlt wird.

Als Gewerkschafter akzeptieren wir weder die Zumutungen für die Junge Generation noch die negativen Auswirkungen für die Gesamtgesellschaft. Die IG Metall hat deshalb seit 2008 die Lebens- und Arbeitsperspektiven der Jungen Generation zu einem ihrer strategischen Schwerpunkte gemacht.

Dieses Buch ist auch ein Ergebnis dieser Zielsetzung. Die Beiträge von Dennis Eversberg und Christel Teiwes-Kügler/Michael Vester/Andrea Lange-Vester stellen die Ergebnisse von Forschungsprojekten vor, die von der IG Metall angeregt und auch mit finanziert wurden. Der Beitrag von Sören Niemann-Findeisen stellt die Ergebnisse einer von TNS Infratest im Auftrag der IG Metall durchgeführten Befragung zur Lebenssituation der Jungen Generation vor. Der Artikel von Seddik Bibouche, Lucie Billmann, Josef Held, Martina Kempf und Tobias Kröll geht auf das Forschungsprojekt «Lebensführung und solidarisches Handeln in der Krise – U35» der Tübinger Universität zurück. Martin Allespach und Martin Bartmann zeigen in ihrem Beitrag den Fokus und die Perspektive der IG Metall auf.

Die IG Metall tritt für eine Gesellschaft ein, in der Werte wie Gerechtigkeit, Freiheit, Solidarität, Würde, Anerkennung und Respekt wichtiger sind als Profit. Eine Gesellschaft, die allen jungen Menschen gerechte Bildungschancen, berufliche Zukunftsperspektiven, ein selbstbestimmtes Leben und die Vereinbarkeit von Familie und Beruf bietet. Dafür treten wir gemeinsam mit unseren 2,3 Millionen Mitgliedern, Betriebsräten, Vertrauensleuten, Mitarbeitern und nicht zuletzt gemeinsam mit unseren jungen Mitgliedern ein.

Martin Allespach, Martin Bartmann

Junge Generation

Gewerkschaftliche Interpretationen und Ziele, Arbeitsschwerpunkte und Handlungsebenen

Warum «Junge Generation»? Junge Generation und gewerkschaftliche Interessensvertretung

Der Begriff «Junge Generation» hat Konjunktur. Sowohl in der wissenschaftlichen Literatur, in Zeitungsartikeln als auch in der Politik und in Publikationen von Verbänden, wird in den letzten Jahren verstärkt auf die so genannte Junge Generation Bezug genommen. Die IG Metall setzt seit 2008 unter diesem Begriff einen Schwerpunkt ihrer Arbeit.

Was aber ist mit dem Begriff gemeint? Welche Altersgruppe ist im Blickfeld? Ist Alter überhaupt die relevante Abgrenzungsgröße? Und warum setzt die IG Metall den Fokus auf die Junge Generation?

Beginnen wir mit der letzten Frage: Es gibt natürlich eine Vielzahl von Gründen, warum die Lebens- und Arbeitsbedingungen, Probleme und Erwartungen junger Menschen im Blickfeld von Gewerkschaften sind. Wir wollen hier zwei Antworten in den Mittelpunkt unserer Überlegungen stellen.

Erstens zeigt die, in den späteren Kapiteln dargelegte, Analyse der Lebens- und Arbeitssituation junger Menschen heute deutlich, mit welchen Schwierigkeiten und Ungerechtigkeiten die Junge Generation im Bildungssystem, im Übergang ins Berufsleben und in der Lebensplanung konfrontiert wird. Aus unserem Gesellschaftsverständnis heraus ergibt sich hier akuter Handlungs- und Umsteuerungsbedarf.

In unser Bild einer freien, fairen und gerechten Gesellschaft fließen unter anderem Überlegungen der amerikanischen Sozialphilosophin Martha Nussbaum zum «Guten Leben» und des Nobelpreisträgers für Wirtschaftswissenschaften Armatya Sen zur «Befähigungsgerechtigkeit» ein. Beide entwickeln eine Konzeption, in der ein gutes Leben und eine gerechte Gesellschaft weit mehr bedeuten als das Maß an materiellen Gütern. Es geht auch um mehr als formale – auf dem Papier stehende – Chancengleichheit.

Als zentrale Voraussetzung für ein gutes Leben definiert Martha Nussbaum die Fähigkeit, die fünf Sinne zu benutzen, sich etwas vorzustellen, zu denken, zu hinterfragen und zu urteilen und die kreativen, schöpferischen Fähigkeiten zu entwickeln. Hinzu kommt die Fähigkeit, sich eine Vorstellung vom Guten zu machen und kritisch über die eigene Lebensplanung nachdenken zu können.[1]

Bei Armatya Sen steht ein freiheitsorientierter Gerechtigkeitsbegriff im Mittelpunkt. Die dabei zentralen individuellen Verwirklichungschancen sind gebunden an die Fähigkeit, eigene Lebenspläne entwickeln und umsetzen zu können. Die Chance, diese Fähigkeiten erwerben zu können, ist Voraussetzung für Gerechtigkeit. Bildung und Ausbildung prägen in hohem Maß die individuellen Lebenschancen. Die realen Zugangsmöglichkeiten, die eine Gesellschaft den Menschen bietet, beispielsweise zu Bildung, sind für ihn ausschlaggebend – nicht die formalen. Staat und Gesellschaft müssen die individuellen Verwirklichungschancen gewährleisten und erweitern. Damit werden die Grundlagen für eigenverantwortliches Handeln geschaffen. Und so werden die Menschen aktiv an der Gestaltung ihres Schicksals beteiligt. Das ist es, was Sen mit Befähigungsgerechtigkeit meint.[2]

Wie wir später mit empirischen Daten begründen werden, versagt Deutschland kläglich bei der Bereitstellung gerechter Bildungschancen. Dies bedeutet insbesondere für die Junge Generation eine Verweigerung fairer Aufstiegs- und Lebenschancen.

Zweitens – erheblich profaner – muss sich die IG Metall wie die meisten anderen DGB-Gewerkschaften den Langfrist-Prognosen stellen, die sich aus der heutigen Alterstruktur ihrer Mitgliedschaft ergibt. Bei den so genannten betriebsangehörigen Mitgliedern sind die Altersklassen U40 unterrepräsentiert. Wollen die Gewerkschaften ihre Organisationsstärke erhalten und ausbauen, müssen sie bei den jüngeren Beschäftigten stärker werden.

---

1 Nussbaum, Martha C. (2002): Aristotelische Sozialdemokratie: Die Verteidigung universaler Werte in einer pluralistischen Welt, in: Nussbaum, Martha C. (2002): Für eine aristotelische Sozialdemokratie. Essen. S. 17–40.
Dies ist natürlich nur der Teilausschnitt der zentralen Nussbaum'schen Bedingungen für ein gutes Leben, der für unsere Argumentation an dieser Stelle besonders bedeutsam ist. Hinzu kommen selbstverständlich weitere, wie zum Beispiel :
- Die Fähigkeit, ein volles Menschenleben bis zum Ende zu führen.
- Die Fähigkeit, sich guter Gesundheit zu erfreuen, sich angemessen zu ernähren, eine angemessene Unterkunft zu haben, sich von einem Ort zu einem anderen zu bewegen.
- Die Fähigkeit, unnötigen Schmerz zu vermeiden und freudvolle Erlebnisse zu haben.
- Die Fähigkeit, in Verbundenheit mit der Umwelt zu leben und pfleglich mit ihr umzugehen.

2 Sen, Armatya (2000): Ökonomie für den Menschen. Wege zu Gerechtigkeit und Solidarität in der Marktwirtschaft. München.

Die beiden Antworten sind natürlich nicht unabhängig voneinander. Sicherlich ist der Befund, dass es allen Großorganisationen schwerfällt junge Menschen zu einer Mitgliedschaft zu bewegen, richtig. Als Beruhigung taugt dieser Befund allerdings nicht. Er darf vor allem nicht den selbstkritischen Blick auf die eigenen Versäumnisse verstellen. Die Gewerkschaften haben die besonderen Problemlagen, die sich für die Junge Generation in den letzten Jahrzehnten entwickelt haben, nicht ausreichend wahrgenommen und aufgegriffen. Wir haben die Lebenssituation der Jungen Generation unzureichend mit unserem Gesellschafts- und Gerechtigkeitsverständnis gespiegelt. Seitdem wir dies tun, wird der Handlungsbedarf offensichtlich.

Eine Annäherung an eine Definition von Junger Generation

Unsere Definition von Junge Generation ist keine Abgrenzung, die sich starr aus Altersgrenzen ergibt. Für uns liegt der Schwerpunkt auf den Lebensphasen und den Umbrüchen und Herausforderungen, die sich für die Menschen in ihnen ergeben. Es geht um die Lebensphasen des Übergangs von Schule in Ausbildung oder Studium und in das Berufsleben, des Auszugs aus dem Elternhaus und der Gründung einer eigenen Familie. Lebensverläufe junger Menschen unterscheiden sich je nach gewählten (Aus-)Bildungsweg und Lebensentwurf deutlich. Die einen absolvieren den Übergang in das Berufsleben bereits mit Anfang 20. Andere gehen diesen Schritt erst mit über 30. Familiengründung und die Realisierung des Kinderwunsches variieren deutlich nach gewähltem Bildungsweg. Nicht überraschend lässt sich der Zusammenhang auf die Faustformel «je länger die (Aus-) Bildungszeiten, desto später bekommen die Menschen Kinder» bringen. Eine Behandlung von Themen und Interessen von Beschäftigtengruppen nach starren Altersgrenzen bildet die Ausdifferenzierung der Lebensverläufe nicht (mehr) sinnvoll ab.

Gewerkschaftsarbeit an den Lebensphasen und Übergängen der Jungen Generation auszurichten, birgt unseres Erachtens deutliche Vorteile. Diese liegen in der Orientierung an tatsächlichen Lebens- und Arbeitszusammenhängen der Mitglieder bzw. Zielgruppen. Die Ausdifferenzierung von Lebensverläufen zeigt sich besonders deutlich im Bildungssystem und im Übergang zum Berufsleben. Erstausbildung und Weiterbildung lassen sich nicht mehr unbedingt trennscharf abgrenzen. Auf eine berufliche Ausbildung wird – unmittelbar oder nach einer Phase der Erwerbstätigkeit – ein Studium, eine Technikerschule, usw. aufgesattelt. Phasen prekärer Beschäftigung oder von Arbeitslosigkeit sind deutlich häufiger als früher. Eine Orientierung gewerkschaftlichen Handelns an Lebensphasen und konkreten Lebenssituationen verspricht eine deutlich «passgenauere» Themenbearbeitung. Gerade Gewerkschaften, die wie die deutschen DGB-Gewerkschaften von ihrem Selbstverständnis Branchengewerkschaften, also Gewerkschaft für alle Berufs- und Statusgruppen einer Branche sind, müssen in besonderem Maße dieser

Vielfalt der Lebenswege und Lebensentwürfe Rechnung tragen. Gewerkschaften, die sich nur als Interessenvertretung bestimmter eingegrenzter Berufsgruppen verstehen, können die Lebensphasen ihrer Zielgruppen deutlich einfacher an Altersphasen festmachen.[3] Aber selbst innerhalb von Berufsgruppen differenzieren sich Lebensverläufe zunehmend aus.

Die Schwierigkeiten einer Orientierung an Lebensphasen liegen vor allem im konkreten Zuschnitt von Organisationsstrukturen, Verantwortlichkeiten und Ansprechpartnern. Alle DGB-Gewerkschaften haben Jugendorganisationen, die nach Satzung für die Mitglieder bis zur Vollendung des 27. Lebensjahres zuständig sind.[4] Mitglieder und Beschäftigte, die ohne Umwege eine Ausbildung im dualen System absolvieren, mögen zu einem großen Teil bis zu diesem Alter den Einstieg ins Berufsleben gemeistert haben. Allerdings selbst viele, die diesen Weg beschreiten, wechseln nach einem ersten Berufseinstieg noch einmal zurück ins Bildungssystem und satteln eine weitere Qualifizierung, ein Studium, eine berufliche Umorientierung auf. Menschen mit akademischem Bildungsweg kratzen mit 27 oft erst am Berufseinstieg. Hinzu kommt: Für immer mehr junge Menschen wird die Zeitspanne vom Berufseinstieg zur tatsächlichen Etablierung im Arbeitsleben immer länger. Wie später noch ausführlicher dargestellt wird, ist der Berufseinstieg immer häufiger und länger durch Phasen unsicherer Beschäftigung geprägt.

Für die betrieblichen Mitbestimmungsstrukturen gilt: Die Themen der Jungen Generation fallen nicht nur in den Zuständigkeitsbereich der Jugend- und Auszubildendenvertretungen; es sind Themen für alle Ebenen der betrieblichen Mitbestimmung.

Der Fokus auf Phasen im Lebensverlauf bedeutet allerdings nicht, dass es aus pragmatischen Gründen nicht oft sinnvoll oder unumgänglich ist, doch mit groben Altersgrenzen zu arbeiten. Über das Lebensalter der Mitglieder liegen den Organisationen zuverlässige Angaben vor. Informationen über Lebensverläufe und über virulente Themen bedürfen hingegen oft aufwendiger Recherchen. Eine solche pragmatische Orientierung am Alter sollte aber immer nur als Richtwert angesehen werden. Im gewerkschaftlichen Kontext hat sich als Faustformel für die Zielgruppe Junge Generation eine Altersgrenze von 35 Jahren (U35) herausgebildet. Der Großteil der (potentiellen) Mitglieder hat bis zu diesem Zeitpunkt den Einstieg ins Berufsleben abgeschlossen. Die Grenze ist aber sowohl individuell als auch thematisch fließend. Für immer größer werdende Beschäftigtengruppen sind zum

3 Das gilt auch, allerdings in abgeschwächter Form, für Gewerkschaften die wie zum Beispiel die skandinavischen Gewerkschaften zwar Branchengewerkschaften sind, aber für die verschiedenen Statusgruppen unterschiedliche Organisationen gebildet haben – in der Regel gibt es in Skandinavien für Arbeiter, Angestellte und Akademiker unterschiedliche Gewerkschaften.

4 Die Satzung der IG Metall definiert zum Beispiel «Jugendliche und Junge Erwachsene: Als ‹Jugendliche› gelten im Sinn der Richtlinien analog zur Altersgrenze im bundesdeutschen Kinder- und Jugendhilfegesetz alle Mitglieder der IG Metall bis zur Vollendung des 27. Lebensjahres.»

Beispiel prekäre Beschäftigungsverhältnisse nicht nur für die Berufseinstiegsphase prägend. Fragen der Vereinbarkeit von Familie und Beruf und der work-life-balance sind selbstverständlich ebenfalls für Beschäftigte jenseits der 35 relevant.

Aus gewerkschaftlicher Sicht müssen bei der Nutzung des Generationenbegriffs – wie bei allen Perspektiven, die sich an Lebensalter orientieren – sozialstrukturelle Differenzierungen innerhalb der Jungen Generation im Fokus bleiben. Wie aus den folgenden Kapiteln deutlich werden wird, dürfen diese Unterschiede in der Analyse nicht durch die alleinige Annahme identitätsstiftender generationaler Erfahrungen und Betroffenheiten verdeckt werden.[5]

Wir betonen dies, da unserer Einschätzung nach der gesellschaftliche Diskurs und die Berichterstattung in den Medien dazu neigen, die Ungleichheiten und Ungerechtigkeiten innerhalb der Jungen Generation zu vernachlässigen und damit in Verkennung der empirischen Daten stillschweigend zu nivellieren. Insbesondere in der journalistischen Berichterstattung fallen bestimmte Gruppen – oft die unterprivilegierten – systematisch durchs Raster. Liest man beispielsweise die einschlägigen Specials zur Jungen Generation von Spiegel, Neon, usw., erscheint ein Bild der Jungen Generation, die nahezu nur aus dem akademischen bzw. angehenden akademischen Milieu besteht und die Lebenslage der anderen Gruppen ausblendet.[6] Reportagen und Porträts von jungen Menschen ohne Abitur, ohne Schulabschluss oder mit beruflicher Ausbildung sind deutlich unterrepräsentiert.

Bittlingmayer konstatiert eine ähnlich verzerrte Wahrnehmung, unter Bezugnahme auf Michael Vesters allgemeiner These von der Repräsentationskrise neoliberaler Gesellschaften, auch für die Mehrheit der aktuellen jugendpolitischen Konzeptionen. In ihnen werden die unterprivilegierten Gruppen, bei denen der Handlungsdruck eigentlich am größten ist, ebenso systematisch vernachlässigt.[7]

---

5 Das ist natürlich kein neues Problem des Generationenbegriffs. Auch die 68er-Generation, die Generation Golf, usw. waren natürlich nicht sozialstrukturell homogen. Ein sehr kompakter Überblick über den soziologischen Begriff der Generation findet sich bei Butterwegge, Christoph (2006): Generationengerechtigkeit – Zukunftsverpflichtung oder Kampfbegriff? In: Berliner Debatte Initial 3/2006. S. 47–49.

6 Zum Beispiel: Spiegel Special (2009): Was wird aus mir? Wir Krisenkinder: Das Selbstporträt einer Generation. Nr 1. 2009.

7 Bittlingmayer, Uwe H. (2008): Generationen oder Klassenmilieus? Konsequenzen für jugendpolitische Perspektiven, in: SPW 1/2008. S. 19f.
Vester, Michael; et al. (2001): Soziale Milieus im gesellschaftlichen Wandel. Zwischen Integration und Ausgrenzung. Frankfurt/M.

Brüche, Übergänge und Entscheidungen prägen die Lebensphase U35

Mit der aufgezeigten Definition der Jungen Generation ist klar: Es geht um viele sehr unterschiedliche Lebenslagen, Lebensstile, um Menschen, die sehr unterschiedlich ausgebildet sind und die verschiedene Erwartungen an ihr Berufsleben und ihr Leben haben. Bei aller Vielfältigkeit im Einzelnen gibt es zentrale Gemeinsamkeiten.

Wichtige Änderungen stehen für junge Menschen an. Es ist eine Phase der Übergänge, der Brüche und der Entscheidungen:

- Junge Menschen ziehen – die einen früher und die anderen später – aus ihrem Elternhaus aus. Sie gründen alleine oder zusammen mit Freund, Freundin, vielleicht auch mit Kollegen einen eigenen Hausstand, und
- sie suchen und finden eine Partnerin oder einen Partner, entscheiden sich meistens für ein Leben mit Kindern.
- Sie bauen sich ein eigenständiges Leben auf und fassen Fuß in ihren Berufen und Betrieben.

Das sind prägende Entscheidungen und Ereignisse. Zeitgleich ist ihr berufliches Leben von einschneidenden Übergängen gekennzeichnet:

- Sie wechseln von der Schule in eine berufliche Ausbildung oder an eine Hochschule, und
- sie treten nach der Ausbildung oder dem Studium ihre erste Arbeitsstelle an.

Jedes Leben hat in diesen Zeiten der Übergänge und Brüche seine ganz eigene Version. Einige Übergänge und Brüche gerade im Bildungs- und Berufsleben werden zunehmend mehrfach beschritten.

Jeder geht mit diesen Veränderungen anders um. Es ist die Lebensphase in der man in besonderem Maß den eigenen Lebensentwurf, die eigene Vorstellung von einem guten Leben herausbildet. Es ist eine spannende und kreative Lebensphase. Aber Veränderungen, Übergänge und Brüche sind auch Phasen der Unsicherheit und der Risiken.

Ob und in welchem Maß diese wichtige Lebensphase wirklich zur Herausbildung eines selbstbestimmten Lebensentwurfes genutzt werden kann, hängt nicht nur von individuellen Voraussetzungen und Faktoren ab. Gesellschaftliche Rahmenbedingungen und soziale Herkunft ermöglichen und limitieren für die Einzelnen in unterschiedlicher Weise die Chancen, ihre Lebensvorstellung zu entwickeln und zu leben.

Fünf Perspektiven sind unseres Erachtens aufzugreifen:

- **Wie gerecht oder ungerecht sind die Chancen auf ein selbstbestimmtes Leben innerhalb der Jungen Generation verteilt?**
  Diese Frage wird in einigen gesellschaftlichen Diskursen gezielt unterthematisiert. Ein Teil der Diskussionen um den Modebegriff der Generationengerechtigkeit ist geradezu geeignet, um zu verdecken, dass es durch nichts zu rechtfertigende Chancenungleichheiten und Ungerechtigkeiten innerhalb der Jungen Generation gibt. Soziale Herkunft bestimmt beispielsweise in Deutschland die Bildungschancen in einem Ausmaß wie in fast keinem anderen vergleichbarem Industrieland – dazu mehr im folgenden Kapitel.
- **Die Frage wie sich die Möglichkeiten der Jungen Generation im Vergleich zu früheren Generationen verändert haben.**
  Das ist für uns zuerst einmal eine Frage des Vergleichs empirischer Daten. Der zeitliche Vergleich ist unserer Ansicht nach vor allem auch aufschlussreich in Kombination mit der ersten Perspektive. Zum Beispiel: Für welche Gruppen haben sich die Chancen auf Aufstiegsmobilität erhöht, für welche verschlechtert? Hat der Einfluss der sozialen Herkunft auf Bildungs- und Arbeitsmarktchancen zugenommen oder abgenommen? Diese Vergleiche sagen viel darüber aus, in welche Richtung sich die Gesamtgesellschaft entwickelt.
- **Welche Lebensphasen, welche Übergänge sind problematisch und mit unnötigen Unsicherheiten behaftet? Welche Probleme haben langfristige Folgen und verriegeln Lebenschancen?**
  Es geht nicht darum ein allgemeines, unspezifisches Lamento anzustimmen. Nicht jeder Bruch muss problematisch sein. Eine Schnappschuss-Perspektive, eine Momentaufnahme genügt in der Regel nicht. Sie ist immer zu ergänzen um die Frage der langfristigen Wirkungen für die einzelnen jungen Menschen und für die Gesellschaft.
- **Wie sind die Entwicklungen in Deutschland im Vergleich mit anderen Ländern zu beurteilen?**
  Was man anders und besser machen kann, wird oft erst richtig sichtbar, wenn der Blick über den nationalen Tellerrand geworfen wird.
- So abgegriffen der Spruch «die Jugend ist unsere Zukunft» sein mag. Er führt uns plakativ zur vierten wichtigen Frage. **Welche Auswirkungen haben die Lebensbedingungen und Chancen der Jungen Generation auf die zukünftige Gesamtgesellschaft?**
  Die Bildungs- und Arbeitsmarktchancen der heute jungen Menschen sind nicht nur für sie selbst relevant. Die Auswirkungen betreffen die Zukunft der gesamten Gesellschaft. Zum Beispiel: Kann die Junge Generation ausreichend fürs Alter vorsorgen, oder wird unsere Gesellschaft der Zukunft noch stärker mit Altersarmut konfrontiert sein? Wird das (Aus-) Bildungsniveau zukünftigen wirtschaftlichen und gesellschaftlichen Herausforderungen gerecht?

Als Zwischenfazit halten wir fest: Brüche, Änderungen, Unsicherheiten und Suchprozesse gehören in modernen, offenen Gesellschaften konstitutiv zur Lebensphase Junge Generation. Sie gänzlich ausschließen zu wollen ist sinnlos. Es würde zu einer Eingrenzung individueller Entscheidungsfreiheit, zum Abtöten von Ideen, zur Verhinderung der Persönlichkeitsentfaltung und zu gesellschaftlichem Stillstand führen.

Gleichzeitig gilt: Existentielle Unsicherheit, der faktische Ausschluss von Bildung und vom Arbeitsmarkt sind ebenso geeignet Entscheidungsfreiheiten, Kreativität und die Herausbildung eines persönlichen Lebensentwurfes zu verhindern.

Eine Gesellschaft – Politik, Bildungseinrichtungen, Unternehmen – müssen sich daran messen lassen, welche Entwicklungs- und Entfaltungsmöglichkeiten sie der Jungen Generation – und zwar allen sozialen Gruppen – ermöglichen. Wenn diese Entwicklungs- und Entfaltungsmöglichkeiten tatsächlich vorhanden sind – nicht nur formal als uneingelöstes Versprechen auf dem Papier eines Gesetzestextes – erst dann stimmt das Sprichwort vom Schmied des eigenen Glücks.

Bildung – der Schlüssel passt nicht ins Schloss

Ein zentrales Thema für die Entfaltungsmöglichkeiten und Lebenschancen der Jungen Generation ist Bildung. Die Zahlen sprechen eine deutliche Sprache. Je höher der (Aus-)Bildungsstand umso besser sind statistisch die Arbeitsmarkt- und Einkommenschancen – gleichwohl sind Akademiker nicht vor Phasen prekärer Beschäftigung und schwierigen Berufseinstiegen gefeit. Gleiche Bildungschancen und Gerechtigkeit im Bildungssystem sind damit ein – wenn nicht der – Schlüssel für die gerechte Verteilung von Lebens- und Berufsperspektiven. Nur in Deutschland passt der Schlüssel nicht so recht ins Schloss.

Chancengerechtigkeit wird im deutschen Bildungssystem besonders selten erreicht. In nur wenigen anderen Industrieländern hängen die Bildungschancen so stark von der sozialen Lage bzw. dem Bildungsstatus der Eltern ab wie in Deutschland. 83% der Kinder von Eltern mit akademischem Abschluss beginnen ein Studium. Aber nur 23% der Kinder von Nichtakademikern studieren (siehe Abb. 1).

Schon internationale Vergleiche zeigen, dass sich jegliche Interpretation dieser Zahlen mit unterschiedlicher Begabung oder Intelligenz verbieten. Vor allem aber die empirischen Untersuchungen zu den Schulempfehlungen am Ende der Grundschule belegen die Unsinnigkeit dieser Interpretation. So kommen zum Beispiel Solga und Dombrowski bei der Auswertung der internationalen Iglu-Studie zu folgenden Schlussfolgerungen:

> «[Es zeigt sich], dass selbst bei gleichen Lesekompetenzen und gleichem Niveau an kognitiven Grundfähigkeiten (ein Indikator für Lern-

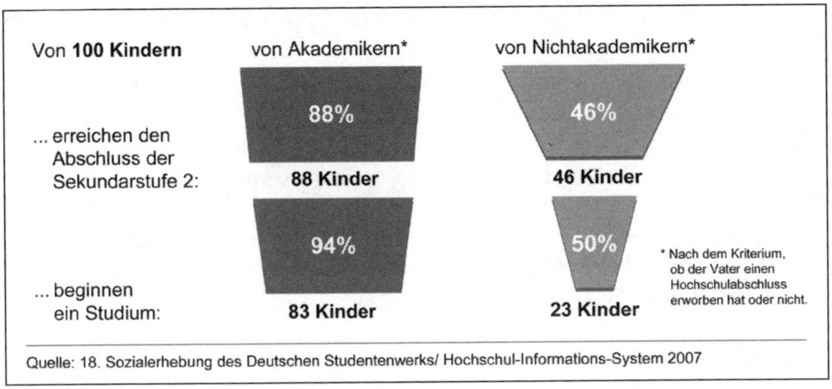

Abb. 1: Ungleiche Bildungs- und Zukunftschancen

> potenzial) Kinder der oberen Dienstklasse mit einer 2,6-mal höheren Wahrscheinlichkeit eine Gymnasialempfehlung von ihren Lehrern und Lehrerinnen erhalten als Kinder aus Facharbeiterfamilien und mit einer 4,5-mal höheren Wahrscheinlichkeit als Kinder von un- und angelernten Arbeitern. Noch markanter fallen die Unterschiede bei den Präferenzen der Eltern in Abhängigkeit von der sozialen Schichtzugehörigkeit aus: Bei gleichen Lesekompetenzen und kognitiven Grundfähigkeiten wollen Eltern aus der höheren Dienstklasse 3,8-mal so häufig für ihr Kinder den Besuch eines Gymnasiums im Vergleich zu Facharbeitereltern und 5,7-mal so häufig im Vergleich zu un-/angelernten Arbeitern. Dies zeigt zugleich, dass Kinder aus unteren sozialen Schichten nicht nur benachteiligt sind in der Entwicklung und Förderung ihrer Kompetenzen, sondern ihre Kompetenzen auch deutlich schlechter in äquivalente Bildungswege und Zertifikate umsetzen können.»[8]

Andere Untersuchungen bestätigen diesen Zusammenhang ebenfalls deutlich. So hat eine Projektgruppe der Mainzer Universität bei der Untersuchung von Schulempfehlungen in Wiesbaden ähnlich erschreckende Zahlen ermittelt. So erhielten bei gleich guter Schulnote (2,0) nur drei viertel der Kindern aus der niedrigsten Einkommens- und Bildungsgruppe eine Empfehlung für das Gymnasium. Von den Kindern mit wohlhabenden und gebildeten Eltern waren es hingegen 97 Prozent.[9]

---

8 Dombrowski, Rosine; Solga, Heike (2009): Soziale Ungleichheiten in schulischer und außerschulischer Bildung. Stand der Forschung und Forschungsbedarf. Hans-Böckler-Stiftung, Arbeitspapier 171. Düsseldorf. S. 14.

9 Schulze, Alexander; Unger, Rainer; Hradil, Stefan (2008): Bildungschancen und Lernbedingungen an Grundschulen der Stadt Wiesbaden am Übergang zur Sekundarstufe I. Projekt- und Ergebnisbericht zur Vollerhebung der GrundschülerInnen der 4. Klasse im Schuljahr

Kinder und Jugendliche mit Migrationshintergrund werden im deutschen Bildungssystem besonders benachteiligt. Selbst wenn die oben aufgezeigten schichtspezifischen Faktoren herausgerechnet werden, zeigt sich eine zusätzliche Ungleichbehandlung aufgrund des Migrationshintergrundes. Das deutsche Schulsystem baut – wie bei den schichtspezifischen Benachteiligungen – die ungleichen «Startchancen» im Verlauf des Bildungsweges nicht ab. Im Gegenteil:

> «Die Unterschiede in der Kompetenzentwicklung zwischen Jugendlichen mit und ohne Migrationshintergrund vergrößern sich im Verlauf der Schulzeit deutlich.»[10]

Verschärft werden diese Befunde der Chancenungleichheit durch das Versagen des Bildungssystems zumindest einen Minimalstandard für alle zu gewährleisten. Das deutsche Schulsystem produziert einen, im europäischen Vergleich, hohen Anteil an Menschen ohne Schulabschluss. Ca. 8% der Absolventen allgemeinbildender Schulen verlassen die Schule ohne Abschluss. Im Jahr 2009 waren dies rund 65000 junge Menschen.[11] Für diese Menschen bieten das Ausbildungssystem und der Arbeitsmarkt in der Regel keine sichere Perspektive. Aber auch ein Hauptschulabschluss ist immer weniger eine Garantie für einen Ausbildungsplatz im dualen System. Das duale System als Regelfall für die Berufsausbildung wird zunehmend ausgehöhlt. Vor allem die vielen Warte- und Abschiebeschleifen, die etabliert wurden (schulisches Berufsvorbereitungs- und Berufsgrundbildungsjahr, Berufsfachschulen, BA-Maßnahmen, usw.), in denen in der Regel kein vollwertiger Berufsabschluss erworben wird, und der Anstieg der schulischen Berufsabschlüsse sind Kennzeichen der Krise des dualen Systems.

Wie sehr die Probleme der schulischen Bildung sich auf die Lebenschancen junger Menschen auswirken, zeigen die Analysen des Bildungsberichtes der Bundesregierung. Die Autorengruppe bilanziert nüchtern und vernichtend zugleich:

> «Trotz leichter Verbesserungen beim Zugang zur Berufsausbildung ist die Situation für Jugendliche mit maximal Hauptschulabschluss weiterhin prekär, für ausländische Jugendliche mehr noch als für deutsche. Von den deutschen Ausbildungsinteressenten ohne Hauptschulabschluss münden 2008 drei Viertel ins Übergangssystem ein, von denen

---

2006/07. Herausgegeben von: Projektgruppe Sozialbericht zur Bildungsbeteiligung, Amt für Soziale Arbeit, Abteilung Grundsatz und Planung. Wiesbaden.

10 Dombrowski, Rosine; Solga, Heike (2009). S. 18.

11 Autorengruppe Bildungsberichterstattung 2010: Bildung in Deutschland 2010.

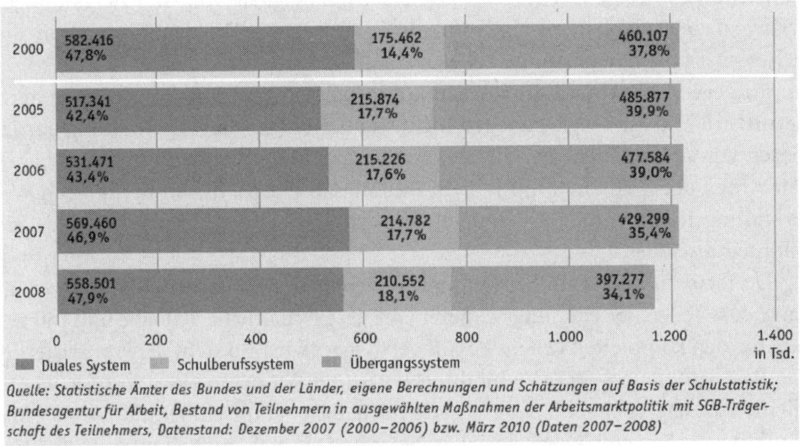

Quelle: Autorengruppe Bildungsberichterstattung (2010): Bildung in Deutschland 2010. S. 96.

Abb. 2: Verteilung der Neuzugänge auf die drei Sektoren des beruflichen Ausbildungssystems 2000 und 2008 (Teilweise erstes Schuljahr; wegen Datenrevision und konzeptuellen Veränderungen weichen die Werte für 2005 und 2006 gegenüber dem Bericht für 2008 ab. Die Vergleichbarkeit mit Zahlen von 2005 ist eingeschränkt. Teilweise sind die Werte aus Datenschutzgründen auf ein Vielfaches von 3 gerundet)

> mit Hauptschulabschluss die Hälfte (48%); bei den ausländischen Jugendlichen sind es 88% und 67%.»[12]

Die Folgen dieser Bildungskrise sind gravierend. Nach einer Studie des Wissenschaftszentrums Berlin und der Bertelsmann Stiftung hatten 2007 alleine in Westdeutschland 1,5 Millionen junge Menschen zwischen 25 und 34 Jahren keine abgeschlossene Berufsausbildung oder ein abgeschlossenes Studium.[13] Nach Zahlen des Statistischen Bundesamtes waren 2008 16,6 Prozent der 30- bis 35-Jährigen in Gesamtdeutschland betroffen.[14] Es gibt in Deutschland also nicht nur ein Problem der Chancenungleichheit, sondern es gibt ein massives Problem mit genereller Bildungsarmut.

Die Krise des schulischen Bildungssystems und des dualen Ausbildungssystems bedeuten für die Betroffenen nicht nur niedrige Bildungschancen, sondern als Folge haben sie erheblich schlechtere Chancen auf dem Arbeitsmarkt und somit dauerhaft schlechte Chancen auf gesellschaftliche Teilhabe. Prekäre Beschäftigungs-

12 Ebenda. S. 9.

13 Bertelsmann Stiftung 2010: Keine Perspektive ohne Ausbildung. Eine Analyse junger Erwachsener ohne Berufsabschluss in Westdeutschland. Gütersloh.

14 Statistisches Bundesamt 2009: Bildungsstand der Bevölkerung 2009. Wiesbaden. S. 12.

verhältnisse, Phasen von Arbeitslosigkeit, Abhängigkeit von Transferzahlungen, geringe Lebensplanbarkeit sind oftmals Folgen dieser Problemkumulation und ziehen sich über den gesamten Lebensverlauf.

Entgegen weitverbreiteter Ansicht kompensieren Weiterbildungen im späteren Berufsverlauf diese Ungleichheiten nicht. Im Gegenteil. An Weiterbildung partizipieren vor allem diejenigen, die ohnehin bereits hohe Bildungsabschlüsse haben. Der Anteil der Menschen mit hohem Bildungsabschluss, die an beruflichen Weiterbildungen teilnehmen, ist doppelt so hoch wie bei denjenigen mit niedrigem Bildungsabschluss.[15]

De facto führen die Chancenungleichheiten des deutschen Bildungssystems dazu, dass Teilen der «Bildungsverlierer» die gesellschaftliche Teilhabe und Integration für den kompletten Lebensverlauf verweigert wird. So steht die Prekarisierung von Beschäftigten in enger Verbindung zur Schulbildung: In einer von der IG Metall in Auftrag gegebenen Befragung zeigt sich, dass Hauptschüler mit 50% viermal häufiger von längerer Arbeitslosigkeit betroffen sind als Abiturienten (13%) und sie arbeiten dreimal häufiger für Leiharbeitsfirmen (34 zu 11%) – siehe Beitrag von Niemann-Findeisen in diesem Band.[16]

Aus einer gesamtgesellschaftlichen Perspektive sind Einnahmeausfälle und Ausgabensteigerungen für das Sozialsystem und gesellschaftliche Desintegrationsprozesse die Folge.

Es geht also nicht nur um die viel diskutierte mangelhafte Chancengleichheit im deutschen Bildungssystem. Diese Ungerechtigkeiten werden natürlich zu Recht von der Bevölkerungsmehrheit als Skandal angesehen.[17] Aber selbst wenn diese Bildungsergebnisse nicht das Ergebnis von ungerechten Startchancen wären, kann sie eine vernünftige Gesellschaft nicht akzeptieren. Wenn Bildungsarmut zu diesen miserablen Arbeitsmarkt- und Lebenschancen für die Betroffenen und zu den beschriebenen negativen Effekten für die Gesamtgesellschaft führen, muss die Bekämpfung von Bildungsarmut unabhängig von den auslösenden Faktoren ganz oben auf der gesellschaftspolitischen Agenda stehen.

---

15 Rosenbladt, Bernhard von; Bilger, Frauke; TNS Infratest Sozialforschung (2008): Weiterbildungsbeteiligung in Deutschland – Eckdaten zum BSW-AES 2007. München. S. 59.

16 Niemann-Findeisen, Sören (2010): Motiviert – aber ausgebremst. Ergebnisinterpretation der Studie: Persönliche Lage und Zukunftserwartungen der Jungen Generation, TNS Infratest Politikforschung im Auftrag der IG Metall. April 2009, in: Huber, Berthold; Wetzel, Detlef (Hg) (2010): Junge Generation. Studien und Befunde zur Lebenslage und den Perspektiven der bis 35-Jährigen. Marburg.

17 Auf die Frage «Würden Sie sagen, dass bei uns insgesamt Chancengleichheit besteht, dass also die Jugendlichen aus allen sozialen Schichten und aus allen Kulturkreisen in etwa die gleichen beruflichen Chancen haben?» antworteten 76% der Befragten 2008 mit nein. Bertelsmann Stiftung (2008): Integration durch Bildung. Ergebnisse einer repräsentativen Bevölkerungsbefragung in Deutschland. Gütersloh.

> «Beide Betrachtungsweisen – Chancengleichheit und Bildungsarmut – schließen sich als Zielstellungen gleichwohl nicht aus, sie sind jedoch auch nicht deckungsgleich. Mit dem Ziel des Abbaus von Ungleichheiten in den Bildungschancen kann zugleich auch Bildungsarmut reduziert werden, muss sie aber nicht – nämlich dann nicht, wenn die Pflichtschulzeit und der erwartete allgemeinbildende Mindestschulabschluss sich weiterhin am Hauptschulabschluss orientieren bzw. bemessen. Neben dem Zugang zu Ausbildungsplätzen (siehe oben) zeigen beispielsweise alle Studien zu Arbeitsmarktchancen, dass dieser Abschluss mit einem deutlich höheren Arbeitslosigkeitsrisiko sowie deutlich geringerem Einkommen einhergeht – und dies unter anderem auch deshalb, weil die Chancen für eine abgeschlossene Ausbildung sehr niedrig sind. Der Abbau von Bildungsarmut kann andererseits mit einem Abbau von Chancenungleichheit einhergehen, muss es jedoch nicht. Eine gleichzeitige Reduzierung beider Arten von Bildungsungleichheiten wird dann der Fall sein, wenn mit dem Ziel des Abbaus von Bildungsarmut das Bildungssystem derart verändert bzw. reformiert wird, dass jedes Kind eine maximale individuelle Förderung erhält und damit auch Benachteiligungen aufgrund von Herkunft, Migrationshintergrund, ggf. Geschlecht oder Behinderung im Prozess des Bildungs- und Kompetenzerwerbs kompensiert werden.»[18]

Was ist zu tun?

Ein zentrales Problem sowohl für Chancenungleichheit und Bildungsarmut ist das dreigliedrige Schulsystem. Vor allem die frühe Mehrgliedrigkeit führt zu früher Selektion und zu sozialer und ethnischer Bildungsungleichheit. Längeres gemeinsames Lernen, das zeigen die internationalen Vergleichsstudien, führt dazu, dass die Potentiale von Kindern und Jugendlichen aus unteren sozialen Schichten und mit Migrationshintergrund erkannt und gefördert werden können.

Längeres gemeinsames Lernen hat das Potential zum Positivsummenspiel, in dem sowohl die bisher guten Schüler und die bisher benachteiligten Schüler profitieren. Das zeigt ein Blick in die Länder, die bei den internationalen Bildungsvergleichen deutlich besser abschneiden als Deutschland. Der Widerstand gegen längeres gemeinsames Lernen lässt sich also empirisch nicht begründen. Geht es allerdings darum durch Chancenungleichheit den eigenen Kindern einen Wettbewerbsvorteil in der Konkurrenz um Studienplätze und gute Arbeitsplätze zu sichern, dann ist dies erstens eine zutiefst undemokratische und unsolidarische Haltung. Zweitens ist es selbst mit einem liberalen – auf Wettbewerb basierendem – Gesellschaftsverständnis nicht vereinbar. Drittens verkennt diese Einstellung, dass die gesamtgesellschaftlich negativen Folgen die eigene Gesellschaftsschicht betreffen. Es kommt zu einer lose-lose-situation.

18 Dombrowski, Rosine; Solga, Heike (2009). S. 10.

Geht es darum, möglichst vielen eine hohe Bildung zu gewährleisten und so die Gesellschaft voran zu bringen, oder geht es darum, Statuspositionen der Privilegierten zu verteidigen, in dem die Chancen anderer gezielt gemindert werden? Dieser Frage müssen sich die Verteidiger des dreigliedrigen Schulsystems und der frühen Selektion stellen.

Die aufgezeigten Ergebnisse der Bildungs- und Arbeitsmarktforschung zeigen darüber hinaus, dass ein Hauptschulabschluss heute nur noch bedingt geeignet ist, um spätere Berufs- und Arbeitsmarktchancen zu gewährleisten. Ziel muss es sein, das Kompetenzniveau zukünftiger Generationen allgemein anzuheben.

Auch hier gilt natürlich: Nur die formale Umgestaltung des Schulsystems ist keine Garantie für gleiche Bildungschancen und für einen Abbau von Bildungsarmut. Individuelle Förderung und gezielter Abbau von Kompetenzschwächen müssen an die Stelle von Selektion, und der unsäglichen deutschen Tradition (temporär) schwächere Schüler in die niedrigere Schulform abzuschieben, treten.

Gleichzeitig gilt: Diese Selektionsmechanismen müssen bei den Übergängen von Schule in Ausbildung und ins Berufsleben abgebaut werden. Selbst wenn Schule «versagt» hat und Jugendliche wichtige Kompetenzen noch nicht haben, darf dies kein Grund sein, sie aufzugeben.

Ein weiterer Schlüssel für Chancengleichheit und gegen Bildungsarmut ist der Ausbau der frühkindlichen Erziehung und von Ganztagsschulen. Ein solcher Ausbau bietet zusätzlich Synergieeffekte mit dem Ziel der besseren Vereinbarkeit von Familie und Beruf.

Reden wir über Geld: Die deutsche Bildungsmisere und das Versagen gleiche Bildungschancen für alle Kinder und jungen Menschen zu eröffnen, liegt zum einen an den beschriebenen Strukturen. Wir haben einige Anmerkungen und Vorschläge zu notwendigen Änderungen und Reformen aufgezeigt.

Ein weiteres Problem liegt in der mangelhaften Finanzierung des Bildungssystems. Deutschland gibt für Bildung weniger aus als der Durchschnitt der OECD-Länder. Der Anteil der Bildungsausgaben am Bruttoinlandsprodukt (BIP) ist von 5,1% im Jahr 1995 sogar auf 4,7% im Jahr 2007 gesunken. Deutschland liegt damit deutlich unter dem OECD-Durchschnitt von 5,7% und weit abgeschlagen im Vergleich zu der Gruppe der Spitzenreiter mit Ländern wie Island (7,8%), Dänemark (7,1%), USA (7,6%), Korea (7,0%), Schweden (6,3%). Nur Italien und die Slowakei gaben 2007 weniger für Bildung aus.[19] Alle politischen Beteuerungen über die zunehmende Bedeutung von Bildung und das Ausrufen der Bildungsrepublik

19 OECD (2010): Education at a glance. OECD Indicators. Paris.

Deutschland bekommen vor diesem Hintergrund einen doch recht schalen Beigeschmack. Der internationale Vergleich zeigt: Höhere Investitionen in Bildung sind nicht utopisch. Sehr unterschiedliche Länder investieren deutlich mehr in Bildung als Deutschland.

Die Frage lautet nicht, ob wir uns höhere Bildungsinvestitionen leisten können. Die Frage muss lauten: Können wir die niedrigen Bildungsausgaben verkraften? Die Antwort ist aus unserer Perspektive eindeutig: Nein! Bildung entscheidet über berufliche Chancen, über Verdienst- und Entwicklungsperspektiven im Job. Bildung entscheidet über Beteiligung am gesellschaftlichen und kulturellen Leben. Und Bildung entscheidet über die wirtschaftlichen Entwicklungspotentiale einer Volkswirtschaft. Gute Bildung zu organisieren und zu finanzieren ist daher eine gesellschaftliche Schlüsselaufgabe. Diese wird in Deutschland derzeit deutlich vernachlässigt. Die Auswirkungen trägt heute bereits die Junge Generation. Die gesamtgesellschaftlichen Folgen werden sich langfristig in deutlichen Wohlfahrtsverlusten manifestieren.

Last but not least: Alle richtigen Aussagen darüber, dass Änderungen und Investitionen im Bildungssystem sich erst langfristig auswirken, dürfen nicht zu einer zynischen Haltung gegenüber den heutigen «Bildungsverlierern» führen. Für diese Gruppen scheint sich die Politik nur sehr begrenzt zu interessieren.

Diese Form des stillschweigenden Zynismus finden wir oft bei den Prognosen für den Ausbildungsstellenmarkt. Selbst wenn sich aus demografischen Gründen die Lage am Ausbildungsstellenmarkt in einigen Jahren entspannen sollte, darf uns dies heute nicht beruhigen. Das nützt denjenigen, die heute einen Ausbildungsplatz suchen, nicht. Weder den Erstsuchern noch den vielen Altbewerbern, die in Warteschleifen abgeschoben wurden oder ganz unversorgt geblieben sind. Analog gilt dies für die unsägliche Diskussion um die «Nicht-Ausbildungsfähigkeit» von Jugendlichen. Diese Stigmatisierung ist sowohl ein pädagogischer als auch sozialpolitischer Offenbarungseid.

Beschäftigung und Arbeitsvertragssituation – je jünger desto prekärer

Wie sieht die Beschäftigungssituation für die Junge Generation aus? Einer der deutlichsten Trends der letzten Jahre ist die starke Zunahme atypischer Beschäftigungsverhältnisse.

Atypische Beschäftigung

Mit atypischer Beschäftigung sind Jobs jenseits der klassischen Vollzeitstelle, jenseits des so genannten Normalarbeitsverhältnis gemeint: Dazu zählen befristete oder geringfügige Beschäftigung, Leiharbeit und Teilzeitarbeit (mit 20 oder weniger Stunden Arbeit pro Woche). Ein weiteres Abgrenzungskriterium des Normalarbeitsverhältnisses ist, dass es sich um ein sozialversicherungspflichtiges Beschäftigungsverhältnis handelt. Es werden also Ansprüche in den sozialen Sicherungssystemen erworben. Das gilt allerdings auch für einige der atypischen Formen wie Teilzeit und Leiharbeit. In einer statistischen und definitorischen Grauzone bewegen sich Praktika, Scheinselbständigkeit und Werkverträge. Diese werden eigentlich nicht als Beschäftigungsverhältnisse gewertet. Dort wo sie zur Verdrängung von regulärer Beschäftigung genutzt werden, müssen Gewerkschaften sie ebenfalls im Blick haben.[20] Es ist ein Skandal, dass auf dem Rücken der Menschen atypische Beschäftigung zur Kostendrückerei genutzt wird. Das wird von einigen Arbeitgebern und ihren Verbänden mittlerweile sogar offen als Strategie formuliert

Kritikern atypischer Beschäftigungsverhältnisse schlägt oft das Vorurteil entgegen, sie würden sozialromantisch in der vorgeblich heilen Welt der fordistischen 1970er Jahre verharren und so das konservative Modell des alleinverdienenden männlichen Familienernährers verteidigen. Das ist in der Regel ein billiges Ablenkungsmanöver. Wir möchten dennoch betonen: Es geht uns nicht um ein Zurück in alte – vermeintlich gute – Arbeitsmarktstrukturen mit ihren Geschlechterungleichheiten. Aber die Referenzfolie des Normalarbeitsverhältnisses halten wir nach wie vor, vor dem Hintergrund der individuellen Bedürfnisse nach sozialer

---

20 Atypische Beschäftigung ist nicht zwangsläufig mit prekärer Beschäftigung gleichzusetzen. Prekäre Beschäftigung zeichnet sich durch ein erhöhtes Armutsrisiko der Beschäftigten aus. Dieses ist zusätzlich von der persönlichen Berufsbiografie und dem persönlichen Haushaltskontext abhängig. Atypische Beschäftigung kann auch freiwillig gewählt sein (zum Beispiel freiwillige Teilzeit). Bei allen Unschärfen des Begriffs, ist es dennoch sinnvoll, die Problematik unsicherer Perspektiven und Lebensplanungen der Jungen Generation nicht nur auf die Frage von Prekarität zu begrenzen. Nicht erst wenn Beschäftigungsverhältnisse zu Armut führen, ist ihre Rechtfertigung zu hinterfragen. Atypische Beschäftigungsverhältnisse führen in den allermeisten Fällen zu negativen Folgen für die betroffenen Einzelnen (zum Beispiel Unsicherheit, niedrige Einkommen, mangelnde Planbarkeit und Selbstbestimmung), für alle Arbeitnehmer (steigender Konkurrenzdruck, Druck auf Einkommen und Arbeitsbedingungen, Zwei-Klassen-Gesellschaften im Betrieb) und für die Gesamtgesellschaft (zum Beispiel Einnahmeausfälle im Sozialsystem, schwächelnde Binnennachfrage, steigende Ungleichheit und Ungerechtigkeit).

Frage: Im Folgenden geht es um Ihre persönlichen Vorstellungen von «guter Arbeit». Bitte sagen Sie uns – unabhängig von Ihrer heutigen Arbeitssituation – für wie wichtig Sie die einzelnen Punkte halten.

Rang		Sehr/äußerst wichtig	Wichtig	Weniger/ nicht wichtig	k.A.
1	Festes, verlässliches Einkommen	92%	7%	1%	1%
2	Arbeit soll Spaß machen	89%	10%	0%	1%
3	Sicherheit des Arbeitsplatzes	89%	7%	0%	4%
4	Behandlung «als Mensch» durch Vorgesetzte	85%	10%	1%	5%
5	Unbefristetes Arbeitsverhältnis	82%	9%	3%	5%
6	Förderung gegenseitiger Unterstützung und Zusammenarbeit unter Kollegen	79%	18%	2%	2%
7	Auf Arbeit stolz sein können	77%	21%	1%	1%
8	Vielseitige/abwechslungsreiche Arbeit	76%	20%	3%	1%
9	Arbeit soll als sinnvoll empfunden werden	76%	22%	1%	1%
10	Gesundheitsschutz bei Arbeitsplatzgestaltung	74%	19%	3%	4%
11	Einfluss auf die Arbeitsweise	73%	24%	2%	1%
12	Eigene Fähigkeiten weiterentwickeln können	72%	22%	4%	2%
13	Vorgesetzte vermitteln Lob/Anerkennung, konstruktive Kritik	70%	21%	3%	5%
14	Vorgesetzte kümmern sich um fachl./berufl. Entwicklung	70%	22%	3%	5%
15	Weiterqualifizierungsmöglichkeiten	68%	26%	6%	0%
16	Vorgesetzte sorgen für gute Arbeitsplanung	67%	23%	5%	5%
17	Verantwortungsvolle Arbeitsaufgaben	66%	26%	6%	1%
18	Anspruchsvolle Tätigkeiten zu übernehmen	64%	27%	8%	1%
19	Vorgesetzte haben Verständnis für individuelle Probleme	64%	26%	5%	5%
20	Betrieb unterstützt Qualifizierungswünsche	63%	27%	5%	4%
21	Bei der Arbeit gefordert werden	63%	32%	3%	1%
22	Regelmäßige Einkommenssteigerungen	63%	30%	5%	1%
23	Kein Leistungswettbewerb unter den Kollegen	62%	24%	12%	2%
24	Arbeitsfehler analysieren, um Ursache zu beheben	62%	31%	6%	1%
25	Ausgleich für Überstunden/Mehrarbeit	60%	28%	10%	2%

Quelle: INIFES 2008: Was ist gute Arbeit? Anforderungen an den Berufseinstieg aus der Sicht der jungen Generation. S. 10.

Abb. 3: Die 25 wichtigsten Aspekte Guter Arbeit – aus der Sicht von 18- bis 34-jährigen Erwerbstätigen

Sicherheit und Planbarkeit des Lebens und in der Frage der Funktionsfähigkeit unseres Sozialsystems, für wichtig und richtig.

Im Übrigen geben uns alle Untersuchungen zu den Prioritäten der Beschäftigten – auch der Jungen Generation – in diesem Punkt absolut Recht. In der INIFES-Studie zu Anforderungen an den Berufseinstieg der Jungen Generation werden beispielsweise ein «festes, verlässliches Einkommen» (92%), ein «sicherer Arbeitsplatz» (89%) und ein «unbefristetes Arbeitsverhältnis» (82%) von den Ar-

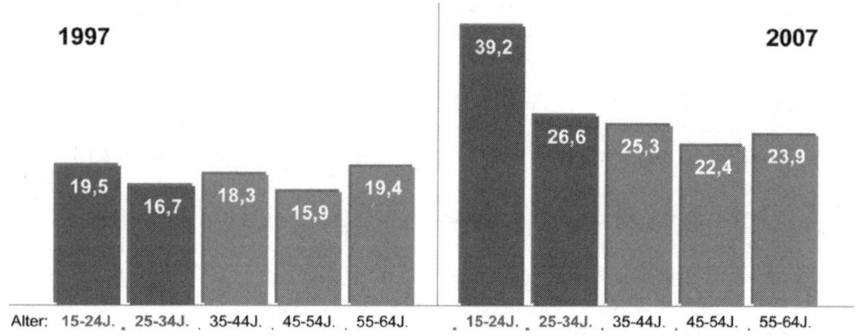

Quelle: Langhoff, Krietsch, Starke 2010: Der Erwerbseinstieg junger Erwachsener: unsicher, ungleich, ungesund, in: WSI-Mitteilungen 7/2010

Abb. 4: Atypische Beschäftigung nach Altersgruppen 1997–2007

beitnehmern unter 35 als zentral eingestuft und belegen damit die Plätze 1, 3 und 5 der 25 wichtigsten Aussagen zu Guter Arbeit[21] (siehe Abbildung). Dieser Wunsch nach Sicherheit, Planbarkeit und ausreichenden Einkommen ist im Zeitverlauf stabil und wird von unterschiedlichen Erhebungen bestätigt.[22] Deutlich wird, dass die Zufriedenheit mit der beruflichen Entwicklung bei Formen atypischer Beschäftigung, die eben keine Sicherheit und in der Regel niedrigere Einkommen mit sich bringen, massiv sinkt. So liegt der Anteil der unter 35-jährigen Leiharbeiter, die mit ihrer beruflichen Entwicklung eher zufrieden sind, bei unter 50 Prozent. Bei den Beschäftigten mit Vollzeit-Normalarbeitsverhältnis sind es 84 Prozent.[23]

Heute haben ca. 2/3 der unter 35-Jährigen in ihrem bisherigen Erwerbsverlauf Erfahrungen mit atypischen Beschäftigungsverhältnissen gemacht.[24] In der Altersgruppe U25 hat sich die Anzahl atypisch Beschäftigter innerhalb von nur zehn Jah-

21 INIFES 2008: Was ist Gute Arbeit? Anforderungen an den Berufseinstieg aus der Sicht der jungen Generation. Ergebnisse einer repräsentativen Befragung von Berufseinsteigern im Alter zwischen 18 und 34 Jahren mit abgeschlossener Berufsausbildung. Im Auftrag der Bundesanstalt für Arbeitsschutz und Arbeitsmedizin (BAuA) und dem Bundesministerium für Arbeit und Soziales (BMAS). Stadtbergen. S.10.

22 Beispielsweise die Sonderauswertungen des DGB Index Gute Arbeit für die unter 30-Jährigen. Fuchs, Tatjana (2007): DGB-Index Gute Arbeit. Sonderauswertung: Arbeitsqualität aus Sicht von jungen Beschäftigten (unter 30 Jahren), DGB-Index Gute Arbeit, Stadtbergen: INIFES, http://www.dgb-index-gute-arbeit.de/downloads/publikationen/data/Sonderauswertung%20Jugend.

23 IG Metall (2009): Junge Generation – motiviert aber ausgebremst. Ergebnisse der Studie: persönliche Lage und Zukunftserwartungen der Jungen Generation, TNS Infratest Politikforschung im Auftrag der IG Metall. April 2009. S. 7. Siehe auch Beitrag von Sören Niemann-Findeisen in diesem Band.

24 Langhoff, Thomas; Krietsch, Ina; Starke, Christian (2010): Der Erwerbseinstieg junger Erwachsener: unsicher, ungleich, ungesund, in: WSI-Mitteilungen 7/2010.

ren nahezu verdoppelt (siehe Abbildung). Auffallend ist, dass diese Zunahme für Arbeitnehmer mit betrieblicher Ausbildung als auch mit Universitätsabschluss gilt.

Festzustellen ist, dass die jungen Beschäftigten in der Regel in signifikant höherem Ausmaß von atypischer Beschäftigung betroffen sind. Faustregel: Je jünger, desto stärker. Das gilt aber nicht durchgehend. So steigt der Anteil prekärer Beschäftigungsverhältnisse bei Frauen, die älter als 35 sind, sogar an. Der Trend weist hier sogar eine, sich besonders für Frauen, verschärfende Problemlage auf. Zwischen 1997 und 2007 ist der Anteil atypisch beschäftigter Frauen stärker angestiegen als bei den Männern – zu den besonderen Risikolagen von Alleinerziehenden kommen wir im Kapitel «Vereinbarkeit von Familie und Beruf».

Die Betroffenheit durch atypische Beschäftigung entzieht sich teilweise einfachen Zuordnungen nach Bildung, Schicht, usw. Junge Akademiker sind zwar in steigendem Ausmaß von unsicheren Einstiegen in den Arbeitsmarkt betroffen, der Anteil derjenigen, die dauerhaft auf prekäre Jobs verwiesen werden, ist allerdings niedriger als bei gering Qualifizierten. Zwischen den akademischen Fachabschlüssen gibt es deutliche Unterschiede. Zum Beispiel sind Kettenpraktika zum Berufseinstieg bei Absolventen technischer Fachrichtungen eher selten. In den Geisteswissenschaften und den so genannten Kreativbranchen sind sie erheblich verbreiteter. Bei Architekten sind mehrjährige prekäre Beschäftigungsformen – auch finanziell – schon fast die Regel.

In der öffentlichen Debatte um prekäre Beschäftigungsverhältnisse sind vor allem Leiharbeit, befristete Beschäftigungsverhältnisse, Niedriglöhne und Kettenpraktika präsent. Aus gewerkschaftlicher Perspektive sind aber ebenfalls Scheinselbständigkeit und Werkverträge Teil des Problems.

Aus Perspektive der betroffenen Beschäftigten wird das Problem noch verschärft, da die Phasen atypischer Beschäftigung oftmals mit Phasen von Arbeitslosigkeit einhergehen. In der Phase der Berufsfindung und des Wechsels von der Schule in den Beruf gibt es viele Statuswechsel. Wechsel vom Bildungssystem in Arbeitslosigkeit und umgekehrt sind nicht mehr die Ausnahme.

Bei allen Unterschieden der einzelnen Schicksale und Lebenslagen: Wechsel zwischen verschiedenen Jobs, Arbeitslosigkeitsphasen und Bildungsschleifen haben deutlich zugenommen. Betroffen sind auch Arbeitsmarktgruppen, für die solche Erfahrungen früher die absolute Ausnahme waren. Und diese Wechsel sind mit immer mehr Unsicherheit verbunden. Sie dauern länger, die Umwege werden mühsamer. Erst vorwärts in eine gute Arbeit, dann zurück in die Arbeitslosigkeit – dieses Hin und Her wird von der Ausnahme zur Regel. Seit etwa einem Jahrzehnt verstärken sich diese Trends erheblich. Das hat enorme Auswirkungen auf die Möglichkeiten der Lebensplanung jedes Einzelnen. Das hat jedoch zugleich enorme Auswirkungen auf die Gesellschaft: Menschen und Beschäftigte, die sich in solch riskanten und wenig kalkulierbaren Wechsel-Phasen bewegen, haben einerseits kaum die Kraft und die Möglichkeiten, sich ehrenamtlich und gesellschaftspolitisch zu engagieren. Und sie werden andererseits kaum den Mut und die Kraft haben, sich in den Betrieben für die eigenen Interessen und die ihrer Kolleginnen und Kollegen einzusetzen. Auch die immer wieder beklagte niedrige Geburtenrate und die späten Familiengründungen kann man in diesem Zusammenhang sehen. Zugespitzt: Die Gesellschaft mutet der Jungen Generation immer mehr Unsicherheiten und Risiken zu, beschwert sich gleichzeitig aber über niedrige Geburtenraten und sinkendes politisches und ehrenamtliches Engagement.

Arbeitsmarktentwicklung in der Wirtschaftskrise für die Junge Generation

In der Finanzmarkt- und Wirtschaftskrise hat sich deutlich gezeigt, welches Maß an Unsicherheit prekäre Beschäftigungsverhältnisse bedeuten. Der Anstieg der Arbeitslosenraten war für junge Beschäftigte in 2009 bis zu dreimal so stark wie im Durchschnitt der Erwerbsbevölkerung (siehe Abb. 5).

Diese Zahlen erklären sich unter anderem durch den besonders hohen Anteil atypischer Beschäftigung bei jungen Erwerbstätigen. Befristete Arbeitsverträge wurden nicht verlängert, Leiharbeiter entlassen, Auszubildende nicht übernommen.[25] Die Berufseinstiegschancen für Absolventen eines Studiums verschlechterten sich unmittelbar mit der Krise.

Nur das so genannte «deutsche Arbeitsmarktwunder» hat verhindert, dass wir es in Deutschland mit ähnlich massiven Anstiegen der Arbeitslosenquoten junger Menschen zu tun bekommen haben, wie wir sie in vielen anderen europäischen

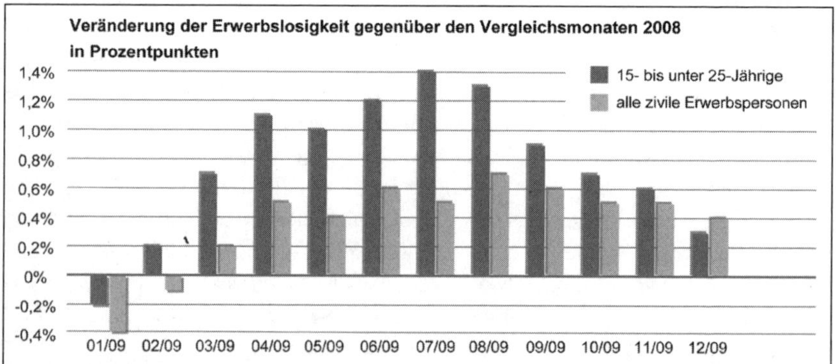

Abb. 5: Die Finanzmarkt- und Wirtschaftskrise hat die Junge Generation unmittelbar getroffen

25 Giesecke, Johannes; Wotschack, Philip (2009): Flexibilisierung in Zeiten der Krise: Verlierer sind junge und gering qualifizierte Beschäftigte. WZBrief Arbeit. Juni 2009. Berlin.

Ländern leider beobachten müssen. Es handelt sich natürlich nicht um ein Wunder, sondern um das Ergebnis von vernünftiger Politik – von den Gewerkschaften eingefordert und entworfen und von der großen Koalition umgesetzt. Und es ist Ergebnis der deutschen Arbeitsbeziehungen. Ohne funktionierende betriebliche Mitbestimmungsstrukturen hätte zum Beispiel die erweiterte Kurzarbeit überhaupt nicht in den Betrieben organisiert werden können. Dort, wo Unternehmen sie nicht anwenden, sondern entlassen wollten, haben Betriebsräte und Gewerkschaften sie vielfach als Alternative zum Jobabbau durchgesetzt. Die pragmatische Tarif- und Beschäftigungssicherungspolitik der deutschen Gewerkschaften hat ebenfalls ihren Teil beigetragen. Nicht zuletzt haben Gewerkschaften, Betriebsräte und Jugend- und Auszubildendenvertretungen in vielen Unternehmen die Übernahme der ausgelernten Auszubildenden und die Wiederbesetzung von Ausbildungsplätzen durchgesetzt und so einen noch stärkeren Anstieg der Arbeitslosigkeit junger Menschen verhindert.[26]

Klar und deutlich lässt sich jetzt schon ablesen, dass die Krise bei Politik und Arbeitgebern keinen Meinungswechsel bezüglich atypischer Beschäftigungsverhältnisse bewirkt hat. Im Gegenteil: Leiharbeit boomt wieder. Nachdem die Leiharbeiter – unter ihnen wie dargestellt überproportional viele junge Menschen – in der Krise als Flexibilitätspuffer missbraucht wurden, findet der Beschäftigungsaufbau im Aufschwung wieder über diese unsichere, keine Lebensplanung zulassende Beschäftigungsform statt (siehe Abb. 6).

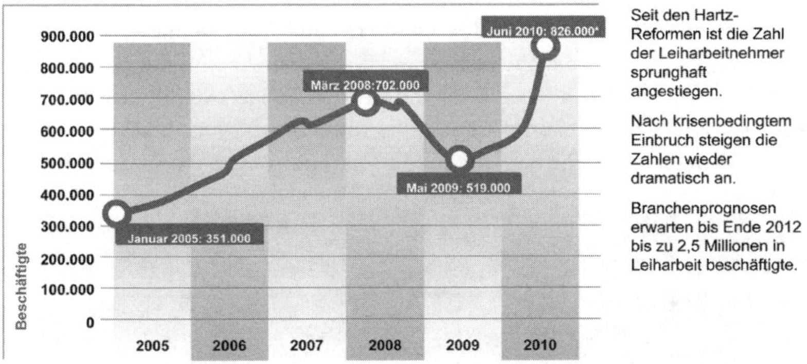

Quelle: Bundesagentur für Arbeit/ Hans-Böckler-Stiftung 2010/ *Berechnungen des Instituts der deutschen Wirtschaft (IW)

Abb. 6: Leiharbeit nimmt wieder zu

26 Zu beachten ist auch, dass es dämpfende Faktoren auf die Entwicklung der Arbeitslosenquote junger Menschen in Krisen gibt, die aber nicht über die eigentliche Dimension «hinweg beruhigen» dürfen. So weichen junge Menschen in Bildungsschleifen, freiwillige soziale Jahre, usw. aus, und tauchen daher in der Statistik nicht auf.

Soziale Sicherheit

Nicht überraschend bleiben die beschriebenen Trends zu prekärer Beschäftigung, erhöhtem Arbeitslosigkeitsrisiko und schlechterer sozialer Absicherung, nicht ohne Folgen für die materielle Situation der Jungen Generation. Zwischen 1998 und 2008 ist das Armutsrisiko in allen Altersgruppen der Bevölkerung angestiegen. Den schärfsten Anstieg hat es allerdings bei den jungen Altersgruppen gegeben. Vor allem die Gruppe der 19- bis 25-Jährigen ist betroffen. Sie weist die absolut höchste Armutsrisikoquote und den größten Anstieg auf (siehe Abb. 7).

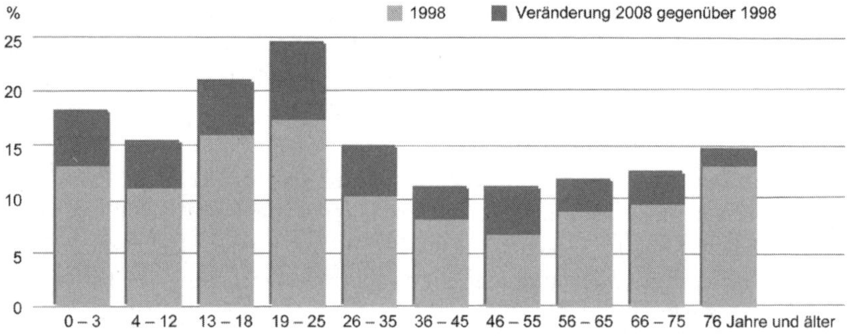

Quelle: DIW Wochenbericht 24/2010: Polarisierung der Einkommen. Die Mittelschicht verliert. Datenbasis: SOEP

Abb. 7: Armutsrisikoquote

Dies wird in der öffentlichen Debatte zu unrecht nur relativ wenig thematisiert. Hier wird vorwiegend über die ebenfalls skandalös hohen Armutsquoten bei Kindern diskutiert. Die Zahlen des Sozio-Ökonomischen Panels (SOEP) zeigen vollkommen inakzeptable Risikokumulationen bei Kindern und Jugendlichen die bei Alleinerziehenden leben und bei solchen mit Migrationshintergrund (siehe Abb. 8).

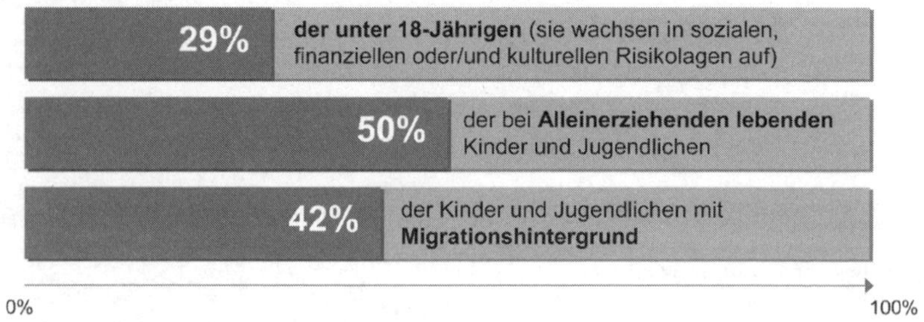

Quelle: DIW Wochenbericht 7/2010: Weiterhin hohes Armutsrisiko in Deutschland: Kinder und Junge Erwachsene sind besonders betroffen. Datenbasis: SOEP

Abb. 8: Von Armutsrisiko Betroffene

Das besonders hohe Armutsrisiko junger Menschen hängt unter anderem mit ihrer schlechten Absicherung bei Arbeitslosigkeit zusammen: Mit niedrigen Einkommen und prekärer Beschäftigung werden nur niedrige Ansprüche an die Arbeitslosenversicherung aufgebaut. Natürlich ist es richtig, dass die Dauer der Arbeitslosigkeitsphasen bei jungen Menschen deutlich niedriger ist als bei älteren Arbeitslosen. Den drastischen Anstieg des Armutsrisikos kann dieser Effekt aber offensichtlich nicht mehr verhindern.

Karriere- und Entwicklungsperspektiven – Gute Arbeit

Der hohe Stellenwert, den die Junge Generation Beschäftigungs- und Einkommenssicherheit zumisst, ist Ausdruck der Unzufriedenheit in diesem Bereich. Ihre Bedürfnisse nach Sicherheit und Einkommen bleiben unbefriedigt. Es kann daraus nicht geschlossen werden, dass qualitative Faktoren von Arbeit und beruflicher Entwicklung unwichtig sind. In der INIFES-Erhebung zu Guter Arbeit erreicht die Aussage «Arbeit soll Spaß machen» den zweiten Platz (nach «Festes verlässliches Einkommen»). Unter den 25 am wichtigsten eingestuften Aussagen finden sich viele, die den Stellenwert beruflicher Entfaltungs- und Entwicklungsmöglichkeiten aufzeigen (siehe Abbildung «Die 25 wichtigsten Aspekte Guter Arbeit»). Darüber hinaus liegt ein positiver Zusammenhang zwischen qualitativen Faktoren Guter Arbeit und den Zielen Beschäftigungs- und Einkommenssicherheit nahe. Das heißt, die Wahrscheinlichkeit schlechter qualitativer Arbeitsbedingungen steigt bei atypischen Beschäftigungsverhältnissen, niedrigen Einkommen und niedriger Beschäftigungssicherheit.[27] Alle im DGB-Index Gute Arbeit abgefragten Faktoren, die mit beruflichen Entwicklungsperspektiven zusammenhängen, schätzen Beschäftigte mit guten Arbeitsbedingungen für sich deutlich positiver ein als Beschäftigte mit schlechten Arbeitsbedingungen. Auf der Skala von 0-100 Punkten schätzen Menschen mit schlechten Arbeitsbedingungen ihre Qualifizierungs- und Entwicklungsperspektiven mit 42 Punkten ein. Menschen mit guten Arbeitsbedingungen vergeben bei dieser Frage 80 Punkte. Bei der Frage nach «beruflichen Zukunftsaussichten und Arbeitsplatzsicherheit» ist der Unterschied mit 20 zu 97 Punkten sogar noch krasser.[28] Da atypische Beschäftigung einen eindeutigen Zusammenhang mit schlechter Arbeit aufweist, ist es augenscheinlich, dass atypische Beschäftigung für die Junge Generation nicht nur ein temporäres Problem ist. In der wichtigen beruflichen Entwicklungsphase werden Qualifizierungs- und Entwicklungsmöglichkeiten eingeschränkt. Die negativen Folgen ziehen sich mit hoher Wahrscheinlichkeit

27 DGB (2009): DGB-Index Gute Arbeit. Der Report 2009. Wie die Beschäftigten die Arbeitswelt in Deutschland beurteilen. Berlin. S. 11.

28 DGB (2008): DGB-Index Gute Arbeit. Der Report 2008. Wie die Beschäftigten die Arbeitswelt in Deutschland beurteilen. Berlin. S. 15.

durch das ganze spätere Berufsleben. Das bedeutet auch für diejenigen, die nicht dauerhaft in atypischer Beschäftigung verbleiben, langfristige Folgen, die nicht wieder kompensiert werden können.

Vereinbarkeit von Familie und Beruf und work-life-balance

Die beschriebene Destandardisierung des Übergangs vom Bildungssystem in den Arbeitsmarkt hat nicht nur negative Einflüsse auf die ökonomische Situation der Jungen Generation, sondern sie hat darüber hinaus massive Auswirkungen auf die Planbarkeit und Entwicklung von selbstbestimmten Lebensentwürfen. Dies hat eine individuelle Dimension und eine gesamtgesellschaftliche. Zum Beispiel wird stabiles ehrenamtliches und politisches Engagement erschwert bzw. verhindert.
Die Vereinbarkeit von Familie und Beruf, die ohnehin im deutschen System ausgesprochen schlecht ist – nicht nur für die Altersgruppe U35 – ist aufgrund der besonderen und kumulierten Unsicherheiten für die Junge Generation extrem schwierig zu managen. Gesellschaftlich besonders problematisch ist dies, da die Familiengründungsphase in der Regel genau in dieser Altersgruppe stattfindet. Die höchsten Geburtenzahlen (gemessen am Alter der Mutter) liegen bei den Altersgruppen 28–35.

Nur die Beschäftigten mit Kindern ins Auge zu fassen, ist zu kurz gegriffen. Natürlich bekommen nicht alle bis zum Lebensalter von 35 Jahren Kinder. So liegt dennoch für einen nicht unerheblichen Teil der «späten Eltern» die Planungs- und Entscheidungsphase genau in diesem Altersbereich U35.

Führt man sich die mangelhafte Vereinbarkeit von Familie und Beruf vor Augen, so liegt ohnehin nahe, dass ein erheblicher Teil der späten Eltern unfreiwillig so spät Kinder bekommt. Die in den vorangegangenen Kapiteln beschriebenen Probleme mit atypischer Beschäftigung und langen Unsicherheitsphasen bis zur beruflichen Etablierung, stehen in engem Zusammenhang mit der Familiengründung und der Erfüllung des Kinderwunsches. Defizite in diesen Bereichen schlagen sich neben fehlenden Kinderbetreuungsmöglichkeiten besonders auf die Chance, Beruf und Familie ohne große Unsicherheiten miteinander vereinen zu können, nieder. In einer Untersuchung des Deutschen Jugend Institutes verknüpften die befragten männlichen Jugendlichen den richtigen Zeitpunkt Vater zu werden, eindeutig mit der Frage von sozialer Sicherheit, Einkommen und beruflicher Etablierung (siehe Abb. 9).

Die Familiengründung findet nicht bei allen Arbeitnehmergruppen in der gleichen Altersphase statt. Dies ist vor allem eng mit Unterschieden im Bildungs- und Karriereweg verbunden. Als nicht überraschende Faustformel kann gelten: Je höher qualifiziert/je länger die Bildungsphasen dauern, umso später erfolgt die Familiengründung.

Die empirischen Erkenntnisse zeigen, dass in Deutschland (vor allem in Westdeutschland) klassische Rollenmuster im Vergleich zu einigen anderen europäischen Ländern noch immer eine hohe Bedeutung haben. Die Frauenerwerbsquote

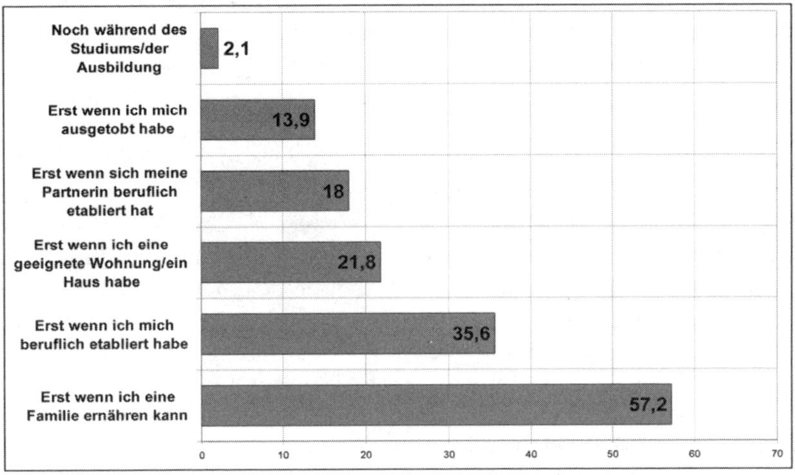

Die Frage lautete: „Wann denken Sie / denkst Du ist der richtige Zeitpunkt zum ersten Mal Vater zu werden?" Zustimmung auf einer Skala von 1 (stimme voll und ganz zu) bis 6 (stimme überhaupt nicht zu) Ausgewiesen sind die Anteile der Zustimmung zum Skalenwert 1. Alle Angaben in Prozent. N = 1703

Quelle: Zerle, Claudia; Krok, Isabelle (2008): Null Bock auf Familie? Der schwierige Weg junger Männer in die Vaterschaft. Eine Studie des deutschen Jugendinstitutes.

Abb. 9: Der richtige Zeitpunkt, zum ersten Mal Vater zu werden

ist deutlich niedriger als die der Männer. In den Kindererziehungszeiten arbeiten immer noch eher Frauen in Teilzeit bzw. nicht. Selbst mit den neuen Elternzeitregelungen nehmen Männer immer noch deutlich seltener Elternzeit – vor allem wenn man die Gesamtdauer der in Anspruch genommenen Elternzeit betrachtet. Hieraus die Schlussfolgerung zu ziehen, dass es sich dabei primär um ein Thema für Arbeitnehmerinnen handelt, ist aber grundlegend falsch. Zum einen weisen viele Untersuchungen darauf hin, dass diese ‹klassische› Rollenteilung oft nicht freiwillig gewählt wird. Zum anderen steht diese Rollenverteilung im Widerspruch zum Gesellschaftsbild der Gewerkschaften.

Die Vereinbarkeit von Familie und Beruf ist für die Alleinerziehenden in Deutschland besonders problematisch.[29] Die Erwerbstätigkeit von Alleinerziehenden ist – im internationalen Vergleich – in Deutschland besonders niedrig. Eine Folge ist, dass 30–40 Prozent der Haushalte von Alleinerziehenden arm sind. Aufgrund der Konstruktion des deutschen Sozialsystems ist es nicht schwer, bereits

29 Immerhin 19% der Familien mit minderjährigen Kindern sind in Deutschland (2009) Alleinerziehenden-Haushalte. Statistisches Bundesamt 2010: Pressekonferenz «Alleinerziehende in Deutschland – Ergebnisse des Mikrozensus 2009» am 29. Juli 2010 in Berlin. Statement von Präsident Roderich Egeler. Wiesbaden.

heute Ungleichheiten bei der Altersversorgung und den Altersarmutsrisiken zu prognostizieren.

Alleinerziehend ist prinzipiell keine Differenzierung nach Geschlecht, de facto in Deutschland aber doch. 90% der Alleinerziehenden sind Frauen.[30] Alleinerziehende werden hier gesondert aufgeführt, da ihre soziale und berufliche Lage besonders prekär ist. In Deutschland kumulieren für diese Gruppe besonders viele negative Faktoren bzw. stehen in direkten sich verstärkenden Wechselwirkungen: Fehlende Kinderbetreuung, mangelnde Arbeitszeitflexibilität, schlechte Arbeitsmarktchancen, besonders häufig in atypischen Beschäftigungsverhältnissen, arbeitslos und ein hohes Armutsrisiko, beschreiben die Lebenslage dieser Gruppe. Hervorzuheben ist, dass alleinerziehende Frauen in Deutschland ein deutlich erhöhtes Armutsrisiko aufweisen, obwohl sie häufiger erwerbstätig sind und längere Arbeitszeiten haben als Mütter in Paarbeziehungen. Das Vorurteil der nichtarbeitenden alleinerziehenden Mütter entbehrt jeglicher statistischer Grundlage. Hinzu kommt, dass von den nicht-erwerbstätigen Alleinerziehenden ein erheblich größerer Teil aktiv nach Arbeit sucht als bei den nicht Erwerbstätigen in Paarbeziehungen (37% / 13%).

Eine besondere Problemlage ergibt sich für sehr junge Alleinerziehende (wieder fast nur junge Frauen). Obwohl junge Frauen insgesamt ein niedrigeres Risiko haben ausbildungslos zu bleiben als junge Männer, steigt das Risiko für junge Frauen mit Kind rapide an.

Arbeitszeitregelungen, Häufigkeit von Projekt-, Schicht-, Wochenendarbeit und Dienstreisen sind wichtige Faktoren für die Vereinbarkeit von Familie und Beruf. Sie variieren sowohl nach Berufsgruppen als auch nach Betrieben.

Dass die Berücksichtigung von Bedürfnissen und Interessen von Beschäftigten mit Familie durch die Arbeitgeber als deutlich verbesserungsfähig gesehen wird, zeigt der DGB Index Gute Arbeit. Nur 31% der Befragten geben an, dass ihr Arbeitgeber in sehr hohem Maße bzw. in hohem Maße Rücksicht auf die Bedürfnisse von Familien nimmt.[31]

Unterschiedliche Betroffenheiten und Interessen aufgrund von unterschiedlichen materiellen Lebensumständen und betrieblichen Arbeitsabläufen wie zum Beispiel Schichtarbeit, Projektarbeit und häufigen Außenterminen liegen auf der Hand. Eine deutsche Besonderheit sind ausgeprägte regionale Differenzierungen. Land/Stadt-Unterschiede und Variationen zwischen Kommunen im Angebot an Kinderbetreuungseinrichtungen gibt es in den meisten Ländern. Die enormen Unterschiede nach Bundesländern sind aber ein typisch deutsches Phänomen.

30 Ebenda.

31 Fuchs, Tatjana (2007): DGB-Index Gute Arbeit. Sonderauswertung: Work-Life-Balance 2007 – Der Report. Wie die Beschäftigten die Vereinbarkeit von Berufs-, Familien- und Privatleben beurteilen. S. 11.

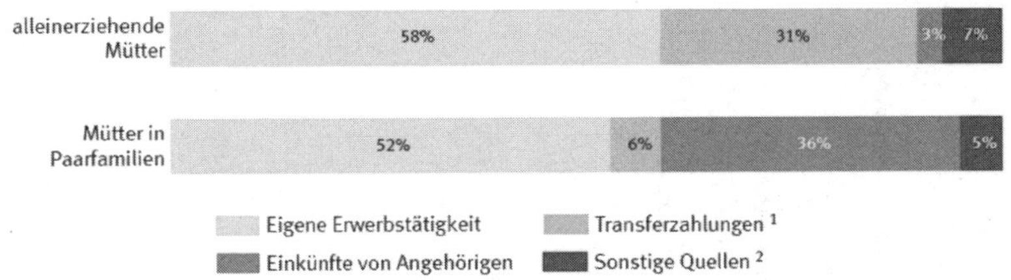

1 Hartz IV-Leistungen, Leistungen nach dem SGB XII "Sozialhilfe", Arbeitslosengeld I. – 2 Zum Beispiel: Elterngeld, Renten.

Datengrundlage: Mikrozensus 2009
Quelle: Statistisches Bundesamt 2010: Pressekonferenz Alleinerziehende in Deutschland – Ergebnisse des Mikrozensus 2009" am 29. Juli 2010 in Berlin. Statement von Präsident Roderich Egeler. Wiesbaden. S. 8

Abb. 10: Alleinerziehende Mütter und Mütter in Paarfamilien nach überwiegendem Lebensunterhalt 2009

Je nach Bundesland ist der tatsächliche Effekt von Einkommensungleichheiten auf die Möglichkeiten zur Vereinbarkeit von Familie und Beruf sehr unterschiedlich. In den Bundesländern mit hohen Kostenbeiträgen der Eltern für die Kinderbetreuung, stellen diese insbesondere für Geringverdiener neben den fehlenden flächendeckenden Angeboten den zweiten limitierenden Faktor dar. Das Ausweichen auf privatwirtschaftliche Angebote ist in der Regel nur für Bezieher höherer Einkommen möglich.

Auf der gesellschaftspolitischen Diskursebene hat das Thema Vereinbarkeit von Familie und Beruf Konjunktur. Die Debatte ist aber stark auf den Ausbau institutioneller Kinderbetreuung fokussiert.

Aus gewerkschaftlicher und gerechtigkeitstheoretischer Perspektive muss der deutsche Mix an familienpolitisch motivierten Maßnahmen hinterfragt werden. Für Deutschland ist der hohe Anteil an steuerlichen Vergünstigungen und ein niedriger Anteil an direkten Serviceangeboten auffällig (siehe Abbildung). Dieser Mix ist besonders für Bezieher höherer Einkommen vorteilhaft. Dies hat zum einen generelle Gerechtigkeitsprobleme zwischen Einkommensgruppen zur Folge. Zum anderen gibt es aus Sicht der Jungen Generation das Problem, dass, wenn die Familiengründungsphase noch in die berufliche Etablierungsphase – mit i.d.R. niedrigeren Einkommen – fällt, relativ wenig von den familienpolitischen Maßnahmen profitiert wird. Für alle, die Familien während Bildungs-, Arbeitslosigkeits- oder atypischer Beschäftigungsphasen gründen, ist dieser Zusammenhang noch ausgeprägter.

Auf den Punkt gebracht: Zum Zeitpunkt an dem junge Familien die Förderung am dringendsten benötigen, greifen die (steuerlichen) Förderungen am wenigsten oder gar nicht.

Wir haben gezeigt, dass die mangelhafte Vereinbarkeit von Familie und Beruf weder ein reines «Frauenproblem» noch ein individualisierbares Problem ist. Institutionelle Kinderbetreuung gehört in modernen Gesellschaften zu den Grund-

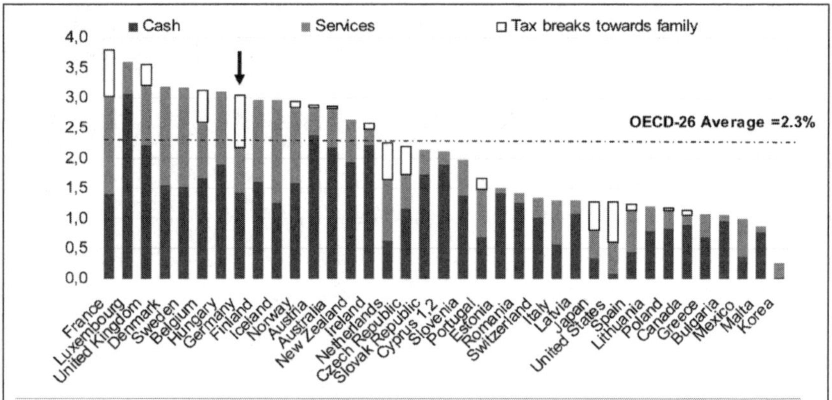

Quelle: OECD, Social Expenditure Database (www.oecd.org/els/social/expenditure), Download 2010-09-15

Abb. 11: Mix familienpolitischer Maßnahmen: Geldtransferzahlungen (Cash), Dienstleistungen (Services und steuerliche Förderung (*Tax breaks*), in % des BIP im Jahr 2005

bedingungen für die Reproduktionsfähigkeit von Gesellschaften. Nur mit einem Bildungssystem, das erst mit der Grundschule ansetzt, ist es schon lange nicht mehr getan. Unabdingbar hinzu gehören Freiräume – zeitlicher und finanzieller Art – für Kindererziehung und Familienarbeit. Deutschland hat in diesem Themenbereich wahrlich keine Vorreiterrolle. Es ist daher kein Zufall, dass Deutschland eine der niedrigsten europäischen Geburtenraten aufweist (2008: 1,37 Kinder pro Frau).

Work-life-balance

Die beschriebenen negativen Wirkungen auf die Vereinbarkeit von Familie und Beruf treffen zu großen Teilen ebenfalls auf den weitergefassten Begriff der work-life-balance zu. Hiermit sind zum einen die Erwartungen vom «guten Leben» von freiwillig Kinderlosen anzusprechen. Zum anderen bedeutet es eine inhaltliche Ausdehnung. Es geht nicht nur um Familie und Beruf, sondern auch um andere Freizeit- und Engagementbedürfnisse. Genauso wie die Vereinbarkeit von Familie und Beruf ist dies ein Problem mit gesamtgesellschaftlicher Dimension. Probleme von Vereinen und lokalen Parteigliederungen Vorstandsämter zu besetzen, sind nicht als generelle Absage der Jungen Generation an ehrenamtliches Engagement zu sehen, sondern sind vielfach durch die langen Unsicherheitsphasen mit Job- und Ortswechseln und erzwungenen Prioritäten auf Jobsuche und Karriereplanung begründet. Viele Ehrenämter verlangen ein Mindestmaß an Stabilität und Planbarkeit, das für große Teile der Jungen Generation nicht mehr gegeben ist.

Work-life-balance und Vereinbarkeit von Familie und Beruf weisen eine hohe Korrelation mit den Arbeitsbedingungen auf. 78 Prozent der Beschäftigten mit Guter Arbeit haben ein ausgewogenes Verhältnis zwischen Arbeits- und Privatleben

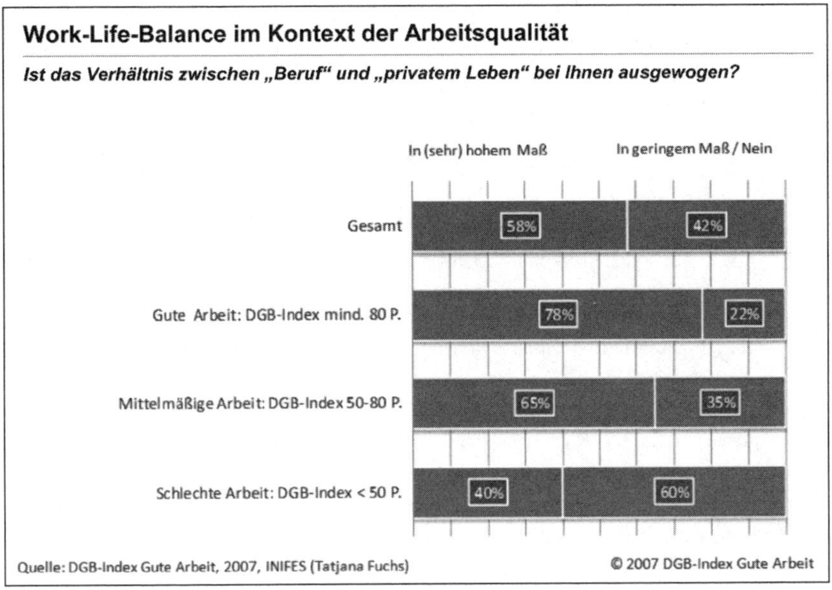

Abb. 12: Work-Life-Balance im Kontext der Arbeitsqualität

– aber nur 40 Prozent der Beschäftigten mit schlechter Arbeit. 58 Prozent sind es im Durchschnitt aller Beschäftigten (siehe Abbildung). Bei einer geschlechtsspezifischen Betrachtung fällt auf, dass die Unterschiede zwischen Männern und Frauen ohne Kinder gering sind. Bei Vätern und Müttern hingegen fällt auf, dass Mütter durchweg eine schlechtere work-life-balance angeben. Hier schlägt sich nach wie vor die ungleiche außerberufliche Arbeitsteilung nieder.[32]

Generationengerechtigkeit – Tücken einer Argumentation

Wir wollen hier nicht die umfangreiche Literatur zum Thema Generationengerechtigkeit vorstellen. Wir möchten allerdings auf Verkürzungen der Sichtweise, die sich in vielen Argumentationen zur Generationengerechtigkeit findet, hinweisen. Die Verwendung des Begriffs unterstellt oft eine homogene Betroffenheit und Lebenslage von Altersgruppen, die nicht gegeben ist. Wir haben in den vorangestellten Kapiteln viele empirische Belege angeführt, die deutlich machen, dass Bildungs-, Lebens- und Arbeitsmarktchancen innerhalb der Jungen Generation ungleich und ungerecht verteilt sind. Die Diskussion um Generationengerechtigkeit neigt dazu diese Ungleichheiten zu verdecken. Christoph Butterwege stellt fest:

32 Ebenda.

> «Das verkrampfte Bemühen um mehr Generationengerechtigkeit, der noch nie so viel Beachtung wie heute zu Teil wurde, überdeckt die in sämtlichen Altersgruppen, in der ganzen Gesellschaft drastisch wachsende soziale Ungleichheit».

Er stellt dies in den größeren Zusammenhang der generellen Uminterpretation des Gerechtigkeitsbegriffes:

> «Von der sozialen Gerechtigkeit zur bloßen ‹Chancengleichheit›, von der Verteilungs- zur ‹Beteiligungsgerechtigkeit›, von der *ausgleichenden* zur *Tausch*gerechtigkeit, aber auch von der *gemeinschaftlichen* zur versicherungsmathematischen *Risiko*gerechtigkeit und von der sozialen zur ‹Generationengerechtigkeit›.»[33]

Das Argumentationsmuster zur Generationengerechtigkeit sieht in der Regel wie folgt aus: Da der Bundeshaushalt ein Defizit aufweist, wird unterstellt, dass die heutigen staatlichen Ausgaben zu Lasten der Jungen Generation bzw. nachfolgender Generationen gehen. Sie müssten später für die Folgen der Staatsverschuldung aufkommen. So einfach ist die Rechnung aber nicht. Es kommt schon sehr auf die Mittelverwendung an. Handelt es sich um Zukunftsinvestitionen, zum Beispiel um Investitionen in das Bildungssystem, lässt sich diese Argumentation nicht halten.

Wird unter dem Mäntelchen der Generationengerechtigkeit einem Magerstaat das Wort geredet, ist dies sicherlich nicht im Interesse der Mehrheit der Jungen Generation. Gerade Kinder, Jugendliche und junge Erwachsene sind auf einen funktionsfähigen Staat angewiesen, der die notwendige Bildungsinfrastruktur für alle sicher stellt. Die in unserem Beitrag beschriebenen Ungleichheiten und Ungerechtigkeiten bei den Bildungschancen und die gravierenden Probleme der Bildungsarmut werden sich in einem neoliberalen Magerstaat nicht beheben lassen. Sie werden sich in einem solchen Staat verschärfen.

Darüber hinaus sind die Annahmen und Verrechnungen der Protagonisten der Generationengerechtigkeit zu hinterfragen. Es wird nur ein Ausschnitt der Wohlstandstransfers zwischen den Generationen berücksichtigt. Der Fokus liegt auf der öffentlichen Verschuldung und dem staatlichen Rentensystem. Außen vor bleiben in der Regel private Transfers zwischen den Generationen wie Kindererziehung, Unterhalt für Kinder, private Vermögensübertragungen durch Erbschaften und Schenkungen. Nicht berücksichtigt werden ferner das wachsende gesellschaftliche

33 Butterwegge, Christoph (2006): Generationengerechtigkeit – Zukunftsverpflichtung oder Kampfbegriff? In: Berliner Debatte Initial 3/2006. S. 50 und 47. Hervorhebungen im Original.

Produktionskapital und das öffentliche Vermögen in Form der gesamten öffentlichen Infrastruktur.[34]

Generationengerechtigkeit als Tausch- und Renditegerechtigkeit zu interpretieren widerspricht im Übrigen aus unserer Sicht jeglichem Gerechtigkeitsbegriff. Es ist darüber hinaus höchst fragwürdig, ob Austauschbilanzen über so lange Zeiträume hinweg überhaupt seriös sind. Geschichtliche Brüche, Krisen, Technologiesprünge, usw. lassen sich nicht vorhersagen. Die aufgestellten Bilanzen der Generationengerechtigkeit operieren daher sehr im Vagen. Wie zweifelhaft solche Rechnungen sind, hat sich ja nicht zuletzt bei den sehr optimistischen Annahmen zu den Renditen kapitalgedeckter Altersvorsorge gezeigt, die von den Protagonisten der Generationengerechtigkeit immer wieder als bessere Alternative zur umlagefinanzierten Altersversorgung angeführt wurde. Eine Finanzmarktkrise war in diesen Rechnungen offensichtlich nicht vorgesehen.

Handlungsebenen – Betrieb, Tarif, Gesellschaft

In den thematischen Einzelkapiteln sind Handlungs- und Politikebenen bereits implizit angeschnitten. Wir möchten sie zum Abschluss noch einmal aus Arbeitnehmerperspektive systematisieren und anhand von Beispielen aufzeigen, dass viele der wichtigen Themen der Jungen Generation auf mehreren Handlungsebenen angegangen werden müssen. Die primären Handlungsebenen für Gewerkschaften und Arbeitnehmer sind:

- Die betriebspolitische Ebene,
- die tarifpolitische Ebene und
- die gesellschaftspolitische Ebene.

Sehen wir uns das Beispiel der Leiharbeit an: Gewerkschaften und Betriebsräte haben bewiesen, dass sie dort, wo sie betrieblich gut organisiert sind und Leiharbeit zum Thema gemacht haben, Erfolge für die Leiharbeiter erzielen konnten. Zum Beispiel wurden mit Besser-Vereinbarungen deutliche Einkommensverbesserungen und vorteilhaftere Arbeitsbedingungen durchgesetzt werden. Auch auf der Tarifebene können Gewerkschaften Leiharbeit gestalten. Die IG Metall machte dazu einen kraftvollen Vorstoß in der Tarifrunde 2010 in der Stahlindustrie. Klar bleibt aber: Viele Probleme der Leiharbeit werden durch gesetzliche Deregulierung ausgelöst. Gerade in Bereichen mit geringer Tarifdeckung, schwachem gewerkschaftlichen Organisationsgrad und wenigen Betriebsräten werden die Auswüchse der Leiharbeit nur mit gesetzlichen Änderungen wieder einzufangen sein. Gesell-

34 Vgl. ausführlicher: Ebert, Thomas (2009): Halbwahrheiten in der Gerechtigkeitsdiskussion. Benachteiligt der Sozialstaat wirklich die jüngeren Generationen? In: Perspektiven ds 2/2009.

schaftspolitischer Druck muss aufgebaut werden. Die Leiharbeitskampagnen der Gewerkschaften setzen daher zu Recht auf allen drei Handlungsebenen an.

Die Vereinbarkeit von Familie und Beruf lässt sich nur Erfolg versprechend im Sinne der Beschäftigten regeln, wenn alle drei Handlungsebenen bearbeitet werden. Zwar wird das Thema ‹Ausbau von institutioneller Kinderbetreuung› derzeit vor allem auf der gesellschaftspolitischen Ebene (Bundes- Länder- und Kommunalebene) diskutiert. Zusätzlich Erfolg versprechend es auf der betriebspolitischen Ebene anzugehen. Positivbeispiele wie das Projekt ‹Beruf und Familie› im Daimler LKW-Werk in Wörth zeigen, dass Betriebsräte und Beschäftigte auf dieser Ebene erfolgreich Verbesserungen initiieren und durchsetzen können.[35] Die Diskussion über den aufgezeigten ungerechten Mix an familienpolitischen Maßnahmen mit seinem hohen Anteil an suboptimalen steuerlichen Förderungen ist klar der gesellschaftspolitischen Arena zuzuordnen. Nichtsdestotrotz müssen Gewerkschaften hierzu auch die Debatte über die betriebspolitische Ebene mit ihren Mitgliedern suchen und anstoßen.

Die ausführlich aufgezeigten Handlungsnotwendigkeiten im Bildungssystem sind ebenfalls auf mehreren Handlungsebenen virulent. Die Bedeutung der gesellschaftspolitischen Auseinandersetzung liegt auf der Hand. In vielen Bereichen der dualen Ausbildung sind Arbeitnehmer, Betriebsräte und Gewerkschaften aber auch direkte Akteure. Sie sind an der Ordnung und Neuordnung von Ausbildungsgängen beteiligt, sie sind in die hochgradig politisch aufgeladenen Auseinandersetzungen involviert. Bei der Durchsetzung von Ausbildungsplatzangeboten in den Unternehmen sind sie nicht zu unterschätzen. Ohne ihr Engagement und ihre Konfliktbereitschaft für Ausbildungschancen junger Menschen – auch derjenigen, die bei den Arbeitgebern schnell durchs Auswahlraster fallen – wäre der Ausbildungsplatzmangel deutlich schärfer und die «Bildungsverlierer» hätten noch geringere Chancen auf berufliche und gesellschaftliche Teilhabe.

Diese wenigen Beispiele für die Vernetzung der Handlungsebenen zeigen unseres Erachtens deutlich, dass die Problemlagen, Interessen und Zukunftserwartungen der Jungen Generation Themen für die Gewerkschaften als Gesamtorganisation sein müssen. Sie zeigen darüber hinaus aber noch zweierlei:

Bündnisfähigkeit ist unabdingbar. Gerade auf der gesellschaftspolitischen Ebene werden Gewerkschaften nur erfolgreich sein, wenn sie sich mit den gesellschaftlichen Akteuren zusammentun, die ähnliche Problemsichten und Zielvorstellungen haben.

Beteiligungsorientierung ist unabdingbar. Die pauschalen Stammtischthesen von der unpolitischen Jungen Generation, die sich nicht für ihre Interessen engagiert, dürfen nicht handlungsleitend für Gewerkschaften sein. Sie werden durch

---

35 Hess, Jürgen (2010): Wachgeküsst. Vereinbarkeit und Chancengleichheit bei Daimler in Wörth, in: Gute Arbeit 4/2010. S. 21–24.

viele Untersuchungen widerlegt.[36] Nicht für die Junge Generation, sondern auch mit der Jungen Generation ist die Devise.

Literatur

Autorengruppe Bildungsberichterstattung (2010): Bildung in Deutschland 2010. Ein indikatorengestützter Bericht mit einer Analyse zu Perspektiven des Bildungswesens im demografischen Wandel. Bielefeld.

Bertelsmann Stiftung (2008): Integration durch Bildung. Ergebnisse einer repräsentativen Bevölkerungsbefragung in Deutschland (die Umfrage wurde durch das Institut Emnid im Auftrag der Bertelsmann Stiftung durchgeführt). Gütersloh.

Bertelsmann Stiftung (2010): Keine Perspektive ohne Ausbildung. Eine Analyse junger Erwachsener ohne Berufsabschluss in Westdeutschland. Gütersloh.

Bittlingmayer, Uwe H. (2008): Generationen oder Klassenmilieus? Konsequenzen für jugendpolitische Perspektiven, in: SPW 1/2008.

Boes, Andreas; Kämpf, Tobias (2008): «Hochqualifizierte in einer globalisierten Arbeitswelt: Von der Erosion der ‹Beitragsorientierung› zu neuen Arbeitnehmeridentitäten», in: Arbeits- und Industriesoziologische Studien. 2/1. S. 44–67.

Bundesagentur für Arbeit (2010): Analyse des Arbeits- und Ausbildungsstellenmarktes für unter 25-Jährige. Juli 2010. Nürnberg.

Butterwegge, Christoph (2006): Generationengerechtigkeit – Zukunftsverpflichtung oder Kampfbegriff? In: Berliner Debatte Initial 3/2006.

DGB (2007): DGB-Index Gute Arbeit. Work-Life-Balance 2007 – Der Report. Wie die Beschäftigten die Vereinbarkeit von Berufs-, Familien- und Privatleben beurteilen. Berlin.

DGB (2008): DGB-Index Gute Arbeit. Der Report 2008. Wie die Beschäftigten die Arbeitswelt in Deutschland beurteilen. Berlin.

DGB (2009): DGB-Index Gute Arbeit. Der Report 2009. Wie die Beschäftigten die Arbeitswelt in Deutschland beurteilen. Berlin.

DIW (2010a): Weiterhin hohes Armutsrisiko in Deutschland: Kinder und junge Erwachsene sind besonders betroffen. DIW Wochenbericht 7/2010. Berlin.

DIW (2010b): Polarisierung der Einkommen. Die Mittelschicht verliert. DIW Wochenbericht 24/2010. Berlin.

36 Zum Beispiel in den Shell-Jugendstudien: Hurrelmann, Klaus; Albert, Mathias (2006): Jugend 2006. Eine pragmatische Generation unter Druck. Hg. vom Jugendwerk der deutschen Shell. Frankfurt/M.

Dombrowski, Rosine; Solga, Heike (2009): Soziale Ungleichheiten in schulischer und außerschulischer Bildung. Stand der Forschung und Forschungsbedarf. Hans-Böckler-Stiftung, Arbeitspapier 171. Düsseldorf.

Ebert, Thomas (2009): Halbwahrheiten in der Gerechtigkeitsdiskussion. Benachteiligt der Sozialstaat wirklich die jüngeren Generationen? In: Perspektiven ds 2/2009.

Eversberg, Dennis (2010): Lebenssituation und -perspektiven jüngerer Arbeitnehmerinnen und Arbeitnehmer – eine Literaturstudie, in: Huber, Berthold; Wetzel, Detlef (Hg) 2010: Junge Generation. Studien und Befunde zur Lebenslage und den Perspektiven der bis 35-Jährigen. Marburg.

Fuchs, Tatjana (2007): DGB-Index Gute Arbeit. Sonderauswertung: Arbeitsqualität aus Sicht von jungen Beschäftigten (unter 30 Jahren), DGB-Index Gute Arbeit, Stadtbergen: INIFES, http://www.dgb-index-gute-arbeit.de/downloads/publikationen/data/Sonderauswertung%20Jugend

Giesecke, Johannes; Wotschack, Philip (2009): Flexibilisierung in Zeiten der Krise: Verlierer sind junge und gering qualifizierte Beschäftigte. WZBrief Arbeit Juni 2009. Berlin.

Held, Josef; Bibouche, Seddik; Billmann, Lucie; Kempf, Martina; Kröll, Tobias (2010): Lebensführung und solidarisches Handeln in der Krise – Ergebnisse des Forschungsprojektes U35, in: Huber, Berthold; Wetzel, Detlef (Hg) 2010: Junge Generation. Studien und Befunde zur Lebenslage und den Perspektiven der bis 35-Jährigen. Marburg.

Hess, Jürgen (2010): Wachgeküsst. Vereinbarkeit und Chancengleichheit bei Daimler in Wörth, in: Gute Arbeit 4/2010. S. 21–24.

Holst, Hajo (2009): Disziplinierung durch Leiharbeit? – Neue Nutzungsstrategien von Leiharbeit und ihre arbeitspolitischen Folgen, in: WSI-Mitteilungen 3/2009.

Hurrelmann, Klaus; Albert, Mathias (2003): Jugend 2002. Zwischen pragmatischem Idealismus und robustem Materialismus. Hg. vom Jugendwerk der deutschen Shell. Frankfurt/M.

Hurrelmann, Klaus; Albert, Mathias (2006): Jugend 2006. Eine pragmatische Generation unter Druck. Hg. vom Jugendwerk der deutschen Shell. Frankfurt/M.

IG Metall (2009): Junge Generation – motiviert aber ausgebremst. Ergebnisse der Studie: persönliche Lage und Zukunftserwartungen der Jungen Generation, TNS Infratest Politikforschung im Auftrag der IG Metall. April 2009.

INIFES 2008: Was ist gute Arbeit? Anforderungen an den Berufseinstieg aus der Sicht der jungen Generation. Ergebnisse einer repräsentativen Befragung von Berufseinsteigern im Alter zwischen 18 und 34 Jahren mit abgeschlossener Berufsausbildung. Im Auftrag der Bundesanstalt für Arbeitsschutz und Arbeitsmedizin (BAuA) und dem Bundesministerium für Arbeit und Soziales (BMAS). Stadtbergen.

Klenner, Christina; Pfahl, Svenja (2008): Jenseits von Zeitnot und Karriereverzicht – Wege aus dem Arbeitszeitdilemma. Arbeitszeiten von Müttern, Vätern und Pflegenden. WSI-Diskussionspapier Nr. 158. Düsseldorf.

Kraemer, Klaus; Speidel, Frederic (2004): Prekäre Leiharbeit. Zur Integrationsproblematik einer atypischen Beschäftigungsform, in: Vogel, Berthold (Hg) 2004: Leiharbeit: neue sozialwissenschaftliche Befunde zu einer prekären Beschäftigungsform. Hamburg.

Langhoff, Thomas; Krietsch, Ina; Starke, Christian (2010): Der Erwerbseinstieg junger Erwachsener: unsicher, ungleich, ungesund, in: WSI-Mitteilungen 7/2010.

Lehmann, Petra; Wirtz, Christine (2004): Haushaltszusammensetzung in der EU – Alleinerziehende. Statistik kurz gefasst, Eurostat.

Niemann-Findeisen, Sören (2010): Motiviert – aber ausgebremst. Ergebnisinterpretation der Studie: Persönliche Lage und Zukunftserwartungen der Jungen Generation, TNS Infratest Politikforschung im Auftrag der IG Metall, April 2009, in: Huber, Berthold; Wetzel, Detlef (Hg) 2010: Junge Generation. Studien und Befunde zur Lebenslage und den Perspektiven der bis 35-Jährigen. Marburg.

Nussbaum, Martha C. (2002): Aristotelische Sozialdemokratie: Die Verteidigung universaler Werte in einer pluralistischen Welt, in: Nussbaum, Martha C. (2002): Für eine aristotelische Sozialdemokratie. Essen. S. 17–40.

OECD 2010: Education at a Glance: OECD Indicators. Paris.

OECD (o.J.): Social Expenditure Database (www.oecd.org/els/social/expenditure). http://www.oecd.org/dataoecd/55/58/38968865.xls. Download: 2010-09-15.

Pfahl, Svenja; Reuyß, Stefan (2008): Gelebte Chancengleichheit im Betrieb. Fallstudien. Reihe: Betriebs- und Dienstvereinbarungen. Frankfurt/M.

Rosenbladt, Bernhard von; Bilger, Frauke; TNS Infratest Sozialforschung (2008): Weiterbildungsbeteiligung in Deutschland – Eckdaten zum BSW-AES 2007, ein Bericht im Rahmen des Forschungsprojekt «BSW-AES 2007 – Erhebung zum Weiterbildungsverhalten» – ein Vorhaben des Bundesministeriums für Bildung und Forschung (BMBF). München.

Schulze, Alexander; Unger, Rainer; Hradil, Stefan (2008): Bildungschancen und Lernbedingungen an Grundschulen der Stadt Wiesbaden am Übergang zur Sekundarstufe I. Projekt- und Ergebnisbericht zur Vollerhebung der GrundschülerInnen der 4. Klasse im Schuljahr 2006/07. Herausgegeben von: Projektgruppe Sozialbericht zur Bildungsbeteiligung, Amt für Soziale Arbeit, Abteilung Grundsatz und Planung. Wiesbaden.

Sen, Armatya (2000): Ökonomie für den Menschen. Wege zu Gerechtigkeit und Solidarität in der Marktwirtschaft. München.

Spiegel Special (2009): Was wird aus mir? Wir Krisenkinder: Das Selbstporträt einer Generation. Nr.1. 2009.

Statistisches Bundesamt (2009): Bildungsstand der Bevölkerung 2009. Wiesbaden.

Statistisches Bundesamt (2010): Pressekonferenz «Alleinerziehende in Deutschland – Ergebnisse des Mikrozensus 2009» am 29. Juli 2010 in Berlin. Statement von Präsident Roderich Egeler. Wiesbaden.

Vester, Michael; et al; (2001): Soziale Milieus im gesellschaftlichen Wandel. Zwischen Integration und Ausgrenzung. Frankfurt/M.

Vester, Michael; Teiwes-Kügler, Christel; Lange-Vester, Andrea (2007): Die neuen Arbeitnehmer. Zunehmende Kompetenzen – wachsende Unsicherheit. Hamburg.

Vester, Michael; Teiwes-Kügler, Christel; Lange-Vester, Andrea (2010): «Und diese Mitbestimmung fehlt mir total ...». Mentalitäten und interessenpolitische Haltungen junger Arbeitnehmermilieus im Wandel. Ergebnisse einer empirischen Exploration, in: Huber, Berthold; Wetzel, Detlef (Hg) 2010: Junge Generation. Studien und Befunde zur Lebenslage und den Perspektiven der bis 35-Jährigen. Marburg.

Zerle, Claudia; Krok, Isabelle (2008): Null Bock auf Familie? Der schwierige Weg junger Männer in die Vaterschaft. Kurzfassung eine Studie des deutschen Jugendinstitutes im Auftrag der Bertelsmann Stiftung. München.

Michael Vester, Christel Teiwes-Kügler, Andrea Lange-Vester

«Und diese Mitbestimmung fehlt mir total ...»

Mentalitäten und interessenpolitische Haltungen junger Arbeitnehmermilieus im Wandel. Ergebnisse einer empirischen Exploration

In der Pilotuntersuchung, über die nachfolgend berichtet wird, wurde die Gewichtverschiebung vom historischen Kern der Facharbeiterschaft zu den höher qualifizierten Berufsgruppen exploriert, durch die sich die Arbeitnehmermilieus stärker ausdifferenzieren. Durch diese «Kompetenzrevolution» wandeln sich Werte und Lebensstile, Berufsethos und gesellschaftspolitische Einstellungen. Bei den Angestellten wachsen neue Gruppen, in denen die Grenzen zwischen technischen und kaufmännischen, unternehmerischen und arbeitnehmerischen Orientierungen fließend sind. Wachsenden Ansprüchen der Autonomie und Mitbestimmung stehen oft (je nach Organisationskonzept der Unternehmen) auch Erfahrungen der Unsicherheit und Abwertung, mangelnder Leistungsgerechtigkeit und Anerkennung gegenüber. Dieser Wandel betrifft besonders die jüngere Arbeitnehmergeneration bis 35 Jahre. Unternehmen und Gewerkschaften können diese Gruppen nur dann integrieren, wenn sie ihre Konzepte der Organisation und Mitbestimmung und der Ausbalancierung der bisher kaum typologisch erforschten Vielfalt der Arbeitnehmergruppen überprüfen.

1. Fragestellung und Überblick

«Nur wer keine Zwänge kennt, kann immer alles geben.»
(Auzubildender Fachinformatiker, 26 Jahre)

«Es geht mir darum, dass man ein sinnvolles Arbeiten hat, dass ich mitbestimmen kann, wie mein Arbeitsfeld gestaltet wird … Und diese Mitbestimmung fehlt mir total, das ist immer weniger geworden.»
(Facharbeiter, 34 Jahre)

Die Gewerkschaften werden durch einen tief greifenden Wandel der Wirtschaftsstrukturen und der Arbeitnehmermilieus herausgefordert. Sie stehen mitten in dem schwierigen Prozess, ihre Organisation und Politik auf diesen Wandel umzustellen. Der Strukturwandel wird in den Betrieben besonders intensiv von der jüngeren Generation der Beschäftigten, von den jungen Arbeitnehmerinnen und Arbeitnehmern unter 35 Jahren, erfahren.

1.1 Die Erkundung eines unbekannten Terrains

Der soziale Wandel wird oft auf die Formel gebracht, dass die Wirtschafts- und Mentalitätsstrukturen vielfältiger werden oder sich sogar auflösen. Nur der erste Teil dieser Aussage ist richtig. Die dramatischen Szenarien von der «Auflösung der Arbeitnehmermilieus», vom «Ende der Industriearbeit» oder vom «Ende der Gewerkschaften» sind nicht Wirklichkeit geworden. Seit etwa 2007 sind die Mitgliederverluste vieler Gewerkschaften zum Stillstand gekommen. Eine große repräsentative Untersuchung des DGB bestätigt, dass gleichzeitig das Ansehen der Gewerkschaften wieder gewachsen ist.[1] Sie entdeckt sogar erhebliche Mitgliederpotentiale bei den nicht organisierten Arbeitnehmern, die in diesen Zeiten sozialer Unsicherheit auf die Gewerkschaften und Betriebsräte als verlässliche Anwälte ihrer Interessen setzen.

Allerdings spiegelt sich dieser Zuspruch bisher nicht in einem neuen Mitgliederzuwachs wider. Die Mitgliederzahlen der IG Metall sinken zwar nicht mehr, sie stagnieren aber weit gehend. Die DGB-Studie hat darauf hingewiesen, dass die neuen, mobilisierbaren Mitgliederpotentiale besonders bei jüngeren, besser ausgebildeten, aber weniger sicher beschäftigten Arbeitnehmern liegen, und zwar nicht nur in den größeren Betrieben, sondern auch in den mittleren und kleinen Betrieben, und auch nicht nur bei den Männern, sondern auch bei den jüngeren und gut ausgebildeten Frauen. Es ist daher nur folgerichtig, dass die IG Metall besonders die jüngere Gene-

1 Wetzel, Detlef (2008): DGB Initiative Trendwende, Projekt «Mitgliederpotenzialanalyse»: Analyse der Faktoren und Handlungsrelevanzen für die Mitgliederbindung und -gewinnung. Auswertung für die IG Metall. Präsentation zur Klausurtagung des IG Metall Vorstands.

ration der Arbeitnehmer in den Blick genommen hat. Es ist ebenso folgerichtig, dass sie dabei nicht mehr nur auf die Altersgruppe der Auszubildenden achtet, die durch die Jugendvertretungen und die Jugendarbeit der Gewerkschaft oft gut repräsentiert und mobilisiert sind. Sie wendet sich der bisher weniger beachteten gesamten Generation der jungen Arbeitnehmer bis zum Alter von 35 Jahren zu.

Damit reagiert die Gewerkschaft auf nachhaltige Strukturverschiebungen. Die Jugendarbeit war herkömmlicherweise auf die Probleme des Übergangs zwischen Schulabschluss und Eintritt in ein stabiles «Normalarbeitsverhältnis» zugeschnitten. Hier hat sich einiges verändert:

- Zum einen hat sich die Ausbildungsphase bis etwa in das 22. Lebensjahr verlängert. Durch höhere fachliche Anforderungen ist der Anteil derer, die Realschulen, Gymnasien, Fachschulen usw. besuchen, gewachsen. Durch neue ökonomische Unsicherheiten verlängert sich die Zeit der Orientierung und Suche.
- Zum anderen haben diejenigen, denen dann mit etwa 23 Jahren der Übergang in ein dauerhaftes Arbeitsverhältnis gelungen ist, damit noch kein sicheres «Normalarbeitsverhältnis» erreicht. Tarifliche Beschäftigungssicherheit und hohe berufliche Qualifikation sind heute keine Garantie mehr für einen stabilen Status und für die Unabhängigkeit von reglementierender Aufsicht am Arbeitsplatz – wie dies die einleitenden Zitate aus unseren Interviews ausdrücken.

1.2 Höhere Qualifikation – zunehmende Unsicherheit

Diese Unsicherheit ist eine, für die gut qualifizierten modernen Arbeitnehmer unerwartete Erfahrung. Früher war die abhängige, autoritär reglementierte Arbeit das Los der gering qualifizierten Arbeitnehmer. Die Facharbeitermilieus versuchten, dem mit ihren bewährten Strategien, durch Bildung und Zielstrebigkeit, zu entkommen. Heute erleben die jungen Arbeitnehmer hier einen Widerspruch: Ihre beruflichen Kompetenzen nehmen zu, aber sie werden nicht mehr mit wachsender Sicherheit, sondern mit wachsender Unsicherheit «belohnt».

Es war lange Zeit nicht nötig, die jungen Arbeitnehmer der ersten Berufsjahre als besondere Gruppe zu verstehen, für die, die Gewerkschaften eine eigene Politik entwickeln mussten – so wie sie für die Auszubildenden ihre Jugendarbeit und Jugendpolitik entwickelt haben. Die jungen Arbeitnehmer unterschieden sich von den älteren eher graduell: Sie traten in die gleichen Arbeitsverhältnisse ein, nur auf deren Eingangsstufe und nur bis zum resignativen «turn» nach dem 40. Lebensjahr, mit dem optimistischen Vertrauen darauf, die angestrebten Lebens- und Berufsziele auch erreichen zu können.

Im Vergleich zu diesen berechenbaren Verhältnissen ist die Welt der heutigen jungen Arbeitnehmer zu einem großen Teil unbekanntes Terrain, das erst noch erkundet werden muss. Diese Erkundung ist nicht einfach, da es bisher sehr wenig Forschung dazu gibt, aus der man klare Hypothesen und Koordinaten für ein reguläres Forschungsprojekt hätte gewinnen können. Die Koordinaten, nach denen man die veränderte Landkarte der Arbeitswelt und der Milieus der jungen Arbeitnehmer zeichnen könnte, waren nur wenig bekannt. Um sie zu finden, war es sinnvoll, zunächst ein kurzes Projekt mit dem Ziel einer Ersterkundung, eine so genannte «Pilotstudie», durchzuführen. Aus dieser Überlegung entstand die dreieinhalb Monate dauernde Studie «Junge Arbeitnehmermilieus», die von der Hans-Böckler-Stiftung und dem Vorstand der Industriegewerkschaft Metall gefördert wurde.

Ausgangspunkt war das Problem, dass die «jungen Arbeitnehmer» keine einheitliche Gruppe sind, die von den Gewerkschaften mit einer einheitlichen Politik repräsentiert und mobilisiert werden könnte. Durch die Pilotstudie sollte mehr Klarheit darüber gewonnen werden, wie sich die Berufsgruppen und Milieus der jungen Arbeitnehmer untergliedern und vor welche Herausforderungen sie heute gestellt sind.

Dazu musste auch geklärt werden, ob die Jugendforschung schon Vorkenntnisse über diese Untergliederung bereitstellen kann. Dies war Aufgabe einer Literatursichtung, die Dennis Eversberg in einer parallelen Kurzstudie an der Universität Jena durchführte.[2] Das Ergebnis war ernüchternd: Es gibt zwar viele Forschungen über «die Jugend» oder «die jüngere Generation» als solche, aber so gut wie keine Studien, die innerhalb dieser pauschalen Kategorie nach den verschiedenen Berufs-, Schicht- oder Milieuzugehörigkeiten oder nach arbeitnehmerischen oder nichtarbeitnehmerischen Lagen unterscheiden.

Es blieb daher die Aufgabe der Pilotstudie «Junge Arbeitnehmermilieus» dieses unerforschte Gebiet näher auszuleuchten. Ihr Ziel war, wie es im Untertitel präzisiert wird, die «Exploration der typologischen Differenzierung jüngerer Berufsmilieus von Arbeitnehmerinnen und Arbeitnehmern». Die Pilotstudie konnte dabei an eine frühere, ebenfalls für die IG Metall durchgeführte Studie in der Maschinenbau-, Elektronik- und Automobilindustrie anknüpfen, in der aber die jüngere Generation noch nicht im Mittelpunkt stand. Diese erste Studie ist unter dem Titel «Die neuen Arbeitnehmer» veröffentlicht worden.[3] Sie hat einen allgemeinen Überblick über die Gliederung und Veränderung der Berufsfelder und der Milieus geschaffen. Gleichzeitig hat sie in umfangreichen Gruppenerhebungen ermittelt, dass auch die hoch qualifizierten Arbeitnehmergruppen den Strukturwandel als

2 Eversberg, Dennis (2009): Lebenssituation und -perspektiven jüngerer Arbeitnehmerinnen und Arbeitnehmer – eine Literaturstudie. Unveröffentlichte Vorabversion. Jena. Siehe den Beitrag in diesem Band.

3 Vester, Michael; Teiwes-Kügler, Christel; Lange-Vester, Andrea (2007): Die neuen Arbeitnehmer. Zunehmende Kompetenzen – wachsende Unsicherheit. Hamburg.

intensiven Konflikt erfahren, als den Konflikt zwischen zunehmenden Kompetenzen und gleichzeitig wachsender Unsicherheit.

Bei der Fokussierung der jungen Arbeitnehmermilieus hat das jetzige Pilotprojekt zwei Aspekte aufeinander bezogen:

- Die äußeren Herausforderungen, die vom Strukturwandel der Erwerbsarbeit unter den Bedingungen der globalen Konkurrenz ausgehen.
- Die gewandelten Verarbeitungsformen, Bewältigungsstrategien und interessenpolitischen Haltungen der jungen Arbeitnehmer, die sich je nach Milieuhintergrund, Berufsethos und Berufserfahrung voneinander unterscheiden.

1.3 Drei Herausforderungen des Strukturwandels

Die gesamtwirtschaftlichen Bedingungen, die die jungen Arbeitnehmer herausfordern, sind nicht nur konjunkturell, sondern strukturell bedingt. Die deregulierte internationale Konkurrenz beschleunigt die Gewichtsverlagerungen in und zwischen den Berufsgruppen, Wirtschaftssektoren und Branchen. Arbeitnehmer kommen unter Druck, werden aus schrumpfenden Berufsgruppen freigesetzt und müssen sich auf neue Qualifikationen und Beschäftigungen oder auch auf Arbeitslosigkeit oder Prekarität umstellen.

Über die wirtschaftlichen Strukturbrüche gab es bisher keine präzisen Daten, sondern nur pauschale, oft dramatisierende Trendszenarien. Seit 2006 liegt jedoch ein neues Analyse- und Rechenmodell für die Berufsstruktur vor, mit dem Richtung und Größenordnungen der Strukturverschiebungen präzise bestimmt werden können. Es wurde von dem schweizerischen Politikwissenschaftler Daniel Oesch entwickelt.[4] Gleichzeitig liegen beim Deutschen Institut für Wirtschaftsforschung (DIW) in Berlin große Datensätze aus langjährigen Wiederholungsbefragungen vor, die den Strukturwandel registrieren. Diese Daten wurden von uns in Zusammenarbeit mit Daniel Oesch (CHGB und Universität Genf) und Olaf Groh-Samberg (DIW und Universität Bremen) nach dem neuen Modell gerechnet und analysiert. Dabei war es möglich, die Entwicklung langfristig, von der deutschen Wiedervereinigung 1990 bis 2007, nachzuzeichnen und in ein räumliches Bewegungsbild zu übersetzen. Die Ergebnisse dieser parallelen explorativen Studie, die ebenfalls für die IG Metall durchgeführt wurde[5], sind im zweiten Kapitel zusammengefasst. Nachgewiesen wurden vor allem drei Bewegungen des Berufssystems (siehe Kapitel 2.3 bis 2.5):

---

4 Oesch, Daniel (2006a): Redrawing the Class Map. Stratification and Institutions in Britain, Germany, Sweden and Switzerland. Basingstoke.

5 Vester, Michael; Gardemin, Daniel; Groh-Samberg, Olaf (2009): Zwischenergebnisse der Berufsfeldanalyse nach Oesch auf der Grundlage des Sozioökonomischen Panels (SOEP) 1990–2007. Hannover. 17.01.2009.

a) Eine anhaltende vertikale Drift zur Hochqualifikation, eine «Kompetenzrevolution», der kein Trend zur Niedrigqualifikation gegenübersteht.
b) Eine anhaltende, doch nicht unbegrenzte, horizontale Drift von den technischen Berufen zu den Dienstleistungen der Verwaltung und mehr noch der Humandienstleistungen (Bildung, Gesundheit, Soziales).
c) Im Zusammenhang damit ein anhaltendes Wachstum der Berufsgruppen mit relativ hohen Frauenanteilen.

Wir müssen beachten, dass es sich um Bewegungen in einem Feld widerstreitender Kräfte handelt. Die drei Strukturbewegungen sind daher *nicht* «Trends», die automatisch ablaufen. Sie entstammen der Eigendynamik der ökonomischen Produktivkräfte, aber sie können sich nicht völlig autonom entwickeln. Sie werden vielmehr durch die gesellschaftlichen und politischen Machtverhältnisse jedes Landes auf verschiedene Weise «moderiert», das heißt, gebremst, blockiert, umgelenkt oder gefördert. Die internationalen Vergleichsdaten unserer Analyse zeigen, dass die drei Entwicklungen in Deutschland langsamer und gebremster ablaufen als in anderen hoch entwickelten Ländern, insbesondere in Schweden. Im konservativen deutschen Sozialmodell fehlt eine hinreichende Flankierung durch die staatliche Bildungs-, Sozial- und Sektorpolitik. Eine Mischung aus institutioneller Unbeweglichkeit, ständischer Privilegien und neoliberaler Ellbogenpolitik hemmt die drei genannten Entwicklungen, obwohl sie für hoch entwickelte Gesellschaften funktional notwendig sind:

Zu a) Die großen Outputsteigerungen (nicht nur in den Exportbranchen) sind zu sehr durch Druck erzwungen und zu wenig durch Höherqualifizierung angeregt worden. Dies ist die Ursache für zwei Schieflagen. Durch disziplinierende Leistungskontrollen und Ausgliederungen ist der Anteil der Facharbeiter seit 1990 mehr als funktional notwendig herabgedrückt worden (von 21% auf 13% der Erwerbstätigen). Gleichzeitig besteht Fachkräftemangel: Der Anteil der an Hochschulen ausgebildeten Experten der Technik- und Dienstleistungsberufe ist weniger gewachsen als funktional notwendig und befindet sich international noch erheblich im Rückstand. (Siehe Kapitel 2.3)

Zu b) Die Dienstleistungen sind unbalanciert gewachsen. Durch den Ausbau der Kontrollhierarchien haben die kaufmännisch-organisatorischen Dienstleistungen auf den beiden oberen Stufen (Hochschul- und Fachschulabschluss) überproportional zugenommen. Die beiden oberen Qualifikationsgruppen der Humandienstleistungen (Bildungs-, Gesundheits- und Sozialsystem) sind dagegen weniger gewachsen als funktional für hoch entwickelte Gesellschaften notwendig ist. Trotz eines gewissen Wachstums sind die hoch qualifizierten Berufsgruppen und die gesamten Humandienstleistungen immer noch erheblich kleiner als in Vergleichsländern wie Schweden. Dies ist nicht zuletzt eine Folge der «Sparpolitik», mit der Personal und Leistungen des Bildungs-, Gesundheits- und Sozialsystems heruntergefahren wurden. (Siehe Kapitel 2.4)

Zu c) Bei den Frauen addieren sich die Disparitäten. In den Bildungsstandards haben sie die Männer weit gehend überholt, im Erwerbssystem liegen sie noch deutlich unter den internationalen Standards der Einkommenshöhe, der Prozentanteile an den Berufsgruppen und des Anteils an Vollzeitarbeitsverträgen. Die Gewerkschaften müssen sich diesen Disparitäten verstärkt stellen, da sich ihre Mitgliederpotentiale nachhaltig in die Berufsgruppen mit höheren Frauenanteilen verschieben.

Solange die möglichen und notwendigen Beschäftigungsalternativen im Bildungs-, Gesundheits- und Sozialsystem nicht ausgebaut werden, wirken die drei strukturellen Schieflagen dabei so zusammen, dass sie wachsende Zahlen von Arbeitnehmern in unsichere Arbeitsverhältnisse und in die «Reservearmee» der Arbeitslosen abschieben. Dies wiederum wirkt als Drohkulisse für diejenigen, die weiterhin in dauerhaften Normalarbeitsverhältnissen sind.

1.4 Drei Milieutraditionen und Bewältigungsstrategien

Die Verarbeitungen dieser Herausforderungen verlaufen weder einheitlich noch automatisch. Auch die Arbeitslosigkeit wird nicht unbedingt als unausweichliches Schicksal angesehen. Beispielsweise haben von uns befragte Facharbeiter die Auffassung, nach der die Wirtschaftskrise als übermächtige Tendenz angesehen wird, nicht geteilt. Sie verwiesen auf ihre langjährigen Erfahrungen mit der Strategie der Medien und Unternehmer, wirtschaftliche Schwierigkeiten als Drohkulisse einzusetzen, um die Arbeitnehmer zu Zugeständnissen zu nötigen.

Insgesamt hat unsere Pilotstudie bestätigt, dass die verschiedenen Berufsmilieus verschiedene Strategien haben, mit den ökonomischen Herausforderungen umzugehen. Das bedeutet aber nicht, dass sich die Arbeitnehmerschaft heute in eine völlig unüberschaubare Szenerie von vielfältigen Milieus aufgelöst hätte, die deswegen kaum noch erreichbar oder mobilisierbar wären. Die Vielfalt der Arbeitnehmermilieus ist, wie schon unsere erste Studie festgestellt hat, übersichtlich gegliedert.[6] Sie besteht – und diese Unterteilung ist alles andere als neu – aus drei Hauptgruppen (siehe Abb. 1 und Kapitel 2.8):

- Dem Mehrheitskern von *modernen* Arbeitnehmern (mit ca. 34% der Bevölkerung), die auf gute Berufsqualifikation Wert legen und eine interessenbewusste Gegenmachtpolitik der Gewerkschaften gutheißen.

6 Vester, Michael; et al. (2007).

- Den *konservativen* Arbeitnehmern (mit ca. 24%), denen die Einordnung in Hierarchien wichtig ist, von denen aber dennoch viele die Gewerkschaften heute nicht mehr ablehnen, auch wenn sie ihre Arbeitnehmerinteressen mittelständisch verstehen (nur ein kleinere Teilgruppe steht ganz auf der Seite des Managements).
- Den *unterprivilegierten* Arbeitnehmern (mit ca. 11%), die gering qualifiziert sind und die Gewerkschaften als Schutzmacht brauchen.

Die Vielfalt der Milieus ergibt sich nicht beliebig. Sie erfolgt innerhalb jeder der drei Traditionslinien nach dem Prinzip des Generationenwechsels. Die Traditionslinien geben ihre Strategien und Lebenspläne an die nächsten Generationen weiter, aber diese können sie nie ganz unverändert übernehmen, sondern müssen sich immer wieder auf neue wirtschaftliche und kulturelle Veränderungen «umstellen». Dies geschieht in aller Regel nicht individuell, sondern in den Gruppenzusammenhängen der Altersgenossen, der «peer groups», die wiederum im Zusammenhang mit der Alltagskultur ihrer Zeit, ein für ihre Generation typisches eigenes «Weltverständnis» und «Lebensgefühl» entwickeln, durch das sie sich auch betont von den Älteren abgrenzen.[7] Nicht zuletzt diese Unterschiede liegen, wenn sie nicht verstanden werden, der Fremdheit zwischen den Generationen und oft auch den Mobilisierungsproblemen der Verbände und Institutionen zugrunde.

Aufgabe unserer Pilotstudie war, diese Unterschiede am Beispiel einer Auswahl von Beschäftigten und Unternehmen der Metall- und Elektroindustrie herauszuarbeiten. Um auch Neues zu erfahren, verwandte sie nicht vorgegebene standardisierte Fragen, sondern ergebnisoffene Gruppendiskussionen, die über Collagen und Assoziationen auch verborgene Einstellungen ansprachen. Aus den Protokollen und Videomitschnitten wurden sodann behutsam die Muster des Weltverständnisses und Problembewältigung herausgearbeitet und in den Wandel der Strukturen eingeordnet. Dies geschah nach den Regeln der Typen bildenden Habitus- und Milieuanalyse, die in Anlehnung an den französischen Soziologen Pierre Bourdieu entwickelt worden ist.[8] Die Ergebnisse und die gefundenen Teilmilieus sind im nachfolgenden dritten Kapitel kurz zusammengefasst und im vierten Kapitel, zusammen mit der Collageninterpretation, ausführlicher dargestellt.

Insgesamt bestätigen die Ergebnisse, dass die gefundenen Teilmilieus junger Arbeitnehmer immer noch den Lebenszielen und Handlungsstrategien ihrer jeweiligen Milieutradition folgen. Unter der aktuellen Wirtschaftskrise blicken sie et-

7 Clarke, John; Hall, Stuart; et al. (1979): Jugendkultur als Widerstand. Milieus, Rituale, Provokationen. Frankfurt/M.

8 Vgl. Kapitel 2.8 sowie Vester, Michael; von Oertzen, Peter; et al. (2001): Soziale Milieus im gesellschaftlichen Strukturwandel. Zwischen Integration und Ausgrenzung. Frankfurt/M. S. 211–250.

was skeptisch, aber keinesfalls resigniert in die Zukunft. Sie möchten sich beruflich einbringen und vorankommen, wollen (später) Familien gründen und wünschen sich eine sozial anerkannte und gesicherte Existenz. Sie setzen dabei auf ihre Leistungsfähigkeit und ihre fundierten schulischen und beruflichen Ausbildungen.

Auf den wirtschaftlichen Strukturwandel reagieren sie, indem sie die Strategien ihrer jeweiligen Herkunftsmilieus weiterentwickeln, und zwar besonders die fachliche Qualifizierung und die Ansprüche der Autonomie am Arbeitsplatz. Sie investieren in höhere Bildungsabschlüsse und bessere Qualifikationen. Die Potentiale der Eigenverantwortlichkeit und Mitgestaltung sind bei den jungen Arbeitnehmern entsprechend massiv gewachsen. Je nach der Herkunft aus den drei verschiedenen Milieutraditionen werden diese Strategien allerdings in verschiedene interessenpolitische Optionen eingeordnet.

1.5 Das Spektrum verschiedener interessenpolitischer Haltungen

Insgesamt nehmen die Berufsmilieus mit höherer Fachqualifikation, die deutlich mehr Mitsprache und Autonomiespielräume am Arbeitsplatz beanspruchen, weiterhin in hohem Maße zu. Die Ausweitung hoher Fachqualifikation und Partizipationsansprüche ist nicht mehr eine Besonderheit der Berufsgruppen mit Hochschulabschluss, sondern sie erstreckt sich weit in die Facharbeiterschaft hinein. In Abb. 1 wurden die interessenpolischen Haltungen der untersuchten Arbeitnehmergruppen in technischen Berufen vereinfacht und zusammengefasst in den sozialen Raum eingeordnet.

Dieses Raumbild zeigt, dass die Mehrheit der befragten jungen Arbeitnehmer auf die neuen Unsicherheiten nicht mit Entsolidarisierung und Ellbogenstrategien, individueller Vorteilssuche oder enttäuschtem Rückzug reagiert. Der größere Teil der Befragten folgt kollegialen, kooperativen und solidarischen Handlungsweisen. Diese sind in der Regel auf die eigene Berufsgruppe oder auf das unmittelbare Arbeits- und Kollegenteam ausgerichtet. Sie können aber auch auf den gesamten Betrieb bezogen sein. Für das interessenpolitische Handeln zeigt sich, dass die jungen Arbeitnehmer, wie dies für höher Qualifizierte typisch ist, vielfach zunächst auf Strategien der individuellen Selbstvertretung zurückgreifen, dass diese aber bei bestimmten Interessenkonflikten durchaus mit kollektiven Formen der Interessenvertretung verbunden werden. Andererseits sind wir in unserer Exploration auch auf karriereorientierte und nach dem individuellen Durchsetzungsprinzip agierende junge Arbeitnehmer gestoßen.

Dieses Spektrum verschiedener interessenpolitischer Haltungen konnte, trotz der Zeit- und Mittelbegrenzung der Kurzstudie, weiter erschlossen werden als in der bisherigen Forschung. Zwei der drei ausgewählten Berufsmilieus konnten in ihren typologischen Grundzügen bereits gut strukturiert dargestellt werden, die jüngeren *Facharbeiter* und die jüngeren *hoch qualifizierten Techniker* mit jeweils gut abgrenzbaren Untertypen. Ebenfalls konnte in dem bisher fast völlig unerforschten

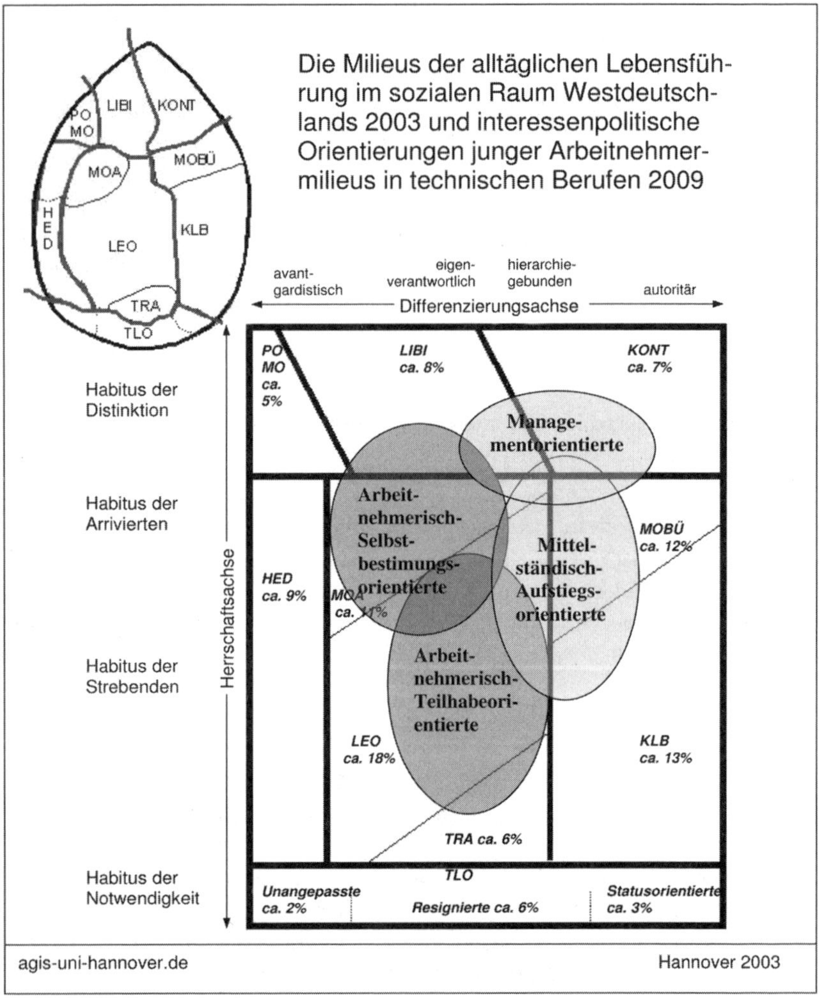

LIBI:	Liberal-intellektuelles Milieu	KLB:	Kleinbürgerliches Arbeitnehmermilieu
KONT:	Konservativ-technokratisches Milieu	MOA:	Modernes Arbeitnehmermilieu
POMO:	Postmodernes Milieu	LEO:	Leistungsorientiertes Arbeitnehmermilieu
HED:	Hedonistisches Milieu	TRA:	Traditionelles Arbeitermilieu
MOBÜ:	Modernes bürgerliches Milieu	TLO:	Traditionsloses Arbeitnehmermilieu

Abb. 1: Interessenpolitische Orientierungen junger Arbeitnehmermilieus in technischen Berufen

Feld der semiprofessionellen *kaufmännischen Berufe*, das im Widerspruch zwischen Managementinteressen und Arbeitnehmerinteressen steht, ein Spektrum von sieben verschiedenen Haltungen herausgearbeitet werden, auf dessen Grundlage eine vertiefende typologische Analyse vielversprechend ist. Auch wenn die Kurzstudie eine umfassende typologische Analyse der jungen Arbeitnehmermilieus nicht ersetzen kann, kann sie den Einstieg in deren Differenzierung vorbereiten und den weiteren Forschungsbedarf aufzeigen. Im Einzelnen schlüsseln sich die gefundenen Differenzierungen folgendermaßen auf:

1. In den *technisch-industriellen Arbeitnehmerberufen* (ca. 32% aller Erwerbstätigen, vgl. Abb. 2) sind insgesamt, von den Facharbeitern an aufwärts, vier Milieutypen klar zu unterscheiden, deren Profile sich seit einigen Jahren erheblich verändern (vgl. Abb. 1):

- Arbeitnehmerisch-Teilhabeorientierte (insbesondere Facharbeiter und Systemelektroniker, aber auch einzelne Ingenieurstudierende)
- Arbeitnehmerisch-Selbstbestimmungsorientierte (insbesondere Jungingenieure, aber auch Teilgruppen der Ingenieurstudierenden, Fachinformatiker und einzelne Facharbeiter)
- Mittelständisch-Aufstiegsorientierte (insbesondere Teilgruppen der Ingenieurstudierenden, aber auch einzelne Jungingenieure, Fachinformatiker und Facharbeiter)
- Managementorientierte (Teilgruppen der Ingenieurstudierenden und einzelne Jungingenieure).

2. In den *kaufmännisch-organisatorischen Arbeitnehmerberufen* (ca. 28% aller Erwerbstätigen, vgl. Abb. 1) scheint die Situation gemischter zu sein. Die Exploration machte das hohe Maß der Heterogenität der jungen kaufmännisch-administrativen Berufsgruppen mit semiprofessionellem Qualifikationsrang deutlich, die trotz ihres Wachstums und raschen Wandels bisher kaum erforscht sind.

Ihre Besonderheit liegt vor allem darin, dass die Grenzen zwischen technischen und kaufmännischen, unternehmerischen und arbeitnehmerischen Orientierungen fließend sind. Dies ist für sich genommen, für diese neu entstehende Gruppe, mit ihrer Doppelkompetenz in der neuen Informationstechnologie und der Kontrolle der Betriebsorganisation, nicht überraschend. Unklar ist aber, wie weit diese Kompetenzmischung eine vorübergehende Eigenschaft ist, wie dies bei neu entstehenden Berufsgruppen immer schon zu beobachten war, und welche unterschiedlichen individuellen Haltungen und Milieuzugehörigkeiten damit zusammengehen.

Hier konnte die Pilotstudie weiterführende Erkenntnisse erarbeiten. Sie fand ein ganzes Spektrum von gut abgrenzbaren Haltungen, von der arbeitnehmerischen Teilhabeorientierung bis zur Managementorientierung. Hierarchische Orientierungen waren ebenso verbreitet wie egalitär-partizipatorische. Es bestätigte sich, dass die stärkere Heterogenität mit der Neuformierung dieser Berufgruppen und ihrer Rekrutierung aus arbeitnehmerischen und nicht-arbeitnehmerischen Herkunftsmilieus zusammenhängt. Hier besteht besonderer Forschungsbedarf.

1.6 Umstellungsprobleme von Gewerkschaften und Unternehmen

Die explorierten jungen Arbeitnehmer- und Milieutypen sind an sehr unterschiedlichen Lebensprinzipien und Berufsstrategien orientiert und können von den Interessenvertretungen nicht in gleicher Weise angesprochen und organisiert werden. Dafür sind differenzierte Zugänge und Konzepte notwendig. Unternehmen und Gewerkschaften haben sich auf die neuen Kompetenzen und Ansprüche der Partizipation noch nicht hinreichend umgestellt. Es findet nicht genügend Beachtung, dass die heutigen jungen Arbeitnehmer der Technikberufe schon weit gehend in der zweiten Generation an der Bildungsexpansion teilnehmen. Sie stammen nicht mehr, wie früher, aus Elternhäusern, die hauptsächlich Hauptschule und Fachlehre abgeschlossen haben, sondern aus Familien, die sich schon mehr Bildungskapital erarbeitet haben, auf das sie «draufsatteln» können. Umso unzufriedener sind die jungen Arbeitnehmer, wenn sie fachlich, aber auch in den Umgangsformen so behandelt werden wie früher die nur elementar qualifizierten, ausführenden Arbeiter.

2. Die jungen Arbeitnehmermilieus und der Strukturwandel der Erwerbsarbeit (Michael Vester)

2.1 Der neue industrielle Konflikt: Höhere Fachkompetenz – zunehmende Disziplinierung

Bei der jüngeren Arbeitnehmergeneration zeigt sich der Wandel der Berufsstrukturen und Berufserfahrungen zuerst. Dieser Wandel vollzieht sich nicht geradlinig, sondern in der Form eines Widerspruchs. Die neue Konfliktlage zwischen immer höheren fachlichen Kompetenzen und gleichzeitig zunehmender sozialen Unsicherheiten ist in einer früheren Studie der Forschungsgruppe über die qualifizierten Arbeitnehmer in der Maschinenbau-, Automobil- und Elektroindustrie herausgearbeitet worden.[9] Zum einen nehmen immer mehr Arbeitnehmer an der nachhaltigen und erheblichen Vermehrung der höher qualifizierten Berufsgruppen teil. Zum anderen erhöht die zunehmende Qualifikation nicht mehr so wie früher den Status und die Beschäftigungssicherheit. Die hohen Qualifikationen verlieren mit der allgemeinen Erhöhung der Ausbildungsniveaus ihren Seltenheitswert, nach dem Motto: «Wenn alle sich auf die Zehenspitzen stellen, sieht keiner besser.»

Unternehmen wie Gewerkschaften stehen vor einer paradoxen Situation. Die Zunahme von Unsicherheiten und Schieflagen ist nicht mehr auf die an- und ungelernten Berufsgruppen begrenzt, denen aufgrund ihrer geringen Qualifikation

9 Vester, Michael; et al. (2007). S. 16–30.

fast immer schon hohe Flexibilität, geringe Sicherheiten und strikte Unterordnung zugemutet werden konnten. Sie trifft auch die höher Qualifizierten. Diese Entwicklung verweist auf ein zweites Paradox; der verbreiteten Annahme, dass die gering qualifizierten und prekären Beschäftigten immer mehr zunähmen, steht die Erwerbsstatistik gegenüber, nach der, der Anteil der gering Qualifizierten unter den Erwerbstätigen seit Langem nicht mehr wächst.

Allerdings hat die statistische Tatsache, dass die Gruppe der An- und Ungelernten nicht zunimmt, einen doppelten Boden. Die Gruppe nimmt durchaus zu, aber sie verschwindet aus der deutschen Erwerbsstatistik durch die Auslagerung qualifizierter Arbeit in die informelle Ökonomie bzw. in Niedriglohnländer. Den freigesetzten Arbeitnehmern wird in Deutschland bisher nur der Status einer Reservearmee von prekär Beschäftigten angeboten, während auf dem skandinavischen Pfad die Entwicklung der Humandienstleistungen und der Professionen zusätzliche Arbeitsplätze geschaffen hat. Solange aber eine größere «industrielle Reservearmee» im Hintergrund steht, kann sie als Drohkulisse neoliberaler Strategien dienen.

2.2 Strukturverschiebungen 1990–2007

Diese Paradoxien lassen sich auflösen, wenn wir den Wandel der Erwerbsarbeit genauer ansehen. Hierzu haben wir für die IG Metall eine parallele Untersuchung durchgeführt, die die hier dargestellte Studie über die jungen Arbeitnehmer ergänzt.[10] Darin wurde die Veränderung der deutschen Erwerbsstruktur von der deutschen Wiedervereinigung 1990 bis 2007 mit den repräsentativen Daten des Sozioökonomischen Panels (SOEP)[11] nachgezeichnet. Gerechnet wurde dies mit einer von Oesch[12] neu entwickelten Methode, die den Wandel als Bewegung im Raum der Berufsgruppen sichtbar macht. Der Raum der Berufsgruppen (die in der Soziologie als «Erwerbsklassen» bezeichnet werden) besteht aus 17 Feldern, in die alle Berufe nach den vierstelligen Kennziffern der internationalen Statistik eingeordnet werden. In der 17-Felder-Matrix können zwei Arten von Bewegungen dargestellt werden:

Vertikale Bewegungen zwischen den vier großen Qualifikationsstufen (unterschieden nach den erforderlichen Ausbildungsabschlüssen):

- Berufe mit Hochschulabschluss («akademische Professionen»)
- Berufe mit Fachschulausbildung («Semiprofessionen»)
- Berufe der Facharbeit mit abgeschlossener Lehre
- Berufe für gering Qualifizierte (An- und Ungelernte)

10 Vester, Michael; et al. (2009).

11 Die Daten des SOEP beruhen auf jährlichen Wiederholungsbefragungen einer großen Stichprobe von etwa 10.000 Haushalten mit etwa 20.000 Personen, von denen gut 7.000 erwerbstätig sind.

12 Oesch, Daniel (2006a).

Horizontale Bewegungen zwischen den vier großen Sektoren (unterschieden nach ihrer Arbeitslogik):

- Unternehmer (selbstständige Arbeitslogik)
- Arbeitnehmer der Verwaltungsdienstleistungen (organisatorische Logik)
- Arbeitnehmer in Industrie, Handwerk und Landwirtschaft (technische Logik)
- Arbeitnehmer in den Humandienstleistungen (interpersonelle Logik)

Die Sektorgliederung von Oesch ersetzt die bisherige grobe Einteilung nach Landwirtschaft, Industrie und Dienstleistungen. Die schillernde Pauschalkategorie «Dienstleistungen» wird nach homogenen Einzelgruppen neu sortiert, die sich genauer nach Arbeitslogiken und Funktionen in der gesellschaftlichen Arbeitsteilung unterscheiden. Damit wird ein Bewegungsbild der Berufsstruktur (siehe Abb. 2 und 3) gewonnen. Im Gegensatz zu den üblichen Zustandsbildern ermöglicht es zweierlei:

- Wir können die Unterschiede und Konfliktlinien zwischen den verschiedenen Arbeitnehmergruppen deutlich und auch einschließlich der geschlechtlichen Segmentierung des Erwerbssystems herausarbeiten (siehe Kapitel 2.6).
- Gleichzeitig können wir die Berufsgliederung im Zeitverlauf untersuchen und damit die Richtungen ihrer Veränderungen ermitteln (siehe Kapitel 2.3–2.5).

Die von uns ermittelten Verlaufsdaten[13] zeigen eine stabile Gliederung der «Erwerbsklassen» und ihrer Untergruppen (der «Klassenfraktionen») und einen außerordentlich stetigen Verlauf der Veränderung ihrer Proportionen. Sichtbar werden damit die räumlichen Verschiebungen, Abgrenzungslinien und widersprüchlichen Beziehungen zwischen den verschiedenen Mitgliederpotentialen der Gewerkschaften. Die Ergebnisse, die nachfolgend näher erläutert werden, können in fünf Grundaussagen zusammengefasst werden:

- Die «Erwerbsklassen» unterteilen sich nicht nur vertikal. Auch horizontal differenzieren sich wachsende neue Klassenfraktionen und Interessengegensätze heraus.
- Die Daten bestätigen eine anhaltende vertikale Drift zur Hochqualifikation (eine «Kompetenzrevolution»), der kein Trend zur Niedrigqualifikation gegenübersteht (Kapitel 2.3).

13 Vester, Michael; et al. (2009).

14 Eigene Darstellung, nach den Berechnungen von Daniel Oesch (2006b). S. 20 auf der Datengrundlage von: GSOEP 2000, LNU 2000, SHP 1999 und BHPS 1999.

	Arbeitnehmer	Arbeitnehmer		Arbeitnehmer	Selbstständige	
Qualifikationsrang (nach, am Arbeitsplatz erforderlichen Ausbildungsabschluss)	**Interpersonelle Arbeitslogik** (Bildungs-, Gesundheits-, Kultur-, Sozial-, Ordnungs-, Pflege-, Verkaufs-, Gastronomie-, Haushalts-, Schönheitsberufe) Sektor insgesamt: 23,6% -> 27,9% (+4,3%)	**Technische Arbeitslogik** (Ingenieur-, Chemie-, Informatik-, Elektro-, Architektur-,Mechanik-,Agrarberufe) Sektor – insgesamt: 44,8% -> 33,3% (-11,5%) – ohne Landwirtschaft: 42,6% -> 32,3% (-10,3%)		**Organisatorische Arbeitslogik** (Verwaltungs-, Finanz-, Rechts-, Vermarktungs-, Lager- und Büroberufe) Sektor insgesamt: 24,9% -> 27,6% (+ 2,7%)	**Selbstständige Arbeitslogik** Sektor insgesamt: 6,7% -> 11,3%	
Akademische Professionen (Hochschulstudium) 15,6%->22,2% (+6,6%)	Soziokulturelle Experten 3,8% -> 4,9% (+ 1,1%)	Technische Experten 4,4% -> 5,7% (+1,3%)		Oberes Management 6,1% -> 7,9% (+ 1,8%)	Freie Berufe 0,9% -> 3,0%	Große u. mittl.Untern. 0,4% -> 0,7%
Semiprofessionen (höhere Fachausbildung/Kleingewerbe) 21,5% ->24,9%(+3,4%)	Soziokulturelle Semiprofessionen 5,0% -> 9,1% (+4,1%)	Technische Semiprofessionen 6,0% -> 4,8% (-1,2%)		Unteres Management 7,3% -> 8,3% (+1,0%)	Kleingewerbe mit Beschäftigten 3,7% -> 2,7%	
Lehrberufe (Fachlehre/Kleingew.) 38,0%->31,1%(-6,9%)	Qualifizierte Dienstleistende 4,0% -> 4,6% (+ 0,6%)	Qualifizierte Facharbeiter und Fachhandwerker 20,8% -> 13,2% (-7,6%)		Qualifizierte Büro- und Verwaltungsfachkräfte 8,5% -> 8,4% (- 0,1%)	Kleingewerbe ohne Beschäftigte 4,7% -> 4,9%	
An- und Ungelernte (gering Qualifizierte) 27,4%->21,9%(-5,5%)	Gering qualifizierte Dienstleistende 10,8% -> 9,3% (- 1,5%)	Produktion u.Transport 11,4% -> 8,6% (-2,8%)	Land- u. Forstwirtsch 2,2% -> 1,0% (-1,2%)	Gering qualifizierte Verwaltungskräfte 3,0% -> 3,0% (+0,0%)	./.	

Zuordnung der Berufsgruppen (nach dem vierstelligen ISCO-Klassifikationssystem von 1988) zu den Erwerbsklassen im Modell der horizontalen und vertikalen Aufgliederung der Berufsstruktur von Daniel Oesch (2006): Redrawing the Class Map. Basingstoke. Palgrave Macmillan. S. 88f. Eigene Raumdarstellung und Berechnungen (auf der Datenbasis des Sozioökonomischen Panels der BRD (SOEP) 1990 und 2007).

Abb. 2: Verschiebungen der Berufsstruktur der BRD 1990–2007 nach dem Modell von Oesch (in % der Erwerbstätigen / 1% = ca. 400.000 Erwerbstätige)

- Gleichzeitig bestätigen die Daten eine anhaltende horizontale Drift zu den Humandienstleistungen. Sie könnten die Arbeitskräfte, die der Industriesektor durch Hochqualifikation und Kostensenkungen freisetzt, beschäftigen (Kapitel 2.4).
- Mit der Expansion der höher qualifizierten Berufe und der Humandienstleistungen wachsen besonders diejenigen Berufsgruppen, die vergleichsweise höhere Frauenanteile haben (Kapitel 2.5).
- Die drei räumlichen Bewegungen verlaufen in Deutschland langsamer und gebremster als in anderen hoch entwickelten Ländern. Die internationalen Unterschiede sind bedingt durch die verschiedenen «nationalen Pfade» der Wirtschafts- und Sozialpolitik.

Die Bewegungen im sozialen Raum sind keine «Trends», deren Wachsen geradlinig in die Zukunft verlängert und mit denen zum Beispiel das «Ende» der Industrie oder der Facharbeit vorausgesagt werden kann. Es handelt sich vielmehr um eine *Kombination* von widerstreitenden Kräften, die im Konflikt miteinander stehen und gleichzeitig voneinander abhängen und zu gewissen Proportionen miteinander drängen. Für die Entwicklung dieser Proportionen können uns die internationalen Vergleiche Maßstäbe liefern (siehe Abb. 3). Die Unterschiede zwischen den einzelnen Ländern sind die Folge verschiedener «nationaler Pfade» der Wirtschafts- und Sozialpolitik. Offensichtlich kann der sozialdemokratische Wohlfahrtsstaat (Schweden) eine größer Balance zwischen den Sektoren und den Qua-

Größe der Sektoren	Interpersonelle Dienstleistungen				Technisch-industrielle Berufe			
	D	S	CH	UK	D	S	CH	UK
Sektorgrößen gesamt (Frauenanteil)	26,9% (61%)	33,1% (71%)	26,1% (53%)	25,7% (65%)	36,1% (15%)	30,2% (19%)	31,1% (18%)	27,3% (17%)
Differenz Deutschlands zu Schweden (Differenz im Frauenanteil)	Interpersonelle Dienstleistungen - 6,2% (- 10%)				Technisch-industrielle Berufe 5,9% (- 4%)			
Zusammensetzung der Sektoren	Interpersonelle Dienstleistungen				Technisch-industrielle Berufe			
	D	S	CH	UK	D	S	CH	UK
1. Professionen (Frauenanteil)	4,8% (51%)	5,1% (51%)	6,2% (36%)	4,4% (58%)	4,5% (14%)	5,9% (25%)	6,0% (8%)	3,8% (16%)
2. Semiprofessionen (Frauenanteil)	6,7% (75%)	7,9% (80%)	6,9% (63%)	5,9% (80%)	4,9% (27%)	6,0% (28%)	5,5% (21%)	3,6% (35%)
3. Lehrberufe (Frauenanteil)	4,3% (47%)	9,4% (74%)	3,7% (50%)	6,1% (54%)	13,1% (6%)	8,6% (9%)	9,7% (7%)	9,9% (7%)
4. An- und Ungelernte (Frauenanteil)	11,1% (62%)	10,8% (73%)	9,3% (57%)	9,3% (67%)	12,0% 20%)	9,0% (18%)	8,5% (31%)	9,3% (67%)
Eigene Darstellung, nach den Berechnungen von Daniel Oesch (2006): Redrawing the Class Map. Basingstoke. Palgrave Macmillan. S. 88f., auf der Datengrundlage von: GSOEP 2000, LNU 2000, SHP 1999 und BHPS 1999								

Abb. 3: Humandienstleistungen und technisch-industrielle Berufe im internationalen Vergleich: Anteile der Berufsgruppen an der Gesamtheit der Erwerbstätigen in Deutschland (2000), in Schweden (2000), in der Schweiz (1999) und im Vereinigten Königreich (1999)[14]

lifikationsstufen erreichen als der liberale Wohlfahrtsstaat (Großbritannien) oder der konservative Wohlfahrtsstaat (Deutschland).

Die nachfolgend dargestellten Einzelergebnisse konzentrieren sich auf die Makrodimension. Der Vorteil, einen Überblick zu verschaffen, wird dabei unvermeidlich mit Verallgemeinerungen und Datenrundungen erkauft. Hinter den «kleinen» Prozentzahlen verbergen sich größere oder auch vielfältigere Dynamiken. Beispielsweise repräsentiert in den Abbildungen 1% in Deutschland immerhin etwa 0,4 Millionen Erwerbstätige. Die Ergebnisse sind interessant genug, um weiterführende, vertiefende Untersuchungen zu rechtfertigen.

2.3 Die gebremste «Kompetenzrevolution»

Die vertikalen Bewegungen zwischen den vier Qualifikationsstufen (siehe Abb. 2) dokumentieren eine nachhaltige Drift zur Hochqualifikation und keine Abstiegsbewegungen. Zu den beiden oberen Gruppen gehörte in der Bundesrepublik 1990 ein gutes Drittel (37,1%), 2007 bereits fast die Hälfte (47,1%) der Erwerbstätigen. Entsprechend haben die beiden unteren Gruppen (Facharbeiter/Fachangestellte und An-/Ungelernte) abgenommen.[15] Die Entwicklung ist also nicht als sche-

15 Die Erwerbstätigen mit Hochschulabschluss, die «akademischen Professionen», haben sich in der Gesamtwirtschaft von 15,6% auf 22,2% vermehrt. Dabei ist die Teilgruppe der Arbeitnehmer in Professionen von 14,3% auf 18,5% angewachsen.
Die Erwerbstätigen mit höherer Fachausbildung, die «Halbakademiker» oder «Semiprofessionen», haben sich als Gesamtgruppe von 21,5% auf 24,9% vermehrt. Dabei ist die Teilgruppe

renförmige Polarisierung in höher und niedriger Qualifizierte, sondern nur zur Höherqualifikation verlaufen.[16] Dies widerspricht der verbreiteten Annahme eines «Dequalifizierungstrends». Es handelt sich um einen Strukturwiderspruch. Es gibt durchaus Politiken und Bewegungen der Vereinfachung der Arbeit, aber beschränkt auf bestimmte Branchen und Entwicklungszyklen, die in der Regel darin münden, dass standardisierte Arbeit in Maschinen «eingebaut» oder in andere Länder ausgelagert wird. Insgesamt verbirgt sich hinter der Wiederkehr prekärer Arbeitsverhältnisse nicht eine Abnahme der Qualifikation, sondern deren Entwertung durch Niedriglöhne und unsichere Arbeitsverhältnisse.

Der internationale Vergleich (siehe Abb. 3) zeigt zudem, dass die technischen Professionen in der BRD trotz ihres Wachstums keine Spitzenwerte erreicht haben. Mit 4,5% lagen sie 2007 um 1,4% bzw. 1,5% hinter Schweden und der Schweiz. Die technischen Semiprofessionen hatten sich sogar auf 4,9% verringert und lagen damit ebenfalls hinter denen Schwedens und der Schweiz. Die Unterschiede werden krasser, wenn wir diese Zahlen, die sich auf die Gesamtheit der Erwerbstätigen beziehen, auf den technisch-industriellen Sektor umrechnen. Von hundert Beschäftigten des Sektors waren im Jahre 2000 in Schweden 40 auf professionellem und semiprofessionellem Niveau beschäftigt, in Deutschland nur 27. Diese Daten illustrieren den viel diskutierten akademischen Fachkräftemangel. Demgegenüber liegen bei den Humandienstleistungen die Rückstände der BRD eher unterhalb der obersten Qualifikationsstufe.[17]

---

der Arbeitnehmer in Semiprofessionen von 18,3% auf 22,2% angewachsen.
Die Erwerbstätigen mit Fachlehre, die «skilled employees», haben sich von 38,0 auf 31,1% verringert (darunter die Teilgruppe der Arbeitnehmer von 33,3% auf 26,2%).
Die Erwerbstätigen mit geringer Qualifikation, die «routine employees», zu denen bei Oesch nur Arbeitnehmer gehören, haben sich von 27,4% auf 21,9% verringert.

16 Die durchschnittliche Bewegung zur Höherqualifikation ist nicht neu. Sie wird seit der Einführung der nationalen Statistik gemessen (Geiger, Theodor (1949): Die Klassengesellschaft im Schmelztiegel. Köln und Hagen). Smith, Marx und Durkheim haben sie seit der Antike beobachtet und aus der beruflichen Arbeitsteilung erklärt, die mit der Zunahme von Spezialisierung, Fachkönnen, Interdependenz und Kooperation, das heißt der Entwicklung der menschlichen und technischen «Produktivkräfte», verbunden ist. Wie Marx vertrat besonders Durkheim (1988 [1893/1902], 42–51, 443–445), dass wachsende Kompetenz und Bildung auch Ansprüche auf mehr demokratische Mitentscheidung begründen und mit dem Prozess der Demokratisierung eng verknüpft sind.

17 Die BRD liegt hier bei den Semiprofessionen mit 6,7% deutlich hinter Schweden (7,9%), bei den Lehrberufen mit 4,3% sogar sehr weit hinter Schweden (9,4%). Auf dieser Ebene, als Krankenschwestern, Pfleger, Betreuer, Erzieher usw. sind in Schweden mehr als doppelt so viele Erwerbstätige beschäftigt. Bei den gering Qualifizierten ist der Unterschied scheinbar geringer. Die BRD beschäftigte hier einen langsam sinkenden Prozentsatz der Erwerbstätigen, der, wie in Schweden, im Jahr 2000 bei etwa 11% lag. Rechnen wir dies auf den Sektor um, der in der BRD ja kleiner ist, dann wird wieder ein krasses Gefälle sichtbar: Von hundert Beschäftigten des Sektors waren in Deutschland 41, in Schweden aber nur 33 als gering qualifiziert eingestuft.

2.4 Die gestörte Balance zwischen Industrie und Dienstleistungen

Die (nichtlandwirtschaftlichen) technischen Berufe sind von 1990 bis 2007 um ein Viertel, von 42,6% auf 32,3%, geschrumpft. Die abgewanderten 10,3% tauchen bei den «Dienstleistungen» in den anderen drei Sektoren wieder auf (siehe Abb. 2).

In dieser Pauschalität können die Daten zu irreführenden Trenddiagnosen verführen, zum Beispiel der eines «Epochenwechsels» zur «postindustriellen Dienstleistungs- und Wissensgesellschaft», in der Klassen und Industrie zur Vergangenheit gehören. Die nüchterne Sozialstrukturforschung spricht dagegen einfach von einer «industriellen Dienstleistungsgesellschaft».[18] Die Industrie wird nicht unwichtig, sondern produziert mit weniger Beschäftigten umfangreicher denn je. Viele Dienstleistungen sind «industrienah» (Forschung, Technologieentwicklung, Güterverteilung, Rechts- und Finanzberufe) oder für alle da, also auch für die Industrie (Ausbildung, Gesundheit, andere soziale Dienste).

a) Technikberufe

Der Sektor der technischen Berufe (ohne Landwirtschaft) hat stark abgenommen, ist aber mit 32,3% immer noch mit Abstand der größte Sektor. Sein (relatives) Schrumpfen beruht auf der Abnahme aller Gruppen unterhalb der Ingenieurebene. Angesichts der beiden Exportbooms nach 1990 muss dies auf die große Steigerung des Pro-Kopf-Outputs zurückgeführt werden. Deren Ursachen sind, wie Allespach hervorhebt, allerdings widersprüchlich: Die Weltmarkterfolge sind nur teilweise auf ein Produktivitätswachstum zurückzuführen; dieses liegt für Deutschland «im unteren Drittel der OECD-Länder und damit deutlich unter dem Durchschnitt. Das heißt [...], dass Deutschland seine Weltmarkterfolge in den letzten 20 Jahren vor allem durch eine Lohnmoderation [...] errungen hat.»[19]

Die Verkleinerung des Sektors um 10,3% geht vor allem auf die erhebliche und vor Ort daher oft als Katastrophe erfahrene Abnahme der Facharbeiter und Fachhandwerker zurück. Ihre Anzahl verminderte sich von 20,8% auf 13,2% (-7,6%), die Semiprofessionen um 1,2% und die gering Qualifizierten um 2,8%. Trotzdem ist die Gruppe der Facharbeiter und Fachhandwerker immer noch die größte unter den 17 Erwerbsklassen in Deutschland (siehe Abb. 2) und auch deutlich größer als in den Vergleichsländern (siehe Abb. 3). Die Abnahme der unteren drei Gruppen wird nicht durch die Zunahme der Ingenieure und technischen Experten von 4,4% auf 5,7% kompensiert. Deren Zuwachs (+1,3%) misst nur ein Neuntel der auf den

18 Geißler, Rainer (2002): Die Sozialstruktur Deutschland. Wiesbaden. Vgl. Allespach, Martin (2009): Gewerkschaftliche Eckpunkte einer aktiven Industriepolitik, in: WSI-Mitteilungen 5/2009. S. 277–280.

19 Allespach, Martin (2009). S. 278.

anderen Etagen verschwundenen Arbeitsplätze (-11,6%). Die von der Industrie Freigesetzten drücken also erheblich auf den Arbeitsmarkt.

Im internationalen Vergleich (siehe Abb. 3) ist der Sektor trotz seiner «Verschlankung» immer noch übergroß. In der BRD im Jahr 2000 waren die technisch-industriellen Berufsgruppen noch weitaus größer (zwischen 4,8% und 8,3%) als in den Vergleichsländern. Ebenso lag der Anteil der Facharbeiter und Fachhandwerker mit 13,1% noch erheblich (um durchschnittlich 3,7%) über den Vergleichsländern. Das industrialistisch-facharbeiterische deutsche Produktionsmodell behält seinen Vorsprung, aber nähert sich ein Stück weit an die internationale «Normalität» an. Weder der technisch-industrielle Sektor noch die Facharbeiter sind in Deutschland ein «Auslaufmodell».

b) Selbstständige

Die selbstständigen und freiberuflichen Dienstleistenden haben deutlich zugenommen, von 6,7% auf 11,3% (+4,6%), jedoch nicht durch Existenzgründungen des Kleingewerbes, sondern durch die akademischen Freien Berufe (+2,1%). Die Ursache könnte der ostdeutsche Nachholbedarf und der Überbesatz bestimmter Berufsgruppen sein.

c) Verwaltungsdienstleistungen

Sie bilden einen eigenen Sektor, den der «organisatorischen Arbeitslogik». Er umfasst die öffentlichen und privaten Management- und Verwaltungsberufe einschließlich der Finanz-, Vermarktungs- und Rechtsberufe. Er ist von 24,9% auf 27,6% gewachsen. Das Wachstum war mit 2,7% jedoch moderat und auf die beiden oberen Stufen konzentriert, offensichtlich die Karriereberufe der neuen Kontrollbürokratien.

d) Humandienstleistungen

Die *interpersonellen Dienstleistungen* bestehen aus zwei Segmenten, den (eher öffentlichen) gesellschaftsbezogenen Humandienstleistungen und den (eher kommerziellen) distributiven und haushaltsbezogenen Humandienstleistungen. Das größte Gewicht hat das erste Segment. Es umfasst die, für die gesamtgesellschaftliche Entwicklung und Integration funktional erforderlichen Bildungs-, Kultur-, Gesundheits-, Pflege-, Sozial- und Ordnungsberufe.

Der wachsende Bedarf hat für ein Wachstum des Sektors von 23,6% auf 27,9% (+4,3%) gesorgt. Er ist der einzige Sektor, in dem nicht nur die oberen Gruppen wachsen. Das Wachstum der Semiprofessionen ist mit 4,1% (fast eine Verdoppelung) größer als in jedem anderen Sektor. Im internationalen Vergleich (siehe Abb. 3) wird noch deutlicher sichtbar, dass die Humandienstleistungen die größten Expansionspotentiale des Arbeitsmarktes bieten. Der Vergleich zeigt aber auch, dass die Humandienstleistungen in der BRD nur in stark gebremstem Umfang gewachsen sind. Mit 26,9% lag der Sektor im Jahre 2000 um 6,2% unter dem Schwedens. Die Ursache liegt bei der chronischen Unterfinanzierung aufgrund einer verfehlten Sektorpolitik.

Die Bewegungen der Sektoren sind miteinander verkoppelt: Die Verkleinerung der industriell-technischen Berufsgruppen drückt auf den Arbeitsmarkt. Die Freigesetzten können entweder durch Vergrößerung der prekären Beschäftigung und der Arbeitslosigkeit oder durch den funktional notwendigen Ausbau der Humandienstleistungen aufgefangen werden. Soweit diese dem öffentlichen Dienst zugehören, sind sie zudem der wichtigste Hebel einer staatlichen Investitions- und Beschäftigungspolitik.

2.5 Geschlechterbalancen im internationalen Vergleich

Esping-Andersen[20] bezieht in die gesellschaftliche Arbeitsteilung nicht nur die Erwerbsarbeit, sondern auch die Familienarbeit ein, da zwischen beiden eine enge Wechselwirkung besteht. In der Familienarbeit, die historisch weit gehend den Frauen zufiel, überwiegen die Aufgaben des Erziehens, Ausbildens, Pflegens, Versorgens, Vergemeinschaftens usw., also Aufgaben, von denen – wie im skandinavischen Modell – viele als Erwerbsarbeit in die Humandienstleistungen verlagert werden können.[21]

Der internationale Vergleich der Frauenanteile in den Berufsgruppen (in Abb. 3 jeweils in Klammern) gibt einen Überblick über die immer noch krasse geschlechtliche Segmentierung des Arbeitsmarktes. Hinter diesen Daten können wir den Widerspruch zwischen einer funktionalen Logik (das heißt einer gesellschaftlichen

20 Esping-Andersen, Gøsta (1998): Die drei Welten des Wohlfahrtskapitalismus. Zur Politischen Ökonomie des Wohlfahrtsstaates, in: Lessenich, Stephan; Ostner, Ilona (Hg) 1998: Welten des Wohlfahrtskapitalismus. Frankfurt/M. S. 16–56.

21 Der Status dieser Arbeit hängt vom Familienmodell des jeweiligen nationalen Entwicklungspfades ab. Das skandinavisch-sozialdemokratische «Doppelverdienermodell» beruht darauf, dass diese Arbeiten aus den Familien in Erwerbsbetriebe oder öffentliche Betriebe verlagert werden, in denen dann viele Frauen eine ähnliche Arbeit, nur sozial gesicherter und professioneller, tun. Der «Wertewandel» und das Erwerbssystem machen aber auch in den konservativ-kontinentalen Ländern eine höhere Beteiligung der Frauen an der Erwerbsarbeit und der Bildungsexpansion nötig. Das «Alleinverdiener-Modell» behindert hier die Frauenerwerbsarbeit, mit der Konsequenz sinkender Geburtenraten. Unter diesem Eindruck hat, nach französischem Vorbild, in Deutschland eine Modernisierung der konservativen Familienpolitik begonnen, die den Frauen der oberen Schichten durch Finanzhilfen und den übrigen Frauen durch Kleinkinderkrippen die Erwerbstätigkeit erleichtert. Diese Politik ist Teil der langfristigen Strategien eines ökonomisch-sozialen Umbaus, für die gegenwärtig vor allem die Ministerin Ursula von der Leyen (CDU) steht, die aber auch von den langfristig orientierten Unternehmerinteressen und Wirtschaftsinstituten unterstützt wird.

Notwendigkeit), die auf mehr Frauenbeteiligung drängt, und einer patriarchalischen Logik (das heißt einer Privilegierung), die dies verhindert, erkennen:

a) Die Geschlechterbalance nach Sektoren

Zunächst fällt die horizontale Arbeitsteilung auf. In den technisch-industriellen Berufen dominieren weit gehend die Männer, bei den Facharbeitern und Fachhandwerkern sogar mit mehr als 90%. In den Humandienstleistungen dominieren eher die Frauen, bei den Semiprofessionen sogar erheblich. Diese horizontale Arbeitsteilung enthält noch Reste einer funktionalen Arbeitsteilung, in der, wie im Familienhaushalt, die Arbeiten inhaltlich verschieden, aber nach Status nicht immer ungleich sind.

b) Die Geschlechterbalance nach Qualifikationsrang

Die funktionale Arbeitsteilung ist stark durch das vertikale Geschlechtergefälle, in dem es um Machtrang und Status geht, überlagert. Die Humandienstleistungen sind zwar eine Frauendomäne, aber in der obersten Etage haben sich doch zu 42 bis 64 Prozent die Männer durchgesetzt. Auf der Etage der Lehrberufe der Humandienstleistungen liegt der Frauenanteil nur in Schweden deutlich über 50%. Der Widerspruch zwischen funktionalen und patriarchalischen Logiken wirkt sich auch in Gegentendenzen aus. Obwohl die technisch-industriellen Berufe eine Männerdomäne sind, haben die Frauen auf der professionellen Etage dieser Berufe, außer in der Schweiz (8%), höhere Anteile erreicht, und zwar 14% in Deutschland, 16% in Großbritannien und 25% in Schweden. Auf der weniger gut dotierten semiprofessionellen Etage liegen die Anteile der Frauen etwas höher, zwischen 21% und 35%. Beide obere Gruppen nehmen im internationalen Durchschnitt zu. Die bisher männlich dominierten Industriegewerkschaften wachsen damit in Berufsgruppen hinein, in denen die Frauenanteile zunehmen.

2.6 Interessengegensätze und -gemeinsamkeiten der Berufsgruppen

In einem kurzen Erkundungsprojekt kann nur eine sehr begrenzte Auswahl von Gruppen untersucht werden. Daher mussten die Gruppen sehr gezielt ausgewählt werden. Dies geschah mit Hilfe von «Überblickslandkarten» des sozialen Raums. Die bereits dargestellten «Landkarten» der Berufsfelder sind auch Landkarten der gewerkschaftlichen «Zielgruppen». Sie lassen die Feldstruktur erkennen, insbesondere wo welche Berufsgruppen vom Wandel und von (neuen) Konflikten besonders betroffen sind und wie diese Gruppen durch gemeinsame Interessen miteinander verbunden sind oder durch Interessenunterschiede in Spannung miteinander stehen.

Im *technisch-industriellen Sektor* grenzen sich auf der obersten Stufe die «technischen Experten» nach unten gegen die nichtakademischen Berufsgruppen ab, mit denen sie gleichwohl ein gemeinsames Interesse an Autonomie gegenüber Unternehmern und höherem Management verbindet. Diese widersprüchliche Stellung ist dort in Bewegung gekommen, wo seit den 1990er Jahren die Managements zu neoliberalen Organisationsstrategien übergegangen sind, die einen Abbau früherer Entscheidungsspielräume, Privilegien und Sicherheiten mit sich brachten. Die Lage der technischen Experten ist vielerorts unsicherer, «arbeitnehmerischer» geworden.

Ihr geschärftes Interessenbewusstsein wird aber nicht unbedingt in Zuwendung zur Gewerkschaft umgesetzt, sondern auch in die Unterstützung von berufsständischen Sonderverbänden oder in Strategien der individuellen Selbstvertretung. Unsere Pilotstudie über die Hochqualifizierten[22] hat ergeben, dass dies auf eine Kombination von Bedingungen zurückgeführt werden kann: Auf die Verschiedenartigkeit der Unternehmensstrategien und -kulturen ebenso wie auf die nach Milieu und Region sehr verschiedenen Grundhaltungen (Habitus) der Arbeitnehmer. Hier sind differenziertere Ansprachen und Strategien der Bindung notwendig.

Während die Ebene der älteren technischen Experten inzwischen einigermaßen erforscht ist, gibt es wenig neuere Kenntnisse über die anderen Gruppen, insbesondere über die jüngeren technischen Experten und die neuen Abwertungserfahrungen der schrumpfenden, wenn auch immer noch größten Gruppe: der Facharbeiter.

Für den Sektor der *öffentlichen und privaten Verwaltungen* sind gleichermaßen zwei Abgrenzungsrichtungen erkennbar. Im Gegensatz zu den Beschäftigten der technischen und industriellen Produktion sind mehr oder minder alle Beschäftigten der Verwaltung den Aufgaben und Interessen der Managements näher. Dies wird unterstützt durch deutliche soziokulturelle Milieuabgrenzungen gegenüber Arbeitern und Technikern. Quer dazu verläuft aber auch innerhalb des unteren (kaufmännischen und verwaltenden) Managements, bei den Semiprofessionen, eine zweite Grenze. Sie bezeichnet den Interessengegensatz zwischen jenen, die sich mehr mit der Unternehmensleitung identifizieren, und jenen, die sich mehr mit den Arbeitnehmerinteressen identifizieren.

Wo genau diese Grenze innerhalb der oberen kaufmännischen und verwaltenden Berufsgruppen verläuft, welche Interessen und Berufsgruppen wie einander gegenüberstehen, ist ausgesprochen undeutlich und erstaunlicherweise fast gar nicht erforscht – so wie der gesamte Sektor der Verwaltungsberufe bisher kaum durch neuere wissenschaftliche Untersuchungen erforscht ist.

2.7 Die untersuchte Auswahl von jüngeren Berufsmilieus

Aus den genannten weniger erforschten Arbeitnehmergruppen sollte unsere kurze Studie, soweit dies in dreieinhalb Monaten möglich ist, eine Auswahl von drei Gruppen in ihrem jüngeren Alterssegment näher erforschen. Dabei sollten die

22 Vester, Michael; et al. (2007).

weiblichen Arbeitnehmer angemessen berücksichtigt werden, soweit dies im Rahmen der männlichen Dominierung der technisch-industriellen Arbeit in einem Kurzprojekt durchführbar war. Ausgewählt wurden folgende Gruppen:

- *Jüngere kaufmännische Angestellte* (mit einem signifikanten Frauenanteil) auf der Stufe der Semiprofessionen, unterhalb der kaufmännischen und organisatorischen Managementberufe.
- *Jüngere Facharbeiter* (mit herkömmlicherweise sehr niedrigem Frauenanteil) in ihrer biographischen wie auch berufsdynamischen Übergangssituation.
- *Jüngere Hochqualifizierte*, das heißt technische Expertinnen und Experten in Ingenieur- und Informatikberufen auf semiprofessioneller bzw. professioneller Qualifikationsstufe.

Die Konzentration auf die jüngeren Segmente dieser Arbeitnehmergruppen, vom Berufseintrittsalter von heute etwa 23 Jahren bis zum 35. Lebensjahr, sollte erfolgen, weil an dieser Gruppe der aktuelle Wandel künftiger beruflicher Entwicklungen, Qualifikationsprofile und Erfahrungen, der Lebensstile, Lebensziele und Habitusmuster eher und akzentuierter abzulesen ist. Die Züge des Strukturwandels sind dort stärker ausgeprägt, wo sie sich neu entwickeln. Bei den jüngeren Arbeitnehmergruppen manifestieren sich die widersprüchlichen «Trends» zur Höherqualifizierung und gleichzeitig zur Unsicherheit der Lebensstellung und -perspektive zuerst. Zugleich entwickeln die jüngeren Milieus vor dem Hintergrund ihrer Herkunftskultur eigene, neuartige Formen, mit diesen Erfahrungen umzugehen. Diese neuen Formen sind den älteren Milieus und Organisationsverantwortlichen oft ungewohnt und unvertraut; sie müssen den Zugang zu ihnen erst finden. Dies zu kennen ist umso wichtiger, als die Mitgliedschaften der Gewerkschaften «altern» und in den Altersgruppen bis 35 Jahren unterdurchschnittlich sind. Die Gründe hierfür und die Möglichkeiten einer besseren Mobilisierung sind noch nicht hinreichend erschlossen.

Bei unserer durch die Kürze der Exploration bedingten Auswahl darf nicht vergessen werden, dass die, in dieser Auswahl noch nicht berücksichtigten, wachsenden Teile der Arbeitnehmerschaft, die arbeitslos oder noch in der Ausbildung und daher von ungleich größeren Unsicherheiten betroffen sind, ebenfalls Ziel- und Mitgliedsgruppen der Gewerkschaften sind und daher zu dem Gesamtbild gehören, in das die untersuchten Gruppen eingebettet werden müssen. Dies ist auch deswegen notwendig, weil Ausbildungsphasen und Arbeitslosigkeit auch zum Erfahrungshintergrund der untersuchten Gruppen gehören.

2.8 Wandel der Milieus und Handlungsstrategien der Arbeitnehmer

Mit der objektiven Ausbildungs- und Berufssituation ist noch nicht gegeben, wie die betroffenen Berufsmilieus diese Lage bewerten, interpretieren und handhaben. Diese Lücke sollte die Analyse nach dem Milieuansatz schließen helfen. Die Arbeitnehmerschaft verarbeitet ihre Lage nicht nach einem einheitlichen Muster. Die gleiche soziale Lage einer Berufsgruppe kann, je nach Milieuherkunft, auf verschiedene Weise interpretiert und mit verschiedenen Strategien praktisch bewältigt werden.

Diese pluralistische Aufgliederung bedeutet keineswegs, dass sich die Arbeitnehmermilieus in eine unüberschaubare Vielfalt von «individualisierten» Einzelinteressen auflösen. Die Milieuforschung hat die These der Auflösung auf keine Weise bestätigt.[23] Die Arbeitnehmermilieus sind differenziert und im Wandel, aber sie lassen sich einer überschaubaren Zahl von Grundtypen zuordnen, die aus der Alltagserfahrung auch bekannt sind. Zu unterscheiden sind drei Hauptgruppen, die weiter in sich differenziert sind (siehe Abb. 4):

- Die *konservativen Arbeitnehmer* (ca. 25% der Gesamtbevölkerung), die oft von ländlicher oder kleinbürgerlicher Herkunft sind, fassen Gesellschaft und Unternehmen als eine Hierarchie auf, die von einer «guten» Leitung wie eine Art patriarchalische Familie regiert werden soll. Die Leitungen haben aber die Pflicht, den Arbeitnehmern Sicherheit und Anerkennung zu bieten; Gewerkschaften und Betriebsräte werden ohne Leidenschaft als *nützlich* angesehen, um dem Nachdruck zu verleihen.
- Die *modernen Arbeitnehmer* (ca. 35%), die meist aus Traditionen relativ autonomer Handwerker, Bauern und Facharbeiter stammen, wollen im Arbeits- und Alltagsleben möglichst viel Unabhängigkeit und Selbstbestimmung verwirklichen, gestützt auf gute Fachqualifikation, kollegiale und familiale Solidarität und eine *aktive* Interessenvertretung im Betrieb.
- Die *unterprivilegierten Arbeitnehmer* (ca. 11%), die häufig den früheren «unterständischen» Schichten der Dienstboten, Gelegenheitsarbeiter usw. entstammen, befinden sich oft in einer Lage geringer Ausbildung und Anerkennung und kultivieren aus dieser Ohnmachtsituation heraus Strategien der flexiblen Gelegenheitsnutzung und der Anlehnung an Stärkere. Sie sind überdurchschnittlich in Gewerkschaften organisiert, dort aber selten selbst aktiv, da sie die arbeitnehmerischen Interessenvertretungen vor allem als *Schutzmacht* sehen.

Hinzu kommt eine vierte Gruppe, die wegen ihrer geringen Größe von etwa 4% in dieser Abbildung nicht dargestellt ist. Sie ist eine Untergruppe der akademischen

23 Vester, Michael; et al. (2001). Vester, Michael; et al. (2007).

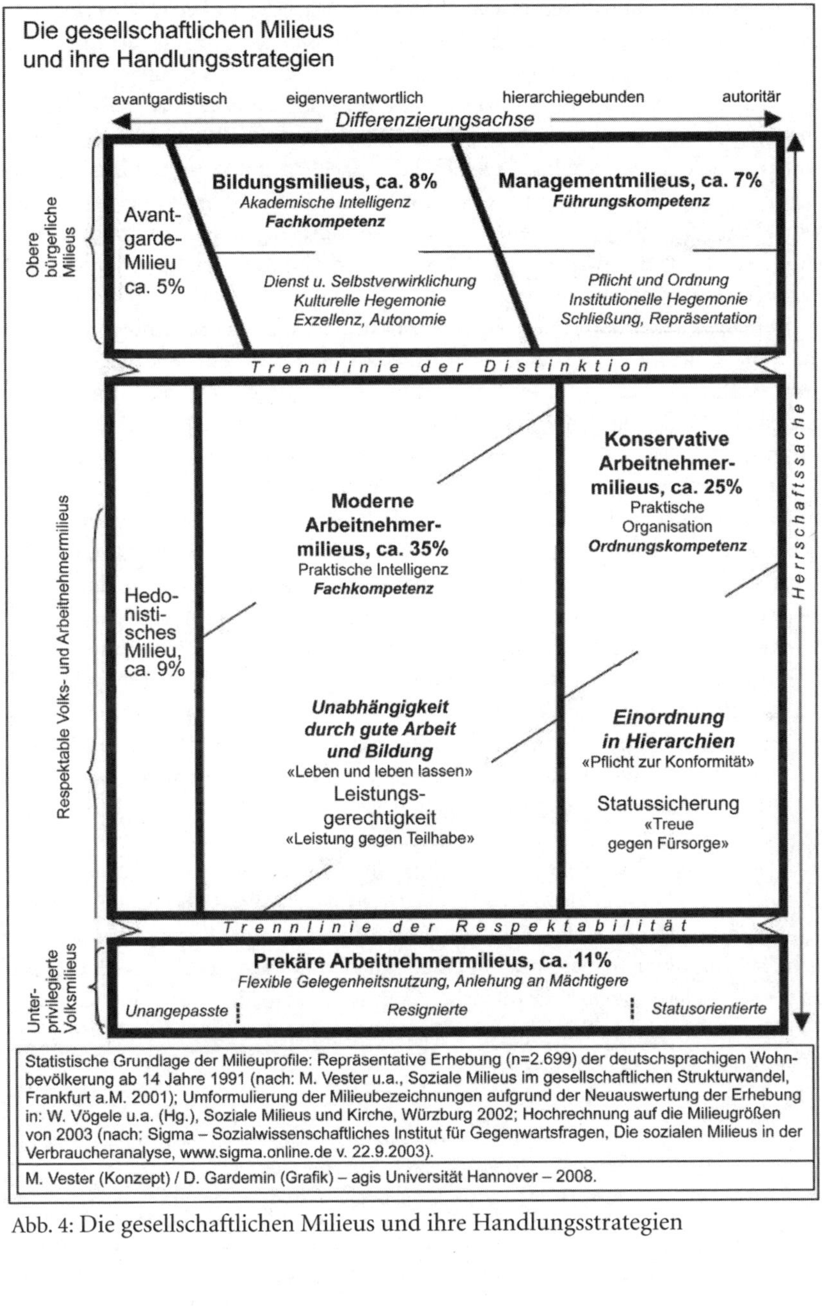

Abb. 4: Die gesellschaftlichen Milieus und ihre Handlungsstrategien

Bildungsmilieus (links oben in der Abbildung): Das *gehobene Dienstleistungsmilieu*, dem auch die Ingenieure und andere akademisch ausgebildete technische Experten angehören.[24] Seine Angehörigen sind in Deutschland ganz überwiegend aus den mittleren Arbeitnehmermilieus aufgestiegen und besonders an fachlich guter Arbeit mit sicheren Autonomiespielräumen und guter kollegialer Zusammenarbeit interessiert. Sie identifizieren sich hauptsächlich mit ihrer Berufsgruppe, in der sich arbeitnehmerische Interessen mit einer gewissen Nähe zur Betriebsleitung widersprüchlich überschneiden. Arbeitnehmerische Interessenvertretungen gelten als *notwendig*, aber sie können Aktivitäten der individuellen oder gruppenbasierten Selbstvertretung nicht ersetzen.

Wie die Vielfalt der Milieus ist auch ihr *Wandel* kein unübersichtliches Phänomen. Die Milieuforschung bestätigt, dass dieser Wandel mit dem Generationenwechsel verknüpft ist. Er verläuft weit gehend in den Gleisen der Herkunftsmilieus und nach dem Motto: «Der Apfel fällt nicht weit vom Stamm». Dieser Wandel ist aber kein vorprogrammierter, schematischer Prozess, sondern ausgesprochen variantenreich, da die jungen Generationen ihre Lebensführung aus den Elementen ihrer eigenen Erfahrungsumwelt, das heißt den Lebensstandards, den Lebensstilen und dem Lebensgefühl ihrer Zeit gewissermaßen zusammenbasteln. Die Bausteine dieser «bricolage» («Bastelarbeit»), wie es die Jugendforschung nennt, sind teilweise neu, das Fundament und der Bauplan aber sind an die elterliche Herkunftskultur angelehnt.[25]

Allerdings sind diese Gemeinsamkeiten zwischen den Generationen in der Kommunikation des Alltags nicht immer auf den ersten Blick sichtbar. Die Alltagskommunikation funktioniert über Bilder, Emotionen, Sprachformeln und Stilmittel, über moralische und ästhetische Wertungen, durch die sich die sozialen Gruppen voneinander abgrenzen. Sie brauchen dies bis zu einem gewissen Grade für ihre Identität. Es ist also kein Zufall, dass die Milieus und Generationen sich gegenseitig oft fremd oder unverständlich vorkommen.

Daher muss der gemeinte Sinn und das Gemeinsame, das gerade für die Mobilisierung und Repräsentation von Mitgliedern notwendig ist, erst durch Entschlüsselung oder «Dekodierung» sichtbar gemacht werden. Aus diesem Grunde stützt sich die Milieuanalyse nicht nur auf erklärende Methoden (wie hier die Berufsfeldanalyse), sondern gleichzeitig auf verstehende Methoden, die, die sprachlichen und anderen Äußerungen der Befragten «übersetzen», die Methoden der Habitusinterpretation bzw. Habitushermeneutik.[26]

---

24 Vgl. Vögele, Wolfgang; Bremer, Helmut; Vester, Michael (Hg) (2002): Soziale Milieus und Kirche. Würzburg. S. 282–287.

25 Clarke, John; Hall, Stuart; et al. (1979): Jugendkultur als Widerstand. Milieus, Rituale, Provokationen. Frankfurt/M.

26 Vgl. Vester, Michael; et al. (2007). S. 68ff. Die Methode dieser Untersuchung wird in dem Buch «Die neuen Arbeitnehmer» eingehend dargestellt von Andrea Lange-Vester (2007). Der Mili-

Durch diese Interpretationsarbeit wird eine Vielfalt von oft überraschenden Äußerungs- und Ausdrucksformen sichtbar, aber auch der gemeinsame Nenner, den der Wandel der Mentalitäten trotz allem hat. Die Veränderung der Werte, der Lebensstile, des Berufsethos und der gesellschaftspolitischen Einstellungen ist durch die Zunahme von zwei scheinbar kontrastierenden Orientierungen gekennzeichnet:

- Einerseits nehmen die so genannten postmateriellen Werte der Autonomie zu, das heißt Werte der Selbst- und Mitbestimmung und eines selbstbewussten, durch die steigende Berufsqualifikation gestärkten Berufsethos.
- Andererseits nimmt mit der Zunahme vertikaler Verteilungskonflikte und der Abwertung des Berufskönnens und -ethos auch das arbeitnehmerische Interessenbewusstsein zu.

Die Mobilisierungs- bzw. Repräsentationsprobleme der jüngeren Arbeitnehmergruppen beruhen nach unseren Erkenntnissen nicht darauf, dass die moderneren und jüngeren Arbeitnehmer eine *geringere* Interessenorientierung hätten, sondern eher darauf, dass die Interessenorientierung *andere* Formen annimmt. Die Interessenorientierung äußert sich, je nach Milieutypus und Generation, nicht automatisch in einem Trend zur Beteiligung an hergebrachten Formen kollektiver Interessenvertretung, sondern – wie die beiden Zitate aus unseren Erhebungen am Anfang dieses Berichts dokumentieren – vor allem als Wunsch nach mehr Selbstbestimmung und Mitbestimmung.

---

euansatz ist ein Mehrebenen-Ansatz. Durch ein methodisch strenges Vorgehen, das allerdings einen hohen Arbeitsaufwand fordert, lassen sich damit auch bei relativ begrenzten Fallzahlen gültige Aussagen über typologische Profile gewinnen. Die relative Zielsicherheit beruht darauf, dass bereits eine «Gesamtlandkarte» der sozialen Milieus vorliegt, die durch umfassende quantitativ-repräsentative und qualitativ-vertiefende Untersuchungen erarbeitet worden ist und ständig aktualisiert wird.

Vgl. Vester, Michael; et al. (2001).

Vester, Michael; et al. (2007). Der Milieuansatz folgt dem Bourdieuschen Konzept der Praxisanalyse, die das Zusammenwirken von drei Komponenten systematisch untersucht: Handlungsdisposition («Habitus»), Handlungsressourcen («Kapital») und Handlungschancen («Feld») (Bourdieu, Pierre (1982): Die feinen Unterschiede. Frankfurt/M. S. 175).

Vester, Michael; et al. (2007). S. 73ff.

3. Befragungsergebnisse im Überblick (Christel Teiwes-Kügler)

Die sozialstrukturellen Verschiebungen innerhalb der Berufsgruppen und Wirtschaftssektoren und auch die Modernisierung der Arbeitnehmermilieus stellen eine Herausforderung für die Akteure der betrieblichen und gewerkschaftlichen Interessenvertretungen dar. Insbesondere die jüngeren und die besser qualifizierten Arbeitnehmergruppen sind in den Gewerkschaften bislang unterdurchschnittlich vertreten. Die Lebensführung der jüngeren Arbeitnehmer hat sich gewandelt und so genannte postmaterielle Werte der Autonomie, der Selbstverwirklichung, der Selbst- und Mitbestimmung haben zugenommen. Wenig erforscht ist jedoch bisher, wie sich diese gewandelte Lebensweise der jungen Arbeitnehmermilieus auf deren interessenpolitisches Handeln auswirkt. Welche Ansprüche an die Arbeitsbedingungen und an die Interessenvertretungen die junge Arbeitnehmergeneration hat, wie sie sich zu den Umstrukturierungs- und Rationalisierungsmaßnahmen der Unternehmen verhält und mit der Situation von unsicherer gewordenen Arbeitsplätzen umgeht oder auch, was den jungen Leuten im Leben sonst noch wichtig ist. Welche Lebensziele und Zukunftsvorstellungen sie beispielsweise haben.

Die hier vorgestellte Studie hat daher exemplarisch für ausgewählte Arbeitnehmergruppen (für jüngere technische Experten, für Auszubildende aus IT-Berufen, für jüngere kaufmännisch-organisatorische Angestellte und für jüngere Facharbeiter) untersucht, wie sich die junge Generation der Arbeitnehmermilieus nach ihrer äußeren Lage, ihren inneren Haltungen und ihrer beruflichen wie interessenpolitischen Handlungspraxis untereinander und von der älteren Generation unterscheidet.[27]

3.1 Fortschreitende Tendenz zu Höherqualifizierung und Kompetenzzuwachs

Die Ergebnisse der Studie bestätigen die fortschreitende Differenzierung der Arbeitnehmermilieus nach Berufsgruppen und nach alltäglicher Lebensführung. In allen Untersuchungsgruppen haben sowohl die Bildungs- und Qualifizierungsstandards wie auch die damit verbundenen Kompetenzen zugenommen. Insgesamt

27 Die empirischen Daten wurden mit offenen, explorativen Methoden nach dem Gruppenwerkstatt-Verfahren (vgl. Bremer, Helmut (2004): Von der Gruppendiskussion zur Gruppenwerksatt. Münster) erhoben. Bei diesem Verfahren handelt es sich um Gruppendiskussionen, die um assoziative und kreative Methoden (u.a. Collagenarbeiten) zu einem 4-stündigen Erhebungsprogramm erweitert werden. Nach bestimmten Kriterien zusammengestellte Gruppen von 8–10 Personen aus einem Betrieb oder aus einer Bildungseinrichtung wurden gemeinsam befragt. Die Diskussionsrunden wurden mit Videokamera aufgezeichnet, im Wortlaut verschriftet und hermeneutisch-interpretativ nach Grundmustern und Handlungsstrategien des Habitus und des Berufsethos sowie nach interessenpolitischen Handlungsmustern ausgewertet und zu Typen gebündelt. Übersichten zur Stichprobe und zu den Erhebungsgruppen finden sich im Anhang des Beitrags.

zeigen unsere Ergebnisse, dass sich die untersuchten jungen Arbeitnehmergruppen auf die veränderten Unternehmensstrategien und auf die unsicherer gewordenen Arbeitsverhältnisse dadurch einstellen, dass sie in höhere Bildungsabschlüsse und bessere Qualifikationen investieren. Entsprechend sind die Potentiale der Eigenverantwortlichkeit und Selbstbestimmung bei der jungen Arbeitnehmergeneration deutlich angewachsen und stellen die jungen Arbeitnehmer höhere Ansprüche an die berufliche und betriebliche Mitsprache.

3.2 Widersprüche zwischen Berufsethos und Arbeitsbedingungen

Interessenkonflikte treten bei den jungen Arbeitnehmern vor allem dort auf, wo neoliberale Managementstrategien auf reglementierende und hierarchisch strukturierte Weise durchgesetzt werden oder aber mit den Ansprüchen des Berufsethos kollidieren und sich die jungen Arbeitnehmermilieus nicht ausreichend in Entscheidungs- und Umstellungsprozesse mit einbezogen sehen. Die immer wieder vorgefundenen Verunsicherungspolitiken der Managements wirken sich kontraproduktiv und demotivierend aus. Daneben spielen bei allen Befragten Anerkennung und Wertschätzung eine bedeutsame Rolle. Der hohe Stellenwert beruflicher Anerkennung wird von den Unternehmensführungen und den Managements häufig nicht ausreichend genug berücksichtigt und auch von den Gewerkschaften interessenpolitisch zu wenig aufgegriffen.

Die jüngere Arbeitnehmergeneration unterscheidet sich von der älteren dadurch, dass der Widerspruch zwischen einem selbstbewussten Berufsethos, das auf hohe Fachqualifikation und Mitbestimmung am Arbeitsplatz setzt, und hierarchisch strukturierten Arbeitsbedingungen und Führungsstilen noch entschiedener wahrgenommen und reflektierter verarbeitet wird. Dies gilt besonders für die jungen modernisierten Facharbeiter. Sie verfügen teilweise über gehobene Bildungs- und Qualifizierungsstandards und stellen daher auch weit höhere Ansprüche, in die Gestaltung der betrieblichen Arbeitsprozesse mit einbezogen zu werden und eigenverantwortlich arbeiten zu können.

3.3 Individualisiert, aber überwiegend arbeitnehmerisch – Varianten junger Arbeitnehmermilieus in technischen Berufsgruppen

Die jüngeren Arbeitnehmermilieus der *technischen Berufsgruppen* weisen überwiegend *arbeitnehmerische Haltungen* und *Interessenlagen* auf. Diese sind jedoch unterschiedlich ausgerichtet und variieren nach Milieutypus. Bisher konnten für die jungen Arbeitnehmermilieus *vier typologische Varianten* (vgl. Abb. 1 und 5) herausgearbeitet und zusammengefasst werden. Wir fanden diese Varianten zunächst unter den Studierenden der Ingenieurwissenschaften und unter den jungen «Technischen Experten», im weiteren Verlauf der Untersuchung dann aber auch unter den Auszubildenden in IT-Berufen und unter den jungen Facharbeitern. Lediglich ein Typus ist ausdrücklich arbeitgeberorientiert und strebt Positionen des höheren Managements an.[28]

Die typologischen Varianten unterscheiden sich in ihren Lebenszielen, in den Strategien und Prinzipien des Habitus und des Berufsethos sowie in den interessenpolitischen Haltungen. In der nachfolgenden Abb. 5 ist die vermutete sozialräumliche Einordnung der bislang ermittelten Varianten dargestellt.

- Zwei typologische Varianten (links in Abb. 5) sind vorrangig an *Eigenverantwortlichkeit und Selbstbestimmung* orientiert. Sie zeigen ein relativ ausgeprägtes Autonomiestreben. Vertikale Unterschiede bestehen jedoch im Hinblick auf Interessen an materieller Teilhabe und Absicherung (*«An Teilhabe, Absicherung und begrenztem Aufstieg Orientierte»*) bzw. im Bestreben nach beruflicher Selbstverwirklichung (*«An Selbstbestimmung und Selbstverwirklichung Orientierte»*).
- Zwei typologischen Varianten (rechts davon in Abb. 5) weisen dagegen eine eher durch *Über- und Unterordnung* strukturierte Haltung auf. Sie unterscheiden sich vertikal in ihrem Aufstiegsstreben und in ihren Klassenzugehörigkeiten. Die vertikal höher stehende Variante gehört in der Regel bereits seit mehreren Generationen den oberen Milieus an und identifiziert sich sehr eindeutig mit der Arbeitgeberseite (*«Managementorientierte»*). Die zweite Variante zeigt ein relativ ausgeprägtes Streben nach Aufstieg in gehobenere Positionen, gehört jedoch nach Herkunft und Haltung zu den arbeitnehmerischen Milieus (*«An Aufstieg, Status und Karriere Orientierte»*). Sie setzt überwiegend darauf, diesen Aufstieg durch *arbeitgeberorientierte Anpassungsstrategien* zu realisieren.

3.4 Kaufmännische Angestellte – ein heterogenes Berufsfeld zwischen Management- und Arbeitnehmerinteressen

Die kaufmännisch-verwaltenden und organisatorischen Berufsgruppen gehören zu den wachsenden Berufsgruppen und sind wegen des höheren Frauenanteils für die Gewerkschaften von besonderem Interesse. Gleichzeitig sind die Forschungslücken in diesem Arbeitnehmersegment besonders groß. Auch die jetzt vorgenommene Befragung von kaufmännischen Angestellten eröffnet lediglich erste Einblicke in ein bislang noch kaum erforschtes Berufsfeld und ergibt ein sehr heterogenes Bild zu den Haltungen der dort beschäftigten jüngeren Arbeitnehmermilieus. Das Berufsfeld befindet sich offenbar in einer Umbruchsituation, herkömmliche qualifizierte Ausbildungsberufe, wie Industrie- und Bürokaufleute werden durch teil-

---

28 Die vier typologischen Varianten haben noch einen *hypothetischen Status* und müssen durch zusätzliche Befragungen weiter abgesichert werden.

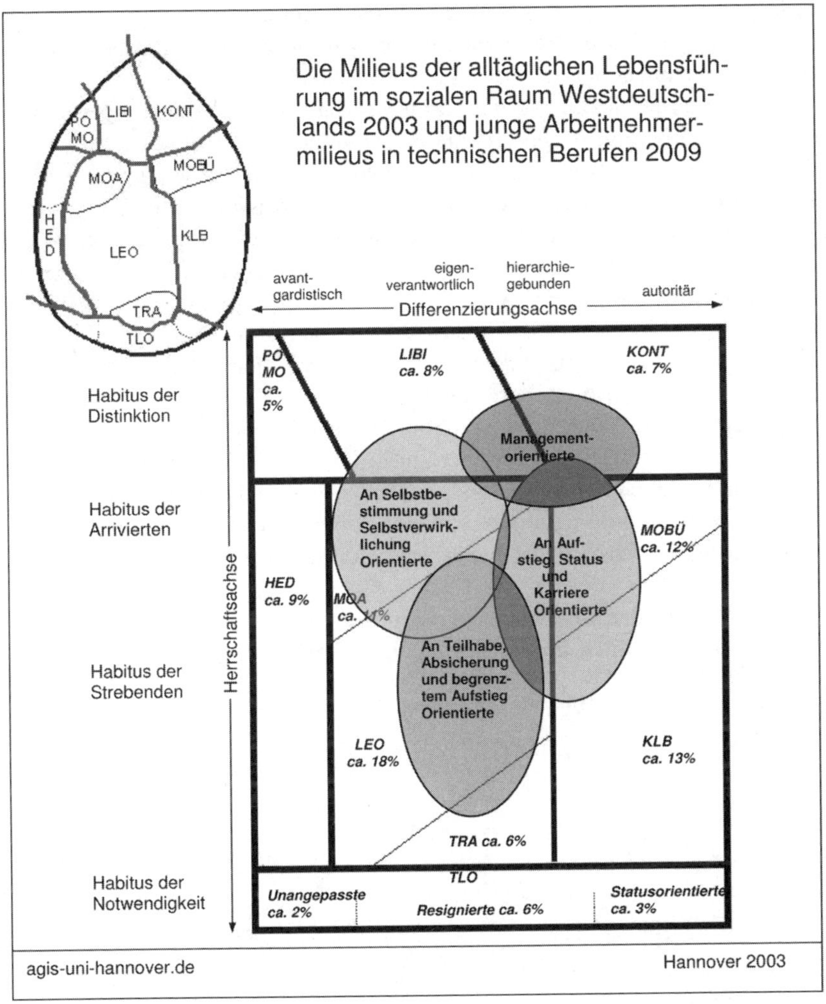

LIBI:	Liberal-intellektuelles Milieu	KLB:	Kleinbürgerliches Arbeitnehmermilieu
KONT:	Konservativ-technokratisches Milieu	MOA:	Modernes Arbeitnehmermilieu
POMO:	Postmodernes Milieu	LEO:	Leistungsorientiertes Arbeitnehmermilieu
HED:	Hedonistisches Milieu	TRA:	Traditionelles Arbeitermilieu
MOBÜ:	Modernes bürgerliches Milieu	TLO:	Traditionsloses Arbeitnehmermilieu

Abb. 5: Typologische Varianten junger Arbeitnehmermilieus in technischen Berufsgruppen

und vollakademisierte Berufsgruppen (Betriebswirte, Betriebswirtschaftler und Wirtschaftsingenieure) zunehmend verdrängt. Das Berufsfeld müsste daher noch umfassender erschlossen werden, um genauer sagen zu können, wo die Trennlinien verlaufen zwischen arbeitnehmerisch orientierten Gruppen, die für die Gewerkschaften ansprechbar sind, und solchen Gruppen, die überwiegend arbeitgeberorientiert und damit gewerkschaftlich kaum erreichbar sind.

Die begrenzte Fallzahl lässt noch keine typologische Bearbeitung zu, es konnten aber für diese Berufsgruppen verschiedene Grundhaltungen herausgearbeitet werden, die erste Anhaltspunkte für eine Typenbildung liefern (vgl. Kapitel 4.6). Die befragten jüngeren Arbeitnehmer der kaufmännisch-organisatorischen Berufsgruppen zeigen ein ständisches Berufsbewusstsein, das sich aus der beruflichen Position als Angestellte des administrativen Bereichs begründet, ebenso eine relativ ausgeprägte «Beitragorientierung».[29] Das heißt, sie möchten durch ihr berufliches Engagement zum Erfolg des Unternehmens beitragen. Einzelne Befragte haben eine ausdrückliche Nähe zu den Managements und zu den Strategien der Unternehmensführung. Teilweise werden aber auch Interessenkonflikte sichtbar. Im Vordergrund stehen dabei Entgrenzungs- und Anerkennungsprobleme, die damit zusammenhängen, dass dem eingebrachten beruflichen Engagement nicht immer die erwartete Wertschätzung entgegengebracht wird. Der Umstand, möglicherweise auf betriebliche und gewerkschaftliche Interessenvertretungen angewiesen zu sein, wird jedoch von diesen Befragten in der Regel als Schwächung der eigenen (beruflichen) Position interpretiert.

In der nachfolgenden Übersicht sind die untersuchten Arbeitnehmergruppen, die typologischen Varianten, ihr Berufsethos und ihre interessenpolitischen Haltungen dargestellt.

29 Kotthoff, Hermann (1998): Führungskräfte im Wandel der Firmenkulturen. Berlin.

Übersicht: Berufsethos und interessenpolitischen Haltungen der untersuchten jungen Arbeitnehmermilieus

Berufsgruppe: **Technische Experten**

Qualifikationsrang: Studierende der Ingenieurwissenschaften und Jungingenieure mit Hochschul- und Fachhochschulabschluss		
Fraktionen/ Varianten	**Berufsethos/ Habitusmuster**	**Interessenpolitische Haltung**
«An Selbstbestimmung und Selbstverwirklichung Orientierte»	Technikverliebte Tüftler; Vorrang hat berufliche Selbstverwirklichung durch sinnstiftende Arbeit, an technischen Visionen arbeiten («eine Spur in der Welt Hinterlassen»); wichtiger als Einkommen und Karriere sind berufliche und persönliche Autonomie.	Jungingenieure: unternehmerisch denkend, dennoch arbeitnehmerisch orientiert[30]; überwiegend individuelle Selbstvertretungsansprüche bei gleichzeitiger Offenheit für kollektive Formen der Interessenvertretung; innerhalb der Studierenden- bzw. der Berufsgruppe kollegial-solidarisches Handeln, wohlwollende Distanz zur Gewerkschaft; Studierende sind häufig hochschulpolitisch engagiert.
«An Aufstieg, Status und Karriere Orientierte»	Technisches Interesse bei gleichzeitiger Orientierung an beruflichem Aufstieg in Positionen mit gehobenem Einkommen und Statusgewinn; individuelle Konkurrenz- und Durchsetzung nach dem Leistungsprinzip.	Heterogene Orientierungen: teilweise arbeitnehmerisch orientiert, teilweise arbeitgeberorientiert (Anpassungsstrategie); ausgeprägt ständisches Berufsbewusstsein, berufsständische Interessenvertretung, meist Distanz zur Gewerkschaft, rationales Nutzenkalkül.

30 Mit «unternehmerisch denkend» ist hier gemeint, dass sich die Beschäftigten mit dem Unternehmen identifizieren und strategische Überlegungen zum Erfolg des Unternehmens anstellen. Damit ist nicht gemeint, dass sie mit den derzeitigen Unternehmensstrategien immer einverstanden sind. Vielmehr bestehen hier z.T. erhebliche Interessenkonflikte. Darüber hinaus verstehen sich diese Beschäftigten als abhängig beschäftigte Arbeitnehmer.

«Management-orientierte»	Betriebswirtschaftlich-organisatorische Managementorientierung, technisches Interesse am Beruf ist nachrangig; offenes Streben nach Führungspositionen mit Macht und Einfluss; individuelles Konkurrenz- und Durchsetzungsprinzip.	Arbeitgeberorientiert: Positionierung auf Seiten der Unternehmensführung und Managements, offen ablehnende Haltung gegenüber Gewerkschaften (Kultur-, und Klassenschranken).
«An Teilhabe, Absicherung und begrenztem Aufstieg Orientierte»	Technikinteressierte Tüftler mit facharbeiterischem Ethos der Bescheidenheit und Redlichkeit. Probleme der Studienbewältigung. Das Studium dient dem sozialen Statuserhalt und der sozialen Absicherung.	Es liegen von dieser Fraktion keine Daten zu den interessenpolitischen Haltungen vor; wegen der Nähe zur Tradition der Facharbeit vermutlich für die Gewerkschaften erreichbar. Der Typus ist evtl. häufiger an Fachhochschulen vertreten.

Berufsgruppe: **Auszubildende der IT-Berufe**

Qualifikationsrang: Fachinformatiker in Fachschul- und Lehrberufsausbildung		
Fraktionen/ Varianten	**Berufsethos/ Habitusmuster**	**Interessenpolitische Haltung**
«An Selbstbestimmung und Selbstverwirklichung Orientierte» («Autodidakten» der IT-Branche)	Virtuose Pioniere der Branche, kreative Computerfreaks mit autodidaktisch angeeigneten Kompetenzen und praktischem Erfahrungswissen; wichtig sind berufliche Selbstbestimmung, Mitgestaltung und Eigenverantwortlichkeit, langfristig Streben nach beruflicher Sicherheit und planbarer Existenz.	Unternehmerisch denkend, dennoch arbeitnehmerisch orientiert: kollegial-solidarisches Handeln «für» das Unternehmen, sofern Interessenausgleich besteht; überwiegend individuelle Selbstvertretungsansprüche, skeptische Distanz zur Gewerkschaft, aber gesprächsbereit.
«An Aufstieg, Status und Karriere Orientierte»	Technisches Interesse bei gleichzeitiger Orientierung an beruflichem Aufstieg in Positionen mit Statusgewinn; individuelle Anpassungs- und Durchsetzungsstrategien unter Einsatz von sozialen Beziehungen.	Arbeitgeberorientierte Anpassungsstrategien (nicht unangenehm auffallen); individuelle Selbstvertretung über soziale Beziehungen zu Führungspersonen.

Qualifikationsrang: Systemelektroniker in Fachschul- und Lehrberufsausbildung		
Fraktionen/ Varianten	**Berufsethos/ Habitusmuster**	**Interessenpolitische Haltung**
«An Teilhabe, Absicherung und begrenztem Aufstieg Orientierte»	Technische Tüftlermentalität, Spaß an neuen Kommunikations- und Informationstechnologien, eigenverantwortliches Leistungsethos mit ausgeprägter Gemeinschaftsorientierung; angestrebt wird ein begrenzter beruflicher Aufstieg in Positionen mit mehr beruflichen Entscheidungsspielräumen und materieller Absicherung.	Arbeitnehmerisch orientiert: Kollektive Orientierung über die Berufsgruppe und den Auszubildendenstatus; solidarisches und gemeinschaftliches Interessehandeln innerhalb der Berufsgruppe; meist gewerkschaftlich organisiert, in der Regel über die betrieblichen Jugendausbildungsvertretungen erreichbar.

Berufsgruppe: **Facharbeiter**

Qualifikationsrang: Traditionelle Facharbeiter mit Lehrberufsabschluss		
Fraktionen/ Varianten	**Berufsethos/ Habitusmuster**	**Interessenpolitische Haltung**
«An Teilhabe, Absicherung und begrenztem Aufstieg Orientierte»	Traditionelles Facharbeiterethos, selbstbewusster Facharbeiterstolz auf der Grundlage von handwerklich-technischem Fachkönnen; Orientierung am Prinzip ‹Leistung gegen Teilhabe›. Wichtig sind soziale Sicherheit und Wahrung der Respektabilität. Sorge, die Facharbeit gerate zum Auslaufmodell.	Arbeitnehmerisch orientiert: Betonung des Interessengegensatzes zwischen Arbeit und Kapital; Notwendigkeit kollektiver und kämpferischer Interessenvertretung, überwiegend Orientierung am Delegationsprinzip; meist gewerkschaftlich organisiert, in manchen Betrieben Austritt aus Enttäuschung.

Qualifikationsrang: Moderne Facharbeiter mit Lehrberufsabschluss		
Fraktionen/ Varianten	**Berufsethos/ Habitusmuster**	**Interessenpolitische Haltung**
«An Teilhabe, Absicherung und begrenztem Aufstieg Orientierte» mit Übergängen zu «An Selbstbestimmung und Selbstverwirklichung Orientierten»	Verinnerlichtes Facharbeiterethos bei modernisierter Lebensweise, selbstbewusster Facharbeiterstolz auf der Grundlage von handwerklich-technischem Fachkönnen. Wichtig sind materielle Teilhabe und Leistungsgerechtigkeit, ebenso wichtig sind berufliche Mitsprache und Mitgestaltung. Wunsch nach begrenztem Aufstieg in Positionen mit Autonomiegewinn (Handlungs- und Entscheidungsspielräume). Fühlen sich beruflich blockiert und ausgebremst.	Kollektive Orientierung über den Facharbeiterstatus, gemeinschaftlich-solidarisches Handeln innerhalb der Facharbeiterschaft. Individuelle Selbstvertretungsansprüche werden mit kollektiven Formen verbunden. Teilweise gewerkschaftlich organisiert, teilweise skeptische Distanz.
«Aufstiegsorientierte Facharbeiter»	Facharbeiterstatus dient als Zwischenstation, angestrebt wird ein Wechsel in den «Angestelltenbereich» (Statusgewinn); individuelles Konkurrenz- und Durchsetzungsprinzip; Einsatz individueller Bildungsstrategien, um beruflich aufzusteigen.	Arbeitnehmerisch orientiert: rationale Nutzenorientierung; gewerkschaftliche Organisation zur Durchsetzung individueller Interessen, Rückzug bei Enttäuschung.

Berufsgruppe: **Kaufmännische Angestellte**

Qualifikationsrang: Kaufmännische Berufsgruppen und Wirtschaftsingenieure mit Fachhochschul-, Fachschul- und Lehrberufsabschluss		
Fraktionen/ Varianten	**Berufsethos/ Habitusmuster**	**Interessenpolitische Haltung**
Heterogene Haltungs- und Handlungsweisen; die typologische Bearbeitung erfordert weitere Untersuchungen. Hypothetische Haltungsweisen siehe Kapitel 4.6.	Betriebswirtschaftlich-organisatorische Orientierung, kein einheitliches Berufsethos, gemeinsam ist der Wunsch, einen Beitrag für das Unternehmen zu leisten; ständisches Berufsbewusstsein (Mittelstand), das durch die beruflichen Stellungen, Qualifizierungen und administrativen Aufgaben gespeist wird; teilweise ausdrückliche Nähe zu den Managements und Strategien der Unternehmensführung, teilweise Interessenkonflikte, wenn eine ausreichende Anerkennung und Wertschätzung der eingebrachten Leistung vermisst wird.	Heterogene Orientierungen: teilweise arbeitnehmerisch orientiert, Interessenkonflikte wahrnehmend, teilweise arbeitgeberorientiert (z.T. als Anpassungsstrategie); Abgrenzungen gegenüber der Facharbeiterschaft («Schrauber»). Individuelle Selbstvertretungsansprüche, Distanz zur Gewerkschaft; Angewiesensein auf gewerkschaftliche Interessenvertretung wird als Schwächung der eigenen (beruflichen) Position wahrgenommen.

4. Mentalitäten und interessenpolitische Haltungen junger Arbeitnehmermilieus (Christel Teiwes-Kügler)

4.1 Die Studierenden der Ingenieurwissenschaften

Die in der Studie befragten Studierenden der Ingenieurwissenschaften liefern inzwischen ein recht differenziertes Bild zu den zukünftigen «Technischen Experten», die ihren Abschluss an *Hochschulen* erworben haben. Noch zu wenig beleuchtet wurden die Haltungen der Ingenieurinnen, sie konnten für die Befragungen kaum gewonnen werden. Sinnvoll wäre es darüber hinaus, Studierende dieser Fächer an den *Fachhochschulen* zu untersuchen. Durch beide Gruppen kommen eventuell noch weitere Gesichtspunkte zum Tragen.[31]

Veränderungen in den ingenieurwissenschaftlichen Studiengängen

Die ingenieurwissenschaftlichen Studiengänge sind eine Studiengangsrichtung, die häufig auch von Bildungsaufsteigern aus den mittleren arbeitnehmerischen Milieus gewählt werden.[32] Die soziale Herkunft der Studierenden ist daher sehr unterschiedlich und reicht von Familien mit niedrigen Bildungs- und Berufsabschlüssen, über Eltern, die schrittweise einen Bildungsaufstieg vollzogen haben, bis hin zu Studierenden, die jetzt in der dritten Generation einen akademischen Berufsabschluss anstreben.[33] In neuerer Zeit verändert sich jedoch die soziale Zusammensetzung in diesen Studiengängen an den *Hochschulen*. Die Studierenden dort haben immer häufiger Eltern mit akademischen Bildungs- und Berufsabschlüssen und Väter in Führungspositionen. Die Ingenieurwissenschaften sind daher kein reiner Studiengang des sozialen Aufstiegs mehr. In dieser Deutlichkeit trifft das nach Untersuchungen der Konstanzer Hochschulforschung nur noch für Studierende der Ingenieurwissenschaften an *Fachhochschulen* zu.[34]

Für die gewerkschaftliche Ansprache ist dies bedeutsam. Die Habitusmuster der Aufstiegsfamilien unterscheiden sich in der Regel von denen der ‹alteingesessenen› akademischen Oberklassenmilieus. Häufig ist mit dem Bildungsaufstieg noch kein sozialer Aufstieg in die oberen Milieus verbunden, sondern wird lediglich der soziale Status der Familien gehalten. Entsprechend ist meist auch noch kein oberklassenspezifischer Distinktionshabitus ausgebildet worden, mit dem sich die oberen Milieus von den mittleren Milieus abgrenzen. Meist wird noch eine arbeitnehmerische Haltung eingenommen und vielfach sind noch Unsicherheiten vorhanden, ob der gehobene soziale Status wirklich gehalten werden kann. Für die Gewerkschaften dürften daher die ingenieurwissenschaftlichen Studierenden aus Aufstiegsfamilien eher ansprechbar sein als etablierte Oberklassenangehörige.

---

31 Neben einer Studierendengruppe, die bereits 2005 an der Technischen Universität Braunschweig befragt wurde, sind zwei weitere Befragungen mit ingenieurwissenschaftlichen Studierenden der Leibniz Universität Hannover aus dem Jahr 2008 in die Untersuchung mit einbezogen worden.

32 Vgl. Bathke, Gustav-Wilhelm; Schreiber, Jochen; Sommer, Dieter (2000): Soziale Herkunft deutscher Studienanfänger – Entwicklungstrends der 90er Jahre. Kurzinformation Hochschul-Informations-System. Hannover. S. 12ff.

33 Eine ähnlich heterogene soziale Zusammensetzung der Studierenden findet sich in den sozialwissenschaftlichen Fächern, in denen ebenfalls bevorzugt Bildungsaufsteiger studieren. Vgl. hierzu Lange-Vester, Andrea/Teiwes-Kügler, Christel (2004) und dies. (2006).

34 Vgl. Bargel, Tino; Multrus, Frank; Ramm, Michael (2005): Studiensituation und studentische Orientierungen. 9. Studierendensurvey an Universitäten und Fachhochschulen. Konstanzer Online-Publikations-System (KOPS). S. 10.

Unverändert geblieben sind die Ingenieurwissenschaften als Männerdomäne. Der Frauenanteil ist jedoch in den Fachrichtungen Maschinenbau und Elektrotechnik seit den 1990er Jahren angestiegen auf inzwischen 21 Prozent an Universitäten und 20 Prozent an Fachhochschulen.[35]

Typologische Varianten unter den ingenieurwissenschaftlichen Studierenden

Die ingenieurwissenschaftlichen Studierenden, die befragt wurden, gehören unterschiedlichen sozialen Milieus an. Dies führt zu unterschiedlichen typologischen Varianten, die sich in ihren Studienstrategien und in den beruflichen und persönlichen Zukunftsvorstellungen sowie in den interessenpolitischen Haltungen unterscheiden. Idealtypisch lassen sich zwei größere und für die Interessenpolitik der Gewerkschaften bedeutsame Fraktionen ausweisen, eine *ständisch-konservative Fraktion,* die an *Aufstieg, Karriere und Status* orientiert ist, sowie eine technikorientierte *progressiv-kooperative Fraktion,* für die *Eigenverantwortlichkeit, Selbstbestimmung* und *sinnstiftende Selbstverwirklichung* im Vordergrund stehen. Daneben treten zwei kleinere Fraktionen in Erscheinung, eine ausdrücklich *managementorientierte Oberklassenfraktion,* die für die Gewerkschaften kaum erreichbar ist, sowie eine Fraktion, die am *facharbeiterischem Ethos der Bescheidenheit und Redlichkeit* orientiert ist. Das Studium dient letzteren Studierenden vorrangig zum sozialen Statuserhalt (*«Absicherungsorientierte Fraktion»*). Diese Fraktion ist an den Universitäten eher unterrepräsentiert, dürfte aber an Fachhochschulen häufiger anzutreffen sein (vgl. Abb. 6).

Übersicht: Typologische Varianten der Studierenden in den Ingenieurwissenschaften und ihre Milieuzugehörigkeiten

Variante/Fraktion	Milieuzugehörigkeit
«Managementorientierte Fraktion»	• Konservativ-technokratisches Milieu (KONT), Teilmilieu: Gehoben kleinbürgerliches Milieu
«An Aufstieg, Status und Karriere orientierte Fraktion»	• Modernes kleinbürgerliches Arbeitnehmermilieu (MOBÜ) • Leistungsorientiertes Arbeitnehmermilieu (LEO)
«An Selbstbestimmung und Selbstverwirklichung orientierte Fraktion»	• Modernes Arbeitnehmermilieu (MOA) • Liberal-intellektuelles Milieu (LIBI), Teilmilieu: Gehobenes Dienstleistungsmilieu • Leistungsorientiertes Arbeitnehmermilieu (LEO)
«Absicherungsorientierte Fraktion»	• Leistungsorientiertes Arbeitnehmermilieu (LEO) (unterer Teilbereich)

35 Ebenda. S. 7.

Von Bedeutung für die unterschiedlichen Haltungen scheinen neben der sozialen Herkunft und der Klassenzugehörigkeit auch die an den Universitäten und in den Studienfächern jeweils vorherrschenden Leitbilder und «Fachkulturen»[36] zu sein. Nach unseren Ergebnissen wird die Fachkultur in den ingenieurwissenschaftlichen Studiengängen vielfach durch ein *Leitbild der individuellen Leistungs- und Aufstiegskonkurrenz* bestimmt. Dieses Leitbild scheint im Maschinenbaustudium ungebrochener und unangefochtener zu dominieren als in der Elektrotechnik. In der Stichprobe war die «An Selbstbestimmung und Selbstverwirklichung orientierte Fraktion» häufiger unter den Studierenden der Elektrotechnik anzutreffen und die «An Aufstieg, Status und Karriere orientierte Fraktion» häufiger unter den Maschinenbaustudierenden. Letztere sind wahrscheinlich aufgrund ihrer statusbetonenden, berufständischen und karriereorientierten Haltung für die Gewerkschaften schwieriger zu erreichen als die selbstbestimmte Fraktion.[37]

Die «Managementorientierte Fraktion»

Dieser Fraktion gehören in der Stichprobe Studierende der Wirtschaftsingenieurwissenschaften an. Sie stammen aus Familien, in denen bereits unter den Großeltern Juristen und Lehrer vertreten sind und die Väter Manager bzw. Banker in Führungspositionen sind oder waren. Sie grenzen sich relativ offen vom Gros der Studierenden ab, zeigen eine betriebswirtschaftlich-organisatorische Orientierung und streben Führungspositionen im Management an. Diese Studierenden haben sich bewusst für ein wirtschaftsingenieurwissenschaftliches Studium entschieden, um in eine Position mit Macht- und Einflussmöglichkeiten zu gelangen. Das technische Interesse ist hier eher nachrangig (*«sonst hätte ich ja Ingenieurwissenschaften studiert oder nur Physik, ich wollte halt was machen, wo man dann später auch mal was entscheiden kann und nicht nur der Zuarbeiter ist.»*) Die Praktika werden gezielt in ‹exklusiver› erscheinenden Unternehmen (z.B. bei Airbus, Siemens, der Daimler AG) absolviert. Die Studierenden folgen einem individuellen Durchsetzungsprinzip und betonen ihre Durchsetzungsfähigkeit. Sie sind bereits während des Studiums in ihren Denk- und Handlungsweisen an die zukünftigen Anforderungen und an die betriebswirtschaftliche Logik des beruflichen Feldes angepasst, in dem sie später tätig sein werden, und haben dadurch Aufstiegsvorteile. Die «managementorientierte» Studierendenfraktion ist für die Gewerkschaften kaum erreichbar, zur gewerkschaftlichen Interessenvertretung bestehen hier Kultur- und Klassenschranken. Ein Zitat von Studierenden dieser Fraktion:

36 Bargel, Tino (1988): Wieviele Kulturen hat die Universität? Ein Vergleich der Rollen- und Arbeitskultur in vierzig Einzelfächern. Hefte zur Bildungs- und Hochschulforschung (2). Arbeitsgruppe Hochschulforschung Sozialwissenschaftliche Fakultät. Universität Konstanz.

37 Ob es sich bei der unterschiedlichen Verteilung der typologischen Varianten um einen Zufallsbefund handelt oder ob tatsächlich Unterschiede zwischen den Studierenden beider Studiengänge vorhanden sind, müsste noch weiter ausgeleuchtet werden.

> «Als Wirtschaftsingenieur setz ich mich mit dem Thema nicht so wahnsinnig auseinander, halte von den Gewerkschaften so eigentlich gar nichts, [...] weil ich sag immer, was bringen die mir persönlich. Ich kann mir nicht vorstellen, dass ich da irgendwie eintrete. Wirtschaftsingenieur ist ja auch eher so die Management-Schiene.»

Die «An Aufstieg, Status und Karriere orientierte Fraktion»

Die Studierenden dieser Fraktion sind in der Stichprobe fast durchgängig *Bildungsaufsteiger* aus Familien mit landwirtschaftlichem Hintergrund, in denen noch keine akademischen Berufsabschlüsse vorliegen. Sie orientieren sich am individuellen Leistungs- und Konkurrenzprinzip und betonen ihre eigene, hohe Leistungsbereitschaft und Leistungsfähigkeit. Teilweise finden explizite Abgrenzungen gegenüber so genannten «weichen Studiengängen» wie den Sozialwissenschaften statt. Für diejenigen unter ihnen, die das Studium tatsächlich erfolgreich abschließen werden, wird sich diese selbstbewusste Leistungsorientierung noch weiter verstärkt haben. Die jungen Ingenieure werden die Universität mit dem Gefühl verlassen, zu den so genannten *Leistungsträgern* der Gesellschaft zu gehören. Die befragten Studierenden dieser Fraktion sahen sich zum Befragungszeitpunkt als zukünftige Ingenieure einer Berufsgruppe zugehörig, die eine relativ starke Position auf dem Arbeitsmarkt hat und blickten weit gehend optimistisch auf den Berufseinstieg wie auch auf den weiteren beruflichen Werdegang. Der berufliche Aufstieg in Positionen mit entsprechend hohem Einkommen war

Collagenabb. 1: Aufstiegsorientierte Studierende

Collagenabb. 2: Aufstiegsorientierte Studierende

bei allen ein wichtiges Ziel und wurde von einigen quasi als sicher vorausgesetzt. Die technikverliebte Tüftlermentalität, die für die «Technischen Experten» häufig sehr typisch ist[38], war bei diesen befragten Studierenden wesentlich abgeschwächter. Die Haltung zum späteren Beruf ist überwiegend durch ein nüchtern-rationales Aufwand-Nutzen-Kalkül gekennzeichnet. Es fällt eine relativ starke materielle und statusbetonte Orientierung auf (siehe Collagenabbildung 1), die meist an ein ausgeprägtes ständisches Berufsbewusstsein gekoppelt ist.

Ein Maschinenbaustudent dieser Fraktion führt zum oben stehenden Collagenausschnitt 2 aus:

> «Ich meine, das will ja jeder haben, gewisse Statussymbole, damit man zeigt, was man erreicht hat oder, wo man eventuell noch hin will. Den Boxer haben wir da oben hin gemacht, weil man Stärke beweisen muss im Leben, man muss überall stark sein, sich durchsetzen können, im Beruf, in der Familie oder auch sonst wo. Stärke und Gesundheit, vielleicht wird man dann auch Boss oder sehr erfolgreich. Das Flugzeug steht für die Entwicklungsschiene, soll Aufschwung, bestreben nach Mehr heißen, ein bisschen abheben von anderen und durchstarten in der Karriere.»

38 Vester, Michael; et al. (2007). S. 113f.

Die Studierenden der «An Aufstieg, Status und Karriere orientierten Fraktion» sind den Gewerkschaften gegenüber nicht vollständig verschlossen. Wichtig ist ihnen, aus der Mitgliedschaft einen persönlichen Nutzen zu ziehen. Es bestehen teilweise Sicherheitsmotive, aus denen heraus die Gewerkschaften (z.B. in der Familiengründungsphase) als hilfreicher Schutz betrachtet werden. Für die anfängliche Karrierephase wird die Mitgliedschaft aber als hinderlicher «*Klotz am Bein*» angesehen.

Die «An Selbstbestimmung und Selbstverwirklichung orientierte Fraktion»

Die befragten Studierenden dieser Fraktion haben das technische Ethos verinnerlicht, das wir beim Typus «Gebremste technische Experten» in der Untersuchung von 2005 gefunden haben.[39] Dieses technische Ethos ist auch hier mit einem gewissen Idealismus verbunden. Die jungen Studierenden wünschen sich eine für sich selbst sinnvolle Arbeit, die sie herausfordert und ausfüllt, die aber auch der Menschheit einen Nutzen bringt. Der Beruf soll ebenso Raum lassen für andere Lebensbereiche wie Familie, soziale Beziehungen und die Möglichkeit, das Leben

Collagenabb. 3: Selbstbestimmungsorientierte Studierende

39 Ebenda.

zu genießen. Diese Werte haben einen höheren Stellenwert als materielle Güter oder Status- und Karrierestreben. Zwei Zitate dazu:

> «Also auf der einen Seite haben wir hier gesagt, wir möchten einen tollen Job haben. Dabei kommt es nicht nur unbedingt auf das Geld an. Es soll Spaß machen. Nette Kollegen sind dann wichtiger als das ultimative Geld rauszukriegen.»

> «Also halt ein Team mit Kollegen, wo man sich gut versteht, und auch die Möglichkeit halt selbstständig zu arbeiten, Eigenverantwortung zu übernehmen und eben finanziell unabhängig sein [...]. Wir müssen aber auch kreativ bleiben [...], halt auch nicht aufhören, sich weiterzubilden, sich ständig weiterzuentwickeln.»

Die Studierenden der «An Selbstbestimmung und Selbstverwirklichung orientierten Fraktion» folgen ebenfalls einem verinnerlichten Leistungsprinzip. Kennzeichnend für diese Fraktion sind aber gemeinschaftlich-kollegiale und auch solidarische Studienstrategien.[40] Anders als bei der «An Aufstieg, Status und Karriere orientierten Fraktion» wird nicht *individuelle Durchsetzungsfähigkeit,* sondern *individuelles Durchhaltevermögen* als eine Fähigkeit angesehen, die man im ingenieurwissenschaftlichen Studium erwerben bzw. besitzen sollte.

Die Studierenden dieser Fraktion sind häufig im studentischen Feld ehrenamtlich engagiert und verstehen dieses Engagement auch als Interessenvertretung für Studierende. Zur Gewerkschaft besteht allerdings in der Regel eine skeptische Distanz. Positiv vermerkt wird jedoch, dass sich die Gewerkschaften den Studierenden der Ingenieurwissenschaften neuerdings intensiver zuwenden. Sie können sich eine Unterstützung bei den Betriebspraktika vorstellen, haben aber zum Teil den Eindruck, die Gewerkschaften engagierten sich in den Betrieben zu wenig für die Studierenden.

> «Ich kann auf jeden Fall nicht sagen, dass alles, was sie machen, dass ich dahinterstehen würde. Ich könnte mir aber schon andererseits auch vorstellen, dass sie auch weiterhin wichtig sind, wenn sie das Berufsfeld des Ingenieurs [...] aufnehmen würden. Ich meine, das machen sie jetzt ja überhaupt nicht, also wenigstens nicht in meinem Bewusstsein.»

---

40 Die gemeinschaftlich-kollegialen Muster finden an der Leibniz Universität Hannover eine institutionalisierte Unterstützung. Den Studierenden der Fakultät für Elektrotechnik und Informatik stehen fünf von der Fachschaft eingerichtete und selbstverwaltete Arbeitssäle zur Verfügung, in denen die Studierenden die Möglichkeit haben, semesterübergreifend miteinander zu arbeiten und zu lernen, nachfolgenden Studierenden den Einstieg in das Studium zu erleichtern und das Studium erfolgreich zu absolvieren. Die Arbeitssäle haben eine sozialisierende und integrierende Funktion, indem dort Studierende unterschiedlicher Nationalitäten lernen, kooperativ miteinander umzugehen.

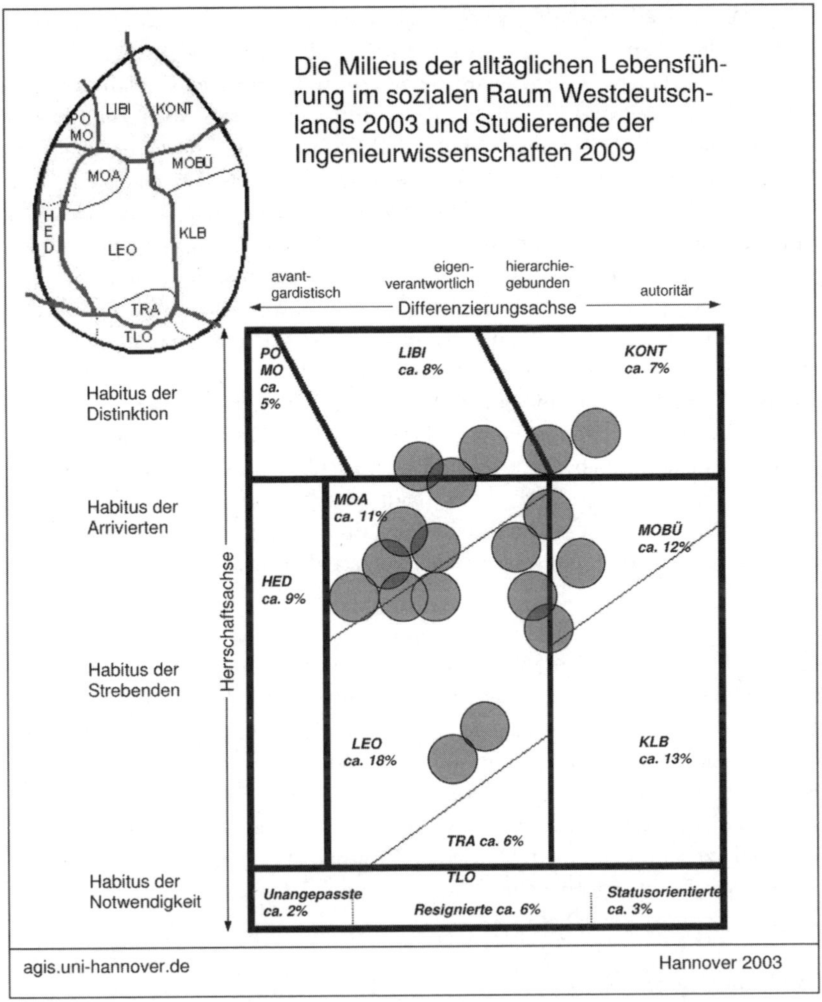

LIBI:	Liberal-intellektuelles Milieu	KLB:	Kleinbürgerliches Arbeitnehmermilieu
KONT:	Konservativ-technokratisches Milieu	MOA:	Modernes Arbeitnehmermilieu
POMO:	Postmodernes Milieu	LEO:	Leistungsorientiertes Arbeitnehmermilieu
HED:	Hedonistisches Milieu	TRA:	Traditionelles Arbeitermilieu
MOBÜ:	Modernes bürgerliches Milieu	TLO:	Traditionsloses Arbeitnehmermilieu

Abb. 6: Sozialräumliche Einordnung der Studierenden in den Ingenieurwissenschaften

Die «Absicherungsorientierte Fraktion»

Studierende dieser Fraktion gehören zu einer Personengruppe, die eher unscheinbar auftritt und gern übersehen wird. Sie zeigen ein *Bescheidenheitsethos* sowie eine Art von *Redlichkeit und Ehrlichkeit*, die eigentlich dem traditionellen Facharbeitermilieu eigen ist. Sie kämpfen sich durch das Studium und setzen dabei auf ihre eigene Leistungsbereitschaft, verfügen aber im Grunde über keine adäquate Strategie, um sich im akademischen Feld erfolgreich zu behaupten. Daher machen sie Umwege im Studium, bekommen die Praktika nicht vollständig anerkannt, weil sie ehrlich ausgefüllt haben, womit sie dort beschäftigt waren, und während der Praktika versuchen sie so wenig wie möglich aufzufallen. Ansprüche an Lehrende oder an Ausbildende werden von ihnen kaum formuliert. Das Studienmotiv liegt bei diesen Studierenden zum einem im technischen Interesse begründet, zum anderen darin, mit dem Studium eine besser abgesicherte berufliche Position zu erlangen, als dies mit einer Ausbildung möglich wäre. Diese Fraktion ist an Hochschulen weniger präsent, kommt aber wahrscheinlich an Fachhochschulen häufiger vor.

Zum Thema Gewerkschaft gibt es von dieser Fraktion keine Aussagen. Die Studierenden könnten aber wegen ihrer Nähe zum traditionellen Facharbeitermilieu ansprechbar und von Interesse für die Gewerkschaften sein.

Geschlechtsspezifische Differenzen

Zu geschlechtsspezifischen Unterschieden zwischen männlichen und weiblichen Studierenden der Ingenieurwissenschaften können kaum Aussagen gemacht werden, da lediglich eine Maschinenbaustudentin an den Gruppenbefragungen teilgenommen hat. Die befragte Studentin unterscheidet sich in ihren Haltungen kaum von der individuellen Leistungsbetonung und vom ambitionierten Aufstiegswillen der männlichen Kommilitonen, die wir den «An Aufstieg, Status und Karriereorientierten» zugeordnet haben. Die Statusbetonung ist bei ihr zurückgenommener und sie spricht offener über Probleme, die sie bei der Selbstorganisation des Studiums hat.

4.2 Die Jungingenieure

Die Jungingenieure, die 2005 befragt wurden und damals überwiegend dem Typus «Gebremste technische Experten» zugeordnet wurden, zeigen sehr viel Übereinstimmung mit der «An Selbstbestimmung und Selbstverwirklichung» orientierten Studierendenfraktion. Es stimmen sowohl das verinnerlichte technische Ethos als auch der Wunsch überein, eine persönlich und gesellschaftlich sinnstiftende und selbstverwirklichende Arbeit zu leisten. Gleiches gilt für die kollegial-kooperativen Handlungsmuster. Die Jungingenieure unter den «Gebremsten technischen Experten» unterscheiden sich von den älteren Ingenieuren, die ebenfalls diesem Typus zugeordnet wurden dadurch, dass sie Strategien zur Verfügung haben, mit denen sie sich größere berufliche Freiräume bewahren. Sie stellen mehr Distanz her zu den beruflichen Erwartungen und Ansprüchen, die an sie herangetragen werden und gelangen so zu mehr Unabhängigkeit und Selbstbestimmung. Das streng asketische und selbstdisziplinierte Ethos, mit dem sich die älteren Ingenieure des Typus ihren sozialen Aufstieg erarbeitet haben, ist bei den Jungingenieuren stärker mit hedonistischen und lustbetonteren Elementen ausbalanciert. Wie bei den älteren «Gebremsten technischen Experten» so kollidierten auch bei den Jungingenieuren dieses Typus die auf Selbstbestimmung und Eigenverantwortlichkeit ausgerichteten Handlungsmuster des Berufsethos mit bürokratischen und hierarchisch strukturierten Unternehmensstrategien der Überreglementierung und künstlichen Verunsicherung.[41]

Ein Jungingenieur erklärt zum nachfolgenden Collagenausschnitt 4:

> «Die obersten Herrschaften haben ja wohl einen Traum. Den müssen sie uns halt noch etwas genauer erklären, dass wir den auch mitträumen, positiv träumen, dass es keine Alpträume werden.»

> «Wir haben gesagt, wir wollen weniger Prozesse, aber unterm Strich sind es wesentlich mehr Prozesse. Die Leute, die quasi die Anforderungen an das Produkt umsetzen, das werden jetzt immer weniger. Aber es gibt immer mehr Bereiche um mich rum, [...] wo ich das Gefühl habe, die arbeiten nicht, aber die verfolgen mich.»

Collagenabb. 4: Jungingenieure

41 Vgl. hierzu ausführlicher Vester, Michael; et al. (2007). S. 106ff.

Die Jungingenieure hatten zum Befragungszeitpunkt einige betriebliche Krisenerfahrungen hinter sich. Die Arbeit des Betriebsrates wurde im Zusammenhang mit diesen Krisen sehr positiv bewertet. Die Haltung zur Gewerkschaft war kritischer und distanzierter, aber nicht ablehnend. Die Jungingenieure sahen in der Gewerkschaft eine notwendige Macht im Hintergrund, ohne die der Betriebsrat nicht diese Stärke hätte. Einige von ihnen waren Gewerkschaftsmitglieder, fühlten sich dort aber nicht wirklich willkommen:

> «Bei der Gewerkschaft in der Funktionärs-Clique weht noch der Wind vom Klassenkampf. Wenn man sich mit dem Betrieb und seiner Arbeit identifiziert, dann gilt man gleich als Streber und auf der Unternehmensseite. Und das stört mich ganz extrem.»

Familie und Partnerschaft

Der Wunsch, eine eigene Familie zu gründen, ist von allen befragten ingenieurwissenschaftlichen Studierenden der Stichprobe hervorgehoben worden und war auch für die Jungingenieure ein wichtiges Thema. Die Perspektive auf das weibliche Geschlecht und die Vorstellungen, wie die Partnerschaft und die familiären Beziehungen ausgestaltet sein sollten, gehen allerdings bei den Varianten auseinander.

Die *«An Selbststimmung und Selbstverwirklichung* Orientierten» hatten moderne, partnerschaftlich-egalitär strukturierte Beziehungen vor Augen und sahen sich hinsichtlich der Familienarbeit mit in der Verantwortung. Die befragten Jungingenieure hatten überwiegend bereits eine Familie gegründet und erwiesen sich als engagierte Väter. Sie waren deshalb an Arbeitszeitmodellen interessiert, die sich mit Aufgaben in der Familie vereinbaren lassen. Die männlichen Studierenden der *«An Aufstieg, Status und Karriere orientierte Fraktion»* zeigten dagegen eine eher traditionelle und durch männliche Herrschaft gekennzeichnete Vorstellung von Familie und Partnerschaft. In der Familie hat «Papa das Sagen». Das weibliche Geschlecht, wie auch die Partnerinnen werden stärker als Lust- und Statusobjekte gesehen.

4.3 Die Auszubildenden in IT-Berufen

Die IT-Branche gehört zu den Branchen, in denen sich die gewerkschaftliche Organisation der Beschäftigten als besonders schwierig erweist. Dies hängt *einerseits* mit der *Struktur der Branche* zusammen und *andererseits* mit den *Mentalitäten* der dort Beschäftigten. Es ist gleichzeitig eine Branche, die in Zukunft wirtschaftlich vermutlich noch an Bedeutung gewinnen wird und über ein großes und junges Beschäftigtenpotential verfügt. Die Gewerkschaften können dieses Berufsfeld daher nicht unberücksichtigt lassen.

Eine Branche, die sich neu formiert

Der IT-Branche gehören neben großen Telekommunikationsgesellschaften unterschiedliche kleinere und mittelständische Unternehmen an, die mit IT-Dienstleistungen oder mit der Entwicklung und Produktion von Soft- und Hardware befasst sind. Es ist eine Branche, die sich erst noch formiert. Bislang gibt es weder einen Arbeitgeberverband noch einen einheitlichen Branchentarifvertrag. Abgesehen von einigen großen Unternehmen, für die Haustarifverträge abgeschlossen wurden, überwiegen Betriebe, in denen keine tarifliche Bindung besteht, und häufig auch keine betrieblichen Interessenvertretungen vorhanden sind. Die Beschäftigten der Branche gehören vielfach zu den höher und hoch qualifizierten Arbeitnehmern. Sie haben in den anfänglichen Boomzeiten der Branche eine starke Verhandlungsposition besessen, waren zur Durchsetzung ihrer Interessen kaum auf betriebliche und gewerkschaftliche Interessenvertretungen angewiesen und standen diesen weit gehend ablehnend gegenüber. Seitdem die Branche in den Jahren 2000/2001 in die Krise geraten ist, strukturiert sie sich neu und auch die Situation der Beschäftigten dort hat sich verändert. Die Arbeitsplätze für höher und hoch qualifizierte Arbeitnehmer sind unsicherer geworden und Interessenskonflikte wieder stärker in den Vordergrund gerückt. Seit einigen Jahren öffnen sich die Beschäftigten der IT-Branche für kollektive Formen der Interessenvertretung. Die Forschungsgruppe um Andreas Boes hat diesen Prozess forschend begleitet.[42]

In die Analyse zu den jungen Arbeitnehmermilieus wurden Auszubildende aus zwei IT-Ausbildungsberufen einbezogen. Es handelt sich einerseits um männliche *auszubildende Fachinformatiker*, die auf der Basis autodidaktisch erworbener Kompetenzen bereits vor Beginn der Ausbildung in der Branche tätig waren. Sie sind nach den beruflichen Positionen dem semiprofessionellen (halbakademischen) Qualifikationsrang technischer Fachkräfte zuzuordnen.[43] Zum anderen sind dies männliche *Systemelektroniker in der Ausbildung*, die den beruflichen Status und Qualifikationsrang eines qualifizierten Lehrberufes einnehmen.[44] Frauen konnten für die Befragungen aus beiden Ausbildungsgruppen nicht gewonnen werden. Die Auszubildenden der beiden Berufsgruppen unterscheiden sich relativ stark nach Bildungsabschluss, sozialer Herkunft und nach beruflichen sowie interessenpolitischen Anspruchshaltungen. Sie wurden daher in der Auswertung vergleichend gegenübergestellt.

---

42 Vgl. u.a.: Boes, Andreas; Trinks, Katrin (2006): Interessen und Interessenhandeln von IT-Beschäftigten. Fokus Entwickler. Beitrag zum Workshop: Individuelles Interessenhandeln kontra kollektive Interessenvertretung? Arbeitspapier 6 des Projekts ARB-IT2. ISF München.

43 Vgl. Abb. 7 sowie Vester, Michael; et al. (2007). S. 59.

44 Vgl. ebenda. Die beiden Auszubildendengruppen wurden bereits in der Pilotstudie von 2005 befragt. Die Befragung der Systemelektroniker wurde aber erst jetzt ausgewertet.

Die auszubildenden Fachinformatiker verfügen in der Regel über die allgemeine Hochschulreife und gehören sozialstrukturell überwiegend dem «*Modernen Arbeitnehmermilieu*» an. Hier haben bereits die Eltern Bildungsaufstiege vollzogen. Zwei Befragte sind dem «*Postmodernen Avantgardemilieu*» und ein Befragter dem «*Modernen kleinbürgerlichen Milieu*» zugeordnet worden (vgl. Abb. 7).[45] Die Systemelektroniker haben mehrheitlich einen Realschulabschluss, stammen fast ausschließlich aus Herkunftsfamilien der arbeitnehmerischen gesellschaftlichen Mitte und gehören sozialstrukturell vorwiegend zum «*Leistungsorientierten Arbeitnehmermilieu*».[46]

Beide Gruppen spiegeln quasi prototypisch die Struktur der Branche wieder und geben Einblicke in die dort ablaufenden Neustrukturierungsprozesse:

Die auszubildenden Fachinformatiker

Die befragten *auszubildenden Fachinformatiker* waren meist in kleineren und mittleren Betrieben der Software- und Hardwareentwicklung angestellt, gehörten, wie bereits angemerkt, überwiegend zu den ‹Pionieren› der Branche, die ohne formale Ausbildung mit autodidaktisch angeeigneten Kompetenzen dort über mehrere Jahre gearbeitet hatten. Im Zuge der Neustrukturierung der Branche wurden nun zunehmend formale Abschlüsse gefordert und die selbstständig angeeigneten Kompetenzen dadurch entwertet. Die Befragungspersonen sahen sich gezwungen, eine Ausbildung mit zertifizierten Abschlüssen nachzuholen, um sich weiterhin beruflich in der Branche positionieren zu können (*«Weil ich einen Schein brauche für das, was ich ohnehin kann und weil meine Zertifikate seit dem IT- Einbruch nicht mehr reichen»).*

Die befragten Fachinformatiker gehören zu einem Typus junger Arbeitnehmer, der sich sehr stark mit dem eigenen Betrieb und mit der eigenen Arbeit identifiziert und für den Selbstbestimmung, Mitsprache und Eigenverantwortlichkeit einen besonders hohen Stellenwert besitzen. Individualität und Unabhängigkeit werden dabei hervorgehoben, teilweise besteht eine gewisse Neigung, sich selbst in Szene zu setzen. Ein Zitat, das für die Gruppe als relativ typisch angesehen werden kann:

> «Für mich wär's nichts gewesen, zur Telekom zu gehen [...]. Ich mag's nicht, wenn ich nicht ein einziges Mal in meiner ganzen Ausbildung im Mittelpunkt stehen könnte, also ich bin halt so ein kleiner Selbstdarsteller dann schon und das brauche ich dann auch.»

---

45 Vgl. Abb. 7.

46 Vgl. Ebenda.

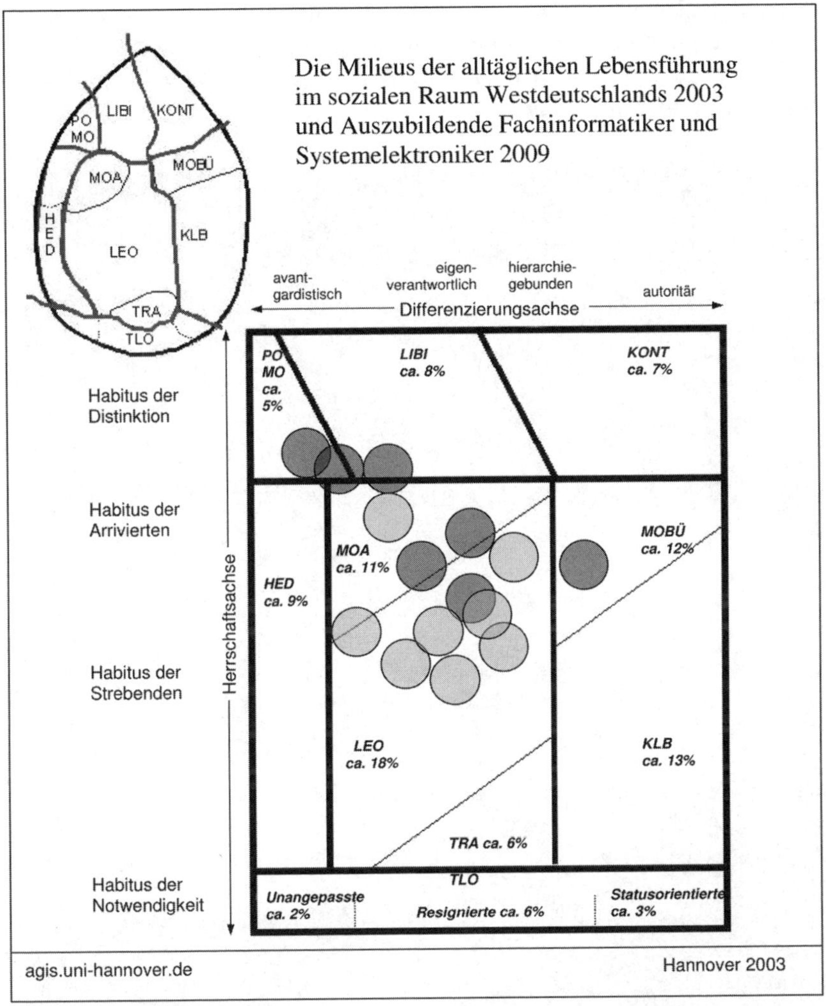

LIBI:	Liberal-intellektuelles Milieu	KLB:	Kleinbürgerliches Arbeitnehmermilieu
KONT:	Konservativ-technokratisches Milieu	MOA:	Modernes Arbeitnehmermilieu
POMO:	Postmodernes Milieu	LEO:	Leistungsorientiertes Arbeitnehmermilieu
HED:	Hedonistisches Milieu	TRA:	Traditionelles Arbeitermilieu
MOBÜ:	Modernes bürgerliches Milieu	TLO:	Traditionsloses Arbeitnehmermilieu

Befragungsgruppen:
Auszubildende Fachinformatiker (dunkelgrau)
Auszubildende Systemelektroniker (hellgrau)

Abb. 7: Sozialräumliche Einordnung der Auszubildenden in den IT-Berufen

In nachfolgendem Collagenausschnitt 5 kommen sowohl das Selbstbewusstsein wie auch die Wünsche nach Selbstbestimmung und Ungebundenheit zum Ausdruck. Dies gilt insbesondere für den Textzug links unten: «*Nur wer keine Zwänge kennt, kann immer alles geben.*»

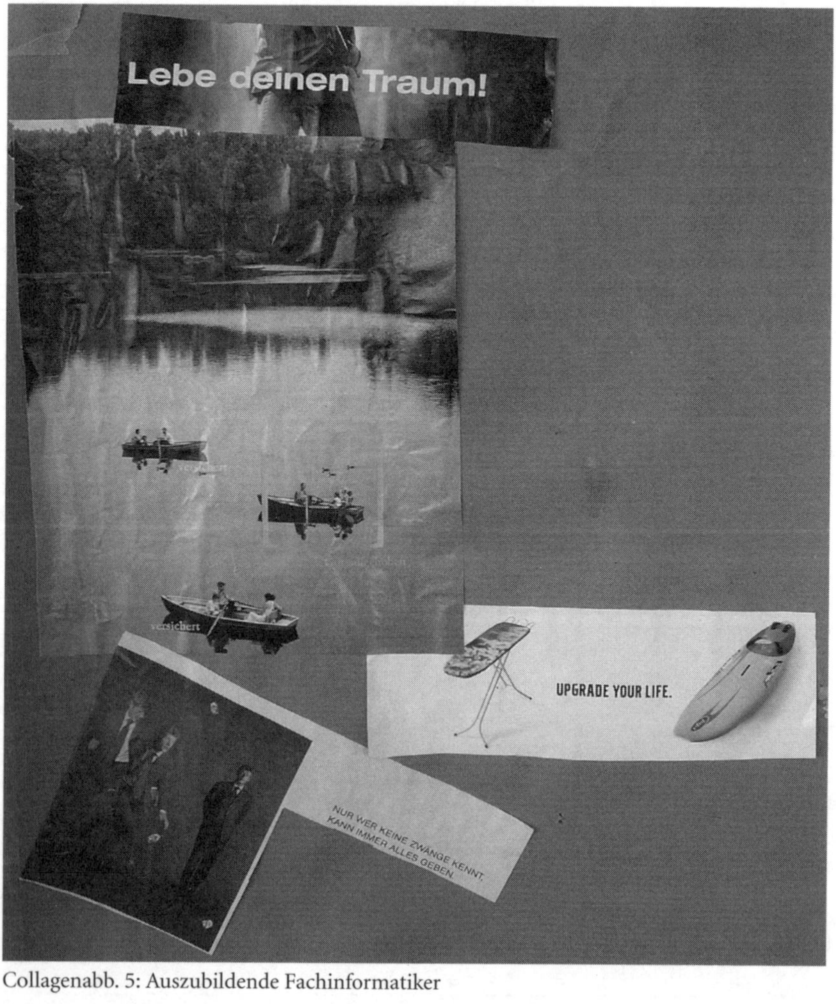

Collagenabb. 5: Auszubildende Fachinformatiker

Die betrieblichen Arrangements der Unternehmensführungen waren in den jeweiligen Ausbildungsbetrieben so ausbalanciert, dass die befragten Fachinformatiker diese Ansprüche eingelöst sahen. Relativ konfliktreich verlief dagegen die Beziehung zu den Lehrkräften der berufsbildenden Schule. Die jungen Fachinformatiker empfanden das hierarchisch strukturierte Lehrer-Schülerverhältnis als völlig unangemessen und sahen ihr ‹mitgebrachtes› praktisches Erfahrungswissen in der berufsbildenden Schule nicht anerkannt.

> «Man sollte schon konstruktiver mit eventueller Kritik aus der Schülerschaft umgehen, weil wir sind nicht mehr hier[...] äh zehnte Klasse oder elfte Klasse, sondern wir sind teilweise mit Leuten da, die sind Mitte zwanzig, teilweise Anfang dreißig, Leute die schon so 'n bisschen was vom Leben gesehen haben [...] im Gegensatz vielleicht zu manchen Lehrern.»

Unseres Erachtens zeigen sich in den wechselseitigen Abgrenzungen symbolische Kämpfe zwischen akademischen Bildungsfraktionen und Semiprofessionen der praktischen Intelligenz, in denen es um soziale Schranken und um die ‹legitime› Aneignung von Wissen und Kompetenzen geht.

Die Haltungen zu den betrieblichen und gewerkschaftlichen Interessenvertretungen waren bei diesen auszubildenden Fachinformatikern relativ kritisch. Auch das nachfolgende Zitat kann als relativ typisch angesehen werden:

> «Das Problem ist halt wirklich, dass da auch bei den Gewerkschaften oben, dass da Anwälte sitzen, die eigentlich nur noch drauf spezialisiert sind, irgendwelche Sachen gegen die Betriebe oder gegen die Arbeitgeber zu machen [...]. Das ist eingefahren und teilweise auch auf Betriebsratsebene, dass man immer nur noch gegen einander arbeitet und, teilweise wirkt das wie persönliche Machtkämpfe oder so was [...]. Also, ich seh' nicht die Notwendigkeit, in eine Gewerkschaft einzutreten, weil ich nicht das Gefühl hab, das geht da um mich [...], ich seh' halt, wie das mit meinen Chefs läuft und da brauch ich keinen Betriebsrat und 'ne Gewerkschaft brauch' ich auch nicht.»

Es wurden aber auch Zukunftsängste sichtbar, die insbesondere in Zusammenhang standen mit der Familiengründungsphase und der längerfristigen Lebensplanung. Bei aller Ungebundenheit wünschen sich die jungen Fachinformatiker langfristig doch eine gesicherte und planbare Existenz. Die Collagenarbeiten haben gezeigt, dass sich hinter dem selbstbewussten Auftreten durchaus massivere Deklassierungsängste und Verunsicherungen verbergen, an die die Gewerkschaften unterstützend und beratend anknüpfen können.

Zum nachfolgenden Collagenausschnitt 6 erklärt ein junger Fachinformatiker:

> «Man hat den Spaß dabei, weil man ja das Interesse an dieser Technologie hat. Aber auf der anderen Seite ist es unheimlich schwierig in einer derart schnellwachsenden Branche, den Überblick zu behalten,

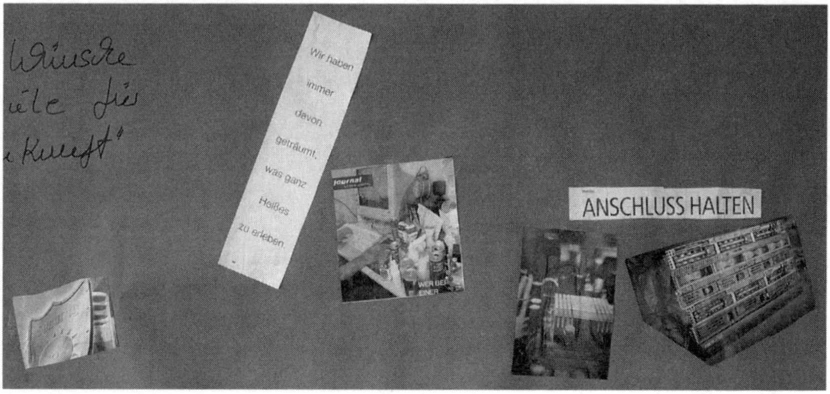

Collagenabb. 6: Auszubildende Fachinformatiker

> den Anschluss immer zu kriegen, um nicht zu sagen, hier an dem Punkt bin ich auf der Strecke geblieben [...]. Das wird auf jeden Fall richtig anstrengend.»

Das Textmotiv mit dem Titel «Security» wurde wie folgt kommentiert:

> «Das ist mehr dann so 'n Wunsch, dass ich mir Sicherheit auch wünsche, etwas, was man so wahrscheinlich nie mehr kriegen wird. Aber man darf es sich ja trotzdem wünschen.»

Die auszubildenden Systemelektroniker

Die von uns befragten *auszubildenden Systemelektroniker* waren dagegen in einer großen Telekommunikationsgesellschaft beschäftigt. Sie traten längst nicht so individualisiert, anspruchsvoll und selbstbewusst auf, wie die auszubildenden Fachinformatiker, sondern entsprachen noch mehr ‹typischen› Auszubildenden, die sich auf dem Weg zum Erwachsenwerden befinden und dabei auch mit hedonistischen Impulsen zu kämpfen haben. Die auszubildenden Systemelektroniker fühlten sich in der Ausbildung zu wenig gefordert, wollten beruflich vorankommen und hatten dabei einen begrenzten Aufstieg in berufliche Positionen mit etwas weiterreichenden Handlungsspielräumen vor Augen. Zwei Originalzitate dazu:

> «Man muss kaum Verantwortung übernehmen, sitzt viel rum, aber ständig Däumchendrehen macht auch schlechte Laune.»

> «Dass man was aus seinem Leben macht, sein eigener Chef ist, mal was entscheiden kann und sich nicht ständig unterbuttern lassen muss.»

Kennzeichnend für die auszubilden Systemelektroniker waren ausgeprägt gemeinschaftsorientierte, solidarische Handlungsmuster und ein enger Zusammenhalt unter den Auszubildenden. Sie waren durchgängig gewerkschaftlich organisiert und über die Jugendausbildungsvertretungen als Gewerkschaftsmitglieder gewonnen worden.

Feldkonflikte innerhalb der IT-Branche

Die Befragung der Systemelektroniker gibt zum einen Hinweise auf Konflikte, die bei den innerbetrieblichen Neustrukturierungen zwischen den verschiedenen Arbeitnehmergruppen eines Betriebes stattfinden. Erkennbar werden zum einen Positionierungskämpfe zwischen den jungen, höher gebildeten und besser qualifizierten IT-Auszubildenden und älteren, mit den neuen Informationstechnologien weniger vertrauten Beschäftigten der Stammbelegschaft. Die jungen Auszubildenden verfügen über mehr kulturelles Kapital als die Älteren und werfen dieses erworbene Kapital in den Positionierungskämpfen unübersehbar mit in die Waagschale. In den Zusammenhang dieser Positionierungen gehört es dann auch, bei den älteren Beschäftigten eine Beamtenmentalität wahrzunehmen, wie sie für den öffentlichen Dienst typisch sei. (*«Die wollen ihren Stremel durchziehen und pünktlich Feierabend haben»*). Zum anderen sind die auszubildenden Systemelektroniker selbst Verlierer in Verdrängungsprozessen, die zwischen den modernen Ausbildungsberufen in der IT-Branche ablaufen. Sie hatten fast alle ursprünglich eine Ausbildung zum Fachinformatiker absolvieren wollen, waren aber wegen der mittleren Bildungsabschlüsse am Auswahlverfahren und an Zugangsbarrieren gescheitert. Die Systemelektroniker versuchten deshalb, Zusatzqualifikationen zu erwerben und in Abendschulprogrammen den Fachoberschulabschluss nachzuholen, um ihre beruflichen Aussichten zu verbessern. Mit diesem Beispiel bestätigt sich die Tendenz, dass die sozialen Milieus in höhere Bildungsabschlüsse investieren müssen, wenn sie nicht im allgemeinen «Upgrading»[47] der Berufsgruppen den Anschluss verlieren wollen.[48] Die Angehörigen der mittleren Milieus müssen daher teilweise verlängerte Bildungs- und Ausbildungswege wie auch Umwege in Kauf nehmen, um sich beruflich abgesichert positionieren und ihre soziale Stellung verteidigen zu können.

Insgesamt bestätigt sich am Beispiel der beiden Auszubildendengruppen, dass die IT-Branche ein Berufsfeld ist, in dem die gewerkschaftlichen Interessenvertretungen Fuß fassen können. Es lohnt sich, genauer hinzusehen, welche Berufsgruppen in der IT-Branche mit welchen beruflichen Ansprüchen und interessenpolitischen

47 Vester, Michael (2004): Die Illusion der Bildungsexplosion. Bildungsöffnungen und soziale Segregation in der Bundesrepublik Deutschland, in: Engler, Steffani; Krais, Beate (Hg) 2004: Das kulturelle Kapital und die Macht der Klassenstrukturen. Weinheim/ München. S. 13–52.

48 Vgl. hierzu auch Blossfeld, Hans-Peter (1985): Bildungsexpansion und Berufschancen. Frankfurt/M.; und Müller, Walter (1998): Erwartete und unerwartete Folgen der Bildungsexpansion, in: Kölner Zeitschrift für Soziologie und Sozialpsychologie. Sonderheft 38. S. 81–112.

Haltungen vertreten sind und es erscheint sinnvoll, eine frühzeitige Ansprache bei den jüngeren Beschäftigten der Branche zu versuchen. Gerade die auszubildenden Systemelektroniker sind ein gutes Beispiel dafür. Aufgrund ihrer Gemeinschaftsorientierung sind sie über die Jugendausbildungsvertretungen gut zu erreichen. Voraussetzung ist jedoch, dass sie aktiv angesprochen und ihre Anliegen ernst genommen werden. Die jungen IT-ler nahmen die Jungendausbildungsvertretung als sehr präsent, durchsetzungsstark und engagiert wahr. Besonders positiv hervorgehoben wurde, dass die Ausbildungsvertreter auf die jungen Leute zugehen, aktiv das Gespräch mit den Auszubildenden suchen und sich für deren Sorgen und Belange interessieren würden. (*«Dass man so ne Sicherheit hat, wenn jemand da ist»*).

Der Zugang zu den auszubildenden Fachinformatikern erweist sich als schwieriger, zumal sie häufiger in Betrieben beschäftigt sind, in denen Gewerkschaften und betriebliche Interessenvertretungen kaum verankert sind. Hier bieten sich unter Umständen die berufsbildenden Schulen als Zugangsmöglichkeiten an. Insbesondere in der Familiengründungsphase werden auch für die Fachinformatiker verlässliche Existenzbedingungen und Einkommensverhältnisse wichtiger. Wie bereits Andreas Boes und Katrin Trinks[49] festgestellt haben, sind diejenigen IT-ler, die sich in einer abhängigen Beschäftigung befinden, arbeitnehmerischer geworden und möchten ihre Interessen und Rechte seit der Branchenkrise gern wieder stärker abgesichert sehen. Wurden betriebliche Interessenvertretungen und Gewerkschaften bis zu dieser Krise von den Beschäftigten der Branche als bevormundend und obsolet abgelehnt, so stehen inzwischen Selbstvertretungsansprüche nicht mehr unbedingt im Widerspruch zur kollektiven Absicherung der eigenen Interessenpositionen.

4.4 Junge Facharbeiter und junge kaufmännische Angestellte: Eine unterschiedliche Sicht auf denselben Betrieb

Um das Feld der jungen Arbeitnehmer weiter auszuleuchten, wurden im Frühjahr 2009 sowohl junge *Facharbeiter* als auch junge *Angestellte aus dem kaufmännisch-administrativen Bereich* in einem Unternehmen für Antriebstechnologie befragt. Zu den jüngeren Fraktionen beider Berufsgruppen gibt es kaum Studien und wenig genauere Kenntnisse darüber, wie ihre beruflichen Ansprüche und Interessenlagen aussehen. Die beiden Befragungen können die vorhandenen Forschungslücken noch nicht schließen, dies gilt besonders für das sich wandelnde Berufsfeld der kaufmännischen Berufsgruppen, dennoch liefern sie einige wichtige Hinweise.

49 Boes, Andreas; Trinks, Katrin (2006).

Zwei Gruppen und ihre Sicht auf denselben Betrieb

Bei dem Unternehmen, in dem die Befragung der beiden Berufsgruppen durchgeführt wurde, handelt es sich um einen modernen und hochtechnologisch ausgestatteten Betrieb, der mit der Wartung und Produktion von Antriebstechnik befasst ist. Die Beschäftigten dort sind auf hohem Niveau ausgebildet und qualifiziert. Das Unternehmen hat in den letzten Jahren erhebliche strukturelle Veränderungen durchgemacht, von denen alle Beschäftigten betroffen waren. Jedoch sind die Wahrnehmungen zu den Arbeitsbedingungen und zu den Umstellungen der letzten Jahre in beiden Berufsgruppen verschieden. Diese unterschiedlichen Wahrnehmungen hängen mit der Dauer der Betriebszugehörigkeit und mit konkret gemachten Erfahrungen zusammen. Sie sind aber auch durch die unterschiedlichen betrieblichen Stellungen und mit den damit verbundenen Gestaltungs- und Entscheidungsspielräumen begründet. Die strukturellen Veränderungen haben vor allem bei den Facharbeitern im shop floor Spuren hinterlassen und das Vertrauen in die Unternehmensführung nachhaltig beeinträchtigt (vgl. hierzu Punkt 4.5). Bei ihnen wurde sehr viel berufliche Unzufriedenheit sichtbar, während die kaufmännischen Angestellten eine positivere Sicht auf ihren Betrieb hatten und primär zufriedener waren mit ihrer Arbeit und mit den Arbeitsbedingungen. Sie sahen die betrieblichen Umstellungen als eine notwendige, aber vorübergehende Umstellungsphase an, die sich in dieser Form nicht fortsetzen werde.

Beide Gruppen empfanden die aktuelle Wirtschafts- und Finanzkrise zum Befragungszeitpunkt im Frühjahr 2009 noch nicht als persönlich bedrohend. Dies wurde jedoch unterschiedlich begründet: Die *kaufmännischen Befragten* sahen sich aufgrund ihrer relativ hohen und flexibel einsetzbaren Qualifikationen sowie aufgrund ihrer beruflichen Positionen in einer relativ sicheren Situation (*«Da gehen erst mal andere»*). Sie nahmen die Branche und den Betrieb zudem als bevorteilt wahr, da sich gesamtwirtschaftliche Einbrüche erfahrungsgemäß mit einer gewissen Verzögerung auf das Unternehmen auswirkten und sich das Unternehmen bereits darauf vorbereiten konnte. In Einzelfällen wurde die Krise als reines Medienproblem gedeutet. Die jungen *Facharbeiter* hatten dagegen den Eindruck, die Krise werde von Unternehmensseite instrumentalisiert, um die Beschäftigten künstlich zu verunsichern und unter Druck zu setzen (*«es wird immer erst mal alles schlecht geredet»*).

4.5 Die jungen Facharbeiter

Welchen Stellenwert die Facharbeit zukünftig in Deutschland haben wird, ist ein kontrovers diskutiertes Thema und gerade für die gewerkschaftlichen Interessenvertretungen von besonderer Bedeutung, rekrutieren sie doch bislang aus dieser Klientel ihre Stammmitglieder. Zudem sind die (Fach-)Arbeiter bisher diejenigen gewesen, die in Interessenkonflikten und Arbeitskämpfen zuverlässig mobilisiert werden konnten. Auf die Abnahme der qualifizierten Facharbeiter und Fachhandwerker im Zeitraum von 1990 bis 2007 wurde bereits ausführlich hingewiesen (vgl. Kapitel 2 und Abb. 2). Diese Entwicklung ist Ausdruck und Folge des allgemeinen gesellschaftlichen Strukturwandels, der sich in Richtung industrielle Dienstleistungsgesellschaft vollzieht. Dennoch sind die qualifizierten Facharbeiter und Fachhandwerker nach wie vor eine große und für die Gewerkschaften relevante Arbeitnehmergruppe. Sie stellen auch für die Zukunft ein wichtiges Mitgliederpotenzial dar. Die jüngeren und besser qualifizierten unter diesen Beschäftigten sind jedoch bisher in den Gewerkschaften unterrepräsentiert. Für ihre Ansprache und Organisation muss daher mehr darüber in Erfahrung gebracht werden, inwieweit sich die Lebensführung und das Berufsethos der jungen Facharbeitergeneration verändert haben, und welche interessenpolitischen Haltungen vertreten werden.

Die jetzt vorliegenden Ergebnisse zur jungen Facharbeitergeneration sind aus zwei Untersuchungen in zwei unterschiedlichen Unternehmen erarbeitet worden. Wir haben einerseits Ergebnisse zu den im Frühjahr 2009 befragten jüngeren Facharbeitern und andererseits ergänzende Aussagen von jüngeren Facharbeitern, die bereits in der Pilotstudie von 2005 in einem anderen Unternehmen befragt wurden. Facharbeiterinnen konnten in keinem der Betriebe gewonnen werden. Sie waren dort nur in geringer Zahl vertreten. Es wäre daher wichtig, die Ergebnisse noch um die weibliche Perspektive zu ergänzen.

Sozialräumlich gehören die befragten jungen Facharbeiter in vertikalen Abstufungen zur Traditionslinie der Facharbeit und praktischen Intelligenz. Die Facharbeiter des *modernen Typus* sind im *«Leistungsorientierten Arbeitnehmermilieu»* mit Übergängen in das *«Moderne Arbeitnehmermilieu»* anzusiedeln, die Facharbeiter des *traditionellen Typus* dem *unteren «Leistungsorientierten Arbeitnehmermilieu»*. Ein aufstiegs- und karriereorientierter Einzelfall wurde der ständisch-kleinbürgerlichen Traditionslinie zugeordnet (vgl. Abb. 8).

Nach den Ergebnissen aus den Untersuchungen von 2005 und von 2009 lassen sich für die jüngeren Facharbeiter bisher drei typologische Varianten unterscheiden: [50]

- eine *moderne Variante* (2009 befragte junge Facharbeiter)
- eine *traditionellere Variante* (2005 befragte junge Facharbeiter)
- eine *aufstiegs- und karriereorientierte Variante* (2005 befragte junge Facharbeiter)

50 Es handelt sich um erste Anhaltspunkte für eine typologische Differenzierung der jungen Facharbeitergeneration. Die Varianten müssten jedoch durch größere Fallzahlen noch weiter abgesichert werden.

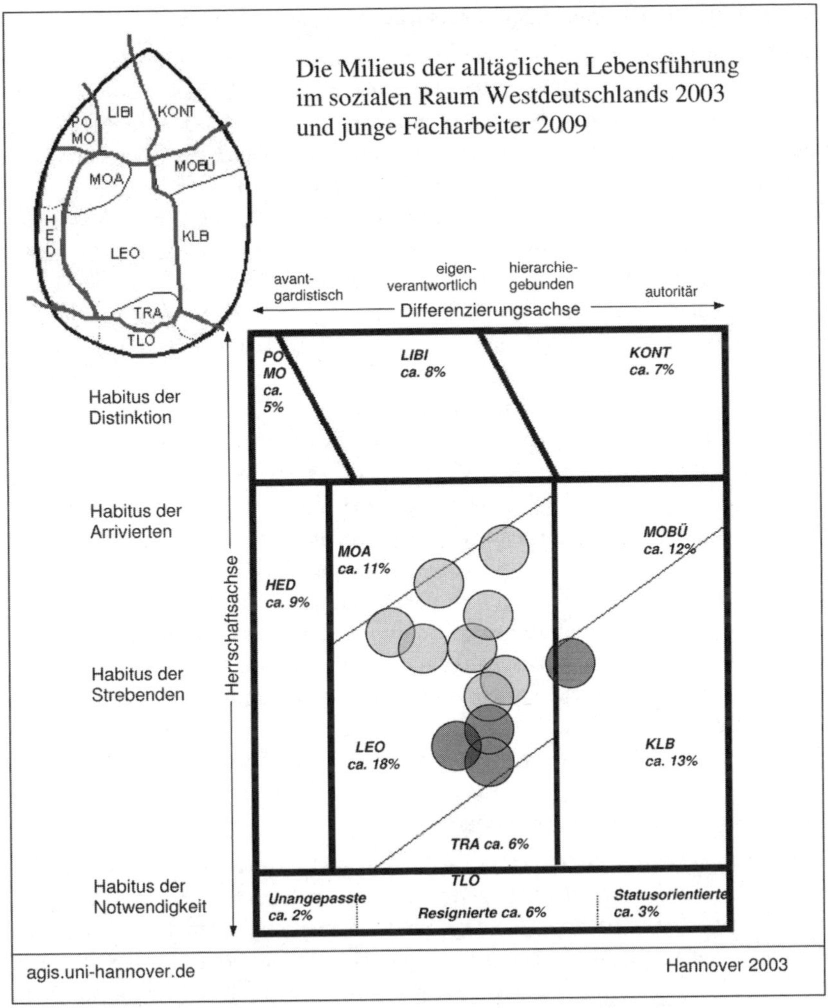

LIBI:	Liberal-intellektuelles Milieu	KLB:	Kleinbürgerliches Arbeitnehmermilieu
KONT:	Konservativ-technokratisches Milieu	MOA:	Modernes Arbeitnehmermilieu
POMO:	Postmodernes Milieu	LEO:	Leistungsorientiertes Arbeitnehmermilieu
HED:	Hedonistisches Milieu	TRA:	Traditionelles Arbeitermilieu
MOBÜ:	Modernes bürgerliches Milieu	TLO:	Traditionsloses Arbeitnehmermilieu

Erhebungsgruppe 2009 (hellgrau)
Erhebungsgruppe 2005 (dunkelgrau)

Abb. 8: Sozialräumliche Einordnung der jungen Facharbeiter

Betriebliche Bedingungen in den Untersuchungsbetrieben

Die Unternehmen, in denen die beiden Befragungen stattgefunden haben, waren beide im Bereich der Produktion und Instandhaltung von Antriebstechnologie anzusiedeln, sie waren tarifgebunden und agierten als globale Akteure. Das Unternehmen von 2005 hatte seinen Standort in Süddeutschland, das bereits erwähnte Unternehmen von 2009, in dem auch die kaufmännischen Angestellten befragt wurden, in Norddeutschland. Beide Unternehmen wurden lange Zeit als oder wie Familienunternehmen geführt und haben in den letzten Jahren zahlreiche Veränderungen durchlaufen, wie sie unter den Bedingungen der Globalisierung vielfach auch für andere Unternehmen typisch sind. Das süddeutsche Unternehmen wurde Ende der 1990er Jahre vom ehemaligen Familienbetrieb in eine Holding und Aktiengesellschaft umgewandelt, das norddeutsche Unternehmen Anfang 2003 von einem amerikanischen Finanzinvestor aufgekauft, rationalisiert und dann an einen größeren Konzern der Branche weiterverkauft. Es ist seitdem ebenfalls börsennotiert und Teil einer Aktiengesellschaft. Neben diesen strukturellen Veränderungen hat es diverse interne betriebliche Umstrukturierungs- und Rationalisierungsmaßnahmen gegeben und im norddeutschen Unternehmen zudem mehrfache Wechsel im Vorstandsbereich und in der Geschäftsführung. Die Unternehmensstrategien zielen in beiden Betrieben auf Profitmaximierung. Im süddeutschen Unternehmen wurden seit Ende der 1990er Jahre durch Rationalisierungsmaßnahmen im Produktionsbereich massiv Beschäftigte abgebaut (von ca. 4000 auf ca. 2000), im norddeutschen Betrieb werden seit 2006 in größerem Umfang Leiharbeitnehmer (Facharbeiter, kaufmännisch-administrative Mitarbeiter und Ingenieure) beschäftigt, um in Krisenphasen beschäftigungspolitisch flexibel reagieren zu können.

Das Ethos der qualifizierten Facharbeit

Die *traditionelle* und die *moderne* Facharbeitervariante unterscheiden sich nach unseren Ergebnissen vor allen Dingen im Lebensstil und in den Mitspracheansprüchen. Im Berufsethos überwiegen dagegen die Gemeinsamkeiten. Die Facharbeiter des *modernen Typs* haben höhere Bildungsabschlüsse und höherwertige Berufsabschlüsse als die der *traditionellen Variante* und kommen aus Herkunftsfamilien, in denen bereits in Bildung und Qualifizierung investiert wurde. Dies führt unseres Erachtens zu der modernisierten Lebensweise und zu noch höheren Ansprüchen im Hinblick auf die betriebliche Mitsprache und Mitgestaltung. Die jungen Facharbeiter beider Varianten zeigen durchgängig ein verinnerlichtes, effizienzorientiertes Leistungsethos und agieren nach dem Prinzip Leistung gegen Teilhabe. Leistungsgerechtigkeit besitzt daher einen hohen Stellenwert. Sie definieren sich über ihren Facharbeiterstatus und über die Qualität der spezialisierten Facharbeit. Aus diesem handwerklich-technischen Fachkönnen ziehen sie ihr Selbstbewusstsein. Für die *Facharbeiter des traditionellen Typus* ist ein relativ starkes Klassenbewusstsein kennzeichnend und werden die Gegensätze zwischen körperlicher und geistiger Arbeit, zwischen Angestellten und Arbeitern sowie zwischen Arbeit und Kapital zum Teil noch stärker betont. Diese Gegensätze sind bei den *Facharbeitern des modernisierten Typus* zurückgenommener. Es handelt sich bei der modernen Variante um sehr kommunikative, analytisch-reflektierte und moderat abwägende junge Arbeitnehmer.

Die jungen Facharbeiter beider Varianten sind durchgängig am politischen Weltgeschehen interessiert und über gesellschaftspolitische Themen gut informiert. Gelesen werden lokale Tageszeitungen, mitunter politische und wissenschaftliche Magazine, häufiger auch Auto- und Motorradzeitschriften. Insbesondere die traditionelle Variante ist lokal sehr stark verwurzelt und in traditionelle örtliche Vereine eingebunden, während Vereinsmitgliedschaften bei der modernisierten Variante eher selten sind.

Aufstiegsorientierter Einzelfall

Dieser Einzelfall unterscheidet sich in den Habitusmustern und im Berufsethos von den anderen befragten jungen Facharbeitern. Der Befragte zeigt kein verinnerlichtes Facharbeiterethos und auch nicht die so häufig damit vorhandene handwerklich- technische Tüftlermentalität. Der Facharbeiterstatus wird hier lediglich als Berufseintrittspforte bzw. als vorübergehende Zwischenstation betrachtet und soll so schnell wie möglich wieder verlassen werden (während die anderen Facharbeiter gerade daran festhalten). Der Befragte setzt individuelle Bildungsstrategien ein, um einen Wechsel in den Angestelltenbereich zu erreichen. Darauf, dass es diesen Typus unter den jungen Facharbeitern vermutlich häufiger gibt, verweisen die Untersuchungen von Stéphane Beaud und Michel Pialoux[51], die in ihrer Langzeitstudie zu den Peugeot-Werken auf einen ähnlichen Typus gestoßen sind.[52]

Interessenkonflikte

Die Rationalisierungs- und Umstrukturierungsmaßnahmen, von denen die Facharbeiter in beiden Betrieben in den letzten Jahren betroffen waren, belasten die betrieblichen Vertrauensbeziehungen auf nachhaltige Weise. Die Interessenkonflikte betreffen Fragen der (Leistungs-) Anerkennung und der Wertschätzung, einschränkende hierarchische Betriebsstrukturen und Privilegierungen (des Angestelltenbereichs). Die von uns untersuchten jungen Facharbeiter haben materielle wie auch symbolische Verlust- und Entwertungserfahrungen gemacht, sie haben Einkommenseinbußen hinnehmen müssen (Abschaffung der Nachtschichten und Akkordzulagen, Lohnverzicht im Zusammenhang mit einem Standortsicherungspaket) und sie ha-

51 Beaud, Stéphane; Pialoux, Michel (2004): Die verlorene Zukunft der Arbeiter. Konstanz.

52 Ebenda. S. 51ff.

ben das Gefühl, ihre einstige Betriebsfamilie verloren zu haben. Das nachfolgende Zitat verdeutlicht die Verlusterfahrungen:

> «Während der Ausbildung, als wir mal angefangen haben, war das wie eine große Familie. Das Unternehmen hat sich komplett gewandelt und das wirkt sich extrem auf die Zufriedenheit aus.»

Collagenabb. 7: Junge Facharbeiter

Die jungen *Facharbeiter des traditionellen Typus* hatten daher den Eindruck, die traditionelle Facharbeit werde zunehmend an den Rand gedrängt und gerate zum Auslaufmodell. Sie fühlten sich vom Unternehmen und auch von den Gewerkschaften nicht mehr ausreichend wertgeschätzt. Die jungen *Facharbeiter des modernen Typus* sahen sich vor allem in ihren beruflichen Potentialen und Entwicklungsmöglichkeiten blockiert. Beide Varianten fordern eine Weiterentwicklung im beruflichen Umfeld der Facharbeit und mehr unmittelbare Mitbestimmung und Mitgestaltung im eigenen Arbeitsbereich. In Collage 9 wurden die beruflichen und materiellen Teilhabeansprüche der *modernen Facharbeiter* besonders deutlich zum Ausdruck gebracht: Ein junger Facharbeiter erklärt:

> «Jetzt reicht's (Abbildung von Merkel, Müntefering, Schröder und einem Wirtschaftsführer), das zielt auf die aktuelle Politik, mit den Wirt-

> schaftsbossen, vielleicht auch so bisschen auf die eigene Firma, dass man anfängt mal mit den kleineren Leuten zu reden, nicht immer nur die Großen sprechen lassen. Ja, dann Karriere, dass man das im Griff hat, im Prinzip sein ganzes Leben lang vorankommt. Der Spruch: Wissensvorsprung, das passt ganz gut, also dass man auch einer von den Besten mit ist und nicht irgend so ‚ne Pfeife.»

Ein anderer ergänzt:

> «So ne schicke Wohnung (Innenansicht Esszimmer), muss jeder selber sehen, was er da will, aber schon so 'n bisschen Komfort. Nehmen Sie Ihre Karriere in die Hand, das Ergebnis ist dann die Abbildung mit der Wiese darüber, dass […] man was geschafft hat im Leben, ein bisschen was erreicht hat und sich dann auch entspannt zurücklehnen kann und das basiert dann auch wieder darauf: Nur die Besten bleiben auch in schwierigen Situationen gelassen. Wenn man ne vernünftige Ausbildung hat, im Job was erreicht hat und auch Qualifikationen erreicht hat, dass man sich dann nicht so Sorgen machen muss, als wenn man arbeitslos durch die Gegend dümpelt.»

Durch die Umstrukturierungsmaßnahmen (z.B. den Einsatz von Leiharbeitskräften) und unter dem Druck erhöhter Durchlaufzeiten gerieten die Facharbeiter zunehmend in Konflikt mit ihrem verinnerlichten Arbeits- und Verantwortungsethos und konnten die Ansprüche an qualitativ hochwertige Arbeit nicht mehr vollständig realisieren. In beiden Unternehmen bearbeiten die Facharbeiter Antriebstechnologie für Großfahrzeuge, daher hatten sicherheitstechnische Kriterien für sie einen besonderen Stellenwert. Ein etwas längeres Zitat dazu:

> «Theoretisch muss jede Schraube, jeder Bolzen angeguckt werden, ob die heile sind. Wir haben aber regelmäßig schadhafte Schrauben und Bolzen, das kann eigentlich gar nicht sein. Wenn ich als Kunde sehen würde, da ist 'ne Tüte mit Schrauben, die sind angeblich einbaufähig, sind aber kaputt, dann würde ich mich fragen, was baut ihr hier eigentlich zusammen? Wir haben ja in der Montage eine große Verantwortung, mehr als vielleicht der Geschäftsführer. Wenn der Mist baut, verlieren 1500 Leute ihren Job. Wenn wir Mist bauen, gehen aber unter Umständen 300 Leute drauf.»

Die jungen Facharbeiter gehören zu den ausgesprochen motivierten Mitarbeitern, gerade deshalb, und weil sie sich weiterhin mit ihrer Arbeit und mit ihren Unternehmen identifizieren wollen, arbeiten sie sich an den vorhandenen Konflikten ab. Unseres Erachtens handelt es sich insbesondere bei den jungen Facharbeitern der *modernen Variante* um einen *neuen Facharbeitertypus*, auf den sich weder die

Unternehmen noch die (betrieblichen) Interessenvertretungen ausreichend eingestellt haben, und dessen kritische Potentiale zu wenig als Chance begriffen werden. Hinweise auf einen neuen Facharbeitertypus finden sich sowohl in den Untersuchungen von Beaud/Pialoux[53] als auch in den Studien des Sozialwissenschaftlichen Forschungsinstituts in Göttingen (SOFI) bei Vosskamp/Wittke[54] und Kupka[55]. Wie Vosskamp/Wittke unseres Erachtens zu Recht feststellen, ist der moderne Facharbeitertypus sehr viel stärker mit methodischen Kompetenzen ausgestattet und verfügt «über strategische Fähigkeiten, die gewöhnlich eher Technikern oder Ingenieuren zugeschrieben werden.»[56]

Dem Typus fehle allerdings die wissenschaftliche Grundlage und insofern bleibe er ein Facharbeiter. Vosskamp/Wittke sehen ähnlich wie Beaud/Pialoux im höheren Niveau der Schulbildung und in der längeren Verweildauer im Schulsystem ein wesentliches Element für die Sozialisation des veränderten Facharbeiterhabitus.

Unseres Erachtens steckt die junge Facharbeitergeneration in einem Dilemma. Die Facharbeiter beider Varianten definieren sich nach wie vor über den Facharbeiterstatus, ziehen daraus ihre Identität und halten an diesem Status fest, auch die modernisierte Variante. Aus dem kollektiven Facharbeiterstatus resultiert ihre betriebliche Verhandlungsmacht und Durchsetzungsfähigkeit, nicht zuletzt im Hinblick auf Teilhabeansprüche. Andererseits führt dieser ‹Arbeiterstatus› aber zu Verkennungen, Blockierungen und Abwertungserfahrungen. Die betrieblichen Aufstiegsmöglichkeiten, die den jungen Facharbeitern angeboten wurden (z.B. Line-Inspektor, Schichtkoordinatoren), wurden unseres Erachtens abgelehnt, weil sich die Befragten unter den derzeitigen Unternehmensstrategien nicht in Positionen einbinden lassen wollen, die sie zu Ausführenden oder ‹Handlangern› der Managements machen. Wichtiger scheint ihnen zu sein, dass sie sich ihre innere und äußere Autonomie bewahren können.

Interessenpolitisches Handeln

Die Facharbeiter beider Varianten zeigen solidarische Handlungsmuster. Die jungen *Facharbeiter des modernen Typus* verhalten sich ablehnend zu den im norddeutschen Unternehmen eingeführten leistungsdifferenzierten Bonuszahlungen und Erfolgsbeteilungen. Diese schwächen ihres Erachtens den kollegialen Zusammenhalt und damit die betriebliche Verhandlungsmacht der Facharbeiter, fördern Misstrauen und Konkurrenz unter den Arbeitskollegen und können als Diszipli-

53 Beaud, Stéphane; Pialoux, Michel (2004). S 23.

54 Vosskamp, Ulrich; Wittke, Volker (1992): Junge Facharbeiter in der Produktion – eine Herausforderung für betriebliche Arbeitspolitik. SOFI-Mitteilungen. S. 28–34.

55 Kupka, Peter (1998): Lebenslang oder Übergang? Berufspläne junger Facharbeiter. In: Diskurs. Studien zu Kindheit, Jugend, Familie und Gesellschaft. 1/8. S 18–27.

56 Vosskamp, Ulrich; Wittke, Volker (1992). S. 30.

nierungsinstrumente von Vorgesetzen missbraucht werden (*«Einstufung nach Nasenfaktor»*). Zum anderen verhalten sich die Angehörigen der modernisierten Variante auch zu den Leiharbeitnehmern kollegial-solidarisch, um eine Spaltung unter den Facharbeitern zu verhindern. Es sind nicht die Leiharbeitnehmer, die kritisiert werden, sondern die strukturellen Bedingungen (*«Die können ja auch nichts dafür, die brauchen eben ihre Zeit, bis sie eingearbeitet sind»*).

Die befragten jungen Facharbeiter waren mehrheitlich gewerkschaftlich organisiert. Der *traditionelle Typus* besitzt eine emotionale Bindung an die Gewerkschaften und setzt überwiegend auf kollektive, kämpferische Formen der Interessenvertretung. Die Angehörigen dieser Variante orientieren sich überwiegend am Delegationsprinzip und sehen zur Gewerkschaft kaum eine Alternative, die eigenen Interessen wahrnehmen und durchsetzen zu können. Teilweise fühlten sich die Befragten von den Gewerkschaften instrumentalisiert (*«Wir sind die, die auf die Straße gehen, die Angestellten hocken an den Fenstern»*) oder auch im Stich gelassen und waren aus Enttäuschung aus der Gewerkschaft ausgetreten. Für die Unzufriedenheiten besonders ausschlaggebend war bei diesen Befragten ein nach dem Pforzheimer Abkommen vom Betriebsrat und der Unternehmensführung ausgehandeltes Standortsicherungspaket, in dessen Zusammenhang eine von den Gewerkschaften erkämpfte Lohnerhöhung befristet ausgesetzt wurde.[57] Der *moderne Typus* verbindet dagegen individuelle und kollektive Strategien der Selbstvertretung. Insbesondere bei innerbetrieblichen Konflikten setzen die modernisierten Facharbeiter jedoch, wie oben ausgeführt, auch auf gemeinschaftlich-solidarisches Handeln innerhalb der Facharbeiterschaft. Diejenigen, die Mitglied in der Gewerkschaft waren, waren bereits während der Ausbildung eingetreten und sahen in der Gewerkschaft eine wichtige Schutzmacht. Es handelte sich dabei aber um eine mehr zweckrationale Mitgliedschaft, ohne dass eine tiefergehende emotionale Verbundenheit bestand. Einzelne Facharbeiter hatten Erfahrungen der persönlichen Unterstützung gemacht (z.B. im Zusammenhang mit Übernahmeverträgen nach der Ausbildung oder mit der Durchsetzung von unbefristeten Arbeitsverträgen). Diese Erfahrungen wurden sehr positiv bewertet und haben bei den betreffenden Facharbeitern offensichtlich einen gewissen Bindungseffekt. Die Nicht-Mitglieder er-

57 Mit dem Tarifvertrag des IG Metall Bezirks Baden-Württemberg von Februar 2004 in Pforzheim wurden erstmals betriebsinterne Lösungen und Abweichungen vom Tarifvertrag zugelassen, die in Umstellungskrisen der Standort- und Arbeitsplatzsicherung dienen sollen. Bestandteil des hier vereinbarten Standortpakets waren eine Beschäftigungssicherung bis Ende 2009, Investitionen in zweistelliger Millionenhöhe für die Erweiterung des Forschungs- und Entwicklungszentrums aber auch für Investitionen in der Fertigung. Als Gegenleistung wurde vereinbart, Zeitguthaben teilweise auf die Alterssicherung zu verschieben, informelle Pausenzeiten zukünftig anzurechnen, was zu einer Verlängerung der Arbeitszeit um eine halbe Stunde pro Tag («Verteilzeit») und indirekt zu einer 37,5 Stundenwoche geführt hat. Schließlich wurde auf die von der Gewerkschaft ausgehandelte Lohnerhöhung von 2% betriebsintern für das Jahr 2005 verzichtet.

kannten zwar die gesellschaftliche Funktion und Notwendigkeit von Gewerkschaften grundsätzlich an, es überwogen aber individuelle Selbstvertretungsansprüche («*mir hat da bislang noch nichts gefehlt*») und eine skeptische Distanz. Insgesamt bestätigen sich durch die Befragung der jungen Facharbeiter die Ergebnisse der DGB-Mitgliederpotentialstudie[58]: Die gewerkschaftlichen Bindungen sind rationaler geworden, aber die Schutzfunktion, die den Gewerkschaften zugesprochen wird, ist auch für die jüngere Generation der Facharbeiter ein wichtiges Mitgliedsmotiv.

4.6 Die jungen kaufmännischen Angestellten

Ein wachsendes und sich wandelndes Berufsfeld

Die kaufmännisch-verwaltenden Berufsgruppen sind nach Oesch[59] der *organisatorischen Arbeitslogik* zuzuordnen und gehören, wie bereits ausführlicher dargelegt[60] zu den wachsenden Berufsgruppen.[61] Wegen des höheren Frauenanteils sind sie für die Gewerkschaften von besonderem Interesse, waren aber für die gewerkschaftliche Ansprache bislang eher nur schwer zu erreichen. Um mehr über dieses Berufsfeld, die Interessenlagen und Haltungen der dort Beschäftigten zu erfahren, wurde bereits in der Untersuchung von 2005 eine Befragungsgruppe mit kaufmännischen Angestellten einbezogen.[62] In ihr waren jedoch überwiegend Beschäftigte im Alter von über 35 Jahren vertreten. Die wenigen jüngeren Befragungsteilnehmer in dieser Gruppe (junge Industriekaufleute, die gerade ihre Ausbildungen abgeschlossen hatten) haben sich in der Diskussionsrunde nur wenig geäußert. Aus dem vorhandenen Material wurde allerdings ersichtlich, dass sich die jungen kaufmännischen Angestellten von den älteren Befragungsteilnehmern, die wir damals zum Typus «Organisierer und Problemlöser»[63]zusammengefasst haben, unterscheiden. Die befragten jungen kaufmännischen Angestellten erschienen ambitionierter, wollten bei ihren Ausbildungen nicht stehen bleiben und hatten zielgerichtet externe Weiterqualifizierungen im Blick. Es deutete einiges auf eine aufstiegs- und karriereorientierte Haltung hin. Die jetzt im Frühjahr 2009 befragten jungen kaufmännischen Angestellten geben erste Einblicke in ein wenig erforschtes Berufsfeld:

58 Vgl. Wetzel, Detlef (2008). S. 7.

59 Oesch, Daniel (2006).

60 Vgl. Kapitel 2 und Abb. 2.

61 Zur organisatorischen Arbeitslogik vgl. ausführlich Vester, Michael; et al. (2007). S. 60ff.

62 Vgl. Vester, Michael; et al. (2007). S. 158ff.

63 Vester, Michael; et al. (2007). S. 158ff.

Innere Differenziertheit bei vordergründiger Homogenität

Die Angehörigen der Befragungsgruppe schienen vordergründig sehr einheitliche Standpunkte zu vertreten und vermittelten den Eindruck, recht zufrieden mit der eigenen Arbeit zu sein. Im Verlauf der Diskussion und insbesondere bei der anschließenden Auswertung stellte sich jedoch heraus, dass in der Gruppe unterschiedliche Milieus vertreten waren, die sich aufgrund dieser Milieuzugehörigkeiten unterschiedlich zu den Managementstrategien verhalten und auch inzwischen gemachte Erfahrungen verschieden bewältigen. Die vordergründige Einheitlichkeit hängt unseres Erachtens damit zusammen, dass im betriebswirtschaftlich-organisatorischen Berufsfeld offenbar ein bestimmtes Leitbild relativ dominierend ist, an dem sich alle dort beschäftigten Arbeitnehmer in gewisser Weise orientieren (müssen), wenn sie nicht ins Abseits geraten wollen. Zu diesem Leitbild gehören ein selbstbewusstes und überzeugendes Auftreten, ein hoher Anspruch an berufliche Selbstverwirklichung und Gestaltung sowie eine ausgeprägte Leistungsbereitschaft. Gepflegt wird eine kosmopolitische Denk- und Lebensweise. Ungebundenheit, Flexibilität und Mobilität werden betont. Ebenso beinhaltet dieses Leitbild die Bereitschaft, sich mit der eigenen Arbeit und auch mit dem Unternehmen in verstärktem Maße zu identifizieren, gleichzeitig aber ungebunden genug zu sein, um sich jederzeit beruflich neu orientieren zu können.

Arbeits- und Feldlogiken im kaufmännisch-organisatorischen Berufsfeld

Die für die technischen Berufsgruppen entwickelte Typologie kann nicht ohne Weiteres auf die kaufmännisch-organisatorischen Berufsgruppen übertragen werden. Die Logik des betriebswirtschaftlich-organisatorischen Feldes ist eine andere als diejenige, die das industriell-produzierende Feld bestimmt.[64] Innerhalb der technischen *Arbeitslogik* folgt die Arbeitsorganisation der technischen *Produktionslogik*. Die Arbeitsprozesse hängen zusammen und bauen, dem technischen Produktionsprozess folgend, aufeinander auf. Die dort Beschäftigten schaffen mit ihrer Arbeit sichtbare und mit den Sinnen erfassbare Produkte und können durch die Qualität dieser Produkte ihr Fachkönnen belegen. Die Arbeitsorganisation der kaufmännisch-organisatorischen Berufsgruppen erfolgt stärker nach dem Muster einer bürokratischen Arbeitsteilung innerhalb bestimmter Hierarchiestufen. Die sozialen Milieus positionieren sich dort zum Teil mit anderen Strategien, die noch weiter entschlüsselt werden müssen. Die Arbeit der kaufmännisch-organisatorischen Berufsgruppen und die Ergebnisse dieser Arbeit sind weniger offen erkennbar. Die von uns Befragten bearbeiteten Vorgänge, die im Zusammenhang standen mit dem Ein- oder Verkauf von Produkten und/oder Dienstleistungen bzw. verwalteten Lager- und Materialbestände. Zum anderen wurden aber auch Prozesse und

---

64 Zur technischen Arbeitslogik vgl. ausführlich Vester, Michael; et al. (2007). S. 60ff.

(Management-)Systeme analysiert, entwickelt, gesteuert und systematisiert. Was sich genauer dahinter verbirgt und welche konkreten Tätigkeiten damit verbunden sind, erschließt sich nicht ohne weiteres und müsste zunächst noch eingehender untersucht werden.[65] Teilweise scheint es sich bei den beruflichen Aufgaben um recht monotone Tätigkeiten zu handeln (Zahleneingaben, Tabellenerstellungen (*«sehr viel Excel-Schieberei»*), teilweise aber auch um anspruchsvolle und belastende organisatorische Funktionen. Das Berufsfeld scheint sich außerdem gerade in einem Wandlungsprozess zu befinden. Die klassischen kaufmännischen Berufe wie Industrie- und Bürokaufleute oder auch Groß- und Außenhandelskaufleute werden zunehmend durch höher qualifizierte neue Berufsgruppen mit neuartigen Berufsbezeichnungen wie Controller(in), Gebietsmanager(innen), Qualitätsmanager(in), Officemanager(in) verdrängt. Mitunter entstand der Eindruck, dass die Managementbezeichnung eine Wichtigkeit der beruflichen Positionen suggerieren (soll), die real so nicht gegeben ist. Es wäre daher eine umfassendere Berufsfeldanalyse zu den kaufmännischen Berufsgruppen notwendig, um die Strukturen und Arbeitsprozesse des Berufsfeldes genauer zu beleuchten und sichtbarer zu machen.

Trend zur Höherqualifizierung und typologische Vielfalt

Die Unternehmen der Metall- und Elektrobranche stellen im kaufmännisch-administrativen Bereich mittlerweile höher qualifizierte Arbeitnehmer ein, die immer häufiger auch über (teil-)akademische Berufsabschlüsse verfügen. Darüber hinaus überschneiden sich in den Unternehmen der Metall- und Elektroindustrie bei den kaufmännisch- organisatorischen Berufspositionen technische und betriebswirtschaftliche Qualifikationen (wie z.B. bei Wirtschaftsingenieuren). Nach den Qualifizierungsniveaus und beruflichen Stellungen kann die jetzt befragte Gruppe den semiprofessionellen Berufsgruppen zugeordnet werden. Die Befragungspersonen hatten fast durchgängig kombinierte technisch-betriebswirtschaftliche Qualifikationen. Häufig wurde zunächst eine kaufmännische Ausbildung absolviert und anschließend an einer Fachschule oder Fachhochschule ein wirtschaftsingenieurwissenschaftliches Studium ‹draufgesattelt›. Das Phänomen der kombinierten Qualifizierungen tritt vermutlich in der Metall- und Elektrobranche häufiger auf und lässt sich mit den Arbeitsprozessen erklären. In den Betrieben der Metall- und Elektroindustrie sind bestimmte kaufmännisch-organisatorische Berufspositionen (z.B. Einkauf, Lagerhaltung, Disposition, Vertrieb) relativ eng mit dem Produktionsbereich verknüpft. Für diese Positionen sind daher bestimmte technische Kenntnisse zum Herstellungsprodukt und zum Herstellungsprozess notwendig, um die kaufmännisch-organisatorischen Aufgaben angemessen bewältigen zu können. Die gemischten Qualifikationen führen aber auch dazu, dass es sich um ein heterogenes

65 Vgl. hierzu auch Eversberg, Dennis (2009). S. 94ff.

Berufsfeld handelt, in dem sich verschiedene Milieus positionieren. Die Einzelfälle der Befragungsgruppe waren von ihren Haltungen und Handlungsweisen so verschieden, dass sie nicht einfach zu Teilgruppen oder typologischen Varianten zusammengefasst werden konnten. Sie streuen über verschiedene soziale Milieus.

Lebensstil und Berufsethos der jungen kaufmännischen Angestellten

Die meisten der im Frühjahr 2009 befragten jungen kaufmännisch-organisatorischen Angestellten stammten aus sozialen Herkunftsmilieus der arbeitnehmerischen Mitte. Sie lebten überwiegend mit einem Partner zusammen, zum Teil wurden diese Beziehungen beruflich bedingt auch über größere Entfernungen unterhalten. Einige Angehörige der Befragungsgruppe waren sehr mobil und kosmopolitisch orientiert, hatten teilweise bereits mehrfach den Wohnort gewechselt, zum Teil auch Auslandsaufenthalte hinter sich und pflegten einen modernen Lebensstil. Andere zeigten eine eher sesshafte und ortsgebundene und auch eine etwas konventionellere bzw. bodenständigere Lebensweise. Die Befragten arbeiteten sehr viel (bis zu 50 Stunden die Woche), waren teilweise auch im Urlaub oder am Wochenende für die Firma erreichbar und hatten entsprechend wenig Freizeit. Ein Großteil der Freizeit wurde für die Pflege von sozialen Beziehungen in der Familie und im Freundeskreis investiert. Angestrebt wurde ein gehobener bis exklusiver Lebensstandard, der teilweise mit dem distinktiven Feingeschmack der oberen Milieus verknüpft war.

Die Befragten dieser Erhebungsgruppe zeigten kein verinnerlichtes Berufsethos, das sich aus der Identifikation mit dem spezifischen Fachkönnen einer Berufsgruppe speist oder durch diese Berufsgruppe sozialisiert wurde. Sie verstanden sich selbst nicht als kaufmännische Angestellte, sondern umfassender als Manager ihres Aufgabenbereichs. Durchgängig bestand eine «Beitragsorientierung»[66] in dem Sinne, dass durch die eigene Arbeit ein Beitrag zum Erfolg des Unternehmens geleistet werden sollte. Berufliche Selbstverwirklichung, Flexibilität bzw. Ungebundenheit wurden dabei betont. Ein typisches Zitat dazu:

> «Zur Berufsakademie bin ich eher durch Zufall gekommen, [...] ich wollte nach dem Abitur ursprünglich Maschinenbau studieren, gleichzeitig aber auch BWL und konnte mich da nicht entscheiden. Und Wirtschaftsingenieur, das war dann für mich der Mittelweg. Man hat ein großes Spektrum. Also, als Wirtschaftsingenieur kann man ja alles ein bisschen, aber nichts richtig. Aber das fand ich eigentlich auch ganz gut, weil man ist ziemlich flexibel und nicht so festgelegt [...]. Das, was ich im Moment mache, mache ich gerne. Ich werde das nicht mein Leben lang machen, das weiß ich schon. Aber im Moment macht es mir ziemlich viel Spaß.»

66 Kotthoff, Hermann (1998).

Kennzeichnend war ein ständisches Berufsbewusstsein, das durch die betriebliche und berufliche Stellung und durch die administrativen Aufgaben gestützt wurde. Die kaufmännischen Befragten sahen sich aufgrund ihrer sozialen Herkunft und ihrer beruflichen Positionen dem Mittelstand zugehörig. Das Standesbewusstein ging häufig mit statusbetonten Abgrenzungen gegenüber den Beschäftigten in den Produktions- und Montagebereichen einher. Diese wurden in der körperbetonten Metapher «die Schrauber» gefasst und meist wohlwollend aber dennoch von oben herab betrachtet.

Ältere Studien der Angestelltenforschung aus den Jahren 1970 bis 1990 stellen fest, dass sich (kaufmännischen) Angestellte aufgrund ihrer betrieblichen Stellung und Tätigkeiten stärker mit den betrieblichen Interessen identifizieren als dies beispielsweise für Arbeiter gelte.[67] (Kaufmännische) Angestellte müssten sich, da sie kein handfestes Produkt als Leistungsnachweis vorweisen können, stärker auf symbolische Strategien der Selbstdarstellung verlegen, damit sie selbst und ihre Arbeit von Vorgesetzen wahrgenommen und anerkannt werden. Im Kampf um die Gunst und Aufmerksamkeit von Vorgesetzten befänden sich die Angestellten in einer andauernden Konkurrenz zu Kolleginnen und Kollegen. Auch Caroline Bühler[68] hat in ihrer Untersuchung bei den jüngeren kaufmännischen Angestellten eine stärker affirmative Haltung gegenüber den betrieblichen Interessen festgestellt. Ihres Erachtens ist diese Haltung jedoch nicht generell als verstärkte betriebliche Bindung oder als besonders ausgeprägtes Loyalitätsverhalten zu verstehen. Zum Teil stehe dahinter eine recht instrumentelle Haltung. Arbeit, Betrieb und beruflicher Erfolg könnten ebenso reines Mittel zum Zweck der persönlichen Karriere sein. Was als moderne Flexibilität hervorgehoben wird, kann, kritisch gewendet, demnach auch als Opportunismus gelesen werden.

Die oben genannten Befunde decken sich weitgehend mit unseren eigenen Ergebnissen, jedoch muss nach unserer Auffassung ein bestimmter Habitus vorliegen, der es den betreffenden Personen ermöglicht, nach den oben beschriebenen Konkurrenzmustern zu agieren. Der Typus «Organisierer und Problemlöser» aus

---

67 Vgl. hierzu Stephan, Günter (1977): Angestelltenbewusstsein: Ergebnisse einer Untersuchung. Deutscher Gewerkschaftsbund. Abteilung Angestellte.
Kudera, Werner; Ruff, Konrad; Schmidt, Rudi (1983): Blue collar – white collar: grey collar? Zum sozialen Habitus von Arbeitern und Angestellte in der Industrie. Soziale Welt. 34. S. 202–227.
Kadritzke, Ulf (1985): «Angestelltenbewusstsein» und Anknüpfungspunkte für die gewerkschaftliche Angestelltenarbeit. WSI Mitteilungen 8/38. S. 446–456.
Schmidt, Rudi; Wentzke, Theodor (1991): Bewusstsein und Sozialcharakter von Angestellten. Eine empirische Untersuchung. Erlangen.

68 Bühler, Caroline (2007): Zwischen Flexibilität und Resignation. Berufliche Identität junger Erwachsener. S. 179, in: Mansel, Jürgen; Kahlert, Heike (Hg): Arbeit und Identität im Jugendalter. Die Auswirkungen der gesellschaftlichen Strukturkrise auf Sozialisation. Weinheim. S. 33–47.

der Studie von 2005 befand sich ebenfalls in kaufmännischen Berufspositionen und in ähnlichen betrieblichen Stellungen. Auch hier gab es gewisse Tendenzen zur Selbstdarstellung, die Wichtigkeit der eigenen Person und der eigenen Aufgabe wurde häufig betont. Gleichzeitig agierte dieser Typus gerade nicht nach dem Konkurrenzprinzip, sondern mit gemeinschaftsorientierten und integrativen Strategien. Gute Arbeit hatten die Angehörigen des Typus nach eigenem Selbstverständnis dann geleistet, wenn alle Rädchen ineinander griffen und alle Beteiligten «ins Boot geholt» werden konnten, sodass der Betrieb störungsfrei lief. Der Typus definierte sich über die eigenen organisatorischen Problemlösungskompetenzen, hatte seine Wurzeln in der facharbeiterischen Traditionslinie und hätte sich zudem kaum einer Managementposition zugeordnet.

Unterschiedliche Haltungsweisen im Umgang mit den Arbeitsbedingungen

Die befragten kaufmännisch-organisatorischen Angestellten verhielten sich, wie eingangs angemerkt, bei genauerer Analyse unterschiedlich zu den Unternehmensstrategien und zu den betrieblichen Bedingungen. Auch die Bewältigungsmuster im Umgang mit beruflichen Anforderungen und mit erfahrenen Enttäuschungen waren in dieser Gruppe verschieden. Wir haben aus den sichtbar gewordenen Haltungen und Dispositionen hypothetische Haltungsweisen herausgearbeitet und den sozialen Milieus zugeordnet (vgl. Abb. 9). Dabei handelt es sich um eine erste Annäherung an das mögliche typologische Spektrum des Berufsfeldes.[69] Sichtbar wurden sowohl arbeitgeber- bzw. managementorientierte Haltungen als auch arbeitnehmerische Haltungen, zum Teil waren diese mit hierarchischen Mustern der Über- und Unterordnung verbunden, zum Teil aber auch mit demokratisch-egalitären Haltungen. Teilweise bestanden zufriedenstellende Arbeitsbedingungen, teilweise berufliche Unzufriedenheiten. In der folgenden Übersicht sind die Haltungsweisen der befragten jungen kaufmännischen Angestellten in Stichworten dargelegt.

69 Es handelt sich demnach noch nicht um eine empirisch fundierte typologische Differenzierung. Durch weitere Erhebungen müsste sich zunächst noch zeigen, ob sich aus den entwickelten hypothetischen Haltungsweisen tatsächlich Typen entwickeln lassen oder ob einige der jetzt gefundenen Haltungen nicht weiter verallgemeinerbar sind.

Übersicht: Hypothetische Haltungs- und Handlungsweisen im kaufmännisch-organisatorischen Berufsfeld

Haltungsweise	**Handlungsmuster**	**Interessenpolitische Haltungen**
«Dienende Haltung»	Identifikation mit den Managements und mit den Unternehmensstrategien; Loyale Zuarbeiter, für gehobenere Führungspositionen fehlt der entsprechend Habitus; Orientierung an hierarchischen Ordnungskategorien; beruflicher Aufstieg in abgesicherte Position durch angepasste und dienende Haltung; konventioneller, statusbetonter Lebensstil.	Identifikation mit der Arbeitgeberseite; Hochachtung vor Führungskräften, an sie werden Fürsorge und Verantwortung delegiert. Abwehrende Haltung gegenüber Betriebsrat und Gewerkschaft.
«Abgeklärte Haltung»	In Reaktion auf berufliche Enttäuschung Zurücknahme des beruflichen Engagements, bei unbefriedigenden Arbeitsbedingungen und mangelnder Anerkennung ggf. «Dienst nach Vorschrift»; selbstbewusste Kritik am Verhalten von Führungskräften und Managements; die Aufstiegsambitionen wurden noch nicht vollständig aufgegeben, aber Aufwand und Nutzen müssen im Einklang stehen; konventioneller, statusbetonter Lebensstil.	Arbeitnehmerische Haltung: Gewerkschaften haben wichtige Arbeitnehmerrechte erstritten; Kritik an Blockierungen der betrieblichen und gewerkschaftlichen Interessenvertretungen. Bei nicht lösbaren Auseinandersetzungen mit Führungskräften ggf. Inanspruchnahme des Betriebsrates.
«Enttäuschte Haltung»	Verinnerlichtes Leistungsethos und starke Identifikation mit der eigenen Arbeit, Grenzen der Selbstausbeutung über längere Zeit überschritten; inzwischen kritische Haltung gegenüber herrschenden Arbeitsbedingungen und Führungskulturen sowie berufliche Unzufriedenheit aufgrund mangelnder Anerkennung; können einerseits nicht von ihren verinnerlichten Ansprüchen loslassen, sehen sich andererseits materiell wie symbolisch um den gerechten Lohn geprellt. Die berufliche Mobilität ist durch lokale Verwurzelung und Einbindung in örtliche Vergemeinschaftungen eingeschränkt; anstelle von Statustreben berufliche Zufriedenheit und Autonomiebestrebungen.	Arbeitnehmerische Haltung: Interessenkonflikte wahrnehmend, Gewerkschaft und Betriebsrat sind notwendig; Kritik an Blockierungen der Interessenvertretungen. Möglicherweise Inanspruchnahme des Betriebsrates bei nicht lösbaren Auseinandersetzungen mit Führungskräften.

«Ungebrochen aufstiegs-orientierte Haltung»	Verinnerlichtes Leistungsethos und Habitusmuster wie «Enttäuschte Haltung», trotz ähnlicher enttäuschender beruflicher Erfahrungen weiterhin ambitionierte Aufstiegspläne auch gegen Widerstände; fast beflissene Identifikation mit dem dominierenden Leitbild des beruflichen Umfeldes, sehen sich als betriebliche und gesellschaftliche Leistungsträger; anders als bei der «Enttäuschten Haltung», besteht eine ausgeprägte berufliche und persönliche Mobilität. Kritik an der Unternehmenskultur: zu wenig Mitsprache und Beteiligung.	Arbeitnehmerische Haltung: Gewerkschaften sind ein notwendiger Gegenpol, Interessenkonflikte mit Unternehmensführung wahrnehmend; Kritik an Blockierungen und gegen die Unternehmensführungen agierende Interessenvertretungen, ebenso an deren Auseinandersetzungsstilen. Flächentarifvertrag gilt als überholtes Modell.
«Gelassene Haltung»	Gelassenheit im Umgang mit den Bedingungen und Anforderungen des beruflichen Umfeldes («darüber stehen»), weit gehende Zustimmung gegenüber eingeschlagenen Managementstrategien, dabei partnerschaftlich-demokratische Haltung; berufliche Selbstverwirklichung durch anspruchsvolle Tätigkeit; langfristig ggf. Führungsposition anstrebend, aber nicht um jeden Preis, andere Lebensbereiche werden der beruflichen Karriere nicht untergeordnet. Kosmopolitischer Lebensstil, gehobener Lebensstandard mit distinktivem Feingeschmack.	Weit gehend arbeitgeberorientierte Haltung, jedoch keine direkte Ablehnung der betrieblichen und gewerkschaftlichen Interessenvertretungen. Kritik an deren Auseinandersetzungsstilen.
«Idealistische Haltung»	Idealistische Identifikation mit dem Leitbild des beruflichen Umfeldes, selbstbewusst mit ambitionierten Aufstiegsplänen, die derzeitige Tätigkeit ist lediglich Zwischenstation in der beruflichen Laufbahn; ausgeprägte Leistungsbereitschaft und Bereitschaft zu beruflicher Flexibilität und Mobilität; berufliche Selbstverwirklichung bis an die Grenzen der Selbstüberforderung, das Ausmaß der Anstrengung wurde in der Collagenarbeit sichtbar, mehrfach wurden dort Bildsymbole der Entspannung und Erholung aufgenommen. Kritik an der Unternehmenskultur: zu wenig Mitgestaltungsmöglichkeiten der «Basis».	Arbeitnehmerische Haltung: erwarten vom Betriebsrat aktive Zusammenarbeit mit der Unternehmensführung, Bündelung und Integration der Arbeitnehmerinteressen.

«Abge-drängte»	Gefahr der Abdrängung; klassische kaufmännische Berufsausbildungen ohne zusätzlichen akademischen Berufsabschluss. Längere Zeit berufliches Engagement bis an die Grenze der Selbstaufgabe, inzwischen Rückzug aufgrund fehlender Würdigung; Entgrenzungsprobleme und unzumutbare Arbeitsbelastungen wurden offen thematisiert. Bescheidener und traditionell-konservativer Lebensstil mit lokaler Verwurzelung und engem Vergemeinschaftungsverhalten.	Arbeitnehmerische Haltung: ausdrücklicher Wunsch nach institutionalisiertem Schutz vor Selbstausbeutung der Beschäftigten, aber kein offenes Bekenntnis zu betrieblichen und gewerkschaftlichen Interessenvertretungen.

Geschlechtsspezifische Unterschiede

Geschlechtsspezifische Unterschiede sind in dieser Befragungsgruppe nur begrenzt zu finden gewesen. Die Frauen der Befragungsgruppe sprachen offener über berufliche Belastungen als ihre männlichen Arbeitskollegen. Zum anderen stellte sich für die Frauen in der Befragungsgruppe das Problem der Vereinbarkeit von beruflichem Engagement und dem Wunsch nach Familie wesentlich deutlicher als bei den männlichen Kollegen. Die männlichen Befragten hatten dieses Problem zwar ebenfalls im Blick und es war für sie keine Frage, dass ihre Partnerinnen später, wenn Kinder da sein sollten, weiterhin berufstätig sein werden. Dennoch ist offengeblieben, ob sie in diesem Fall auch bereit wären, ggf. Abstriche bei der eigenen beruflichen Karriere zu machen.

Interessenpolitisches Handeln

Niemand von den befragten kaufmännischen Angestellten war Gewerkschaftsmitglied. Die Haltungen gegenüber dem Betriebsrat und den Gewerkschaften waren kritisch, aber nicht vollständig ablehnend. Beide wurden meist als gesellschaftlich wichtige Institutionen anerkannt und als notwendige Verhandlungspartner für die Unternehmensführung angesehen (z.B. zur Aushandlung und Durchsetzung von betrieblichen Vereinbarungen). In der Regel gab es aber auch Vorbehalte, wurden Gewerkschaft und Betriebsrat überwiegend als blockierend und als zu oft gegen die Unternehmensführung agierend wahrgenommen. Einige Befragte fühlten sich dadurch im eigenen Arbeitsbereich behindert. Häufiger bestand zudem eine Distanz zu den interessenpolitischen Auseinandersetzungsstilen der gewerkschaftlichen Interessenvertretungen (*«niveaulose Plakate»*, *«Beschimpfungen und Spitzen bei Betriebsversammlungen»*). Darüber hinaus wurde das Flächentarifmodell als zu wenig flexibel betrachtet, um betriebliche und branchenspezifische Bedingungen und Besonderheiten berücksichtigen zu können (*«überholtes Konzept»*). In der Grup-

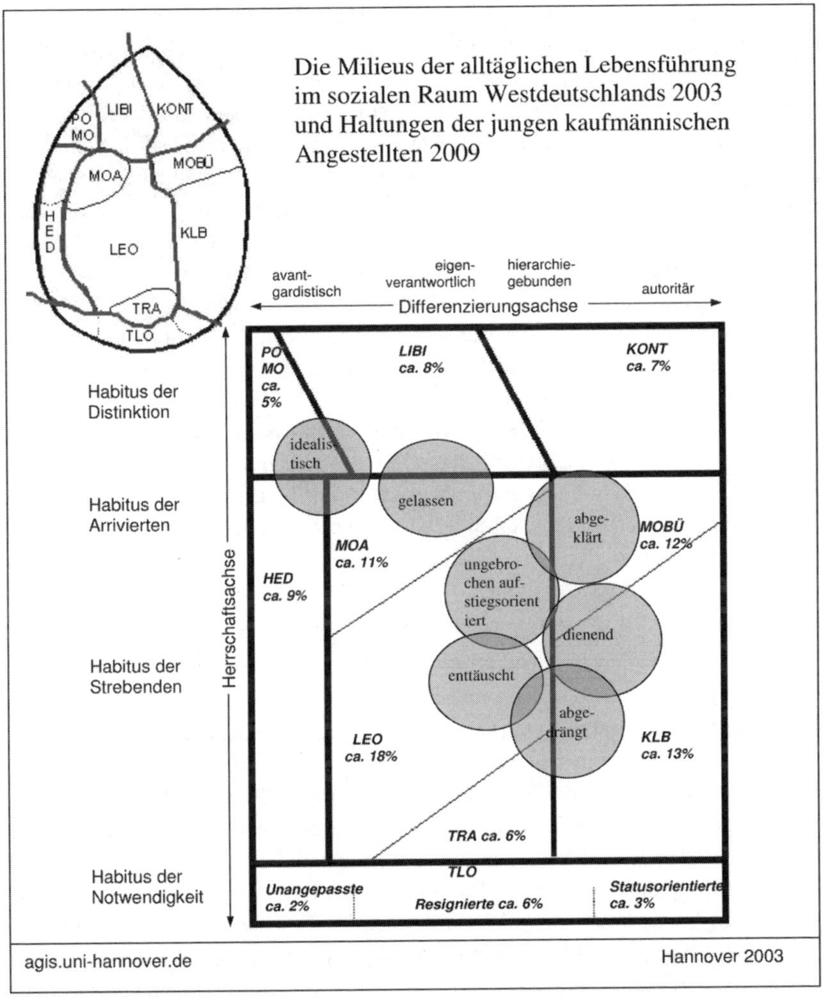

LIBI: Liberal-intellektuelles Milieu
KONT: Konservativ-technokratisches Milieu
POMO: Postmodernes Milieu
HED: Hedonistisches Milieu
MOBÜ: Modernes bürgerliches Milieu
KLB: Kleinbürgerliches Arbeitnehmermilieu
MOA: Modernes Arbeitnehmermilieu
LEO: Leistungsorientiertes Arbeitnehmermilieu
TRA: Traditionelles Arbeitermilieu
TLO: Traditionsloses Arbeitnehmermilieu

Abb. 9: Sozialräumliche Einordnung der Haltungsweisen im kaufmännisch-organisatorischen Berufsfeld

pe überwogen individuelle Selbstvertretungsansprüche. Die Befragten sahen sich weitgehend auf Augenhöhe mit ihren Vorsetzten und konnten ihre Interessen in der Regel im direkten Gespräch aushandeln. Sie gingen zudem davon aus, dass ihre

Vorgesetzten dies auch von ihnen erwarten. Die Inanspruchnahme interessenpolitischer Vertreter(innen) wurde daher als Schwächung der eigenen (beruflichen) Position angesehen. Gleichwohl realisierten einige die Grenzen der individuellen Selbstvertretung. Der Betriebsrat wurde dann als eine mögliche Anlaufstelle für Unterstützung und Beratung angesehen, wenn persönliche Konflikte mit Vorgesetzten individuell nicht mehr gelöst werden konnten. Lediglich in einem Fall bestand eine ausgesprochene Distanz zum Betriebsrat und zur Gewerkschaft. Die Befragungsperson positionierte sich ausdrücklich auf Arbeitgeberseite und sah die eigenen Interessen deshalb von beiden Institutionen nicht vertreten.

Wir schätzen die Möglichkeiten der Ansprache im Feld der kaufmännisch-organisatorischen Angestellten mit semiprofessionellem Qualifikationsrang als schwierig aber nicht als ausgeschlossen ein. Die meisten der befragten kaufmännischen Angestellten wiesen eine arbeitnehmerische Haltung auf. Erschwerend dürfte sich allerdings auswirken, dass für diese Beschäftigtengruppe zurzeit der berufliche Aufstieg und die berufliche Selbstverwirklichung sehr stark im Vordergrund stehen. Die Familiengründungsphase, in der häufig andere Gesichtpunkte, wie berufliche Sicherheit oder kalkulierbare Arbeitszeiten und eine Begrenzung der Belastungen weiter in den Vordergrund rücken, ist bei den Befragten noch auf einen späteren Zeitpunkt verschoben. Zudem wirkt sich das Leitbild des beruflichen Feldes hinderlich für die gewerkschaftliche Ansprache aus.

Literatur

Allespach, Martin, (2009): Gewerkschaftliche Eckpunkte einer aktiven Industriepolitik, in: WSI-Mitteilungen 5/2009. S. 277–280.

Bathke, Gustav-Wilhelm; Schreiber, Jochen; Sommer, Dieter (2000): Soziale Herkunft deutscher Studienanfänger – Entwicklungstrends der 90er Jahre. Kurzinformation Hochschul-Informations-System. Hannover.

Bargel, Tino (1988): Wieviele Kulturen hat die Universität? Ein Vergleich der Rollen- und Arbeitskultur in vierzig Einzelfächern. Hefte zur Bildungs- und Hochschulforschung (2). Arbeitsgruppe Hochschulforschung Sozialwissenschaftliche Fakultät. Universität Konstanz.

– **(2007):** Soziale Ungleichheit im Hochschulwesen. Barrieren für Bildungsaufsteiger. Universität Konstanz: Arbeitsgruppe Hochschulforschung. Hefte zur Bildungs- und Hochschulforschung 49. Universität Konstanz.

– **; Multrus, Frank; Ramm, Michael (2005):** Studiensituation und studentische Orientierungen. 9. Studierendensurvey an Universitäten und Fachhochschulen. Konstanzer Online-Publikations-System (KOPS).

Beaud, Stéphane; Pialoux, Michel (2004): Die verlorene Zukunft der Arbeiter. Konstanz.

Bibouche, Seddik; Held, Josef (2002): Die IG-Metall-Jugendstudie. Lebenseinstellungen junger Arbeitnehmerinnen und Arbeitnehmer: neue Orientierungen und Engagementformen. Marburg.

Boes, Andreas (2004): Interessen und Interessenhandeln von IT-Beschäftigten. Fokus Entwickler. Beitrag zum Workshop: Individuelles Interessenhandeln kontra kollektive Interessenvertretung? Arbeitspapier 6 des Projekts ARB-IT2. ISF München.

– **; Marrs, Kira (2003):** Interessen und Interessenhandeln von IT-Beschäftigten. Zwischenbilanz empirischer Ergebnisse zum Workshop «New Economy: Selbstbestimmung statt Mitbestimmung?» Arbeitspapier 5 des Projekts ARB-IT2. ISF München.

– **; Trinks, Katrin (2004):** Interessen und Interessenhandeln von IT-Beschäftigten in der Genderperspektive. Arbeitspapier 5 des Projekts ARB-IT2. ISF München.

– **; Trinks, Katrin (2006):** «Theoretisch bin ich frei». Interessehandeln und Mitbestimmung in der IT-Industrie. Berlin.

Boltanski, Luc (1990): Die Führungskräfte. Die Entstehung einer sozialen Gruppe. Frankfurt/M.

Bourdieu, Pierre (1982): Die feinen Unterschiede. Frankfurt/M.

Blossfeld, Hans-Peter (1985): Bildungsexpansion und Berufschancen. Frankfurt/M.

Bremer, Helmut (2004): Von der Gruppendiskussion zur Gruppenwerkstatt. Münster.

– **; Teiwes-Kügler, Christel (2003):** Die Gruppenwerkstatt, in: Heiko Geiling (Hg): Probleme sozialer Integration. Münster. S. 207–236.

– **; Teiwes-Kügler, Christel (2009):** Typenbildung in der Habitus- und Milieuforschung, in: Ecarius, Jutta; Schäffer, Burkhard (Hg) 2009: Typenbildung und Theoriegenerierung. Perspektiven qualitativer Biographie- und Bildungsforschung. Leverkusen/Opladen.

Brinkmann, Ulrich; Eversberg, Dennis (2008): Literaturstudie «Lebenssituation und -perspektiven jüngerer Arbeitnehmerinnen und Arbeitnehmer». Institut für Soziologie der Universität Jena. Projektantrag an die Otto-Brenner-Stiftung.

Bühler, Caroline (2007): Zwischen Flexibilität und Resignation. Berufliche Identität junger Erwachsener, in: Mansel, Jürgen; Kahlert, Heike (Hg) 2007: Arbeit und Identität im Jugendalter. Die Auswirkungen der gesellschaftlichen Strukturkrise auf Sozialisation. Weinheim. S. 33–47.

Clarke, John; Hall, Stuart; et al. (1979): Jugendkultur als Widerstand. Milieus, Rituale, Provokationen. Frankfurt/M.

DGB (Hg) (2007): DGB Potenzialstudie. Eine Studie von TNS Infratest Politikforschung im Auftrag des DGB.

Durkheim, Emile (1988 [1893/1902]): Die soziale Arbeitsteilung. Studie über die Organisation höherer Gesellschaften. Frankfurt/M.

Engler, Steffani (1993): Fachkultur, Geschlecht und soziale Reproduktion. Eine Untersuchung über Studentinnen und Studenten der Erziehungswissenschaft, Rechtswissenschaft, Elektrotechnik und des Maschinenbaus. Weinheim.

Esping-Andersen, Gøsta, (1998): Die drei Welten des Wohlfahrtskapitalismus. Zur Politischen Ökonomie des Wohlfahrtsstaates, in: Lessenich, Stephan; Ostner, Ilona (Hg) 1998: Welten des Wohlfahrtskapitalismus. Frankfurt/M. S.16–56.

Eversberg, Dennis (2009): Lebenssituation und -perspektiven jüngerer Arbeitnehmerinnen und Arbeitnehmer – eine Literaturstudie. Unveröffentlichte Vorabversion. Jena.

Geiger, Theodor (1949): Die Klassengesellschaft im Schmelztiegel. Köln und Hagen.

Geißler, Rainer (2002): Die Sozialstruktur Deutschland. Wiesbaden.

Grusky, D.B.; Sörensen, J.B. (2001): «Are There Big Social Classes?», in: Grusky, David B. (Hg) 2001: Social Stratification. 2nd ed. Boulder/Col. S. 183–194.

Huber, Ludwig; Portele, Gerhard; Schütte, Wolfgang (1983): Fachcode und studentische Kultur, in: Becker, Egon (Hg) 1983: Reflexionsproblem und Hochschulforschung. Weinheim.

Ferchhoff, Wilfried (2002): Sozialwissenschaftliche Perspektiven zu Jugend und Jugendkulturen in Deutschland im Medium sozialer Ungleichheit, in: Mägdefrau, Jutta; Schumacher, Eva (Hg) 2002: Pädagogik und soziale Ungleichheit. Aktuelle Beiträge. Neue Herausforderungen. Bad Heilbrunn.

Kadritzke, Ulf (1985): «Angestelltenbewußtsein» und Anknüpfungspunkte für die gewerkschaftliche Angestelltenarbeit. WSI-Mitteilungen. 8/38 S. 446–456.

Kudera, Werner; Ruff, Konrad; Schmidt, Rudi (1983): Blue collar – white collar: grey collar? Zum sozialen Habitus von Arbeitern und Angestellten in der Industrie. Soziale Welt. 34. S. 202–227.

Kotthoff, Hermann (1998): Führungskräfte im Wandel der Firmenkulturen. Berlin.

Kupka, Peter (1998): Lebenslang oder Übergang? Berufspläne junger Facharbeiter, in: Diskurs. Studien zu Kindheit, Jugend, Familie und Gesellschaft. 1/8. S. 18–27.

Lange-Vester, Andrea (2007): Untersuchungsmethoden: Exploration eines sich wandelnden Feldes, in: Vester, Michael; et al. (Hg) 2007: Die neuen Arbeitnehmer. Hamburg. S. 68–84.

– **; Teiwes-Kügler, Christel (2004):** Soziale Ungleichheiten und Konfliktlinien im studentischen Feld, in: Engler, Steffani; Krais, Beate (Hg) 2004: Das kulturelle Kapital und die Macht der Klassenstrukturen. Weinheim. S. 159–187.

– **; Teiwes-Kügler, Christel (2006):** Die symbolische Gewalt der legitimen Kultur, in: Georg, Werner (Hg): Soziale Ungleichheit im Bildungssystem. Konstanz. S. 55–92.

Liebau, Eckart (1982): Der Habitus der Ökonomen. Arbeitspapiere des Wissenschaftlichen Zentrums für Berufs- und Hochschulforschung an der Gesamthochschule Kassel. Kassel.

Müller, Walter (1998): Erwartete und unerwartete Folgen der Bildungsexpansion, in: Kölner Zeitschrift für Soziologie und Sozialpsychologie. Sonderheft 38. S. 81–112.

Oesch, Daniel (2006a): Redrawing the Class Map. Stratification and Institutions in Britain, Germany, Sweden and Switzerland, Basingstoke.

– **(2006b):** Coming to Grips with a Changing Class Structure, in: International Sociology 21. Jg. 2006. H. 2.

Schmidt, Rudi; Wentzke, Theodor (1995): Bewußtsein und Sozialcharakter von Angestellten. Eine empirische Untersuchung. Erlangen.

Schölling, Markus (2005): Soziale Herkunft, Lebensstil und Studienfachwahl: eine Typologie, in: Ehlert, Wiking; Széll, György; Sünker, Heinz (Hg) 2005: Arbeit-Technik-Organisation-Soziales. Band 31. Frankfurt/M.

Stephan, Günter (1977): Angestelltenbewußtsein: Ergebnisse einer Untersuchung. Deutscher Gewerkschaftsbund. Abteilung Angestellte.

Vester, Michael (2004): Die Illusion der Bildungsexpansion. Bildungsöffnungen und soziale Segregation in der Bundesrepublik Deutschland, in: Engler, Steffani; Krais, Beate (Hg) 2004: Das kulturelle Kapital und die Macht der Klassenstrukturen. Weinheim/München. S. 13–52.

– **(2005):** Die selektive Bildungsexpansion. Die ständische Regulation der Bildungschancen in Deutschland, in: Berger, Peter A.; Kahlert, Heike (Hg) 2005: Institutionalisierte Ungleichheiten. Wie das Bildungswesen Chancen blockiert. Weinheim/München. S. 39–70.

– **(2009):** Chancen eines «New Deal»: Perspektiven eines wirtschaftlichen und sozialstrukturellen Umbaus, in: Im Fokus. SPW 2/2009. S.15–24.

– **; von Oertzen, Peter; Geiling, Heiko; Hermann, Thomas; Müller, Dagmar (2001):** Soziale Milieus im gesellschaftlichen Strukturwandel. Zwischen Integration und Ausgrenzung. Frankfurt/M.

– **; Teiwes-Kügler, Christel; Lange-Vester, Andrea (2007):** Die neuen Arbeitnehmer. Zunehmende Kompetenzen – wachsende Unsicherheit. Hamburg.

– **; Gardemin, Daniel; Groh-Samberg, Olaf (2009):** Zwischenergebnisse der Berufsfeldanalyse nach Oesch auf der Grundlage des Sozioökonomischen Panels (SOEP) 1990-2007. Hannover. 17.01.2009.

Vögele, Wolfgang; Bremer, Helmut; Vester, Michael (Hg) (2002): Soziale Milieus und Kirche. Würzburg.

Vosskamp, Ulrich; Wittke, Volker (1992): Junge Facharbeiter in der Produktion – eine Herausforderung für betriebliche Arbeitspolitik. SOFI- Mitteilungen. 1992. S. 28–34.

Weber-Menges, Sonja (2004): «Arbeiterklasse» oder Arbeitnehmer? Vergleichende empirische Untersuchung zu Soziallage, Lebenschancen und Lebensstilen von Arbeitern und Angestellten in Industriebetrieben. Wiesbaden.

Wetzel, Detlef (2008): DGB Initiative Trendwende, Projekt «Mitgliederpotenzialanalyse»: Analyse der Faktoren und Handlungsrelevanzen für die Mitgliederbindung und –gewinnung. Auswertung für die IG Metall. Präsentation zur Klausurtagung des IG Metall Vorstands.

Anhang 1: Übersicht zu den Erhebungsgruppen

Erhebungsgruppe	Erhebungsort/Branche
Systemelektroniker (Ausbildung)	Berufsbildende Schule
Fachinformatiker (Ausbildung)	Berufsbildende Schule
Studierende Ingenieurwissenschaften (Diplom Elektrotechnik, Maschinenbau, Wirtschaftsingenieure)	TU Braunschweig
Studierende Ingenieurwissenschaften (Diplom Elektrotechnik)	Universität Hannover
Studierende Ingenieurwissenschaften (Diplom Maschinenbau)	Universität Hannover
Ingenieure – Berufseinsteiger	Automobilindustrie
Qualifizierte Facharbeiter	Maschinenbau/Antriebstechnik

Anhang 2: Übersicht zur Stichprobe

Geschlecht:	Männer	56
	Frauen	7
Alter:	unter 20	5
	21–25 Jahre	35
	26–30 Jahre	12
	31–35 Jahre	11
Lebensform:	allein lebend	16
	in WG	7
	verheiratet	28
	im Elternhaus	12
	(mit Kindern unter 18 Jahren)	(9)
Schulabschluss:	Hauptschule	4
	Realschule	16
	Fachabitur	5
	Abitur	38
Berufsabschluss:[70]	Ausbildung mit Abschluss	17
	Meister-/Technikerabschluss	--
	Fachhochschulabschluss	8
	Hochschulabschluss	5
	Auszubildende(r)	15
	Studierende(r)	19
Berufliche Stellung:	Facharbeiter/Vorarbeiter/-in	12
	Meister/Techniker/-in	--
	Einfache(r) Angestellte(r)	--
	Qualifizierte(r) Angestellte(r)	17
	Leitende(r) Angestellte(r)	--
Gesamt:		**63**

70 Angegeben ist der jeweils höchste erworbene oder angestrebte Berufsabschluss. Bei den Fachhochschul- und Hochschulabschlüssen ist eine Person dabei, die vorher eine Ausbildung absolviert hat. Drei weitere Personen haben nach der Ausbildung einen Abschluss auf einer Berufsakademie oder in einer vergleichbaren Einrichtung erworben bzw. streben diesen Abschluss an.

Dennis Eversberg

Lebenssituation und -perspektiven jüngerer Arbeitnehmerinnen und Arbeitnehmer – Eine Literaturstudie

1. Einleitung

Dass die DGB-Gewerkschaften ein Verjüngungsproblem haben, ist schon lange kein Geheimnis mehr. Die Altersverteilung ihrer Mitglieder weist seit langem ein starkes Ungleichgewicht auf: Während die Altersgruppen zwischen 45 und 55 Jahren mit über 35.000 Mitgliedern pro Jahrgang in der Mitgliedschaft am stärksten vertreten sind, sind die Jahrgänge unter 40 Jahren deutlich schwächer repräsentiert. Der ‹Berg› in der Verteilung verschiebt sich seit Jahren immer weiter in Richtung des Rentenalters, neue, mitgliederstarke Jahrgänge kommen bislang nicht nach. Für die Gewerkschaften gewinnt daher die Frage an Dringlichkeit, welche Gründe die augenscheinlich wachsende Distanz zwischen jüngeren Arbeitnehmenden und der Gewerkschaft hat, und mit welchen Interessen und Problemen sich diese Gruppen nicht ausreichend repräsentiert fühlen, worin somit Anknüpfungspunkte für eine verstärkt an Jüngere gerichtete gewerkschaftliche Politik und Praxis bestehen könnten.

Allerdings wird die Diskussion um notwendige praktische Schlussfolgerungen aus den Mitgliederverlusten nach wie vor sehr allgemein geführt. Es fällt den Gewerkschaften schwer, aus der richtigen Erkenntnis ihrer Mitgliederschwäche bei Jüngeren neue Antworten auf die Frage zu finden, welche veränderten Formen der Interessenvertretungen und vor allem der Ansprache potentieller Mitglieder hier zu größeren Erfolgen führen könnten. Dies scheint auch daran zu liegen, dass zwar Unterschiede zwischen Männern und Frauen, Arbeitern und Angestellten, Alten und Jungen erkannt und in unterschiedliche Formen der Ansprache ‹übersetzt› werden, ein genauerer Blick auf Unterteilungen innerhalb oder quer zu diesen Großgruppen aber nicht stattfindet. In diesem Beitrag werden daher – in Anknüpfung an die Studie von Michael Vester, Christel Teiwes-Kügler und Andrea Lange-Vester[1]

1 Vester, Michael; Teiwes-Kügler, Christel; Lange-Vester, Andrea (2007): Die neuen Arbeitnehmer. Zunehmende Kompetenzen – wachsende Unsicherheit. Hamburg.

zu den Milieus der «*neuen Arbeitnehmer*» – vorliegende Forschungsergebnisse zusammengefasst, die Näheres über die junge Generation von Arbeitnehmenden – genauer, Beschäftigte unter 35 Jahren in Industriebetrieben – und ihre Differenzierung in Teilgruppen mit unterschiedlichen, typischen Lebenssituationen, -phasen und Ansprüchen an Interessenvertretung verraten. Damit soll auch ein Beitrag zur Diskussion um Möglichkeiten einer Revitalisierung der Gewerkschaften[2] geleistet werden, indem wichtige Aspekte der Ausgangssituation in den Betrieben beleuchtet werden, an der solche Revitalisierungsbemühungen ansetzen können.

Die Auswertung der Literatur hat gezeigt, dass gerade die Jugendforschung zu den genannten Fragestellungen eher wenig beitragen kann. Dies liegt vor allem daran, dass die bekannten Arbeiten dieses Forschungsfeldes – wie die viel zitierten Shell-Studien – grundsätzlich von der These einer allgemeinen «Individualisierung» ausgehen. Dieser vor allem von Ulrich Beck geprägte Begriff ist mit der Annahme verbunden, dass in der gegenwärtigen Gesellschaft die soziale Position, die jemand einnimmt, nicht mehr von ‹angeborenen› Zugehörigkeiten zu Familie, Klasse und Stand vorbestimmt wird, sondern sich vor allem aus dem Verhalten des Individuums selbst ergibt. Das bedeutet eine wachsende Verantwortung des Einzelnen für das eigene Schicksal und eine größere Bedeutung aktiver eigener Entscheidungen für die eigene gesellschaftliche Position sowie für Erfolg oder Scheitern. So heißt es etwa in der Einleitung der Shell-Jugendstudie von 2006: «*Jugendliche müssen früh ihren eigenen Lebensstil entwickeln und einen Lebensplan definieren. [...] Wer es schafft, aktive Formen des Selbstmanagements zu entwickeln, kommt mit den gesellschaftlichen Strukturen des Jugendalters am besten zurecht.*»[3] In dieser Sichtweise spielt die Zugehörigkeit zu sozialen Gruppen oder Klassen gegenüber den Ergebnissen individueller Entscheidungen kaum noch eine Rolle für die Lebensläufe junger Menschen. Das kommt beispielhaft darin zum Ausdruck, dass in den Shell-Studien kaum nach soziodemographischen Kategorien (Schüler, Studierende, Ar-

2 Siehe hierzu u.a.: Brinkmann, Ulrich; et al. (2008): Strategic unionism: aus der Krise zur Erneuerung? Umrisse eines Forschungsprogramms. Wiesbaden.
Dörre, Klaus (2008): Die strategische Wahl der Gewerkschaften – Erneuerung durch Organizing? In: WSI-Mitteilungen 1/61. S. 3–10.
Urban, Hans-Jürgen (2008): Die post-neoliberale Agenda und die Revitalisierung der Gewerkschaften, in: Butterwege, Christoph; et al. (Hg) 2008: Neoliberalismus. Analysen und Alternativen. Wiesbaden.
Rehder, Britta (2008): Revitalisierung der Gewerkschaften? Die Grundlagen amerikanischer Organisierungserfolge und ihre Übertragbarkeit auf deutsche Verhältnisse, in: Berliner Journal für Soziologie 3/18. S. 432–456.
Hälker, Juri; Vellay, Claudius (2006): Union Renewal – Gewerkschaften in Veränderung. Texte aus der aktuellen internationalen Gewerkschaftsforschung. Düsseldorf. Sowie das Schwerpunktheft «*Strategien zur Neubelebung von Gewerkschaften - Ein internationaler Vergleich*» der WSI-Mitteilungen 9/2003.

3 Hurrelmann, Klaus; Albert, Mathias (2006): Jugend 2006. Eine pragmatische Generation unter Druck. Jugendwerk der deutschen Shell. Frankfurt/M. S. 35f.

beitnehmende, Arbeitslose) unterschieden und die Stellung im Betrieb (Arbeiter/Angestellte, Grad der Qualifikation) zuletzt überhaupt nicht mehr erfragt wurde. Gerade wegen ihres geringen Interesses an sozialen Ungleichheiten und ihrer Neigung zur Generalisierung nützen viele Arbeiten der Jugendforschung für die hier verfolgte Fragestellung eher weniger. Denn auch wenn in den Erwartungen, die die Gesellschaft an junge Menschen formuliert, alle zunehmend gleich sein mögen und der Zugang zu einflussreichen Positionen nicht mehr durch formale Barrieren versperrt ist, so scheint doch der daraus unterschwellig gezogene Schluss, die früheren Schranken der sozialen Herkunft und Zugehörigkeit hätten ihre Bedeutung gänzlich eingebüßt, zu weit zu gehen. Dennoch lohnt es, sich einige grundlegende Feststellungen der Jugendforschung kurz vor Augen zu führen:

- Übereinstimmend stellen die Jugendstudien die zunehmende Bedeutung von Unsicherheitserfahrungen für junge Menschen und ein steigendes Maß an Pessimismus in Bezug auf die Zukunft fest.
- In dieser Situation gebe es eine Tendenz zur Konzentration auf die sozialen ‹Nahbereiche› von Familie und Beruf, denen gegenüber die abstrakteren öffentlichen Ebenen von Politik und Gesellschaft in den Hintergrund rückten.
- Das bedeutet nicht unbedingt, dass sich junge Leute grundsätzlich weniger engagieren, wohl aber, dass dabei ihre Ansprüche weniger weit reichen, nicht politisch formuliert werden und mehr Wert auf konkret sichtbare Ergebnisse gelegt wird.[4]

Ob und in welchem Maße diese generellen Feststellungen aber auch für einzelne Gruppen jüngerer Arbeitnehmender zutreffen, soll in den folgenden Abschnitten untersucht werden. Hierzu werden Hinweise aus vielen einzelnen, weit verstreuten Forschungsarbeiten aus Biographie- und Sozialisationsforschung, Arbeitssoziologie, Geschlechterforschung und angrenzenden Gebieten zusammengetragen, die Aufschluss auf die Lebenslagen, -läufe und Orientierungen einzelner Gruppen von

4 Wichtige Studien der Jugendforschung zum Einlesen für Interessierte sind die Shell-Studien: Hurrelmann, Klaus; Albert, Mathias (2003): Jugend 2002. Zwischen pragmatischem Idealismus und robustem Materialismus. Hg. vom Jugendwerk der deutschen Shell. Frankfurt/M. Dies. (2006): Jugend 2006. Eine pragmatische Generation unter Druck. Hg. vom Jugendwerk der deutschen Shell und der DJI-Jugendsurvey: Gille, Martina; et al. (2006): Jugendliche und junge Erwachsene in Deutschland. Lebensverhältnisse, Werte und gesellschaftliche Beteiligung 12- bis 29-Jähriger. Wiesbaden.
Gille, Martina (Hg) (2008): Jugend in Ost und West seit der Wiedervereinigung. Ergebnisse aus dem replikativen Längsschnitt des DJI-Jugendsurveys. Schriften des Deutschen Jugendinstituts. Jugendsurvey. Wiesbaden.
Eine nähere Auseinandersetzung mit diesen Forschungen findet sich in der Langfassung dieser Studie (zu beziehen über die Otto-Brenner-Stiftung). Dort werden auch weitere nicht auf einzelne Berufsgruppen bezogene Ergebnisse aus Sozialisations- und Biographieforschung, Geschlechterforschung und Arbeitssoziologie vorgestellt.

Beschäftigten geben können. Der Schwerpunkt liegt dabei auf denjenigen Berufsgruppen, die in den Betrieben des verarbeitenden Gewerbes anzutreffen sind.

Die Gliederung des Beitrags richtet sich nach der im Anschluss an Daniel Oesch gewählten Unterscheidung von Berufsgruppen, die im folgenden Abschnitt (2.) kurz erläutert wird. Anschließend werden relevante Forschungsergebnisse über Lebenssituation und Interessen von jüngeren Arbeitnehmenden zusammenfassend dargestellt (3.). Innerhalb jeder der mit Oesch unterschiedenen Beschäftigtengruppen wird auf der Grundlage der vorliegenden Forschung versucht, jeweils Teilgruppen knapp zu porträtieren, die nach sozialer Herkunft, Arbeits- und Lebenssituation, typischen Lebensläufen, Haltungen und Orientierungen und damit auch in ihren Interessen entscheidende Gemeinsamkeiten aufweisen. Im Schlussteil (4.) schließlich werden die vielen Teilgruppen zu sechs Anspruchstypen zusammengefasst, deren Ähnlichkeiten bei typischen Lebenslagen, Lebensläufen und Interessen Anknüpfungspunkte neuer Strategien von Interessenvertretungen bedeuten könnten.

2. Die Unterscheidung der Berufsgruppen

Es ist allgemein bekannt, dass die Belegschaft eines Betriebs nie eine einheitliche Masse bildet, sondern sich aus Gruppen mit ganz verschiedenen Berufen zusammensetzt, die sich zudem über mehrere Hierarchiestufen verteilen. Das Wissen um diese Tatsache drückt sich in klassischen Unterscheidungen wie der zwischen Arbeiter und Angestellten oder zwischen einfachen Beschäftigten und Führungskräften aus. Wie können wir aber diese, in jedem Betrieb vorhandenen Unterschiede in eine allgemein anwendbare und übertragbare Form fassen, ohne unzulässig zu vereinfachen und wichtige, für die Ansprache der verschiedenen Gruppen durch Betriebsrat und Gewerkschaft entscheidende Dinge zu übersehen?

Eine wichtige Hilfestellung liefert hierzu Daniel Oesch[5] mit seinem Vorschlag einer Unterscheidung nach «*Erwerbsklassen*», auf die sich auch Vester u.a.[6] in ihren Arbeiten beziehen. Oesch geht zunächst nicht von der sozialen Gliederung des Betriebs, sondern von der Gesamtgesellschaft aus. Wie schon in dem Begriff «*Erwerbsklassen*» anklingt, kritisiert er die nach wie vor verbreitete Vorstellung, die Gesellschaft sei in «Schichten» gegliedert. Die für diese Schichtmodelle typische

5 Oesch, Daniel (2006a): Redrawing the Class Map: Stratification and Institutions in Britain, Germany, Sweden and Switzerland. Basingstoke.
Ders. (2006b): Coming to Grips with a Changing Class Structure: An Analysis of Employment Stratification in Britain, Germany, Sweden and Switzerland. International Sociology 2/21. S. 263–288.

6 Vester, Michael (2006): Die gefesselte Wissensgesellschaft, in: Bauer, Ullrich; Bittlingmayer, Uwe H. (2006): Die «Wissensgesellschaft»: Mythos, Ideologie oder Realität. Wiesbaden.
Vester, Michael; et al. (2007). Sowie in diesem Band.

Unterscheidung zwischen «Arbeiterschicht» und «Mittelschicht», so Oesch, entspreche der Sicht der Arbeitgeber und könne die in einer Dienstleistungsgesellschaft relevanten Konflikte daher nicht angemessen beschreiben. Denn in der Sicht der Arbeitnehmenden selbst gebe es innerhalb jeder «Schicht» große Unterschiede (etwa zwischen technischen und kaufmännischen Angestellten). Dementsprechend schlägt Oesch vor, die hierarchische Arbeitgeber- und die horizontale Arbeitnehmendenperspektive miteinander zu verbinden.[7] Dazu unterscheidet er zunächst nach unterschiedlichen «*Arbeitslogiken*», denen die Tätigkeiten der verschiedenen Gruppen folgen:

- Die «*technische Arbeitslogik*» entspricht einem wesentlich von den technischen Erfordernissen der Produktion definierten Arbeitsablauf. Das bedeutet für höhere Hierarchiestufen eine sehr freie, für niedrige dagegen eine stark fremdbestimmte Arbeitsorganisation. Der Bezug auf die Technik und die durch sie hergestellte Verbindung der verschiedenen Aufgaben bewirken eine starke Orientierung an der eigenen Berufsgruppe. Die höheren Ränge dieser Arbeitslogik benötigen wissenschaftliches Expertenwissen, die unteren Hierarchiestufen handwerkliche Fertigkeiten.
- Im Rahmen der «*organisationalen Arbeitslogik*» wird die Arbeit von der bürokratischen Arbeitsteilung im Betrieb strukturiert. Autoritätsbeziehungen orientieren sich an einer Hierarchie, die gleichzeitig der typischen Karrierelaufbahn entspricht. Beschäftigte, die nach dieser Logik arbeiten, identifizieren sich vor allem mit dem Unternehmen. In Führungspositionen werden Koordinations- und Leitungsfähigkeiten benötigt, weiter unten die Befähigung zu ausführenden Verwaltungstätigkeiten.
- Die «*interpersonale Arbeitslogik*» schließlich basiert auf direktem Kontakt zwischen Personen, Autoritätsbeziehungen spielen hier kaum eine Rolle. Beschäftigte sind vor allem an ihren Klienten und deren Bedürfnissen orientiert. Benötigt werden in Führungspositionen Expertenwissen und kommunikative Fähigkeiten, in ausführenden Positionen vor allem Sozialkompetenz.

Quer dazu liegt die vertikale Hierarchie von vier Ebenen der Qualifikation («*marketable skills*»): An der Spitze Professionen (Hochschulabschlüsse), darunter Semiprofessionen (Abschlüsse von Fach- und Technikerschulen, Meisterbriefe), auf der dritten Ebene beruflich ausgebildete Fachkräfte und unten gering qualifizierte Arbeitskräfte.[8] So kann Oesch[9] sämtliche Berufsgruppen in dem folgenden Schema verorten:

7 Oesch, Daniel (2006b). S. 266.

8 Ebenda. S. 268f.

9 Ebenda. S. 283.

	Interpersonale Arbeitslogik	Technische Arbeitslogik	Organisationale Arbeitslogik
Professionen	Soziokulturelle Experten	Technische Experten	Oberes Management
Semi-professionen	Soziokulturelle Semiprofessionen	Technische Fachleute	Unteres Management
Beruflich qualifizierte Fachkräfte	Qualifizierte Dienstleistende	Facharbeiter und Fachhandwerker	Qualifizierte Büro- und Verwaltungs-angestellte
Gering Qualifizierte	Gering qualifizierte Dienstleistende	Gering qualifizierte Arbeiter	Gering qualifizierte Verwaltungskräfte

Für unsere Fragestellung nach den verschiedenen Gruppen von jüngeren Beschäftigten in Industriebetrieben spielen nur die beiden hier grau dargestellten Arbeitslogiken eine Rolle. Die «*interpersonale Arbeitslogik*», die vor allem im sozialen, kulturellen und im Dienstleistungsbereich bestimmend ist, hat in Industriebetrieben kaum Bedeutung und wird deshalb im Folgenden nicht weiter berücksichtigt.

Worin liegt nun der Nutzen dieses Schemas? Auch wenn die Abgrenzung zwischen den einzelnen Berufsgruppen nicht immer ganz einfach ist, können wir damit Unterschiede erfassen, die bisher wenig Beachtung fanden. So unterscheidet es zwischen Berufsgruppen, die im betrieblichen Alltag voneinander getrennt sind, aber von den bisherigen Schichtmodellen nicht separat erfasst wurden: auf der Ebene der Hochqualifizierten etwa zwischen Ingenieuren (technische Arbeitslogik) und Management (organisationale Arbeitslogik). Zugleich macht es aber auch Gemeinsamkeiten deutlich, die auf gemeinsame Interessen hinweisen könnten – etwa auf der Ebene der einfach Qualifizierten zwischen Produktionsarbeitern (technisch) und ausführenden Angestellten (organisational).

Ein weiterer Vorteil ist, dass sich dieses Modell auf den einzelnen Betrieb übertragen lässt und dass es ein neuartiges Bild von gewerkschaftlichen Zielgruppen und möglichen Strategien zu ihrer Ansprache ermöglicht. Die traditionellen Kerngruppen der Gewerkschaften finden wir unter den Berufsgruppen, die vertikal auf der Ebene der Lehrberufe und der Angelernten und horizontal bei der technischen Arbeitslogik verortet sind. Die moderneren und höher qualifizierten Gruppen der technischen Fachleute und Experten folgen der gleichen Arbeitslogik wie diese. Es ist also folgerichtig, wenn Gewerkschaft und Betriebsräte intensiver Strategien zur verstärkten Gewinnung dieser Gruppen für kollektive Interessenvertretung entwickeln, da die geteilte Arbeitslogik einen wichtigen Anknüpfungspunkt darstellt. Gleichzeitig sollten sie aber auch versuchen, aus diesem Raster Hinweise auf mögliche Argumente für gewerkschaftliche Interessenvertretung zu suchen, die für Berufsgruppen aus der organisationalen Arbeitslogik interessant sein und damit *horizontale* Solidaritäten, etwa zwischen Facharbeitern und einfachen Angestellten, begründen könnten.

Allerdings verlangt dies einen noch genaueren Blick in jede der von Oesch unterschiedenen Gruppen hinein, der zeigen soll, welche Teilfraktionen es in ihnen gibt, die sich etwa nach ihren Lebensläufen, ihrem Familienhintergrund oder ihren sozialen und politischen Einstellungen unterscheiden. Dieser Blick könnte zum Beispiel zeigen, dass Teile der qualifizierten Angestellten gemeinsame Interessen mit einem Teil der Facharbeiter und einigen technischen Fachleuten haben – und damit Möglichkeiten von Interessenvertretung aufzeigen, über die bisher nicht nachgedacht wurde. Um diesen Blick zu ermöglichen, werden im folgenden Kapitel die zusammengetragenen Forschungsergebnisse, nach dem Schema von Oesch geordnet, im Einzelnen vorgestellt. Für jede Beschäftigtenkategorie werden Teilgruppen unterschieden und stichwortartig vorgestellt. Inwieweit wir annehmen können, dass es diese Teilgruppen so auch wirklich gibt, hängt vom Forschungsstand ab: In einigen Fällen ist ihr Vorhandensein gut belegt, in anderen Fällen aber gibt es so wenig Forschung, dass hier nur Hypothesen aufgestellt werden können, die Anlass zu weiterer Diskussion geben und zum Ausgangspunkt für zukünftige Forschung werden sollten.

3. Forschungsergebnisse zu jüngeren Beschäftigten in Industriebetrieben

3.1 Technische Arbeitslogik

3.1.1 Gering qualifizierte Arbeiter

Gering qualifizierte bzw. un- und angelernte Arbeiter sind im Betrieb meist den körperlich härtesten Arbeitsbedingungen ausgesetzt und haben die wenigsten Zukunftsperspektiven. Auch wenn sie vielen als ‹aussterbende Art› gelten, sind sie zahlenmäßig noch immer bedeutsam. So merken Vester u.a. an: «*Die Lohngruppen der An- und Ungelernten, mit ihren oft mehr als 40% Gewerkschaftsmitgliedern, nehmen also bereichsweise stark ab, bleiben aber ein unverzichtbares Feld gewerkschaftlicher Arbeit. Sie sind in besonderer Weise auf eine gewerkschaftliche Interessenvertretung angewiesen.*»[10] Laut Oesch waren in Deutschland im Jahr 2000 12% der Erwerbstätigen un- oder angelernte Arbeiter, darunter ein Fünftel Frauen.[11] In Industriebetrieben liegt der Frauenanteil höher, etwa bei 50%.[12] Mit einem Organisationsgrad von 38,6% im Jahr 1998[13] waren Un- und Angelernte die am stärksten gewerkschaftlich organisierte Beschäftigtengruppe in der Industrie.

Für die ältere Generation unter ihnen treffen oft noch die klassischen Feststellungen von Bourdieu[14] über den Habitus der einfachen «*Volksklassen*» zu: Typisch für sie ist ein «*Habitus der Notwendigkeit*», ein aus der materiellen Not geborener «*Not-Geschmack, der eine Art Anpassung an den Mangel einschließt und damit ein Sich-in-das-Notwendige-fügen, ein Resignieren vorm Unausweichlichen.*»[15] Die dauerhafte Knappheit lässt sie fast ausschließlich auf den praktischen Gebrauchswert erworbener Güter achten. Diese Haltung führt auch dazu, dass gewerkschaftliche Aktivitäten nach ihrem direkten materiellen Nutzen bewertet und nur bei Aussicht auf einen spürbaren Erfolg aktiv unterstützt werden. Für die junge Generation haben sich die Bedingungen inzwischen aber deutlich geändert, was bedeutet, dass sie in der Familie, im Bildungssystem und im Betrieb eine in vieler Hinsicht ganz andere Sozialisation erfahren.

---

10 Vester, Michael; et al. (2007). S. 66.

11 Oesch, Daniel (2006b). S. 273.

12 Weber-Menges, Sonja (2004): «Arbeiterklasse» oder Arbeitnehmer? Vergleichende empirische Untersuchung zu Soziallage, Lebenschancen und Lebensstilen von Arbeitern und Angestellten in Industriebetrieben. Wiesbaden. S. 73.

13 Oesch, Daniel (2006b). S. 281.

14 Bourdieu, Pierre (1982): Die feinen Unterschiede. Kritik der gesellschaftlichen Urteilskraft. Frankfurt/M. S. 585ff.

15 Ebenda. S. 585.

Bittlingmayer[16] stellt heraus, dass der «*Notwendigkeitshabitus*», bei jüngeren gering Qualifizierten immer seltener werde oder gar verschwinde: «*Die Voraussetzungen für die Genese von Notwendigkeithabitus sind aber weggebrochen.*»[17] Unter flexibilisierten und entgrenzten äußeren Bedingungen bildeten sich bei ihnen «*prekäre Habitusformen.*»[18] Typisch für diese sei der tiefe Graben zwischen den bescheidenen materiellen Möglichkeiten einerseits und den Konsumstandards etablierter Milieus, die sie (etwa in den Medien) alltäglich erleben und für sich selbst anstreben, andererseits. Ähnliches stellt auch Weber-Menges[19] fest: Die jüngeren Un- und Angelernten teilen sich in eine Gruppe, die weiterhin sparsam lebt und sich für das Notwendige entscheidet, und eine zweite Gruppe mit der Neigung «*zu einer der Notwendigkeit widersprechenden, vom Massenkonsum geprägten Haltung, bei der Dinge gekauft wurden, ohne darüber nachzudenken, ob man sich diese auch leisten konnte.*»[20] Zudem weist sie auf die häufige Unfreiwilligkeit der Berufswahl bei diesen Gruppen hin[21], die, wie Caroline Bühler[22] feststellt, eine oft geringe Identifikation mit dem Beruf bedingt.

Zusammenfassend lässt sich folgern, dass es unter Un- und Angelernten mindestens zwei Teilgruppen gibt:

- Eine geschrumpfte Fraktion, in der der **Notwendigkeitshabitus** weiter besteht, und die von einer Interessenvertretung vor allem Stellvertretung und Schutz erwartet.
- Eine weitaus größere Gruppe, die **prekäre Habitusformen** entwickelt hat, ebenfalls vor allem Stellvertretung erwartet und dabei besonders an Forderungen nach Absicherung und Kontrolle von Unsicherheiten des Lebens interessiert sein dürfte.

---

16 Bittlingmayer, Uwe H.; et al. (Hg) (2000): «Zukunft, ich weiß nicht, was das ist» Prekäre Habitusformen als Signatur der «Wissensgesellschaft». Vortrag auf dem Kongress «Theorie als Kampf?». Münster.
Ders. (2002): Transformation der Notwendigkeit. Prekarisierte Habitusformen als Kehrseite der «Wissensgesellschaft», in Ders.; et al. (Hg) 2002: Theorie als Kampf? Zur politischen Soziologie Pierre Bourdieus. Opladen.

17 Ders. (2000). S. 11.

18 Ebenda. S. 12.

19 Weber-Menges, Sonja (2004). S. 301 und S. 324.

20 Ebenda. S. 303.

21 Ebenda. S. 197ff.

22 Bühler, Caroline (2007): Zwischen Flexibilität und Resignation. Berufliche Identität junger Erwachsener, in: Mansel, Jürgen; Kahlert, Heike (Hg) 2007: «Arbeit und Identität im Jugendalter». Weinheim und München. S. 45.

Un- und Angelernte: Hypothetische Teilgruppen

Fortbestehen des Notwendigkeitshabitus

- Schrumpfende, hauptsächlich ältere Gruppe
- Niedrige Schulabschlüsse, geringwertige oder keine Ausbildungen
- Lebensläufe sehr traditionell: Schule – (evtl. Ausbildung) – Betrieb
- Früh im Betrieb, frühe Familiengründung
- **Hauptinteresse:** Absicherung, Schutz vor arbeitsbiographischen Verwerfungen
- **Gegenüber Gewerkschaft und Betriebsrat:** Bedürfnis nach Vertretung

Transformation hin zu prekären Habitusformen

- Erzwungene ‹Flexibilität›, Bemühen um Existenzsicherung ohne für sozialen Aufstieg mobilisierbare Ressourcen (Randbereiche, prekäre Beschäftigung).
- Niedrige Schulabschlüsse, geringwertige oder keine Ausbildungen
- Lebensphasen entstandardisiert: Schule – Maßnahmen/Warteschleifen – (evtl. geringwertige Ausbildung) – diskontinuierliche prekäre Beschäftigung
- Erzwungene Mobilität – hohes Interesse an Etablierung/Stabilität
- Familiengründung früh gewünscht, wird aber oft erst verzögert möglich
- **Hauptinteresse:** Absicherung, Kontrolle von biographischen Unsicherheiten, um Perspektiven entwickeln zu können
- **Gegenüber Gewerkschaft und Betriebsrat:** Bedürfnis nach Vertretung

Aufstiegs- und Etablierungsorientierte

- Höhere Bildungs- und Kompetenzressourcen als die beiden anderen Teilgruppen, bessere familiäre Ressourcenausstattung im Hintergrund
- Mittlere Schulabschlüsse, verwertbare betriebliche Ausbildungen
- Lebensläufe halb strukturiert: Schule – Ausbildung – Arbeitssuche – ausbildungsfremde Beschäftigung als Zwischenlösung
- Gering qualifizierte Arbeit als Zwischenstation zur Verbesserung der eigenen Position (schnelle Etablierung im Betrieb wegen hoher Kompetenzen, tragfähigere Strategien)
- Familiengründung ebenfalls eher später
- **Hauptinteresse:** Vertikale Durchlässigkeit, Aufstiegsmöglichkeiten
- **Gegenüber Gewerkschaft und Betriebsrat:** Interesse an Unterstützung bei Problemen

Eigene Forschungsergebnisse deuten zudem auf eine dritte Teilgruppe von **Aufstiegs- und Etablierungsorientierten** hin, die ihre Situation als vorübergehend ansehen und aktiv daran arbeiten, sie zu überwinden. Sie können dabei auf größere Bildungsressourcen (mittlere Schulabschlüsse, Berufsausbildungen) bauen, die ihnen den Aufstieg in respektable und gesicherte Berufspositionen als erreichbar erscheinen lassen. Ihre aktive Strategie im Betrieb lässt sie zunächst wenig Interesse an Betriebsrat und Gewerkschaft entwickeln – das kann sich aber ändern, wenn diese als Fürsprecher ihres Interesses an Aufstiegsmöglichkeiten auftreten.

3.1.2 Exkurs: Leiharbeit

Ein gesonderter Blick soll hier auf die in den letzten Jahren stark gewachsene Gruppe der Leiharbeitnehmenden geworfen werden, die sich zu einem großen Anteil (aber keineswegs vollständig) aus gering Qualifizierten und Facharbeitern zusammensetzt und deshalb hier zwischen diesen beiden Gruppen behandelt wird.

Eine beeindruckende Schilderung der Situation von Leiharbeitnehmenden liefern Beaud und Pialoux in ihrer Langzeitstudie über die Peugeot-Werke im französischen Sochaux.[23] Die Leiharbeitskräfte, von denen sie sprechen, waren zwischen 25 und 30, hatten bereits Jahre von Arbeitssuche, kurzfristigen prekären Anstellungen und Qualifikationsmaßnahmen hinter sich und waren auch räumlich hoch mobil (viele waren aus anderen Regionen zugezogen). Den Einsatz bei Peugeot nahmen sie als ihre große Chance wahr, sich für feste Beschäftigung dort zu empfehlen, weshalb sie einen hohen Arbeitseifer zeigten und sich den Vorgesetzten gegenüber stets möglichst zuvorkommend verhielten. Dies brachte sie aber mit den älteren Arbeitern, ihrer Kultur der gruppeninternen Solidarität und ihren vielfältigen Verzögerungstaktiken in Konflikt.

Aus einem deutschen Automobilwerk berichten auch Kraemer und Speidel[24], dass Leiharbeitnehmende eine «*fast schon distanzlose Anpassungsbereitschaft und Leistungsorientierung*» an den Tag legten, weil sie vor dem Hintergrund ihrer eigenen Erfahrungen von Arbeitslosigkeit und prekärer Arbeit alles zu tun bereit waren, um «*die noch so geringen Chancen auf Übernahme in ein festes Arbeitsverhältnis zu wahren.*»[25] Diese Haltung führen Kraemer und Speidel auf die Struktur des Leiharbeitsverhältnisses zurück, das sie als eine Situation beschreiben, die die Betroffenen aus der Normalität des Erwerbslebens *ausschließt* (etwa durch «*blockierte Lebensplanung und Kontrollverlust*» sowie «*Ausschluss von beruflicher Weiterbildung [und] Verstetigung der Prekarität*»[26]) und gleichzeitig ihre *Integration* in dasselbe verspricht (indem Leiharbeit als «*befristeter Ausweg aus der Dauerarbeitslosigkeit*»

23 Beaud, Stéphane; Pialoux, Michel (2004): Die verlorene Zukunft der Arbeiter: Die Peugeot-Werke von Sochaux-Montbéliard. Konstanz.

24 Kraemer, Klaus; Speidel, Frederic (2004): Prekäre Leiharbeit. Zur Integrationsproblematik einer atypischen Beschäftigungsform, in: Vogel, Berthold (Hg) 2004: Leiharbeit: neue sozialwissenschaftliche Befunde zu einer prekären Beschäftigungsform. Hamburg.

25 Ebenda. S. 149.

26 Ebenda. S. 132ff.

oder als «*Sprungbrett in ‹normale› Dauerbeschäftigung*» erscheint oder eine «*Normalisierung des ‹Nicht-Normalen›*» bewirkt.)[27]

Wie die integrierenden in desintegrierende Momente umschlagen können, zeigt das von Berthold Vogel[28] beschriebene «*Hinhalten*»: Weil Vorgesetzte ihnen Hoffnungen auf eine Übernahme machen, strengen sich die Beschäftigten ganz besonders stark an – und gewinnen zunehmend den Eindruck, dass sich die Entscheidung genau wegen dieses vorübergehenden Arbeitens ‹am Limit› immer weiter verzögert.

Das Ineinandergreifen von Integration und Desintegration macht die oben beschriebene Einstellung der Leiharbeitnehmenden, die man nicht leichtfertig als ‹angepasst› abtun sollte, nachvollziehbarer: Sowohl die Bedrohung des eigenen *individuellen* Lebens durch die desintegrierenden Momente als auch das ebenso *individuell* gegebene Versprechen der Integration machen ein solches ‹Einzelkämpferverhalten› aus ihrer Sicht zur aussichtsreichsten Option. Freilich stellt eine solche Haltung aus Sicht der Gewerkschaft ein Problem dar, weil Beschäftigte, die nur ihre persönlichen Interessen verfolgen, nicht für kollektives Handeln zu gewinnen sind und das Bemühen um Wohlverhalten gegenüber Vorgesetzten sie von vornherein dazu bringt, jegliche Form von Konflikt abzulehnen.

Allerdings läuft auch die Politik mancher Betriebsräte den Interessen von Leiharbeitnehmenden eher zuwider. Gerade wenn der Betrieb Leiharbeit als «Flexibilitätspuffer» nutzt, sieht auch mancher Betriebsrat Leiharbeitnehmende als personelles Polster, deren Anwesenheit den Status der Stammbelegschaft schützt. Sie werden dann zwar relativ problemlos sozial integriert, als ‹Arbeitnehmende zweiter Klasse› bleibt ihnen die Gewährung gleicher Rechte und Ansprüche aber verwehrt.[29] Vogel[30] unterscheidet vier typische Lebenssituationen von Leiharbeitnehmenden, von denen zwei bei Jüngeren eine Rolle spielen:

- **«Streben nach betrieblich-sozialem Aufstieg»:** Gut qualifizierte Beschäftigte, die ihre vormalige feste Anstellung in kleineren (v.a. Handwerks-) Betrieben bewusst zugunsten der Leiharbeit aufgegeben haben, von der sie sich Zugang zu einem Großunternehmen erhoffen, wo sie durch gute Leis-

---

27 Ebenda. S. 139ff.

28 Vogel, Berthold (2004a). S. 161ff.

29 Kraemer, Klaus; Speidel, Frederic (2004). S. 144. Siehe auch Promberger, Markus (2007): Leiharbeit. Flexibilitäts- und Unsicherheitspotenziale in der betrieblichen Praxis, in: Linne, Gudrun; Kronauer, Martin (Hg) 2007: Flexicurity. Die Suche nach Sicherheit in der Flexibilität. Berlin. S. 195f.
Vogel, Berthold (2004a). S. 162.
Holst, Hajo; et al. (2009): Disziplinierung durch Leiharbeit? – Neue Nutzungsstrategien von Leiharbeit und ihre arbeitspolitischen Folgen, in: WSI-Mitteilungen 3/2009.

30 Vogel, Berthold (2004a). S. 155ff.

tungen eine Festanstellung erreichen wollen. Leiharbeit ist hier ein Umweg zur angestrebten Normalarbeit.

- **«Suchen nach dem Einstieg in Erwerbsarbeit»:** Diese Leiharbeitnehmenden sind jünger, weniger gut ausgebildet und sie waren in der Regel zuvor arbeitslos. Sie kommen häufiger in Ostdeutschland und in Zulieferbetrieben mit schlechteren Arbeitsbedingungen vor. Es geht ihnen vor allem um den *«(Wieder-)Einstieg in Erwerbsarbeit – getragen von der Hoffnung, dass Leiharbeit und Befristung eine kontrollierbare [...] Übergangsphase in der Erwerbsbiographie bleiben.»*[31]

Leiharbeitnehmende – hypothetische Teilgruppen

«Streben nach betrieblich-sozialem Aufstieg»

- Bis in den Betrieb hinein geradlinige, dann für den Einstieg in Leiharbeit bewusst unterbrochene Berufsbiographien
- In hohem Maße strategisches Handeln
- Leiharbeit als im Interesse weitergehender Ziele bewusst gewählte strategische Option
- Vorgesetzte als Schlüsselpersonen für die Erreichung des Ziels: Übernahme – Vermeidung von Konflikten
- Familiengründung nur in geringem Maße erschwert
- **Hauptinteresse:** Zugang zu fester Anstellung im Entleihbetrieb
- **Betriebsrat und Gewerkschaft:** Distanz zum Betriebsrat, wenn dieser Sprachrohr der Stammbelegschaft ist; konflikthafte Strategien werden als Gefährdung eigener Chancen abgelehnt

«Suchen nach dem Einstieg in Erwerbsarbeit»

- Diskontinuierliche, von Umwegen und Scheitern geprägte Biographien
- Leiharbeit als ‹Rettung› vor der Entkopplung vom Arbeitsleben
- Nicht genug Ressourcen für aktive Biographiegestaltung
- Verzögerte Familiengründung wegen unsicherer Perspektiven
- **Hauptinteresse:** Absicherung und Verstetigung der Erwerbstätigkeit
- **Betriebsrat und Gewerkschaft:** Wunsch nach Vertretung und nach Schutz – symbolische Inklusion und Auftreten als Schutzmacht (auch) von Leiharbeitnehmenden ist wichtig

Zum Weiterlesen:

Vogel, Berthold (Hg) (2004): Leiharbeit: neue sozialwissenschaftliche Befunde zu einer prekären Beschäftigungsform. Hamburg

Holst, Hajo; Oliver Nachtwey; Dörre, Klaus (2009): Funktionswandel von Leiharbeit. Neue Nutzungsstrategien und ihre arbeits- und mitbestimmungspolitischen Folgen. OBS-Arbeitsheft Nr. 61. Frankfurt/M. Otto-Brenner-Stiftung

31 Ebenda. S. 158.

3.1.3 Facharbeiter

Dieser Gruppe, die nach wie vor den Kern der gewerblich Beschäftigten ausmacht, gehörten laut Oesch[32] im Jahr 2000 noch 13% der Erwerbstätigen in Deutschland an – deutlich mehr als im europäischen Durchschnitt. Nur 6% von ihnen waren Frauen. Weber-Menges[33] verweist auf 21,5% Facharbeiter in den von ihr untersuchten Industriebetrieben, darunter 27,6% Frauen. Hinzu kommen 8,3% Vorarbeiter, mit denen die Facharbeiter etwa 30% der Beschäftigten in Industriebetrieben stellen. In dieser großen Gruppe sind nicht nur viele verschiedene Einzelberufe mit sehr unterschiedlichen Zukunftsperspektiven zu finden, sondern auch Beschäftigte mit ganz verschiedenen klassenkulturellen Hintergründen. 34,6% aller Facharbeiter gehörten 1998 einer Gewerkschaft an, in Industriebetrieben sind sie meist mehrheitlich gewerkschaftlich organisiert und stellen traditionell den Kern der Betriebsräte und gewerkschaftlich Aktiven.

In den Lebensläufen junger Facharbeiter deuten Zahlen von Weber-Menges[34] darauf hin, dass sie die biographischen Stationen der Jugend und frühen Erwachsenenphase relativ schnell durchlaufen (frühe Heirat/Familiengründung). Ihre Konsumhaltungen waren wie bei gering Qualifizierten häufig asketisch und auf ökono-

Qualifikationstypen junger Facharbeiter

- Der «**handwerkliche Herstellungsarbeiter**» bearbeitet direkt die verarbeiteten Materialien, die er sehr genau kennen und geschickt handhaben können muss. Dies verlangt eine Ausbildung, die *«vor allem auf die Vermittlung eines festen Sets fachlicher Kenntnisse und Fertigkeiten angelegt»* war.
- Der «**Systemregulierer**» muss den Ablauf der Produktion an einer Anlage überwachen und bei Störungen möglichst schnell wieder herstellen. Dazu braucht er ein umfassendes, öfter aktualisiertes Wissen über die Technik, an der er arbeitet. Zudem muss er sich gut mit dem Betrieb und seinen Abläufen auskennen und in der Lage sein, sich ständig mit anderen abzustimmen.
- Der «**Problemlöser**» schließlich sucht nach Problemen in den Produktionsabläufen und versucht diese nicht nur technisch, sondern auch wirtschaftlich sinnvoll zu lösen. Er braucht deshalb ein noch größeres technisches Wissen und eine noch größere Sozialkompetenz und muss zudem ein Verständnis für die ökonomischen Zusammenhänge haben in die, die Produktion eingebettet ist. Seine Ausbildung muss ihm dieses breite Wissen vermitteln und ihn befähigen, andere von möglichen Lösungen zu überzeugen.

(nach Kupka, Peter (1998). S. 23)

32 Oesch, Daniel (2006b). S. 273.

33 Weber-Menges, Sonja (2004). S. 73.

34 Ebenda. S. 297.

mische Nachhaltigkeit bedacht, bei Teilgruppen fand Weber-Menges aber auch in diesem Segment Tendenzen zu Hedonismus und Erlebnisorientierung.

Ihre beruflichen Ambitionen stoßen schnell an Grenzen, weil die betrieblichen Hierarchien für Arbeiter kaum Aufstiegsmöglichkeiten vorsehen. Nach wie vor steigen sie nur selten in Angestelltenpositionen auf[35] und dies gelingt ihnen vor allem auf dem Wege außerbetrieblicher Weiterbildung. Die hohe «*Bleibewahrscheinlichkeit*» in der Arbeiterposition nehmen sie oft als Hemmnis wahr.[36] Manche von ihnen entwickeln deshalb Strategien, die individualisiert auf die Verbesserung der eigenen Chancen zielen. Das passt auch zu dem Befund des DGB-Index «*Gute Arbeit*», dass gerade unter jüngeren Beschäftigten eine große Mehrheit bereit ist, sich persönlich für bessere Weiterbildungsmöglichkeiten zu engagieren[37] – hierüber scheint der Aufstieg am ehesten möglich.

Eine aufschlussreiche Typologie junger Facharbeiter bietet Kupka[38] auf der Basis einer Befragung von 74 Facharbeiter und 94 Auszubildenden in neun Betrieben. Unterschieden werden drei «*Qualifikationstypen*»: Der «*handwerkliche Herstellungsarbeiter*», der «*Systemregulierer*» und der «*Problemlöser*».

Der «*handwerkliche Herstellungsarbeiter*» ist als Typ veraltet und wird von den beiden anderen Typen zunehmend verdrängt. «*Systemregulierer*» und «*Problemlöser*» waren mit ihrer Arbeit weit häufiger zufrieden, hatten dafür aber unterschiedliche Gründe. «*Problemlöser*» fanden sie «*interessant und abwechslungsreich*» und sahen in ihr eine positive Herausforderung, während «*Systemregulierer*» eher die kommunikativen und sozialen Aspekte schätzten. Das verweist auf unterschiedliche Anknüpfungspunkte für Interessenvertretung: Während «*Systemregulierer*» über ihre soziale Einbindung gut erreichbar und an der Reduzierung von Belastungen sowie an mehr Abwechslung interessiert sein dürften, arbeiten «*Problemlöser*» stärker autonom, erleben ihre Arbeit als interessant, akzeptieren Belastungen als Teil der Herausforderung und sind daher für Forderungen nach ‹guter Arbeit›, mehr Schutz usw. weniger ansprechbar. Weil sie auch in ökonomischen Kategorien denken sollen, könnte es auch schwieriger sein, sie für materielle Forderungen zu mobilisieren.

Was an den jungen «*Systemregulierern*» und «*Problemlösern*» auffällt, sind ihre sehr weit reichenden Ansprüche an die Arbeit: Sie forderten besonders häufig ein, «*sich im Rahmen der alltäglichen Arbeitserfahrung als Subjekt einbringen zu können,*

35 Ebenda. S. 200f.

36 Kupka, Peter (1998): Lebenslang oder Übergang? Berufspläne junger Facharbeiter, in: Diskurs. Studien zu Kindheit, Jugend, Familie und Gesellschaft. 1/8. S. 25.

37 Fuchs, Tatjana (2007): DGB-Index Gute Arbeit. Sonderauswertung: Arbeitsqualität aus Sicht von jungen Beschäftigten (unter 30 Jahren), DGB-Index Gute Arbeit, Stadtbergen: INIFES, http://www.dgb-index-gute-arbeit.de/downloads/publikationen/data/Sonderauswertung%20Jugend (zugegriffen am 15.10.2008). S. 38.

38 Kupka, Peter (1998). S. 23.

anstatt [...] sein Gehirn und seine Persönlichkeit am Werkstor abzugeben.»[39] Sie orientieren sich nicht am Status als Angehöriger einer Berufsgruppe, sondern an einer völlig individualisierten Vorstellung von Qualifikation, nach der, der eigene Beruf im Sinne eines ‹Qualifikationsprofils› von der Persönlichkeit nicht getrennt werden kann. Das bedeutet laut Kupka aber auch, dass sie von der Gewerkschaft keine kollektive Interessenvertretung erwarten, sondern eher eine «*Versicherungsmentalität*» hätten: «Solidarität» beziehe sich für sie auf die Kollegen am Arbeitsplatz, aber weniger auf die Vertretung allgemeiner «*Arbeiterinteressen.*»[40] Von ähnlichen Auswirkungen der veränderten Bedeutung von Qualifikation für das Selbstbild der Arbeiter berichten auch Beaud und Pialoux.[41]

Allerdings gibt es bei Beaud/Pialoux wie auch bei Witzel und Kühn[42] Hinweise darauf, dass auch der junge, besser qualifizierte Arbeitertypus für Gewerkschaft und Betriebsrat nicht grundsätzlich unerreichbar ist. Erfahrungen der Desillusionierung, wenn sich Aufstiegshoffnungen zerschlagen haben, und das Gefühl des Zurückgeworfenseins auf die überwunden geglaubte Zugehörigkeit zur Klasse der Arbeiter bringen auch sie immer wieder dazu, sich der kollektiven Interessenvertretung wieder anzunähern. Wahrscheinlich ist auch bei ihnen die Gewerkschaftsnähe als in der Milieukultur verankerte grundlegende Einstellung durchaus weiter vorhanden. Allerdings scheint es eines Anstoßes durch eine am eigenen Leib erfahrene persönliche Krise zu bedürfen, damit sie in ihrem Verhalten im Betrieb wirksam wird.

3.1.4 Fachhandwerker

Nur sehr wenig ist bekannt über die Lebensläufe, sozialen Lagen und Orientierungen der Fachhandwerker, die zwar formal oftmals die gleichen Qualifikationen haben, aber unter gänzlich anderen Bedingungen arbeiten als Facharbeiter in der Industrie. Sowohl in der wirtschafts- und sozialgeschichtlichen Entwicklung als auch in der Betriebsstruktur unterscheidet sich das Handwerk stark von der Industrie, was auch systematisch andere Mentalitäten und berufliche Strategien der Beschäftigten zu bedingen scheint. So trafen Witzel und Kühn[43] bei einer von ihnen befragten Gruppe von Fachhandwerkern (Kfz-Mechaniker) auf eine verglichen mit Facharbeitern deutlich andere Arbeits- und Lebenssituation, auf die mit der Ausbildung anderer Formen von berufsbiographischer Orientierung reagiert wurde. Die in großer Mehrheit männlichen Befragten in diesem Beruf berichteten

39 Ebenda. S. 26.

40 Ebenda.

41 Beaud, Stéphane; Pialoux, Michel (2004). S. 116f.

42 Witzel, Andreas; Kühn, Thomas (2000): Orientierungs- und Handlungsmuster beim Übergang in das Erwerbsleben. ZSE 3. S. 9–29.

43 Ebenda.

von weniger harten Arbeitsbedingungen, die aber mit einer sehr problematischen Arbeitsmarktsituation einhergingen. So machten die jungen Kfz-Mechaniker häufig Erfahrungen mit Arbeitslosigkeit und nahmen oft Umwege als Ungelernte in ausbildungsfremden Tätigkeiten. Die Hälfte der Befragten rechnete damit, dauerhaft unter bescheidenen Bedingungen beschäftigt zu sein, und war zunächst darum bemüht, sich überhaupt zu etablieren. Ein Teil strebte aber auch Aufstiege an – in großen Autohäusern durch Beförderung infolge gezielter Weiterbildung und in Kleinbetrieben durch Erwerb des Meistertitels und spätere Selbständigkeit.

Generell bleibt aber festzuhalten, dass die Arbeitssituation, die typischen Biographien und erwerbsbiographischen Orientierungen junger Fachhandwerker eine erhebliche Lücke in der bisherigen Forschung darstellen. Auch die Gewerkschaften haben das Handwerk bislang wegen der enormen praktischen Schwierigkeiten als Handlungsfeld eher vernachlässigt. Angesichts der großen Zahl oft winziger Betriebe, der dort oftmals herrschenden Formen patriarchalischer Abhängigkeit, des Fehlens von Betriebsräten und der fehlenden Wachstumsperspektiven ist dies auch kaum verwunderlich – und dennoch könnte es sich um einen Bereich handeln, der in Zukunft auch von den Gewerkschaften größere Aufmerksamkeit verlangen wird. Denn es handelt sich um einen Sektor, dessen Schrumpfung voraussichtlich an eine ‹natürliche› Grenze stoßen wird: Anders als in der Industrie können die Tätigkeiten hier kaum technisch rationalisiert oder ins Ausland verlagert werden. Deshalb wird das Handwerk hinsichtlich seiner Beschäftigtenzahlen im Vergleich mit der Industrie an Bedeutung gewinnen, wodurch es auch als gewerkschaftliches Handlungsfeld wichtiger wird. An welche typischen Problemlagen der Beschäftigten dort angeknüpft werden könnte, wissen wir aber bisher kaum.

Facharbeiter – Hypothetische Teilgruppen

Aufstiegsorientierte

- Arbeiten an einem ‹kontrollierten› Bildungsaufstieg, meist in Meister- oder Technikerpositionen
- Mittlere bis höhere Schulabschlüsse, gute und aktuelle Ausbildungen
- Individualisiertes Qualifikationskonzept – Beruf ist etwas rein individuelles, «Qualifikation» und «Kompetenz» sind nicht voneinander zu trennen
- Weiterreichende Aufstiegsambitionen – Facharbeit als Zwischenstation (Ziel Meister-/Technikerabschluss oder ingenieurwissenschaftliches Studium)
- Anspruchsvolle Tätigkeiten: «Systemregulierer» oder «Problemlöser»
- Geradlinige Lebensläufe: Schule – Ausbildung – Betrieb; Familiengründung kann zurückgestellt werden
- Hohe biographische Planungskompetenz: Bewusste und strategische Ausbildungswahl, Planung von Karriereschritten

- Fast ausschließlich Männer
- **Hauptinteresse:** Aufstiegschancen, Akkumulation von Kompetenzkapital
- **Betriebsrat und Gewerkschaft:** Gewerkschaft ist wichtig, aber vor allem als Sicherung für Notfälle und für Schwächere. Partizipation ist attraktiv, wenn sie persönlicher Entwicklung dient

Betriebsgebundene Etablierte
- ‹Kern der Kernbelegschaften›: Normalarbeitsverhältnis im Wesentlichen intakt
- V.a. in Großbetrieben und solchen mit traditioneller Struktur der betrieblichen Beziehungen
- Einfache bis mittlere Schulabschlüsse, durchschnittliche Ausbildungen
- Ansprüche werden nach wie vor auf Qualifikation gegründet
- Tätigkeitsprofile zwischen «handwerklichem Herstellungsarbeiter» und «Systemregulierer»
- Lebensläufe traditionell: Schule – Ausbildung – Betrieb, relativ frühe Familiengründung
- Keine weiteren Aufstiegsambitionen, Facharbeit als erreichtes berufliches Ziel
- Gemeinschaftsorientierung, soziale Einbindung im Betrieb spielt wichtige Rolle
- **Hauptinteresse:** Absicherung, Schutz vor arbeitsbiographischen Verwerfungen, erfolgreiche Tarifpolitik im traditionellen Sinne (Lohnerhöhungen)
- **Betriebsrat und Gewerkschaft:** Als Interessenvertretung anerkannt, Mobilisierbarkeit bei konkreter Bedrohung. Gewerkschaft als Teil der Milieukultur soll im Betrieb mehr Präsenz zeigen

Flexibilisierte Etablierte
- Einfache bis mittlere Schulabschlüsse, durchschnittliche Ausbildungen
- Kein Interesse an Aufstieg durch Weiterbildung, aber Versuche der Sicherung oder Verbesserung der materiellen Lage durch Kompetenzgewinn und strategische Betriebswechsel
- Ansprüche gründen auf Qualifikation und Kompetenz gleichermaßen
- Tätigkeitsprofil «Systemregulierer»
- Lebensläufe teilweise entstandardisiert: Schule – Ausbildung – Betrieb (– Betriebswechsel)
- Formal dauerhafte Beschäftigungsverhältnisse, aber (noch) keine feste subjektive Bindung, strategische Suche nach Gelegenheiten zum Wechsel. Betriebsbindung kann sich mit zunehmendem Alter entwickeln
- **Hauptinteressen:** Nachweis und Schutz von Qualifikationen und Kompetenzen als ‹Währung›, Erhalt von Ansprüchen und Absicherung bei Betriebswechseln
- **Betriebsrat und Gewerkschaft:** Generell anerkannt. Wegen geringerer Betriebsbindung ggf. auch Befürwortung von konflikthaftem Handeln. Gewerkschaft könnte als Kontinuität bzw. ‹Begleiter› in andere Betriebe eine wichtigere Rolle spielen

Prekär Integrierte

- Einfache Schulabschlüsse, oft entwertete Ausbildungen
- Tätigkeit in von Rationalisierung und Dequalifizierung betroffenen Bereichen
- Erzwungene Mobilität, prekäre Arbeitsverhältnisse
- Facharbeit als bedrohter Status: Qualifikationsverlust droht
- Eher geringe berufliche Identifikation
- Tätigkeit als «handwerkliche Herstellungsarbeiter», für die modernisierten Tätigkeitsprofile fehlen notwendige Ressourcen
- Nähe zur gering qualifizierten Teilgruppe «Transformation zu prekären Habitusformen»
- Lebensläufe gebrochen: Schule – Suche und ggf. Maßnahmen – Ausbildung – Beschäftigung mit Diskontinuitäten, oft Arbeitslosigkeitserfahrungen
- **Hauptinteresse:** Beschäftigungssicherheit, Schutz vor oder Kontrolle von Unsicherheiten
- **Betriebsrat und Gewerkschaft:** Gewerkschaft als Schutzmacht – soll verteidigen und Stärke zeigen; Betriebsrat als Wahrer bedrohter Ansprüche gegenüber dem Arbeitgeber. Beides kann bei negativen Erfahrungen in Enttäuschung und Ressentiment umschlagen – insofern auch prekäre Integration in die betriebliche und gewerkschaftliche Solidargemeinschaft

Fachhandwerker

- Kaum erforscht, keine gesicherten Aussagen möglich
- Orientierung an patriarchalisch-hierarchischer Betriebsstruktur mit klar vorgezeichneten Aufstiegs- bzw. Nachfolgeregelungen
- Geringer Grad der Arbeitsteilung, schrittweise Modernisierung von Arbeitsbestandteilen, aber nur wenig Rationalisierung, weiterhin starker praktisch-körperlicher Aspekt der Arbeit
- Hoch mobile Arbeit, direkter Kundenkontakt – evtl. Nähe zur interpersonalen Arbeitslogik
- In den letzten Jahren besonders starke Prekarisierung der Beschäftigungsverhältnisse – erhebliche erwerbsbiographische Verunsicherungen
- **Lebensläufe:** evtl. scharfer Konflikt zwischen klassenkulturell verankerter, normativ hoch bewerteter und angestrebter Normalbiographie und Prekaritätserfahrungen
- Über entscheidende Interessen und Haltungen zu Interessenvertretung ist nichts bekannt. Durch kleinbetriebliche Struktur und Arbeit bei Kunden nur schwer erreichbar

3.1.5 Technische Fachleute

Zu den technischen Fachleuten zählten 2000 laut Oesch[44] 4,9% der Erwerbstätigen in Deutschland. Die Zahlen von Weber-Menges, bei der sich diese Beschäftigten auf verschiedene Kategorien verteilen, legen nahe, dass Meister und Techniker im Schnitt 12–14% der Belegschaften von Industriebetrieben ausmachen. Die meisten dieser Beschäftigten verfügen statt einer Berufsausbildung oder zusätzlich dazu, über eine zertifizierte mehrjährige Zusatzqualifizierung, durch die sie Spezialistentätigkeiten im technischen Bereich ausüben können. Neben dem Meisterbrief können das vor allem fachschulische Technikerabschlüsse sein (etwa für Sicherheitsinspektor oder IT-Systemelektroniker). Auch spezialisierte technische Angestellte (technische Zeichner, CAD-Fachkräfte) gehören zu dieser Beschäftigtengruppe. Ihr gewerkschaftlicher Organisationsgrad war 1998 mit 38,5% ebenso hoch wie der, der Un- und Angelernten.[45]

Weber-Menges zeigt auf, dass die jüngeren Meister und Techniker sich zum Großteil aus früheren *aufstiegsorientierten Facharbeitern* zusammensetzen: 22% der mittleren Angestellten «*kamen ursprünglich aus einer Facharbeiterposition. Es war dabei auffallend, dass sich wiederum vor allem die technischen Angestellten zu 41% aus ehemaligen Facharbeitern rekrutierten. Sie waren hauptsächlich als Techniker beschäftigt.*»[46] Unter den mittleren kaufmännischen Angestellten dagegen waren nur 1% früher Facharbeiter gewesen. Der Zugang zur Gruppe der technischen Fachleute setzt mittlerweile eine längere Phase der Bildung im außerbetrieblichen Kontext fest voraus: «*[Es] zeigte sich, dass die Aufstiegswege der jüngeren Kohorte der 20–40jährigen [...] nahezu ausschließlich über eine außerbetriebliche Fort- oder Weiterbildung (Meister- oder Technikerschule) führten.*»[47] Auffällig ist der Frauenanteil in der Fraktion der qualifizierten technischen Angestellten, der laut Oesch[48] im Jahr 2000 bei 27% lag. Gemessen an anderen Beschäftigtengruppen im Rahmen der *technischen Arbeitslogik* ist dies ein bemerkenswert hoher Wert.

Die Teilgruppe der **Meister** stellt die traditionellere Variante der Biographien dieser Gruppe dar. Die Weiterqualifizierung erscheint als logische Fortsetzung der mit der facharbeiterischen Ausbildung begonnenen Laufbahn, als Erklimmen der nächsten Stufe in der etablierten Hierarchie. Als gut qualifizierte Facharbeiter mit solider Verankerung in der Mitte des facharbeiterischen Milieus verbleiben sie innerhalb der für dieses Milieu typischen Dispositionen, indem sie mit der Meisterausbildung auf die weitere Ansammlung praktischer und direkt auf ihre Arbeit

44 Oesch, Daniel (2006b). S. 273.

45 Ebenda. S. 281.

46 Weber-Menges, Sonja (2004). S. 376.

47 Ebenda. S. 377.

48 Oesch, Daniel (2006b). S. 273.

bezogener Fähigkeiten und Kenntnisse setzen. Das führt zu einer teilweisen Modernisierung der milieutypischen Einstellungen, nicht aber zu ihrer Überwindung oder Transformation, was sich daran erkennen lässt, dass Weber-Menges eine enge kulturelle Verbundenheit mit den anderen Gruppen der Arbeiter nachweisen kann.

Die Karrieren der **Techniker** dagegen folgen öfter gewissen Umwegen, die erst etwas später im Leben zu einer klaren beruflichen Orientierung führen. Die meist nach einigen Jahren im Beruf getroffene Entscheidung für Weiterbildung oder Studium ist häufiger als bei den Meistern inhaltlich motiviert und folgt einem fachlichen Interesse, das sich im Laufe der Zeit entwickelt hat. Diesem nachzugehen, indem man sich spezialisiert, ist meist eine stärker aktiv und bewusst getroffene Entscheidung als der Entschluss, mit einer Meisterausbildung den logisch vorgezeichneten ‹nächsten Schritt› zu gehen. Die Bereitschaft, sich auch auf den Erwerb stärker theoretischen Wissens einzulassen, bedeutet auch die Überwindung tradierter facharbeiterischer Dispositionen im Interesse des Aufstiegs – was wiederum andeutet, dass diese Gruppe schon zu Beginn größere Bildungsressourcen mitbringt. Auch das Vorliegen der für höhere Schulen vorausgesetzten Abschlüsse legt dies nahe.

Vester u.a.[49] beschreiben einen Teil dieser Gruppe mit dem Typus «*Autodidakten der IT-Branche*», der junge Fachinformatiker in der Ausbildung umfasst. Diese haben keinen betrieblichen Hintergrund, was ihre Arbeitshaltung und Einstellungen entscheidend beeinflusst. Sie identifizieren sich stark mit ihren Betrieben und legen großen Wert auf selbständiges und unabhängiges Arbeiten. Weil sie ihre Interessen bis zum Zeitpunkt der Befragung nicht im Konflikt mit dem Arbeitgeber definieren und vertreten mussten, nahmen sie Gewerkschaften und Betriebsräte nicht als für sie persönlich wichtige Einrichtungen wahr. Allerdings sind sie mit ihrem fehlenden betrieblichen Hintergrund und dem besonderen Selbstverständnis als Informatiker keineswegs als typisch für die Orientierungen von Technikern in Industriebetrieben anzusehen.

Auch Beaud und Pialoux beschreiben einen nicht betrieblich sozialisierten Typus von jungen Techniker, die bei Peugeot Anfang der 90er Jahre teilweise die Meister ablösten und häufig in Konflikt mit den älteren Arbeitern gerieten. Weil sie ihre Kontrollfunktionen diesen gegenüber in technokratischer Weise ausübten und kein Verständnis für deren gewachsene Arbeitskultur hatten, wurden sie als arrogante, vom Management gesteuerte Eindringlinge wahrgenommen.

Die von Beaud/Pialoux und von Vester u.a. beschriebenen Gruppen arbeiten zwar in sehr unterschiedlichen Umgebungen, ähneln sich aber im Grad ihrer Qualifikation und im Fehlen einer betrieblichen Sozialisation als Arbeiter. Ihre Eigenschaften und Orientierungen sind hinreichend ähnlich, so dass man hier eine dritte Teilgruppe vermuten kann, die sich vor allem durch ihre rein schulische Ausbil-

49 Vester, Michael; et al. (2007).

dungsbiographie und die daraus resultierenden Einstellungen auszeichnet. Stärker als den beiden anderen Teilgruppen dürften dieser Fraktion auch Personen aus eher kleinbürgerlichen Elternhäusern angehören.

Technische Fachleute – Hypothetische Teilgruppen

Meister
- Nach mehrjähriger Tätigkeit als Facharbeiter im Betrieb folgt die Meisterausbildung als logischer nächster Schritt
- Partiell modernisiert, aber weiterhin enge kulturelle Bindung an Arbeitermilieus
- Relativ starke Betriebsbindung
- Lebensläufe geradlinig: Schule – Ausbildung – Betrieb – Meisterausbildung – Betrieb; relativ frühe Familiengründung wie bei Facharbeiter
- Große männliche Mehrheit
- **Hauptinteresse:** Wahrung symbolischer Autorität, Status angemessene Vergütung
- **Betriebsrat und Gewerkschaft:** Die Übertragung leitender Funktionen begründet eine mehr oder weniger starke Distanzierung. Aus der Klassenkultur heraus aber meist weiterhin Mitgliedschaft und hohe Bewertung als Errungenschaft und notwendige Absicherung

Aufgestiegene Facharbeiter
- Nähe zu aufstiegsorientierten Facharbeitern – hier wurde der Aufstieg bereits vollzogen
- Stark modernisierte facharbeiterische Mentalitäten – Überwindung Arbeiter typischer Dispositionen (aufgeschlossenes Verhältnis zu theoretischer Bildung)
- Eher starke Betriebsbindung (oft als Fachleute in dem Betrieb, wo sie zuvor Arbeiter waren) – Betriebswechsel werden nach erfolgreichem Aufstieg oft nicht mehr angestrebt
- Hohe Motivation mit starker intrinsischer Komponente (aktive inhaltliche Entscheidung für fachliche Spezialisierung). Arbeit hat einen Selbstverwirklichungsaspekt
- Lebensläufe teilweise entstandardisiert: Schule – Ausbildung – Arbeit im Betrieb (evtl. diskontinuierlich) – Weiterbildung/Studium – Betrieb; Familiengründung wahrscheinlich teilweise früh und teilweise (gerade bei Frauen) verzögert
- Besonders hoher Frauenanteil
- **Hauptinteresse:** Eigenverantwortliches und unbehindertes Arbeiten, gute Arbeitsbedingungen, Zugang zu benötigten Ressourcen
- **Betriebsrat und Gewerkschaft:** Aus der betrieblichen Sozialisation heraus Bindung an beide. Hohe intrinsische Motivation muss nicht unbedingt Konfliktscheue begründen. Wahrscheinlich hohes Interesse an Beteiligung, v.a. zu Themen der Arbeitsgestaltung

Schulische Quereinsteiger

- Keine Facharbeiterausbildungen, keine betriebliche Sozialisation: Kommen direkt aus halbakademischen Bildungsgängen in den Betrieb
- Teilweise Konflikte mit Arbeitern, große kulturelle Distanz zum Arbeitermilieu
- Eher schwache Betriebsbindung: Betrieb als Zwischenstation zu weiterem Aufstieg
- Hohe, stark extrinsische Motivation (Statusverbesserung, Betrieb als Zwischenstation)
- Lebensläufe: rein schulische Bildungskarrieren, später Zugang zum Betrieb
- Familiengründung eher spät, wird der Karriere nachgeordnet
- Wahrscheinlich große männliche Mehrheit
- **Hauptinteresse:** Berufliche Etablierung und weiterer Aufstieg durch Betriebswechsel
- **Betriebsrat und Gewerkschaft:** Keine positive Identifikation, werden als Interessenvertretung der Arbeiter wahrgenommen. Schutzfunktion kann erst nach persönlich erlebter Unsicherheits-Erfahrung attraktiv werden

3.1.6 Technische Experten

Zu den technischen Experten gehören Ingenieure aus Fachrichtungen wie Maschinenbau oder Elektrotechnik, aber auch Informatiker und einzelne Naturwissenschaftler, die in Forschungs- und Entwicklungs- oder produktionsnahen Bereichen von Industriebetrieben tätig sind. Nach Oesch[50] gehörten 2000 in Deutschland 4,5% der Erwerbstätigen dieser Erwerbsklasse an, nur 15% von ihnen waren Frauen. In den von Weber-Menges[51] untersuchten Betrieben entfallen etwa 5–6% der Belegschaften auf diese Gruppe. 1998 waren 28,6% dieser Berufsgruppen gewerkschaftlich oder in Berufsverbänden organisiert.[52]

Vester u.a.[53] haben in ihren Gruppendiskussionen verschiedene Teilgruppen dieser Beschäftigtenkategorie befragen können. Die «*technische Fraktion*» des Typus «*Aufstiegs- und Karriereorientierte*»[54] zum Beispiel setzt sich aus zukünftigen Ingenieuren zusammen, die noch studieren. Sie sind in hohem Maße an den Inhalten ihrer zukünftigen Arbeit und deren gesellschaftlichem Nutzen interessiert, bewerten soziale Beziehungen und Familie hoch und bringen oft auch ein großes gesellschaftlich-politisches Interesse zum Ausdruck.

50 Oesch, Daniel (2006b). S. 273.

51 Weber-Menges, Sonja (2004). S. 86.

52 Oesch, Daniel (2006b). S. 277.

53 Vester, Michael; et al. (2007).

54 Ebenda. S. 212f.

Der zweite von Vester u.a.[55] beschriebene Typus, die «*Gebremsten technischen Experten*», hat einen ähnlichen Hintergrund, ist aber biographisch schon einige Schritte weiter. Die jüngere Teilgruppe dieses Typus war mit etwa 30 Jahren zum Zeitpunkt der Befragung etwa 6–10 Jahre älter als die Studierenden. Sie hatten ihr Studium beendet und einige Jahre im Betrieb gearbeitet, die meisten hatten auch Familien gegründet. Der ‹jugendliche Idealismus› der Studierenden war bei ihnen deutlich gedämpft: Arbeitsinhaltliche Aspekte und Gemeinschaft unter Kollegen waren ihnen nach wie vor wichtig, jedoch hatten Erfahrungen des Konflikts mit restriktiven Vorgaben für ihre Arbeit seitens des Managements sie zu einer ernüchterten Neubestimmung ihrer Ansprüche an die eigene Arbeit gezwungen.

Die Erfahrungen der «*Gebremsten technischen Experten*» sind typisch für den von Vester diagnostizierten «*neuen industriellen Konflikt*» zwischen dem Berufsethos von Beschäftigten mit erweiterten Ansprüchen an Arbeit und Leben auf der einen und den Zwängen der Kapitalverwertung auf der anderen Seite.[56] Eine Reihe von Ergebnissen der arbeitssoziologischen Forschung zu Situation und Interessen von Ingenieuren aus den späten 80er Jahren[57] nehmen die Feststellung dieses Konflikts in Teilen bereits vorweg. Auch die damaligen Feststellungen zum relativ großen politischen Interesse oder den ausgeprägten arbeitsinhaltlichen Ansprüchen dieser Gruppen decken sich weit gehend mit den Befunden von Vester u.a. Auffällig ist, dass die Diskussion um «*Klassenlage und Bewusstseinsformen*» von Ingenieuren[58], auf die sich die damaligen Erkenntnisse bezogen, in den letzten Jahren kaum noch eine Rolle spielte, so dass hier kaum aktuelle Studien vorliegen. Was konkrete, auch altersspezifische Forschungsergebnisse angeht, stellen die Ergebnisse von Vester u.a. beinahe schon alles dar, was in den letzten Jahren erschienen ist.

Einige weitere Anhaltspunkte hinsichtlich der Erfahrungen und Orientierungen hoch qualifizierter technischer Experten – allerdings mit Fokus auf einen sehr spezifischen Bereich – lassen sich der Studie von Boes und Trinks[59] über die Arbeitsbeziehungen in der IT-Industrie entnehmen. Sie stellen fest, dass die Experten in dieser zum Erhebungszeitpunkt nach Jahren des Booms in die Krise geratenen Branche teilweise feststellten, dass ihre Vorstellung, sie könnten sich grundsätzlich

---

55 Ebenda. S. 106ff.

56 Vester, Michael; et al. (2007). S. 21.

57 Preiss, Christine (1988): Neue Technik und wissenschaftlich-technische Intelligenz, in: Brock, Ditmar; et al. (Hg) 1988: Subjektivität im gesellschaftlichen Wandel: Umbrüche im beruflichen Sozialisationsprozeß. München.
Neef, Wolfgang (1988): Berufliche Situation und Selbstverständnis von Ingenieuren, in: Brock, Ditmar et al. (Hg) 1988. S. 219–245.

58 Beckenbach, Niels; et al. (1973): Klassenlage und Bewusstseinsformen technisch-wissenschaftlicher Lohnarbeit. Frankfurt/M.

59 Boes, Andreas; Trinks, Katrin (2006): «Theoretisch bin ich frei!» – Interessenhandeln und Mitbestimmung in der IT-Industrie. Berlin.

selbst vertreten, fehlgeleitet war, und zaghaft begannen, sich doch für Formen der kollektiven Interessenvertretung zu interessieren (ohne jedoch dabei ihre Distanz zu Gewerkschaft und Betriebsrat aufzugeben). So hätten sich die technischen Experten auch als erste von der «*Beitragsorientierung*», die eine fast grenzenlose Leistungsbereitschaft und Identifikation mit dem Unternehmen beinhaltete, verabschiedet, und sähen sich nun selbst auch als Arbeitnehmende.[60] Wenn man bedenkt, dass viele dieser Beschäftigten Bildungsaufsteiger aus den facharbeiterischen Milieus sind, ist dies als Rückbesinnung auf sozial vererbte und klassenkulturell verankerte, vorübergehend aber verschüttete Orientierungsmuster in modernisierter Form zu verstehen. Allerdings sind diese Ergebnisse nur sehr bedingt übertragbar, weil die IT-Branche in der Tat als Ausnahmefall zu betrachten ist. Für jüngere Ingenieure in Industrieunternehmen ist von einer anderen Ausgangslage und anderen strategischen Orientierungen auszugehen, weil diese Betriebe eher eine kontinuierliche Entwicklung hinter sich haben. Hinzu kommt eine Arbeitsmarktsituation, in der Ingenieure stark gefragt sind, so dass Strategien des Aufstiegs durch Unternehmenswechsel zumindest für Teile von ihnen attraktiver sein dürften als für IT-Fachleute.

Technische Experten – Hypothetische Teilgruppen

Ungebrochene Idealisten (Vester u.a. 2007: Aufstiegs- und Karriereorientierte – technische Fraktion)

- Bei Vester u.a.: Studierende der Ingenieurwissenschaften im Hauptstudium, keine betriebliche Erfahrung. Ähnliche Haltungen sind bei Berufseinsteigern zu Beginn zu erwarten.
- Großes inhaltliches Interesse, hohe intrinsische Arbeitsmotivation
- Bildungsaufsteiger aus facharbeiterischen Milieus
- Egalitäre und gemeinschaftsorientierte Grundhaltung, soziales und politisches Engagement, hohes Interesse an Selbstverwirklichung in und außerhalb der Arbeit
- Weit gehend geradlinige akademische Bildungskarrieren; Familiengründung wird angestrebt
- Männliche Mehrheit, aber relevanter Frauenanteil
- **Hauptinteresse:** Berufliche Etablierung, interessante und gesellschaftlich nützliche Arbeit
- **Betriebsrat und Gewerkschaft:** Zu Betriebsräten oft zunächst kein Kontakt. Gewerkschaft wird nicht als Ansprechpartner gesehen, solange keine konkreten Probleme auftauchen, kann aber attraktiv werden, wenn sie mit entsprechenden Angeboten an Interessen anknüpft. Reine Vertretungspolitik ist unattraktiv, Partizipationsmöglichkeiten werden erwartet

60 Ebenda. S. 244.

Gebremste technische Experten (Vester u.a. 2007: Gebremste technische Experten – jüngere Fraktion)

- Anfang bis Mitte 30, fünf bis acht Jahre im Betrieb – älterer Typus, in den sich Orientierungen der ungebrochenen Optimisten transformieren können
- Großes inhaltliches Interesse und hohe intrinsische Arbeitsmotivation
- Egalitäre Grundhaltung und politisches Interesse, aber realistische Dämpfung von Erwartungen
- Geradlinige akademische Biographien: Abitur, Hochschule, Zugang zum Betrieb; Familiengründung bei Männern i.d.R. bereits erfolgt – parallel zur beruflichen Etablierung
- Haben in den ersten Berufsjahren persönliche Konflikterfahrungen mit der betriebswirtschaftlichen Rationalität des Managements gemacht, durch die der ursprüngliche Optimismus gedämpft wurde. Dadurch kann eine ‹verschüttete› milieutypische Nähe zu kollektiver Interessenvertretung aktiviert werden
- **Hauptinteresse:** Feste Etablierung in selbstbestimmter und inhaltlich befriedigender Arbeit, gemeinschaftliche Kooperation im Betrieb, Vereinbarkeit von Arbeit und Privatleben
- **Betriebsrat und Gewerkschaft:** Betriebsräte werden positiv gesehen, Gewerkschaft als generell wichtig, in ihrer Praxis aber gerade bei ‹konfliktorientierter› Strategie eher kritisch. Gewerkschaft kann bei konkreten Problemen und durch an Interessen anknüpfende inhaltliche Angebote attraktiver werden. Dabei ist sachlicher Stil wichtig: Polemik und Polarisierung werden abgelehnt

Ungebremste technische Experten – Bildungsaufsteiger zweiter Generation

- Eltern waren bereits Bildungsaufsteiger, Festigung und Ausbau der Position durch die Jüngeren
- Größeres Selbstbewusstsein, stärkere Orientierung auf individuelles Interessenhandeln
- Großes inhaltliches Interesse und hohe intrinsische Arbeitsmotivation
- Distinktion gegenüber weniger Qualifizierten im Betrieb (kann auch die Form von Patronage annehmen)
- Reguläres Hochschulstudium, strategische Wahl von Schwerpunkten, Zugang zum bewusst als Arbeitgeber gewählten Betrieb gezielt über Praktika oder Diplomarbeiten
- Betriebsbindung ja, aber nur bei guten Bedingungen. In den ersten Berufsjahren Interesse an Aufstieg durch Wechsel
- Biographien zielstrebig: Schule – Studium – (Praktika, Auslandsaufenthalte) – Betrieb
- **Hauptinteresse:** Beruflicher Erfolg und Aufstieg, auch durch fachliche Reputation
- **Betriebsrat und Gewerkschaft:** Werden als Schutz für Schwache und Ordnungsfaktor grundsätzlich befürwortet, aber zur Wahrung der eigenen Interessen nicht für nötig gehalten. Das bei den ‹gebremsten technischen Experten› bereits eingetretene «Aha-Erlebnis» ist bei ihnen seltener, weil die Ressourcen für erfolgreiche Selbstvertretung (noch) ausreichen

3.2 Organisationale Arbeitslogik

3.2.1 Gering qualifizierte Verwaltungskräfte

Gering qualifizierte Verwaltungskräfte spielen in Industriebetrieben heute kaum noch eine Rolle, einfache Sortier- oder Botentätigkeiten, die dieses Segment früher bestimmten, wurden im Zuge des technischen Wandels weit gehend verdrängt. Zu ihnen gehörten im Jahr 2000 laut Oesch noch 2,8% der Erwerbstätigen in Deutschland, darunter zwei Drittel Frauen. Die Zahlen von Weber-Menges[61] legen nahe, dass dieses Segment nur noch 3–5% der industriellen Beschäftigten ausmacht.

Neu entstanden ist allerdings das Segment der Call Center-Beschäftigten, die zwar eigentlich dem Bereich der interpersonalen Arbeitslogik zuzurechnen wären, hier aber der Einfachheit halber den gering qualifizierten Büroberufen zugeordnet werden. Sie stehen für die Industriegewerkschaften nicht im Zentrum der Aufmerksamkeit, wenngleich es – u.a. aus branchenhistorischen Gründen – auch im Organisationsbereich von Industriegewerkschaften größere Call Center gibt. Auch weil für die Beschäftigten dieser reinen Dienstleistungsbetriebe kaum verständlich ist, warum sie von einer Industriegewerkschaft vertreten werden, ist der Organisationsgrad dieser Betriebe in der Regel ausgesprochen niedrig.

Gering qualifizierte Bürotätigkeiten sind stark von Frauen dominiert, die meist in Teilzeit, geringfügig oder in Leiharbeit beschäftigt sind, und sich oft durch eine nicht dauerhafte Orientierung am Beruf und eine schwache Betriebsbindung auszeichnen. Typisch für Call Center ist etwa ein sehr hoher Anteil von geringfügig beschäftigten Studierenden. Auch unter denjenigen, die dieser Arbeit nicht als Nebenerwerb, sondern als Hauptberuf nachgehen, überwiegen Frauen mit einer nur zeitweisen Berufsbindung. Sie kommen in einem jungen Lebensalter in den Betrieb, um für einige Jahre Geld zu verdienen, bevor sie zugunsten der Familie aus dem Beruf aussteigen. Häufig bemühen sie sich um gute Sozialbeziehungen im Betrieb, um die Belastungen der sehr harten Call Center-Arbeit auszugleichen. Die Arbeit selbst ist für sie eine Notwendigkeit und dient vor allem dem Zweck des Geldverdienens. Gewerkschaftliche Forderungen nach langfristiger Absicherung (etwa durch Altersteilzeitmodelle), Aufstiegschancen oder Weiterbildung gehen an ihrer zeitlich begrenzten Perspektive vorbei. Forderungen nach höheren Gehältern dagegen fänden prinzipiell Unterstützung, können diese aber auch schnell wieder verlieren, wenn der Arbeitgeber mit Verlagerung droht oder Standorte gegeneinander ausspielen kann. Auch bessere Arbeitsbedingungen dürften kein mobilisierungsfähiges Thema sein: Weil die Beschäftigten nicht davon ausgehen, diese Arbeit bis zur Rente weiter zu machen, sind sie eher bereit, belastende Bedingungen hinzunehmen. Auch wenn dies nicht kurzfristig zu Organisationserfolgen führen wird,

61 Weber-Menges, Sonja (2004). S. 86.

sind Forderungen nach guter Arbeit hier ein Ansatzpunkt: Wenn sich die Arbeitsbedingungen in diesen Bereichen verbessern, dann dürfte unter den Beschäftigten der Anteil derer steigen, die sich auch längerfristig mit ihrer Arbeit identifizieren. Das könnte dazu führen, dass ein größerer Teil dieser Frauen – wie heute schon bei einer Minderheit der Fall ist – feststellt, dass sie durch den Ausstieg aus dem Berufsleben doch mehr verlieren würden als gedacht. Sie könnten dann als Zielgruppe für Forderungen etwa nach Ausweitung von Teilzeitmodellen oder Garantien für den Wiedereinstieg in den Betrieb mobilisierbar werden.

Gering qualifizierte Verwaltungskräfte – Hypothetische Teilgruppen

Kurzfristorientierung

- Wahrscheinlich fast nur in Call Centern
- Studierende und andere Jobber, die eine vorübergehende Einkommensquelle benötigen
- Vor allem geringfügige Beschäftigung oder Leiharbeit
- Praktisch keine Betriebsbindung, so gut wie nicht mobilisierbar
- Lebensläufe sehr uneinheitlich: Viele Studierende, Mütter als Zuverdienerinnen
- **Hauptinteresse:** Geld verdienen
- **Betriebsrat und Gewerkschaft:** Wenig bis kein Interesse. Betriebsrat kann je nach Auftreten als Sprachrohr der Stammbelegschaft oder als Unterstützung bei Problemen gesehen werden. Gewerkschaft spielt keine Rolle, ist auch in diesen Betrieben kaum wahrnehmbar

Temporäre Identifikation und langfristige Familienorientierung

- In Call Centern und in kleiner Zahl in Industriebetrieben
- Niedrige bis mittlere Schulabschlüsse, keine oder nicht verwertbare Ausbildungen
- Gemeinschaftsorientierung schafft Bindung an den Betrieb, obwohl Pläne zur Familiengründung von Anfang an zeitliche Grenzen setzen
- Lebensläufe orientiert am Möglichen und an sich bietenden Gelegenheiten: Schule – bei Gelegenheit Ausbildung, evtl. Maßnahmen – Suche – Zugang zu prekärer oder mittelfristig gesicherter Beschäftigung
- Ausschließlich Frauen, meist starke Familienorientierung
- **Hauptinteresse:** Geld verdienen, positives Betriebsklima
- **Betriebsrat und Gewerkschaft:** Betriebsrat als Helfer in Problemlagen. Gewerkschaft gilt als Hüterin von Langfristinteressen, mit wenig Bedeutung für die eigene Lage. Konfliktorientierung wird abgelehnt, weil sie das Betriebsklima stört und eine Gefährdung des Standorts befürchtet wird

Dauerhafte Identifikation/ Vereinbarkeitsorientierung

- In Industriebetrieben nur noch marginalisiert in schrumpfenden Bereichen: Schreibkräfte, Boten, Telefonisten; in Call Centern entsteht evtl. bei etwas Älteren (über Mitte 20) eine modernisierte Variante

- Niedrige bis mittlere Schulabschlüsse, geringwertige Ausbildungen, in Call Centern auch Quereinstieg bei fehlenden Perspektiven in erlerntem Beruf
- Lebensläufe teilweise stark gebrochen: Schule – (Maßnahmen) – Ausbildung – (Maßnahmen, Arbeitslosigkeit, prekäre Beschäftigung, Suche) – Betrieb
- In großer Mehrheit Frauen
- Durchhalten unter Belastung oder Einrichten in Nischen
- Kann sich aus temporärer Identifikation entwickeln, wenn Arbeit als Lebensbereich an subjektiv empfundener Bedeutung gewinnt
- **Hauptinteresse:** Absicherung gegen Beschäftigungsrisiken
- **Betriebsrat und Gewerkschaft:** Sollen stellvertretend die eigenen Interessen an Schutz vor wachsenden Unsicherheiten verteidigen. Die Gewerkschaft soll im Betrieb präsent sein – aber keine Konflikte eingehen, die Standort oder Arbeitsplätze gefährden könnten

3.2.2 Zwischen technischer und organisationaler Arbeitslogik: Produktionsnahe Angestellte

Die produktionsnahen Angestellten nehmen eine Zwischenstellung zwischen Arbeitern und Angestellten ein, weshalb sie nur schwer als eigene Gruppe zu fassen sind, und in der Forschung lange übersehen wurden. Ihre Aufgabenbereiche sind organisatorische und koordinierende, teilweise aber auch technische Tätigkeiten im direkten Umfeld der Produktion bzw. der technischen Infrastruktur des Betriebs (Lager, Beschaffung, Arbeitsvorbereitung, Qualitätskontrolle, Haustechnik). Sie stehen einerseits der *technischen Arbeitslogik* nahe, weil die Rhythmen ihrer Arbeit von der Produktionstechnik (mit) bestimmt werden – auch wenn sie größere Spielräume haben und unabhängiger arbeiten können als Arbeiter. Gleichzeitig sind sie aber auch an die *organisationale Arbeitslogik* gebunden, weil ihre Aufgaben verlangen, die Produktion im Gesamtzusammenhang und auch unter wirtschaftlichen Gesichtspunkten zu betrachten, und weil sie als Mittler zwischen Managementvorgaben und Anforderungen aus der Produktion fungieren. Zu den produktionsnahen Angestellten gehören also solche Beschäftigten, die organisatorische Aufgaben im direkten Umfeld der Produktion mit technischem und/oder kaufmännischem Bezug ausüben, ohne dafür notwendigerweise über eine spezifische Fachausbildung verfügen zu müssen. Neben einer mit einfacheren, praktisch-technischen Aufgaben betrauten Teilgruppe (Hausmeister, Lagerarbeiter, Qualitätsprüfer), existiert eine zweite Fraktion mit komplexeren Aufgaben, die den kaufmännischen Angestellten nahe steht, aber nicht immer über kaufmännische Ausbildungen verfügt (Materialbeschaffer, Lagerverwalter u. Ä.). Der Grund, warum beide Teilgruppen hier als eine gemeinsame Gruppe behandelt werden, liegt in ihrer gemeinsamen, mehrheitlichen Herkunft aus den Milieus der facharbeiterischen Traditionslinie und meistens auch aus ursprünglich erlernten Arbeiterberufen. Die Zahlen von Weber-

Menges lassen auf einen Anteil dieser Gruppe von ca. 5–10% der Beschäftigten in Industriebetrieben schließen.

Laut Weber-Menges haben besonders viele dieser Beschäftigten einen Berufswechsel hinter sich. Während ein Teil wegen fehlender Beschäftigungsmöglichkeiten oder niedriger Löhne seine früheren Berufe aufgegeben hatte, waren andere aus Facharbeiterberufen in Angestelltenpositionen gewechselt, was mitunter einen Aufstieg bedeutete.[62] Weitere Befunde von Weber-Menges weisen darauf hin, dass produktionsnahe Angestellte von ihrer Kultur und Lebenspraxis her, den Arbeitermilieus noch deutlich näher stehen als den anderen Gruppen der Angestellten. Dies spiegelt sich etwa im Heiratsverhalten wider.[63]

Über diese eher spärlichen Hinweise bei Weber-Menges hinaus, gibt es praktisch keine Forschungsergebnisse zu Situation und Perspektiven von einfachen, technischen Angestellten – zumal spezifisch jüngeren. Eine wichtige Ausnahme ist die von Vester u.a.[64] geleistete Beschreibung des Typs «*Organisierer und Problemlöser*». Dieser Typus wurde in produktionsnahen kaufmännischen Berufspositionen angetroffen. Die wenigen unter 35-Jährigen in dieser Gruppe waren als Facharbeiter (Männer) oder als fachfremd ausgebildete Ungelernte (Frauen) in den Betrieb gekommen und von Vorgesetzten für den Wechsel in ihre aktuelle Position, der für sie einen Aufstieg darstellte, ausgewählt worden. Sie verfügen über ein eher facharbeitertypisches «*verinnerlichtes eigenverantwortliches Leistungsethos*»[65], statt auf berufsspezifisches Fachkönnen setzen sie auf Gemeinschaft und soziale Bindungen, was zu ihren Schlüsselpositionen im Betrieb passt. Sie gründen relativ früh Familien, die dann klar ihren Lebensmittelpunkt bilden, sind auch in der Freizeit gemeinschaftsorientiert und aus ihrer Milieuherkunft heraus oft Gewerkschaftsmitglieder. Vester u.a. fanden in ihrer Studie allerdings auch eine junge Teilfraktion mit kaufmännischen Ausbildungen und entsprechenden «*karriereorientierten*» Mentalitäten – was darauf hindeutet, dass gerade im kaufmännischen Teilbereich eine Professionalisierung eintritt und die entsprechenden Positionen zukünftig eher nicht mehr mit Facharbeitern, sondern direkt mit Industriekaufleuten besetzt werden.

---

62 Weber-Menges, Sonja (2004). S. 133f.

63 Ebenda. S.148.

64 Vester, Michael; et al. (2007). S. 158ff.

65 Ebenda. S. 180.

Produktionsnahe Angestellte – hypothetische Teilgruppen

Kaufmännische Teilgruppe – Vester u.a.: «Organisierer und Problemlöser»
- Haupt- oder Realschulabschlüsse, abgeschlossene Ausbildungen
- Qualifizierte Tätigkeit, in der Regel ohne kaufmännische Ausbildung
- Kulturelle Nähe zu Arbeitern, aber auch symbolische Abgrenzung
- Aufstieg aus Arbeiter- in Angestelltenpositionen meist als Einsetzungsakt durch Vorgesetzte. Sie sind damit über ihrer Qualifikation beschäftigt und haben dem Betrieb etwas zu verdanken
- Kompensieren relativ geringe Qualifikation durch Gemeinschaft als Wert/ soziale Ressource
- Lebensläufe bei Männern relativ geradlinig (Schule – Ausbildung – Facharbeitertätigkeit – Berufswechsel), bei Frauen stärker gebrochen (Schule – [Ausbildung] – wechselnde temporäre Beschäftigungen – teilweise Familiengründung – [Wiedereinstieg in] gering qualifizierte Beschäftigung –«Beförderung» in Angestelltenstatus). Relativ frühe Familiengründung
- **Hauptinteresse:** Erhalt der für sie befriedigenden betrieblichen Situation, die ihren Status ermöglicht (damit indirekt: Wohlergehen des Betriebs)
- **Betriebsrat und Gewerkschaft:** Betriebsrat wird positiv bewertet, persönlicher Kontakt ist wichtig. Kritik an Gewerkschaft, wenn sie zu wenig betriebsbezogen argumentiert: Soll ansprechbar sein, aber sich nicht aufdrängen; Konfliktorientierung wird abgelehnt

Technische Teilgruppe
- Niedrige Schulabschlüsse, eher geringwertige Ausbildungen
- Kulturelle Nähe zu Arbeitern, Distanz zu Angestellten
- Weit überwiegend Männer
- Jüngere sind wahrscheinlich verstärkt von Outsourcing und Prekarisierung betroffen
- Im Betrieb stark individualisiert – keine (Selbst-) Wahrnehmung als Gruppe
- Lebensläufe oft gebrochen: Maßnahmen, diskontinuierliche prekäre Beschäftigung
- **Hauptinteresse:** Absicherung und Schutz vor arbeitsbiographischen Verwerfungen
- **Betriebsrat und Gewerkschaft:** Gewerkschaft als Schutzmacht soll Präsenz zeigen. Delegation der Wahrnehmung eigener Interessen – Stellvertretung wird gewünscht. Im Fall von Outsourcing problematisches Verhältnis zum Betriebsrat

3.2.3 Qualifizierte Büro- und Verwaltungsangestellte und «unteres Management»

Zu dieser Beschäftigtengruppe, die laut Oesch 12-15% der Beschäftigten in der Gesamtwirtschaft ausmacht, gehören kaufmännische Berufe, Büro- und Verwaltungsangestellte mit Fachausbildung sowie auch Teile der höher qualifizierten Angestellten mit Fachhochschul- und anderen halbakademischen Ausbildungen. In den Betrieben des Samples von Weber-Menges waren etwa 9% der Belegschaften kaufmännische oder Verwaltungs-/Büroangestellte. Frauen waren unter ihnen deutlich stärker vertreten als Männer.

Die Sichtung der vorliegenden Literatur hat gezeigt, dass es sich bei Arbeitssituation, Lebensumständen und Orientierungen von jungen kaufmännischen und Verwaltungsangestellten in Industriebetrieben um ein, in den letzten 20 Jahren weit gehend unerforschtes Feld handelt. Der in den 70er und 80er Jahren relativ starke Strang der Forschung zu Situation und Bewusstsein von Angestellten[66] ist in den 90er Jahren weit gehend abgebrochen. Aus den letzten Jahren gibt es lediglich ein paar kleinere Arbeiten aus dem Umfeld der IG Metall[67], die aber auch nicht nach Altersgruppen unterscheiden. Angesichts der seit langem geführten Debatten über den schwachen gewerkschaftlichen Organisationsgrad dieser Gruppen und mögliche Gegenstrategien, ist diese Forschungslücke umso bemerkenswerter. Die inneren Differenzierungen dieser nur recht grob abgegrenzten Beschäftigtenkategorie liegen daher nach wie vor weit gehend im Dunkeln. Dennoch werfen die vorliegenden Studien einige Schlaglichter.

Kotthoff und Wagner[68] identifizieren eine Spaltung der Gruppe der Hochqualifizierten, die sie auf das von ihnen diagnostizierte Ende der Personalunion von Fach- und Führungskräften zurückführen. Statt des Senioritätsprinzips entscheide über den Zugang zu Führungspositionen heute eine frühe Auswahl durch Potenzialanalysen. Die Folge sei eine Polarisierung der Hochqualifizierten zwischen den in diesen Analysen erfolgreichen «*Nur-Führungs-*» und den in ihrer Folge degradierten «*Nur-Fachkräften*». Für die Anliegen von Gewerkschaften und Betriebsräten ist nur die zweite Gruppe in gewissem Maße empfänglich.

Diese «*defensiven, beitragsorientierten Leistungsträger*»[69], die hier **gebremste Hochqualifizierte** genannt werden sollen, sind in hohem Maße leistungsbereit und identifizieren sich stark mit dem Unternehmen, wollen sich aber nach dem miss-

---

66 Vgl. u.a.: Kudera, Werner; Ruff, Konrad; Schmidt, Rudi (1983): Blue collar – white collar: grey collar? Zum sozialen Habitus von Arbeitern und Angestellten in der Industrie, in: Soziale Welt 34. S. 201–227.
Kadritzke, Ulf (1985): «Angestelltenbewußtsein» und Anknüpfungspunkte für die gewerkschaftliche Angestelltenarbeit, in: WSI-Mitteilungen 8/38. S. 446–456.
Schmidt, Rudi; Wentzke, Theodor (1991): Bewußtsein und Sozialcharakter von Angestellten. Eine empirische Untersuchung. Erlangen.

67 IG Metall (Hg) (2006): Fachangestellte der IG Metall. Frankfurt/M.
IG Metall (Hg) (2007): «Kaufmännische Angestellte in Büromanagement und Sachbearbeitung». Arbeitsheft zur Zielgruppenansprache. Nr. 1. Frankfurt/M.
Niemann-Findeisen, Sören (2007): «Das ist alles sehr anonym geworden». Ergebnisbericht zur Fallstudie Fachangestellte der Volkswagen Financial Services AG. Frankfurt/M.

68 Kotthoff, Hermann; Wagner, Alexandra (2008a): Follow up-Studie «Führungskräfte und Außertarifliche Angestellte im Wandel der Firmenkultur». Auszug aus dem Projektbericht. Download über: http://tinyurl.com/l6gz2c.
Dies. (2008b): Die Leistungsträger. Berlin.

69 Siehe: Kotthoff, Hermann; Wagner, Alexandra (2008a).

lungenen Aufstieg in Spitzenpositionen nicht mehr über alle Maßen verausgaben. Interessen an einem erfüllten Leben außerhalb der Arbeit werden formuliert und verteidigt, Arbeitszeiten stärker als zuvor eingegrenzt.

Weber-Menges[70] stellt für die Jüngeren unter den «*mittleren Angestellten*» einige Besonderheiten fest. Generell orientieren sie sich in Lebensstil und Konsumpräferenzen weit gehend an den höheren Angestellten, werden darin allerdings von ihrer geringeren Ausstattung mit materiellen Gütern und Bildung etwas gebremst. Weiterhin fällt auf:

- Eine relativ hohe Bildung (abgeschlossene Fachausbildungen, oft mit Zusatzqualifikation, Fach- und Fachhochschulabschlüsse)
- Später Zugang zum Betrieb infolge langer Ausbildungszeiten
- Ein hohes Maß an Anforderungen der Arbeit, die sich einschränkend auf Freizeit und Familienleben auswirken können. Sie heiraten daher spät und leben häufig in nichtehelichen Lebensgemeinschaften. Eine frühe Familiengründung kommt für sie häufig nicht in Frage, weil sie die, im Alter bis Mitte 30 noch stark ausgeprägten Karriereambitionen gefährden könnte.

Verschiedene Autoren stellen bei kaufmännischen Angestellten eine ***schwache Identifikation mit dem Beruf*** fest. So geht Caroline Bühler davon aus, dass sich «*kaufmännisch ausgebildete Personen eher schwach an den Beruf [binden], es sei denn, sie identifizieren sich mit einem bestimmten Produkt oder bieten eine Dienstleistung mit starker Kundenorientierung an.*»[71] Ähnliches hatte auch Rudi Schmidt[72] für jüngere kaufmännische Angestellte festgestellt: «*Die betont identifikatorische Beziehung zur Firma [...] wie sie bei älteren Angestellten häufig anzutreffen ist, wird bei ihnen durch eine offensive Karrierehaltung abgelöst.*»[73] Dies entspricht auch den Orientierungen des von Vester u.a.[74] beschriebenen Typus der «*Aufstiegs- und Karriereorientierten*» und der jungen kaufmännischen Angestellten, die sich an deren Strategien ‹anzulehnen› scheinen.[75] Ausgehend davon lassen sich zumindest zwei Teilgruppen mit ähnlichen grundsätzlichen Orientierungen unterscheiden:

70 Weber-Menges, Sonja (2004).

71 Bühler, Caroline (2007). S. 45.

72 Schmidt, Rudi (1988): Die Leistungsorientierung als Konkurrenzstrategie von Angestellten, in: Steinkühler, Franz; Bleicher, Siegfried (1988): Zwischen Aufstieg und Rationalisierung: Die Angestellten. Hamburg. S. 159–182.

73 Ebenda. S. 179.

74 Vester, Michael; et al. (2007). S. 206ff.

75 Ebenda. S. 158.

- Eine Gruppe von **jungen Optimisten** mit kaufmännischen Ausbildungen, die glauben, mit Hilfe außerbetrieblicher Weiterbildung im Betrieb aufsteigen zu können. Bis Mitte 20 spaltet sich diese Gruppe in einen weiterhin aufstiegsorientierten und einen desillusionierten, von Dequalifizierung bedrohten Teil.
- Sowie eine Gruppe von **selbstbewussten Höherqualifizierten** etwas höheren Alters (Mitte – Ende 20) mit halbakademischer Bildung, die hoch leistungsbereit sind und im Gegenzug dafür schnell in Führungspositionen aufsteigen wollen. Dieser Gruppe können sich auch frühere «*junge Optimisten*» anschließen, die bis zum Alter von 25 bis 30 Jahren erfolgreich waren, und an weitere Karrierechancen glauben.

Schon in den 80er Jahren wurde immer wieder auf die hohe Bedeutung von Weiterbildung für qualifizierte Angestellte hingewiesen.[76] Dieser Befund wird durch die aktuelle Fachangestelltenstudie der IG Metall bestätigt, aus der hervorgeht, dass hieraus ein Konflikt entsteht, da betriebliche Weiterbildung vielerorts abgebaut, gleichzeitig aber zunehmend zur Voraussetzung für innerbetriebliche Aufstiege oder sogar für den Verbleib im Betrieb überhaupt gemacht wird: «*Weiterbildung wird als Instrument gesehen, um wenigstens den Status quo halten zu können oder einen unbefristeten Arbeitsvertrag zu bekommen.*»[77] Hierdurch fühlen sich viele enttäuscht und um für sicher gehaltene Anrechte gebracht. Dabei ist eine Spaltung zwischen den etwas älteren Jahrgängen jenseits von etwa Ende 20 zu vermuten, die in ihren ersten Berufsjahren noch die Praxis von Aufstiegen durch Weiterbildung kennengelernt haben, und den Jüngeren, die von Anfang an nicht von dieser Möglichkeit ausgehen und ihre Strategien grundsätzlich darauf ausrichten, sich außerbetrieblich weiterzubilden.

Vor allem die für die IG Metall erstellten Studien weisen schließlich auf die Frage der ***Anerkennung*** als ein weiteres für qualifizierte Angestellte zentrales Thema hin. Fachangestellte benennen oft ein gutes «*Betriebsklima*» und insbesondere die Anerkennung durch Vorgesetzte als wichtige Faktoren für ihr Wohlbefinden im Betrieb. «*Fachangestellte sind stolz auf ihre Leistung und ihr Können und möchten dies auch anerkannt sehen.*»[78] Diese Anerkennung wird aber im Zuge der schon von Schmidt[79] festgestellten «Verdrängungskonkurrenz» durch Hochschulabsolventen zu einem knappen Gut, das gerade in der Form von Bewährungsaufstiegen kaum noch gewährt wird. Hinzukommen Klagen über einen «*neuen Cheftypus*», der den

---

76 Siehe etwa: Schmidt, Rudi (1988). S. 172f.

77 IG Metall (2007). S. 22.

78 IG Metall (2007). S. 13.

79 Schmidt, Rudi (1988). S. 163.

Qualifizierte Büro- und Verwaltungsangestellte und «unteres Management» – hypothetische Teilgruppen

Gebremste Hochqualifizierte

- Am höchsten qualifizierte Teilgruppe: Mehrheitlich männliche Hochschulabsolventen
- Wurden infolge von Potentialanalysen in geplanten Führungskarrieren gebremst und in relativ weniger prestigeträchtige Fachkräftepositionen abgedrängt
- Weiterhin hoch leistungsbereit, ziehen aber den Anforderungen der Arbeit gegenüber Grenzen und formulieren Ansprüche ans Leben, die sie zu schützen gewillt sind. Kotthoff/Wagner (2008a. S. 7) nennen sie «defensive beitragsorientierte Leistungsträger» bzw. «rückzugsreife Idealisten»
- Ähnlichkeiten mit «gebremsten technischen Experten» – dennoch deutlich andere Arbeitshaltung und Ansprüche im Kontext verschiedener Arbeitslogiken und Milieuhintergründe
- **Hauptinteresse:** Beitrag zum Unternehmenserfolg leisten, gleichzeitig aber Arbeit und private Lebensbereiche vereinbar halten
- **Betriebsrat und Gewerkschaft:** Aus der beruflichen Sozialisation und dem Milieukontext heraus große Distanz, Anspruch auf Selbstvertretung. Bei am eigenen Leib erlebten Problemen könnten Beratungs- und Versicherungsfunktionen relevant werden

Junge Optimisten (Vester u.a.: Teiltyp «junge kaufmännische Angestellte»)

- Realschulabschluss oder (Fach-)Abitur, kaufmännische Ausbildungen
- Jung, haben den Abschluss der Ausbildung erst kurz hinter sich, noch nicht lange im Betrieb
- Mehrheitlich Frauen, etwa ein Drittel Männer
- Frisch ausgebildet und an der Akkumulation zusätzlicher Qualifikationen interessiert, die sie sich außerbetrieblich aneignen wollen
- Orientierung an Aufstieg durch Leistung, darin (noch) ungebrochen
- «Relativ gehobene materielle Ansprüche für die Zukunft»: Beruf soll Einkommen und Status sichern, berufliche Identität eher schwach ausgeprägt
- Lebensläufe: bis zum Übergang in den Beruf geradlinig (Schule – Ausbildung – Betrieb), Familiengründung steht noch aus, ist kein akutes Thema
- **Hauptinteresse:** Etablierung im Beruf, Bewährung und Aufstieg durch Leistung
- **Betriebsrat und Gewerkschaft:** In Abhängigkeit von Betriebskultur und Ansprache durch Betriebsrat/JAV unterschiedlich. In der Regel von Distanz geprägt, Anspruch auf Selbstvertretung. Betriebsrat kann als Informationsquelle und Anlaufstelle mit arbeitsrechtlichem Know-how relevant sein, Gewerkschaft unter Umständen als Absicherung gegen Risiken (nach persönlichem ‹Aha-Erlebnis›)

Selbstbewusste Höherqualifizierte

- Überwiegend Männer, Fachhochschulabsolvent/innen, kommen recht spät (ab Mitte 20) in den Betrieb
- Nähe zu den *«Aufstiegs- und Karriereorientierten»* von Vester u.a. Orientierung ähnlich den jungen Optimisten, allerdings auf höherem Ressourcenniveau. *«Sehr zielgerichtete individuelle Durchsetzungs- oder Anpassungsstrategien»* (Vester u.a. (2007). S. 208). Bewusstes Akkumulieren von Qualifikationen und sozialem Kapital, Leistung als *«Mittel zum Ziel des sozialen und beruflichen Aufstiegs»* (ebd. S. 209), wenig intrinsische Motivation und schwache berufliche Identität
- Starke Statusorientierung, hohe Bedeutung von Einkommen und Prestige, Interesse an Einfluss und Macht, herablassende Distanzierung von in der Hierarchie Untergeordneten
- Hohes Selbstbewusstsein, Konkurrenzorientierung, Selbstdarstellung und bewusste Optimierung von Kompetenzen und Außenwirkung («Selbstmarketing»), Identifikation primär mit der Arbeitgeberseite
- Lebensläufe: Geradlinige, erfolgreiche Bildungsbiographien ohne Erfahrungen des Scheiterns oder der Prekarität (Schule – Hochschule – Betrieb) oder erfolgreiche Angestelltenbiographien mit erfolgreicher Weiterbildungsstrategie (Schule – Ausbildung – Betrieb – Weiterbildung – Aufstieg)
- **Hauptinteresse:** Beruflicher Erfolg als Mittel zur Erlangung von hohem Einkommen und gesellschaftlichem Prestige
- **Betriebsrat und Gewerkschaft:** Oft scharfe Abgrenzung von der Gewerkschaft als Organisation von Schwachen und möglichem Karrierehindernis. Sie wird lediglich als Ordnungsfaktor grundsätzlich befürwortet und kann allenfalls in späteren Lebensphasen als Absicherung wichtig werden. Betriebsrat wird wegen der Identifikation mit der Arbeitgeberseite auch eher kritisch betrachtet, wenn seine Strategie als eskalativ wahrgenommen wird

Gemeinschaftsorientierte

- Mehrheitlich Frauen. Meist etwas Ältere (zwischen 25 und 35 Jahren), aber auch Jüngere ohne ausgeprägte Karriereambitionen
- Solide Berufsausbildungen, aber wenig Zusatzqualifikationen
- Sehen sich verschärfter Konkurrenz ausgesetzt, der sie mit den verfügbaren Ressourcen nicht gewachsen sind (*«Verdrängungskonkurrenz»*)
- Gefahr von sozialem Abstieg bzw. Verdrängung aus dem Berufsleben
- Besondere Wichtigkeit von Anerkennung durch Vorgesetzte – zunehmend enttäuscht von dem *«neuem Cheftypus»*
- Gemeinschaft als Kompensationsstrategie – Bedürfnis nach gutem Betriebsklima
- Lebensläufe: Unterschiedlich, vermutlich teilweise gebrochen durch Arbeitslosigkeit, längere Jobsuche oder prekäre Beschäftigung. Familiengründung wird geplant oder ist bereits erfolgt – Vereinbarkeit und Regelungen zum Wiedereinstieg können wichtiges Thema sein.

- Lebensläufe: Unterschiedlich, vermutlich teilweise gebrochen durch Arbeitslosigkeit, längere Jobsuche oder prekäre Beschäftigung. Familiengründung wird geplant oder ist bereits erfolgt – Vereinbarkeit und Regelungen zum Wiedereinstieg können wichtiges Thema sein.
- **Hauptinteresse:** Absicherung, Schutz vor arbeitsbiographischen Verwerfungen
- **Betriebsrat und Gewerkschaft:** Werden als wichtige und notwendige Instanzen der Vertretung der eigenen Interessen gesehen. Unterstützung bei der Abwehr von Dequalifizierungsgefahren wird begrüßt und erwartet. Dabei ist allerdings ein sachlicher Stil wichtig – Konsenslösungen werden jeder Form von Eskalation vorgezogen, ein konflikthaftes Vorgehen kann schnell zum Entzug von Unterstützung führen. Der Gewerkschaft gegenüber aufgeschlossenste und am stärksten organisierte Teilgruppe im Büro-/Verwaltungsbereich

vorherigen Konsens ‹Leistung gegen Anerkennung› missachte.[80] An die Stelle des alten Typs der zu Vorgesetzten aufgestiegenen Sachbearbeitern mit langfristiger Unternehmensbindung seien junge, hoch qualifizierte Seiteneinsteiger getreten, denen mangelnde Loyalität zum Unternehmen vorgeworfen wird. Mit dieser Kritik geht es auch darum, dass diejenigen, die sie formulieren, sich um Aufstiegschancen gebracht sehen. Hier könnte ein Punkt liegen, an dem sich für eine Teilgruppe der qualifizierten Angestellten ein erhebliches Konfliktpotential auftut.

Wie das Beispiel eines Finanzdienstleistungsunternehmens im Organisationsbereich der IG Metall[81] zeigt, gibt es in manchen Bereichen von Angestelltenarbeit auch Tendenzen hin zu einer Dequalifizierung durch Zerstückelung und zunehmende Sinnentleerung von Aufgaben, was noch verstärkt wird durch eine zurücksetzende Eingruppierungspraxis bei der Umstellung auf ERA.[82]

Es scheint also eine Teilgruppe von **Gemeinschaftsorientierten** zu geben, für die vor allem typisch ist, dass sie von Dequalifizierung bedroht sind. Es handelt sich vor allem um Frauen zwischen 25 und 35 Jahren, die keinen weiteren beruflichen Aufstieg planen. Für sie steht das Bemühen um Stabilität im Vordergrund, sie wollen sich im Unternehmen halten und den Status als qualifizierte Fachkraft sichern. Besonders wichtig sind ihnen Anerkennung ihrer Arbeitsleistung durch Vorgesetzte sowie ein gutes Betriebsklima. Ein zentrales Thema für sie ist die Arbeitsgestaltung: Durch Zerstückelung von Arbeitsabläufen fühlen sie sich bedroht und alltäglich stark belastet. Diese Teilgruppe dürfte der Gewerkschaft am nächsten stehen und auch den größten Teil ihrer Mitglieder im kaufmännischen Bereich stellen.

---

80 IG Metall (2007). S. 12f.

81 Niemann-Findeisen, Sören (2007). S. 24f.

82 IG Metall (2007). S. 18f.

4. Zuspitzung der Ergebnisse und Schlussfolgerungen

An der Vielfalt der im vorangegangenen Teil unterschiedenen Lebenssituationen, Orientierungen und Interessenlagen sollte zumindest eines deutlich geworden sein: ‹Die jungen Beschäftigten› als eine einheitliche Gruppe gibt es in den Betrieben genauso wenig, wie es ‹die Jugend› in der Gesellschaft gibt. Vielmehr konfrontiert uns die Forschung mit einem Gewirr verschiedenster Lebenslagen und -läufe, Berufspositionen, politischer wie alltagspraktischer Orientierungen und Interessen. Das, in Anlehnung an Oesch, gewählte Raster der hierarchisch (*Qualifikationsrang*) und funktional (*Arbeitslogik*) unterschiedenen Berufsgruppen bringt zwar eine Ordnung in dieses Feld, lässt es aber mit der Vielzahl von unterschiedlichen Teilgruppen auf die, die ausgewertete Literatur Hinweise gibt, weiterhin sehr unübersichtlich erscheinen.

Wie sich die Orientierungen und Interessen der verschiedenen Teilgruppen von Beschäftigten genau ausgestalten, ist stark von den Gegebenheiten im Betrieb abhängig. Deshalb handelt es sich bei der folgenden Überblicksdarstellung, die, die Ergebnisse des vorangegangenen Kapitels zusammenfasst, nicht um eine fertige ‹Landkarte›, sondern um das Ergebnis des Versuchs, die betrieblichen Sozialstrukturen systematisch zu ordnen, Gemeinsamkeiten und Unterschiede zu erkennen und Forschungslücken zu benennen.

Gruppen und Teilgruppen von jüngeren Beschäftigten in Industriebetrieben (Gesamtübersicht)		
Qualifikations-rang	**Technische Arbeitslogik**	**Organisationale Arbeitslogik**
Professionen (akademisch)	**Technische Experten** Ingenieure, Informatiker • Ungebrochene Idealisten (Vester u.a.: «*Aufstiegs- und Karriereorientierte*», technische Fraktion) • Gebremste technische Experten • Ungebremste technische Experten/Aufsteiger zweiter Generation	**Führungskräfte** • Vester u.a.: «*Aufstiegs- und Karriereorientierte*», aufstiegs- und karriereorientierte Fraktion • Kotthoff/Wagner: «*High Potentials*» • Gebremste Hochqualifizierte (Kotthoff/Wagner: «*defensive beitragsorientierte Leistungsträger*»)

<table>
<tr><td>Semi-professionen (halbakademisch)</td><td>Technische Fachleute
Meister, Techniker
• Meister
• Aufgestiegene Facharbeiter
• Schulische Quereinsteiger (Vester u.a.: «Autodidakten der IT-Branche»)</td><td rowspan="2">Qualifizierte Büro- und Verwaltungsangestellte und ‹unteres Management›
Kaufleute, Büro- und Verwaltungskräfte, Leitungskräfte der unteren Ebenen
• Selbstbewusste Höherqualifizierte (Vester u.a.: «Aufstiegs- und Karriereorientierte»)
• Junge Optimisten (Vester u.a.: Teiltyp junge kaufmännische Angestellte)
• Gemeinschaftsorientierte</td></tr>
<tr><td rowspan="2">Beruflich qualifizierte Fachkräfte (Berufsausbildungen)</td><td rowspan="2">Facharbeiter
• Aufstiegsorientierte
• Betriebsgebundene Etablierte
• Flexibilisierte Etablierte
• Prekär Integrierte
• Fachhandwerker</td></tr>
<tr><td>Produktionsnahe Angestellte
Lagerverwaltung, Disposition, Hausmeister
• Kaufmännische Teilgruppe (Vester u.a.: «Organisierer und Problemlöser»)
• Technische Teilgruppe</td></tr>
<tr><td>Gering Qualifizierte (keine oder fachfremde Ausbildungen)</td><td>Gering qualifizierte Arbeiter
• Fortbestehen des Notwendigkeitshabitus
• Transformation zu prekären Habitusformen
• Etablierungs-/Aufstiegsorientierte</td><td>Gering qualifizierte Angestellte
Boten, Call Center-Beschäftigte
• Kurzfristorientierung
• Temporäre Identifikation und langfristige Familienorientierung
• Dauerhafte Identifikation und Vereinbarkeitsorientierung</td></tr>
</table>

So etwas wie eine ‹Landkarte›[83] würde sich hieraus erst dann ergeben, wenn die herausgearbeiteten Unterschiede auf den einzelnen Betrieb übertragen würden, um

83 Diese Wortwahl erinnert nicht zufällig an den in der Debatte um neue Gewerkschaftspraktiken des «Organizing» verwandten Begriff des «mapping» (Lund, John; Wright, Christopher (2003): Building Union Power Through the Supply Chain: Mapping Opportunities and Jurisdictional Boundaries in Grocery Distribution, in: Labor Studies Journal 4/27. S. 59–75.
Lund, John; et al. (2005): Mapping and Charting Construction Organizing Targets and Opportunities: Lessons from Wisconsin, in: Labor Studies Journal 3/30. S. 73–84.
Buttigieg, Donna; et al. (2008): Organizing homeworkers: the use of mapping as an organizing tool, in: Work, employment & society 1/22. S. 167–180. Dort wird jedoch meist eher versucht, die Beziehungen zwischen Akteuren innerhalb und außerhalb des Unternehmens (Abteilungen, Center, Zulieferer, Kunden) und die gewerkschaftliche Mitgliederdichte in Teilräumen des Betriebs zu erfassen und die einzelnen Beschäftigten nach dem Grad ihrer vermuteten

ein Bild der einzelnen Fraktionen der Belegschaft in ihren Relationen zueinander zu gewinnen. Das Raster dient also zunächst dazu, Situationen und Interessen von recht kleinteilig zusammengesetzten Beschäftigtengruppen erkennbar zu machen. Eine wirksame Interessenvertretung verlangt aber Bündnisse, die über solche Kleingruppen hinausreichen – und nach den Möglichkeiten solcher Bündnisse soll nun im Schlussteil gefragt werden. Denn kennt man die jeweiligen Interessen der Teilgruppen hinreichend genau, dann wird deutlich, wo – etwa entlang der Hierarchie einer Arbeitslogik oder zwischen Gruppen verschiedener Arbeitslogik auf gleicher Hierarchiestufe – Solidaritäten organisierbar sein könnten. Das ist dann der Fall, wenn diese Interessen in der einen oder anderen Hinsicht gleichlaufend sind und es ermöglichen, Forderungen zu formulieren, die mehrere Gruppen aus ihrer jeweiligen Lage heraus gemeinsam unterstützen würden. Wie solche Interessenkoalitionen in etwa aussehen könnten, wird in der folgenden Zuspitzung der Ergebnisse umrissen.

4.1 Zuspitzung: Situationen, Interessen, Ansprüche an Interessenvertretung

Die Suche nach Gemeinsamkeiten zwischen den vielen einzelnen Teilgruppen führt uns zu sechs verschiedenen Typen von jeweils mehr als eine Gruppe betreffenden Ansprüchen. Die nebenstehende Grafik zeigt, in welchen Berufsgruppen sie jeweils vertreten sind. Diese sechs Typen sollen im Folgenden in ihren gemeinsamen Interessen, ihren Ansprüchen an Betriebsräte und Gewerkschaften, und im Hinblick auf mögliche mobilisierungsrelevante Themen kurz skizziert werden.

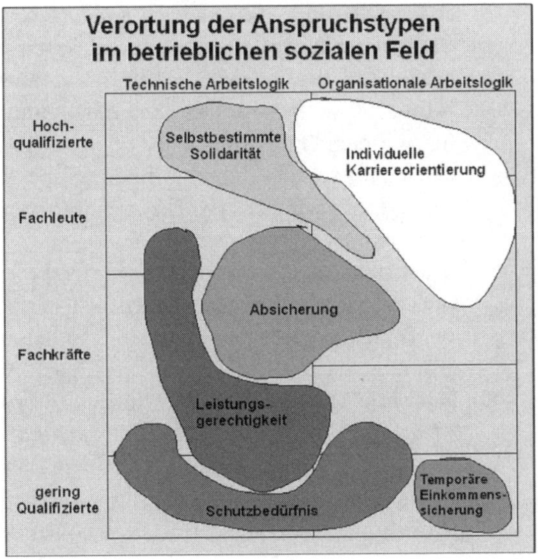

Abb. 1

Nähe zur Gewerkschaft zu klassifizieren. So sollen Organisierungsdefizite und -chancen und Ansatzpunkte zur Entwicklung von Druck auf den Arbeitgeber aufgezeigt werden. Eine soziale Kartographie wie die hier vorgeschlagene, die, die differenzierte Analyse von Interessen und Überlegungen zu möglichen Koalitionsbildungen auf der Basis derselben ermöglicht, beinhaltet ein solches «mapping» bisher nicht.

Drei dieser Anspruchstypen (*Schutzbedürfnis, Leistungsgerechtigkeit, Absicherung*) sind *Typen der Nähe zu Interessenvertretung*, bei denen Betriebsräte und Gewerkschaften an konkreten Anknüpfungspunkten ansetzen können. Zwei weitere Typen (*Individuelle Karriereorientierung, Temporäre Einkommenssicherung*) legen aus unterschiedlichen Gründen eine große Distanz zur Interessenvertretung an den Tag und sind für ihre Unterstützung kaum oder nur unter extremem Aufwand zu gewinnen. Der sechste Typ (*Selbstbestimmte Solidarität)* nimmt im Betrieb zunächst meist distanzierte Positionen ein, kann aber in einer etwas späteren Phase (etwa ab dem 30. Lebensjahr) oftmals für Interessenvertretung gewonnen werden.

4.1.1 Anspruchstypen der Nähe zu Interessenvertretung

a) Schutzbedürfnis

- **Zusammensetzung:** Zu diesem Anspruchstyp zählen die Teilgruppen *Fortbestehen des Notwendigkeitshabitus, Transformation zu prekären Habitusformen, Prekär Integrierte, Dauerhafte Identifikation und Vereinbarkeitsorientierung, produktionsnahe Angestellte/Technische Teilgruppe* sowie Leiharbeitnehmende der Teilgruppe «*Suchen nach dem Einstieg in Erwerbsarbeit*».
- **Gemeinsamkeiten:** Diese Gruppen sehen die Gewerkschaft als Schutzmacht, von der sie sich stärkere Präsenz und ein machtvolles Auftreten wünschen. Sie erwarten von Betriebsrat und Gewerkschaft, ihre Interessen stellvertretend für sie möglichst erfolgreich wahrzunehmen. Für dauerhafte Beteiligung fehlt es ihnen an Bildung und Zeit, aber wenn es um ihre direkten Interessen geht (wie in einer Tarifrunde), sind sie punktuell mobilisierbar.
- **Lebensphasen:** Charakteristisch für die Lebensläufe dieser Gruppen ist die Gleichzeitigkeit zwischen frühem Zugang zu einer, das Schutzbedürfnis begründenden prekären beruflichen Situation, und einer frühen Familiengründung die, die Risiken noch verschärft.
- **Relevante Themen:** Von ihrer Interessenvertretung erwarten sie vor allem Schutz im Sinne eines Einsatzes für die Kontrolle der Unsicherheiten, die sie als prekär Beschäftigte alltäglich erfahren. Daher ist das wichtigste Thema für sie der Erhalt und die Sicherung ihrer Arbeitsplätze. Solange sie sich in dieser Hinsicht vertreten fühlen, sind sie in hohem Maße gewerkschaftsloyal.

b) Leistungsgerechtigkeit

- **Zusammensetzung:** Hierzu gehören die Teilgruppen *Aufstiegs- und Etablierungsorientierte*, *Aufstiegsorientierte*, *Aufgestiegene Facharbeiter*, die *kaufmännische Teilgruppe* der produktionsnahen Angestellten und die Leiharbeitnehmenden der Teilgruppe «*Streben nach betrieblich-sozialem Aufstieg*».

- **Gemeinsamkeiten:** Die Gemeinsamkeit dieser Gruppen besteht in ihrer aktiven Arbeitshaltung, der Verbindung zwischen Beruf und persönlicher Weiterentwicklung und ihrer Orientierung an Aufstieg mittels Leistung. Aufstieg wird jedoch nicht rein aus Statusgründen angestrebt, sondern als Mittel, um größere Freiheitsgrade und Entfaltungsmöglichkeiten zu erlangen. Diese Mentalitäten sind modernisierte Varianten der eigenverantwortlichen, von Stolz auf das eigene Können geprägten, facharbeiterischen Arbeitshaltung – die große Mehrheit dieser Gruppen stammt aus den Arbeitermilieus. Auch deshalb ist ihnen die Gewerkschaft wichtig – allerdings weniger als Unterstützungsinstanz, denn als Absicherung und Anlaufstelle für Unterstützung bei Problemen. Der Betriebsrat mit seiner Orientierung auf betriebliche Fragen steht jedoch meist höher in ihrer Gunst. Wichtig sind ihnen die Sicherung von Aufstiegschancen und die Gewährleistung von Leistungsgerechtigkeit, was für sie vor allem durch die Durchsetzung einer fairen Leistungsbewertung und durch die Absicherung von Aufstiegswegen im Betrieb zu erreichen ist.
- **Lebensphasen:** Im Alter zwischen 20 und 30 Jahren steht für diese Gruppen das Bemühen um beruflichen und gesellschaftlichen Aufstieg im Vordergrund. Meist erreichen sie bereits mit unter 25 Jahren eine feste berufliche Position, die sie aber als Zwischenstation ansehen und planvoll nach oben hin zu überwinden versuchen. Mit 28 bis 30 Jahren erreichen sie eine höhere, den Ansprüchen genügende Position, in der sie sich dann zu etablieren versuchen. Die Familiengründung wird gegenüber den anderen aus den Arbeitermilieus stammenden Anspruchstypen zurückgestellt. Bei Männern findet sie in der Regel zwischen 25 und 30 statt, parallel zum beruflichen Aufstieg, bei Frauen eher danach.
- **Relevante Themen:** Wichtige Themen für diese Gruppen, mit denen sie auch zur Partizipation in betrieblichen und gewerkschaftlichen Gremien zu gewinnen sein könnten, sind ERA (als Katalysator des Leistungs- gegenüber dem Qualifikationsprinzip), Qualifizierung und Arbeitsgestaltung. Klassische gewerkschaftliche Tarifpolitik, die zentral auf Entgelterhöhungen zielt, findet bei ihnen dagegen kaum Unterstützung.

c) Absicherung

- **Zusammensetzung:** Dem Anspruchstyp «Absicherung» können die Teilgruppen *Betriebsgebundene Etablierte*, *Flexibilisierte Etablierte*, *Meister* und die Mehrheit der *Gemeinschaftsorientierten* zugeordnet werden.
- **Gemeinsamkeiten:** Diese Gruppen umfassen den Kern derer, die für gewerkschaftliche Ziele auf die Straße gehen und sich in gewerkschaftlichen Gremien engagieren. Eine starke Identifikation mit der Gewerkschaft ist

hier am weitesten verbreitet. Anders als beim Anspruchstyp «Leistungsgerechtigkeit» ist ihr Blick nicht nach oben, auf den Aufstieg in anspruchs- und verantwortungsvollere Positionen gerichtet, sondern darauf, die eigene Stellung zu halten und zu festigen, und einmal erworbene Ansprüche auf Absicherung auch einlösen zu können. Die Gewerkschaft ist für sie ein Sprachrohr, das ihre Interessen bündelt und nach außen hin verstärkt – ihre bisherige Politik genießt weit gehenden Rückhalt und eine größere Präsenz der Gewerkschaft sowohl im Betrieb als auch in der Öffentlichkeit wird gewünscht. Ihr größtes gemeinsames Interesse ist der Wunsch nach Sicherheit vor arbeitsbiographischen Verwerfungen. Dazu gehört insbesondere der Schutz ihrer, auf Qualifikation gegründeten Ansprüche an Arbeitsbedingungen und Entlohnung – ein Interesse, das einen Konflikt mit dem Anspruchstyp «Leistungsgerechtigkeit» begründet. Diese Haltungen entsprechen den Mentalitäten der weniger modernisierten Fraktionen der facharbeiterischen Milieus und von Gruppen im Grenzbereich zum kleinbürgerlichen Milieu. Teile dieser Gruppen sind zu dauerhafter Partizipation in betrieblichen und gewerkschaftlichen Zusammenhängen bereit, die Mehrheit beschränkt sich aber darauf, bei konkreten Bedrohungen selbst aktiv zu werden. Allerdings begrüßen sie es, wenn Gewerkschaft und Betriebsrat stärker den Dialog mit der betrieblichen Basis suchen.
- **Lebensphasen:** Typisch ist eine frühe berufliche Etablierung nach abgeschlossener Ausbildung zu Anfang des dritten Lebensjahrzehnts, auf die in einem gewissen Abstand (zwei bis fünf Jahre) die Familiengründung folgt (‹klassisches› Biographiemuster entsprechend der fordistischen ‹Normalbiographie›). Bis Ende 20 sind alle entscheidenden Wegmarken hin zum Erwachsenendasein passiert.
- **Relevante Themen:** Für diese Gruppen ist nach wie vor die Lohnpolitik ein zentral wichtiges Thema, weil sie in ihrer betrieblichen Position vor allem durch Entgelterhöhungen auf eine Verbesserung ihrer materiellen Lage hoffen können. Auch bei jungen Beschäftigten in diesen Teilgruppen ist durchaus weiter von einer starken Befürwortung ‹traditioneller› gewerkschaftlicher Tarifpolitik auszugehen. Problematisch für Gewerkschaften ist, dass diese Teilgruppen, die den Kern ihrer Basis bilden, seit langem schrumpfen.

4.1.2 Distanzierte Anspruchstypen mit hohen Hürden für Interessenvertretung

a) Individuelle Karriereorientierung
- **Zusammensetzung:** Hierzu gehören die Teilgruppen *selbstbewusste Höherqualifizierte, gebremste Hochqualifizierte* und *ungebremste technische Experten* sowie die Mehrheit der *jungen Optimisten.*

- **Gemeinsamkeiten:** Bei diesen Gruppen ist die Orientierung auf individuelle Selbstvertretung am stärksten ausgeprägt. Die primäre Loyalität gilt meist dem Unternehmen, wodurch die Gewerkschaft als Gegner der eigenen Interessen wahrgenommen wird. Der Betriebsrat dagegen kann – je nach Auftreten und Strategie – als Quelle betrieblichen und arbeitsrechtlichen Know-hows auch eine positive Rolle spielen.
- **Lebensphasen:** Wie bei der *selbstbestimmten Solidarität* treten die berufliche Etablierung in der angestrebten Position und die Familiengründung spät ein, oft erst jenseits der 30. Anders als bei der *selbstbestimmten Solidarität* wird dies aber nicht als schmerzlicher Verzicht, sondern als bewusst gewähltes Herausschieben im Interesse der Karriere wahrgenommen. Bei Männern kommt ebenfalls die Gleichzeitigkeit von beruflicher Etablierung und Familiengründung vor, wobei hier die Kindererziehung im Rahmen einer traditionellen innerfamiliären Arbeitsteilung klar der Frau zugewiesen wird.
- **Relevante Themen:** Bei diesen Gruppen findet gewerkschaftliche Interessenvertretung kaum tragfähige Anknüpfungspunkte. Die sonst für die meisten Gruppen wichtige Absicherungsfunktion wird hier allenfalls in einem Lebensalter deutlich über 35 Jahren attraktiv. Qualifizierung ist für sie zwar ein wichtiges Thema, jedoch ist auch hier kaum kollektives Handeln denkbar, weil es in hohem Maße als individuelle Verantwortung interpretiert wird.

b) Temporäre Einkommenssicherung

- **Zusammensetzung:** Zu diesem Typ gehören die gering qualifizierten Angestellten der Teilgruppen *Kurzfristorientierung* sowie *temporäre Identifikation und langfristige Familienorientierung.*
- **Gemeinsamkeiten:** Ihnen ist gemeinsam, dass sie sich nur in geringem Maße an den Betrieb gebunden fühlen, für Betriebsrat und Gewerkschaft nur schwer ansprechbar sind und auch nur selten in deren Blickfeld geraten. Ihr Hauptinteresse ist es, für eine begrenzte Zeit im Betrieb verlässlich Geld zu verdienen, und für diese Übergangszeit sind sie auch eher bereit, sich mit belastenden Arbeitsbedingungen zu arrangieren. Den Betriebsrat können sie durchaus als Helfer bei Problemen wahrnehmen, die Gewerkschaft dagegen erscheint ihnen oft als ‹äußere Macht›, die ihre Arbeitsplätze durch unangemessene Forderungen gefährden kann.
- **Lebensphasen:** Wegen der sozialen Heterogenität dieser Gruppen lässt sich hierüber kaum etwas aussagen. Zumindest bei der *temporären Identifikation* kommt es in der Phase zwischen 25 und 30 zu Familiengründung und Ausstieg aus der Erwerbsarbeit. Berufliche Etablierung tritt wegen des geringen Qualifikationsgrads der Arbeit schnell ein, bleibt aber prekär.

- **Relevante Themen:** Wegen des Hauptinteresses, Geld zu verdienen, könnte eine auf Entgelterhöhungen ausgerichtete Tarifpolitik bei diesen Fraktionen grundsätzlich Unterstützung finden – allerdings nur, solange die Forderungen nicht als gefährlich für die eigenen Arbeitsplätze betrachtet werden. Konfliktorientierte Strategien verlieren sehr schnell an Unterstützung.

4.1.3 Anspruchstyp mittlerer Distanz

a) Selbstbestimmte Solidarität

- **Zusammensetzung:** Ansprüche dieses Typs finden sich bei den Teilgruppen der *schulischen Quereinsteiger,* der *gebremsten technischen Experten* und der *ungebrochenen Idealisten* sowie eventuell auch bei Teilen der *Gemeinschaftsorientierten* und der *jungen Optimisten.*
- **Gemeinsamkeiten:** Diese Gruppen definieren ihre Interessen im Betrieb vor allem individuell und beanspruchen, sie gegenüber Vorgesetzten und dem Arbeitgeber selbst zu vertreten. Auch wenn sie deshalb oft meinen, Betriebsrat und Gewerkschaft selbst nicht zu brauchen, ist bei ihnen dennoch eine solidarische Grundorientierung verbreitet, die auf ihre Herkunft aus den facharbeiterischen Milieus zurückgeht. Betriebsräte bewerten sie auch dann positiv, wenn sie ihre Hilfe zunächst nicht in Anspruch nehmen. Die Gewerkschaft wird jedoch kritischer gesehen – gerade, wenn sie in ihren Augen konfliktorientiert agiert. Früher oder später kommt es aber für diese Beschäftigten oft zu einem «Aha-Erlebnis», durch das die bis dahin verborgene Nähe zur Gewerkschaft ‹aktiviert› wird, wodurch sie zu überzeugten Gewerkschaftern werden können. Diese «Aha-Erlebnisse» sind häufig Konflikte mit intensivierten Leistungsvorgaben des Managements, durch die sie ihre eigenen Ansprüche an die Qualität ihrer Arbeit und die Vereinbarkeit von Arbeit und Leben gefährdet sehen.
- **Lebensphasen:** Diese Beschäftigten kommen lebensgeschichtlich erst spät in den Betrieb oder sehen die ersten Jahre dort klar als Zwischenstation an. Die Etablierung in ihrer Wunschposition steht erst mit Ende 20 oder Anfang 30 an und läuft dann bei Männern parallel zur Familiengründung. Frauen verschieben letztere häufig noch weiter oder verzichten ganz darauf.
- **Relevante Themen:** Weil diese Beschäftigten erst spät in ihrer Biographie in den Betrieb kommen oder in besonders schwach organisierten Abteilungen arbeiten, fehlen positive, identifikationsstiftende Erfahrungen mit Gewerkschaft und Betriebsrat. Eine gezielte Ansprache bleibt oft so lange erfolglos, bis das individuelle «Aha-Erlebnis» eingetreten ist. Deshalb sind es bei diesem Anspruchstyp vor allem die über 30-Jährigen, bei denen ernsthafte Chancen einer stärkeren Aktivierung für Interessenvertretung bestehen. Wenn sie sich einmal für die Gewerkschaft entschieden haben, wollen sie

über deren Handeln mitbestimmen können und sie haben ein ausgeprägtes Interesse an Partizipationsmöglichkeiten. Wichtige Themen sind dann Fragen der betrieblichen Arbeitsgestaltung und Leistungspolitik sowie die Gewährleistung der Vereinbarkeit zwischen Arbeit und Privatleben.

Die Gruppe der Fachhandwerker, über die kaum etwas bekannt ist, nimmt eine Sonderstellung ein: Unter ihnen kommen wahrscheinlich sowohl *Schutzbedürfnis* als auch *Leistungsgerechtigkeit* und *Absicherung* vor. Obwohl dies alles gewerkschaftsnahe Anspruchstypen sind, werden diese aufgrund der ungünstigen Bedingungen im Handwerk kaum in Form von konkreten Eintritten in die Gewerkschaft wirksam. Hinweise auf konkrete Interessenlagen, an denen neue Interessenvertretungsstrategien anknüpfen könnten, gibt es in der Literatur keine. Dennoch lohnt es sich sehr wahrscheinlich, unter Beteiligung aktiver Gewerkschafter aus diesem Bereich, nach diesen Anknüpfungspunkten zu suchen und im Handwerk auf regionaler Ebene unter Rückgriff auf Konzepte des *Organizing*[84] neuartige Strategien zu erproben.

4.2. Schlussfolgerungen für Strategien der Interessenvertretung

Als Letztes sollen nun aus den dargestellten Ergebnissen einige strategisch orientierte Schlussfolgerungen für die Weiterentwicklung des Handelns von Gewerkschaften und Betriebsräten gezogen werden.

Erstens: Um das hier zusammengetragene Wissen als Ausgangspunkt möglicher neuer Strategien von Betriebsräten und Gewerkschaften nutzbar zu machen, muss es immer auf die konkreten Bedingungen in denjenigen Betrieben übertragen werden, in denen diese Strategien zur Anwendung kommen sollen. Die Haltungen und Interessen einer Beschäftigtengruppe können nämlich deutlich unterschiedlich ausfallen je nachdem, ob es sich um ein Unternehmen mit eher sozialpartnerschaftlicher oder gewerkschaftsfeindlicher Tradition handelt, um einen Groß- oder Kleinbetrieb, ein Handwerks- oder Hightech-Unternehmen, ob es in einer Region mit hoher Arbeitslosigkeit oder mit Fachkräftemangel angesiedelt ist, usw. Diese Bedingungen müssen immer zusätzlich beachtet werden. Die konkreten Interessen, anhand derer Beschäftigte für Interessenvertretung ansprechbar sind, ergeben sich erst aus dem Zusammentreffen dieser Menschen mit ihrer jeweils individuellen, aber doch gruppentypischen Lebenserfahrung, ihrer beruflichen Qualifikation und Identität und ihrem Habitus auf der einen Seite und den konkreten betrieblichen Bedingungen, unter denen sie arbeiten, auf der anderen. So verschieben sich etwa in einem Unternehmen in einer Region mit hoher Arbeitslosigkeit, das am Markt unter extremem Konkurrenzdruck steht, die Interessen der Beschäftigten deutlich

84 Zum Konzept des Organizing und seinen verschiedenen Dimensionen siehe Brinkmann, Ulrich; et al. (2008).

hin zu einer hohen Bewertung von Arbeitsplatzsicherheit, während in einem Betrieb mit starker und stabiler Marktposition eher das Interesse an Einkommenssteigerungen im Vordergrund stehen wird.

Gewerkschaftliche Handlungs- und Durchsetzungsfähigkeit setzt voraus, tragfähige Strategien mit Zielen und Zwischenzielen entwickeln, und diese dann auch umsetzen zu können. Beides erfordert eine starke regionale Ausrichtung des Handelns, weil konkrete Strategien immer an der spezifischen Situation in einem Betrieb, ggf. auch einer Branche in einer Region ansetzen müssen. Welche der beschriebenen Anspruchshaltungen in einem Betrieb anzutreffen sind und welche Themen dementsprechend auf Resonanz stoßen könnten, sollte immer gemeinsam mit denjenigen erörtert werden, die den Betrieb und seine Belegschaft am besten kennen: mit Betriebsräten und aktiven Vertrauensleuten. Sie sind Experten für ihren Betrieb und verfügen über unentbehrliches Wissen, das sich von außen kommende Gewerkschafter erst mühsam erarbeiten müssten. Wo immer es möglich ist, muss eine auf die Stärkung ihrer Handlungsfähigkeit in den Betrieben bedachte Gewerkschaft mit diesen Experten kooperieren – und zwar nicht lediglich als ‹verlängerter Arm›, der Themen und gewerkschaftliche Publikationen zu den Beschäftigten bringt, sondern als Partner, mit denen gemeinsam eine spezifische, zu den betrieblichen Bedingungen und den Interessen der Belegschaft passende Strategie entwickelt und umgesetzt wird.

Anders stellt sich zweitens die Ausgangslage in Betrieben ohne Betriebsrat dar, wo das primäre Ziel jeder an jüngere Beschäftigte gerichtete gewerkschaftliche Initiative nur die Gründung eines solchen sein kann. Da die gesichtete Literatur keinerlei spezifische Informationen über Beschäftigte in Betrieben ohne Betriebsrat liefert, lassen sich über deren Besonderheiten im Verhältnis zur Gesamtheit der Beschäftigten nur einige Vermutungen anstellen:

- Sie dürften sich meist in einer prekäreren materiellen Situation befinden als ihre Kollegen in Betrieben mit Betriebsrat. Daher können der durch einen Betriebsrat zu ermöglichende Schutz vor Willkür, aber auch die Aussicht auf bessere Entlohnung oftmals gute Argumente sein.
- Gleichzeitig ist aber mit einer großen Distanz zur Gewerkschaft zu rechnen: Wer keine Erfahrung mit Betriebsrat und Gewerkschaft im eigenen Betrieb hat, tendiert eher zu (teilweise von den Arbeitgebern bewusst geschürten) Vorurteilen, nach denen die Gewerkschaft als betriebsfremde, den Zusammenhalt schädigende Macht erscheint.
- Auch wenn sich die Haltungen der verschiedenen Beschäftigtengruppen zur Gewerkschaft gewissermaßen durchgängig ein Stück in Richtung Gewerkschaftsferne verschieben, so kann man doch annehmen, dass die Unterschiede zwischen den verschiedenen Teilgruppen im Wesentlichen ähnlich sind.

Gerade solche Betriebe sind ein wichtiges mögliches Einsatzfeld für die Übertragung von Organizing-Konzepten auf den deutschen Kontext: Hier geht es zunächst darum, hinzugehen, mit Leuten aus dem Betrieb zu reden, sich ein Bild von deren Situation zu machen und mit Hilfe der Kenntnisse einzelner Gewerkschaftsmitglieder aus dem Betrieb[85] eine soziale Kartierung (*mapping*) des Betriebs zu erstellen. Diese kann dann als Ausgangspunkt einer Erfolg versprechenden Strategie genommen werden.

Drittens deutet sich an, dass sich in den Betrieben und in der gewerkschaftlichen Politik ein Konflikt zwischen den Orientierungen an *Leistungsgerechtigkeit* und *Absicherung* entwickeln könnte. Gewerkschaftliche Politikansätze sind in diesem Spannungsfeld nicht klar verortet: Klassische Gewerkschaftspolitik bedient vor allem den Anspruchstyp *Absicherung*, das von ERA gestärkte Leistungsprinzip dagegen kommt tendenziell dem Anspruch auf *Leistungsgerechtigkeit* entgegen. Die Frage, wie sich dieser Konflikt auflösen oder produktiv wenden lässt, ist für die Zukunftsfähigkeit gewerkschaftlicher Politik entscheidend. Auch wenn hierzu keine Zahlen vorliegen, ist doch davon auszugehen, dass *Leistungsgerechtigkeit* und *Absicherung* zu den am stärksten vertretenen Anspruchstypen in den Belegschaften gehören – zumal in den gewerkschaftlichen Kerngruppen der Arbeiter. Ferner ist sehr wahrscheinlich, dass die an *Leistungsgerechtigkeit* orientierten Gruppen in der gegenwärtigen jungen Generation wachsen, während die auf *Absicherung* bedachten Fraktionen eher kleiner werden. Auf anderer Ebene findet sich der Konflikt auch in Form von Fraktionierungen innerhalb der Gewerkschaft wieder, wo er sich regelmäßig in den Debatten um Tarifforderungen manifestiert. Er muss stärker als bisher als solcher thematisiert und im Dialog bearbeitet werden, um auszuloten, wie die unterschiedlichen Ansprüche ohne Entsolidarisierung vereinbar sind.

Das verweist auf einen grundlegenden Anspruch an jede Gewerkschaft, die Gruppenegoismen vermeiden und «*inklusive Solidarität*»[86] herstellen will: Sie muss ihr Handeln stets als *politisches* verstehen, darf sich also nicht darauf beschränken, auf die ‹Nachfrage› der ‹Zielgruppen› mit bestimmten Themen und ‹Angeboten› zu reagieren. Vielmehr muss bei jeder an bestimmte Gruppen gerichteten Teilstrategie – etwa Forderungen nach besserer Qualifizierung für den Typ *Leistungsgerechtigkeit* und nach der Einlösung von an Qualifikation gebundenen Versprechen für den Typ *Absicherung* – auch deutlich gemacht werden, worin Gemeinsamkeiten der Problemlagen verschiedener Gruppen bestehen. Und hierbei bleibt die ent-

85 Dies dürfte unverzichtbar sein. In einem Betrieb, in dem es nicht wenigstens einige wenige ansprechbare Gewerkschaftsmitglieder gibt, wird es kaum möglich sein, strategisch handlungsfähig zu werden.

86 Zeuner, Bodo (2004): Widerspruch, Widerstand, Solidarität und Entgrenzung – neue und alte Probleme der gewerkschaften, in: Beerhorst, Joachim; et al. (2004): Kritische Theorie im gesellschaftlichen Strukturwandel. Frankfurt/M. S. 318–353.

scheidende Gemeinsamkeit die, dass sie sich als abhängig Beschäftigte in einem strukturellen Konflikt mit den Interessen der sie beschäftigenden Unternehmen befinden. Deren Streben nach Gewinnmaximierung bestimmt die für den Anspruchstyp *selbstbestimmte Solidarität* typischen Konflikte zwischen Arbeitsstolz und betrieblichen Anforderungen ebenso wie die prekäre Situation der Gruppen des Typs *Schutzbedürfnis* – und dies gilt es bei aller berechtigten Aufmerksamkeit für die Unterschiede auch immer wieder herauszustellen.

Literatur

Bauer, Ullrich; Bittlingmayer, Uwe H. (2006): Die «Wissensgesellschaft»: Mythos, Ideologie oder Realität? Wiesbaden.

Beaud, Stéphane; Pialoux, Michel (2004): Die verlorene Zukunft der Arbeiter: Die Peugeot-Werke von Sochaux-Montbéliard. Konstanz.

Beckenbach, Niels; et al. (1973): Klassenlage und Bewusstseinsformen technisch-wissenschaftlicher Lohnarbeit. Frankfurt/M.

Betzelt, Sigrid (2006): Flexible Wissensarbeit: AlleindienstleisterInnen zwischen Privileg und Prekarität. Bremen.

Bittlingmayer, Uwe H. (2000): «Zukunft, ich weiß nicht, was das ist.» Prekäre Habitusformen als Signatur der «Wissensgesellschaft». Vortrag auf dem Kongress «Theorie als Kampf?». Münster.

Bittlingmayer, Uwe H. (2002): Transformation der Notwendigkeit. Prekarisierte Habitusformen als Kehrseite der «Wissensgesellschaft», in: Bittlingmayer, Uwe H.; et al. (Hg) 2002: Theorie als Kampf? Zur politischen Soziologie Pierre Bourdieus. Opladen. S. 225–252.

Bittlingmayer, Uwe H.; et al. (Hg) (2002): Theorie als Kampf? Zur politischen Soziologie Pierre Bourdieus. Opladen.

Boes, Andreas; Kämpf, Tobias (2008): «Hochqualifizierte in einer globalisierten Arbeitswelt: Von der Erosion der ‹Beitragsorientierung› zu neuen Arbeitnehmeridentitäten», in: Arbeits- und Industriesoziologische Studien 2/1. S. 44–67.

Boes, Andreas; Trinks, Katrin (2006): «Theoretisch bin ich frei!» – Interessenhandeln und Mitbestimmung in der IT-Industrie. Berlin.

Bourdieu, Pierre (1982): Die feinen Unterschiede. Kritik der gesellschaftlichen Urteilskraft. Frankfurt/M.

Brinkmann, Ulrich; Choi, Hae-Lin; Detje, Richard; Dörre, Klaus; Holst, Hajo; Karakayali, Serhat; Schmalstieg, Catharina (2008): Strategic unionism: aus der Krise zur Erneuerung? Umrisse eines Forschungsprogramms. Wiesbaden.

Brock, Ditmar; et al. (Hg) (1988): Subjektivität im gesellschaftlichen Wandel: Umbrüche im beruflichen Sozialisationsprozeß. München.

Bühler, Caroline (2007): Zwischen Flexibilität und Resignation. Berufliche Identität junger Erwachsener, in: Mansel, Jürgen/Kahlert, Heike «Arbeit und Identität im Jugendalter». Weinheim und München. 2007. S. 33–47.

Buttigieg, Donna; Delaney, Annie; Burchielli, Rosaria (2008): Organizing homeworkers: the use of mapping as an organizing tool, in: Work, employment & society. 1/22. S. 167–180.

Dörre, Klaus (2008): Die strategische Wahl der Gewerkschaften – Erneuerung durch Organizing?, in: WSI-Mitteilungen 1/61. S. 3–10.

Fuchs, Tatjana (2007): DGB-Index Gute Arbeit. Sonderauswertung: Arbeitsqualität aus Sicht von jungen Beschäftigten (unter 30 Jahren), DGB-Index Gute Arbeit, Stadtbergen: INIFES, http://www.dgb-index-gute-arbeit.de/downloads/publikationen/data/Sonderauswertung%20Jugend (zugegriffen am 15.10.2008)

Gille, Martina (Hg) (2008): Jugend in Ost und West seit der Wiedervereinigung. Ergebnisse aus dem replikativen Längsschnitt des DJI-Jugendsurvey. Schriften des Deutschen Jugendinstituts: Jugendsurvey. 4. Wiesbaden.

Gille, Martina; et al. (2006): Jugendliche und junge Erwachsene in Deutschland. Lebensverhältnisse, Werte und gesellschaftliche Beteiligung 12- bis 29-Jähriger. Wiesbaden.

Hälker, Juri; Vellay, Claudius (2006): Union Renewal – Gewerkschaften in Veränderung. Texte aus der aktuellen internationalen Gewerkschaftsforschung. Düsseldorf. Hans-Böckler-Stiftung.

Holst, Hajo (2009): Disziplinierung durch Leiharbeit? – Neue Nutzungsstrategien von Leiharbeit und ihre arbeitspolitischen Folgen, in: WSI-Mitteilungen 3/2009.

Hurrelmann, Klaus; Albert, Mathias (2003): Jugend 2002. Zwischen pragmatischem Idealismus und robustem Materialismus. Hg. vom Jugendwerk der deutschen Shell. Frankfurt/M.

Hurrelmann, Klaus; Albert, Mathias (2006): Jugend 2006. Eine pragmatische Generation unter Druck. Hg. vom Jugendwerk der deutschen Shell. Frankfurt/M.

IG Metall (Hg) (2006): Fachangestellte in der IG Metall, Frankfurt/M.: IGM Vorstand, Ressorts Angestellte und Mitglieder.

IG Metall (Hg) (2007): «Kaufmännische Angestellte in Büromanagement und Sachbearbeitung.» Arbeitsheft zur Zielgruppenansprache Nr. 1. Frankfurt/M. IG Metall Vorstand.

Kadritzke, Ulf (1985): «‹Angestelltenbewußtsein› und Anknüpfungspunkte für die gewerkschaftliche Angestelltenarbeit» in, WSI-Mitteilungen 8/38. S. 446–456.

Kotthoff, Hermann und Wagner, Alexandra (2008a): Follow up-Studie «Führungskräfte und Außertarifliche Angestellte im Wandel der Firmenkultur». Auszug aus dem Projektbericht. Download über *http://tinyurl.com/l6gz2c* .

Kotthoff, Hermann; Wagner, Alexandra (2008b): Die Leistungsträger. Berlin.

Kraemer, Klaus; Speidel, Frederic (2004): Prekäre Leiharbeit. Zur Integrationsproblematik einer atypischen Beschäftigungsform, in: Vogel, Berthold (Hg) 2004: Leiharbeit: neue sozialwissenschaftliche Befunde zu einer prekären Beschäftigungsform. Hamburg.

Kudera, Werner; Ruff, Konrad; Schmidt, Rudi (1983): Blue collar – white collar: grey collar? Zum sozialen Habitus von Arbeitern und Angestellten in der Industrie, in: Soziale Welt 34. S. 201–227.

Kupka, Peter (1998): Lebenslang oder Übergang? Berufspläne junger Facharbeiter, in: Diskurs. Studien zu Kindheit, Jugend, Familie und Gesellschaft. 1/8. S. 18–27.

Linne, Gudrun; Kronauer, Martin (Hg) (2007): Flexicurity. Die Suche nach Sicherheit in der Flexibilität. Berlin.

Lund, John; Jun, Myung-Sook, Eaton, Adrienne (2005): Mapping and Charting Construction Organizing Targets and Opportunities: Lessons from Wisconsin, in: Labor Studies Journal 3/30. S. 73–84.

Lund, John; Wright, Christopher (2003): Building Union Power Through the Supply Chain: Mapping Opportunities and Jurisdictional Boundaries in Grocery Distribution, in: Labor Studies Journal. 4/27. S. 59–75.

Neef, Wolfgang (1988): Berufliche Situation und Selbstverständnis von Ingenieuren, in: Brock, Dietmar; et al. (Hg) 1988. S. 219–245.

Niemann-Findeisen, Sören (2007): «Das ist alles sehr anonym geworden». Ergebnisbericht zur Fallstudie Fachangestellte der Volkswagen Financial Services AG. Frankfurt/M. IG Metall.

Oesch, Daniel (2006a): Redrawing the class map. Basingstoke.

Oesch, Daniel (2006b): Coming to Grips with a Changing Class Structure: An Analysis of Employment Stratification in Britain, Germany, Sweden and Switzerland. International Sociology 2/21. S. 263–288.

Preiss, Christine (1988): Neue Technik und wissenschaftlich-technische Intelligenz, in: Brock, Ditmar; et al. (Hg) 1988: Subjektivität im gesellschaftlichen Wandel: Umbrüche im beruflichen Sozialisationsprozeß. München. S. 161–190.

Promberger, Markus (2007): Leiharbeit. Flexibilitäts- und Unsicherheitspotenziale in der betrieblichen Praxis, in: Linne, Gudrun; Kronauer, Martin (Hg) 2007: Flexicurity. Die Suche nach Sicherheit in der Flexibilität. Berlin. S. 183–204

Rehder, Britta (2008): Revitalisierung der Gewerkschaften? Die Grundlagen amerikanischer Organisierungserfolge und ihre Übertragbarkeit auf deutsche Verhältnisse, in: Berliner Journal für Soziologie 3/18. S. 432–456.

Schmidt, Rudi (1988): Die Leistungsorientierung als Konkurrenzstrategie von Angestellten, in: Steinkühler, Franz; Bleicher, Siegfried 1988: Zwischen Aufstieg und Rationalisierung: Die Angestellten. Hamburg. S. 159–182.

Schmidt, Rudi; Wentzke, Theodor (1991): Bewußtsein und Sozialcharakter von Angestellten. Eine empirische Untersuchung. Erlangen.

Singe, Ingo (2008): Interessenformierung von Angestellten mittlerer Qualifikationsstufen in den Finanzdienstleistungen. Vortrag auf dem Workshop «Betriebsräte und Gewerkschaften: Herausforderung Organizing» am 04./05.12.2008. Jena .

Steinkühler, Franz/Bleicher, Siegfried (1988): Zwischen Aufstieg und Rationalisierung: Die Angestellten, Hamburg.

Urban, Hans-Jürgen (2008): Die post-neoliberale Agenda und die Revitalisierung der Gewerkschaften, in: Butterwegge, Christoph; Löch, Bettina; Ptak, Ralf (Hg) 2008: Neoliberalismus. Analysen und Alternativen. Wiesbaden.

Vester, Michael (2006): «Die gefesselte Wissensgesellschaft», in: Bauer, Ullrich; Bittlingmayer, Uwe H. (2006): Die «Wissensgesellschaft»: Mythos, Ideologie oder Realität? Wiesbaden. S. 173–219

Vester, Michael; Teiwes-Kügler, Christel; Lange-Vester, Andrea (2007): Die neuen Arbeitnehmer. Zunehmende Kompetenzen – wachsende Unsicherheit. Hamburg

Vogel, Berthold (Hg) (2004): Leiharbeit: neue sozialwissenschaftliche Befunde zu einer prekären Beschäftigungsform. Hamburg

Vogel, Berthold (2004a): «Erwerbsbiographische Wege in Leiharbeit und befristete Beschäftigung in der Automobilindustrie. Eine typologische Interpretation», in: Vogel, Berthold (Hg) 2004: Leiharbeit: neue sozialwissenschaftliche Befunde zu einer prekären Beschäftigungsform. Hamburg. S. 154–165.

Weber-Menges, Sonja (2004): «Arbeiterklasse» oder Arbeitnehmer? Vergleichende empirische Untersuchung zu Soziallage, Lebenschancen und Lebensstilen von Arbeitern und Angestellten in Industriebetrieben. Wiesbaden.

Wetzel, Detlef (2008): Thesen zur Erneuerung der Gewerkschaftsarbeit – Die IG Metall plädiert für eine mitgliederorientierte Offensivstrategie, in: *Mitbestimmung* 11/54. S. 48–51.

Witzel, Andreas; Kühn, Thomas (2000): Orientierungs- und Handlungsmuster beim Übergang in das Erwerbsleben. ZSE 3. S. 9–29.

Zeuner, Bodo (2004): Widerspruch, Widerstand, Solidarität und Entgrenzung – neue und alte Probleme der gewerkschaften, in: Beerhorst, Joachim; et al. (2004): Kritische Theorie im gesellschaftlichen Strukturwandel. Frankfurt/M. S. 318–353.

Sören Niemann-Findeisen

«Motiviert – aber ausgebremst»

Ergebnisinterpretation der Studie: Persönliche Lage und Zukunftserwartungen der Jungen Generation, TNS Infratest Politikforschung im Auftrag der IG Metall, April 2009

1. Einleitung

Verantwortungsträger in Politik und Wirtschaft sprechen gern und auch oft davon, dass die jungen Menschen die Zukunft repräsentierten. Es bestünde daher mehr als nur eine moralische Verpflichtung gegenüber der Jungen Generation. Die Gesellschaft habe gar ein eigennütziges Interesse, der Jungen Generation beim Start in das eigene private und berufliche Leben nach besten Kräften zu helfen. Um die Taten von Politikern, Managern und Unternehmern ist es dagegen, vorsichtig ausgedrückt, weniger gut bis schlecht bestellt. Die von Politik und Wirtschaft zumindest zum Teil bewusst gestalteten Rahmenbedingungen für den Start ins Erwachsenleben sind alles andere als leicht für die jungen Menschen. Gegenüber früheren Generationen gibt es nicht nur neue Freiheiten, die durchaus als Errungenschaften von den Jungen begriffen werden. Ausmachen lassen sich auch Hürden und dauerhafte Unsicherheiten, die sich schon jetzt für einen erheblichen Teil als zu hoch bzw. unauflösbar erweisen. Natürlich ist nicht jeder von Unsicherheiten bis hin zu Prekarisierung betroffen, aber vor allem die Jungen wissen: Jeder könnte es sein und fast jeder kennt jemanden, der betroffen ist. In der Gewissheit, dass es «mich schon nicht treffen wird», lässt es sich nur noch bedingt leben.

Ihren Zukunftswillen und den Wunsch etwas für sich zu erreichen, hat die Junge Generation aber dennoch nicht aufgegeben. Der überwiegende Teil blickt persönlich optimistisch in die Zukunft und will sich gestaltend einbringen – wenn da nicht der gesellschaftliche Trend wäre. Man kann die Junge Generation daher als motiviert aber ausgebremst bezeichnen. Ihr dagegen zu unterstellen, dass sie apolitisch oder gar naiv sei, ist völlig fehl am Platze. Sie nimmt wahr, dass dunkle

Wolken am Horizont ihrer Zukunft aufgezogen sind. Die gesellschaftliche Zukunft sieht sie sorgenvoll, ergeht sich aber glücklicherweise nicht in einer Art kollektiver Depression. Die optimistische Haltung der Jungen Generation in Bezug auf die eigene Zukunft ist als fester Wille, sich nicht unterkriegen zu lassen, zu sehen.

Es scheint, dass bei allem Zweckoptimismus ein Realismus gegenüber den objektiv schwierigen Umständen Einzug hält. Ein Realismus, der erkannt hat, dass eine der großen Erzählungen der neueren Geschichte zu Ende gegangen ist. Die Geschichte von der besseren Zukunft für die Junge Generation. Sie lebt heute vielfach in der subjektiv empfundenen Gewissheit, dass es ihr einmal schlechter gehen wird als ihren Eltern. Der Satz «Dir soll es einmal besser gehen» klingt für sie hohl.

Freilich hat diese Erzählung ihre Kraft daraus gewonnen, dass es Generationen gab, die große existentielle Sorgen und Nöte zu ihrem unmittelbaren Erfahrungsschatz zählte. Und doch musste diese Erzählung mehr sein als ein frommer Wunsch, um zu tragen. Sie war Programm einer ganzen Gesellschaftsordnung und sorgte für den sozialen Kitt des neuen demokratischen Nachkriegsdeutschlands, weil es ein realistisches Programm war. Durch Fleiß, Bildung, durch gewerkschaftliche Organisierung und nicht zuletzt durch den sozialen Grundkonsens zwischen Kapital, Arbeit und Politik konnten es die Angehörigen der unteren Schichten zu etwas bringen. Lohnarbeit war nicht mehr proletarisches Stigma, sondern sorgte für bescheidenen Wohlstand und, was vielleicht noch wichtiger war, für Respektabilität. Im Rheinischen Kapitalismus wurde sie Modus der Inklusion. In der Form der Leiharbeit und weiteren so genannten atypischen Beschäftigungsverhältnissen verheißt sie heute Unsicherheit und relative Armut als Arbeitnehmer zweiter Klasse. Eine Reproletarisierung von Teilen der Arbeitnehmerschaft hat bereits mit voller Wucht eingesetzt, die unter dem Stichwort Prekarisierung diskutiert wird.

In der Zuversicht des stetigen Aufstiegs, die Millionen Arbeitnehmer zu Recht hegten, steckte und steckt auch eine bedeutende politische Dimension: Sie schuf das starke Vertrauen und die Zustimmung zu der deutschen Demokratie. Das gemeinsame Projekt des sozialen Aufstiegs war das eigentliche Fundament eines gesellschaftlichen Konsenses, der bisher weit über einzelne soziale Schichten und politische Lager hinausreichte. Was in früheren Jahren beinahe selbstverständlich war, droht heute für die große Mehrheit der Jungen Generation zum raren Gut oder gar ganz unerreichbar zu werden. Schon vor der schweren Finanzmarkt- und Wirtschaftskrise wuchsen die Unzulänglichkeiten und es zeigte sich, wie eng die Grenzen gesteckt sind.

2. Die Studie

Vor diesem Hintergrund ist es für die praktische Politik der IG Metall von hoher Bedeutung zu wissen, welche Perspektiven die heutige Junge Generation hat. Was erwarten junge Menschen von ihrer Zukunft? Wie sehen sie sich und wie sehen sie die Gesellschaft? Was verlangen sie von den Unternehmen, den Verbänden und der Politik? Wie wirkt sich die jetzige große Wirtschafts- und Finanzmarktkrise auf ihr Leben aus?

Die IG Metall will also wissen, was die jungen Beschäftigten denken, fühlen, was sie wollen und erwarten. Sie will das wissen, weil sie Politik im Interesse der Jungen Generation machen will – nicht nur für sie, sondern gemeinsam mit ihr.

Wir wollten auch wissen, wie sich die großen gesellschaftlichen Tendenzen auf dieses Wollen, Denken und Fühlen auswirken: Die erneut wachsende Zahl der Arbeitslosen in einer Krisenzeit, die Zunahme von prekärer Arbeit, die Schwierigkeiten, eine gute Bildung und eine gute Ausbildung zu erhalten, der oft vergebliche Kampf um den eigenen sozialen Aufstieg und der nicht selten erfolglose Kampf gegen den Abstieg.

All diese Fragen zielen auf die soziale Lage und die gesellschaftliche Situation der Jungen Generation ab und wie diese von ihr verarbeitet, von ihr interpretiert wird. Überprüft wird zudem, ob es noch so etwas gibt, das man gesellschaftliche Zuversicht nennen könnte – nämlich, ob die große Erzählung von der besseren Zukunft noch trägt. Weiterhin spielt die Krisenbetroffenheit eine Rolle. In dieser Hinsicht muss bedacht werden, dass die Krisenerfahrung zum Zeitpunkt der Erhebung im März 2009 noch sehr frisch war und sich ihre Folgen für die Einzelnen erst nach und nach entfalten. An dieser Stelle geht es daher lediglich um einen ersten Eindruck von Tendenzen.

Es geht um die Frage, wie sich gesamtgesellschaftliche Entwicklungen am Arbeitsmarkt sowie im Bildungssystem auf die derzeitige Stimmung und die Zukunftserwartung der 14- bis 34-jährigen Bürger auswirken. Weiterhin wird untersucht, inwieweit die Junge Generation von der aktuellen Krisensituation betroffen ist und welche gesellschaftlichen bzw. politischen Anforderungen daraus resultieren.

Befragte im Alter von 35 Jahren und älter werden als Referenzgruppe herangezogen. Dies ermöglicht die direkte Gegenüberstellung der Lebenssituation und Betroffenheit durch die aktuelle Krise in beiden Altersgruppen und den unmittelbaren Vergleich von Selbst- und Fremdbild der jüngeren Generation.

3. Methodensteckbrief

Grundgesamtheit:	I) Deutschsprechende Bevölkerung im Alter von 14–34 Jahren II) Deutschsprechende Bevölkerung im Alter von 35+ Jahren
Stichprobe:	Quotenstichprobe aus Access-Panel Quotenvorgaben für Alter, Geschlecht, Bildung aus Mikrozensus

Erhebungsverfahren:	Online-Befragung
Fallzahlen:	I) 1.131 Befragte im Alter von 14–34 Jahren II) 772 Befragte im Alter von 35+ Jahren
Erhebungszeitraum:	06. bis 16. März 2009
Fehlertoleranz:	I) 1,4[1] bis 3,12 Prozentpunkte II) 1,5[2] bis 3,52 Prozentpunkte
Institut:	TNS Infratest Politikforschung, Berlin

4. Junge Arbeitnehmer sind besonders von prekären Arbeitsverhältnissen betroffen

Viele Unternehmen befördern diesen Prozess nach Kräften. Sie wandeln aus vordergründigen Renditeinteressen viele sichere reguläre Arbeitsplätze in sehr viele unsichere Arbeitsverhältnisse um. Aber trotzdem ist davon bis heute unter den Beschäftigten keine Mehrheit, sondern nur eine Minderheit betroffen. So kommen viele der Älteren noch einmal davon. Die heutige Junge Generation kann jedoch nicht mehr entkommen. Sie ist die erste Generation, für die prekäre Arbeit nicht mehr Ausnahme ist, sondern eventuell zur Regel wird. Sie muss mit der Sicherheit leben, dass vieles unsicher ist.

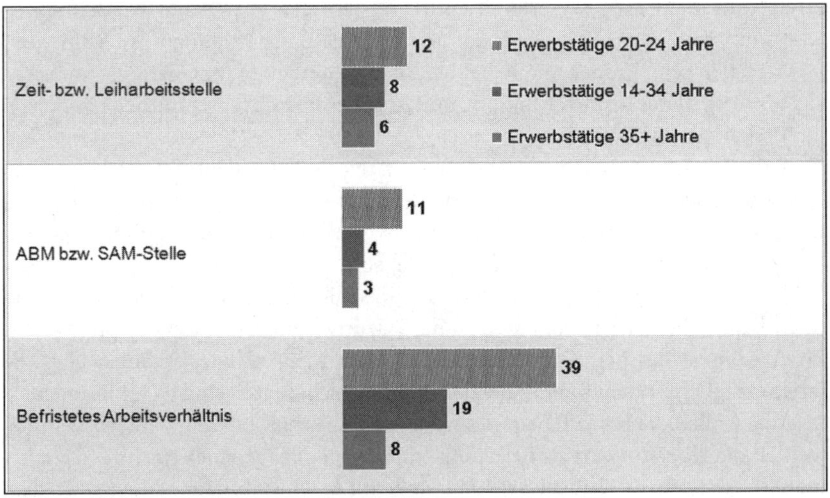

Abb. 1: Besondere Betroffenheit von Präkarisierung

1 Bei einem Anteil von 5%.

2 Bei einem Anteil von 50%.

Unter den jungen Beschäftigten ist der Anteil derjenigen, die nur einen prekären Job haben, überdurchschnittlich hoch. Egal ob Leiharbeit, ABM-Stellen oder befristete Arbeit, diese unsicheren Verhältnisse sind bei ihnen sehr viel stärker verbreitet als bei den älteren Beschäftigten.

Die Ergebnisse im Einzelnen:

Das 25. Lebensjahr ist ein Einschnitt, zumindest statistisch gesehen. Zuvor ist eine klare Mehrheit in der Ausbildung, danach nur noch eine Minderheit, und die Mehrheit ist erwerbstätig.

Der Blick auf die Gruppe der Jungen zeigt folgendes: 37 Prozent sind erwerbstätig, entweder in Voll- oder Teilzeit, und knapp die Hälfte ist in der Schule (18 Prozent), an der Hochschule (17 Prozent) oder in der Ausbildung (11 Prozent).

Werfen wir einen Blick auf die Gruppe der bereits Erwerbstätigen: 76 Prozent arbeiten in Vollzeit, 16 Prozent haben eine Teilzeitstelle. Je älter die Beschäftigten, desto höher wird jedoch deren Anteil, vermutlich weil Familienleben und Kindererziehung eine wichtige Rolle spielen. So ist der Anteil der Teilzeitberufstätigen bei den über 35-Jährigen mit 24 Prozent deutlich höher.

Die Jüngeren sind wiederum häufiger als die Älteren in einem prekären Arbeitsverhältnis beschäftigt. Je jünger desto eher prekär kann gefolgert werden. Unterm Strich sind mehr als ein Viertel der unter 35-Jährigen in prekärer Beschäftigung. Ob es um Leih- oder Zeitarbeit, um geringfügige Beschäftigung oder ABM- und SAM-Stellen geht, immer sind in beiden Altersgruppen Männer, Befragte mit niedriger und mittlerer formaler Bildung und Arbeiter überdurchschnittlich häufig von der Prekarisierung betroffen.

Beinahe 20 Prozent der jungen Erwerbstätigen – in Ostdeutschland 28 Prozent, in Westdeutschland 16 Prozent – haben einen befristeten Arbeitsvertrag. Bei den Erwerbstätigen bis 24 Jahren sind es sogar 39 Prozent. Berufseinsteiger müssen sich heutzutage häufig mit Zeitverträgen begnügen.

Die jungen Erwerbstätigen arbeiten, einschließlich Überstunden, jeweils beträchtlich mehr als vertraglich vereinbart, deutlich über 38 Stunden pro Woche. Pro Woche ist das bei den Vollzeitbeschäftigten mehr als vier Stunden über die tarifvertragliche Norm hinaus, bei den Teilzeitbeschäftigten sind es 1,4 Stunden.

Was wollen die Betroffenen, was ist deren Wunscharbeitszeit? Zunächst einmal werden die Überstunden als Belastung empfunden. Bei genauer Nachfrage erfährt man, dass sie etwas weniger arbeiten wollen. Die Überstunden sollen wegfallen, aber die Tarifarbeitszeit ist für sie in Ordnung. Etwas anders sieht es bei den Vollzeiterwerbstätigen aus. Sie wollen deutlich weniger arbeiten als vertraglich vereinbart. Das ist offensichtlich eine klare Reaktion auf die sehr hohe tatsächliche Arbeitszeit, die bei 44 bis 45 Stunden die Woche liegt, und die auf Dauer als zu hoch empfunden wird.

Weit verbreitet sind Wunsch und vor allem Notwendigkeit, nebenher Jobs zu suchen und anzunehmen. 27 Prozent der Jungen Generation üben mindestens eine Nebenerwerbstätigkeit aus, um finanziell besser über die Runden zu kommen. Das sind in erster Linie Studierende, von denen 13 Prozent sogar mehrere Nebenjobs haben, um sich ihr Studium zu finanzieren. Auch jeder vierte der jungen Arbeitslosen hat einen Nebenerwerb. Ähnliches gilt für diejenigen, die prekär oder befristet beschäftigt sind. Bei der Gruppe der Vollzeitbeschäftigten nimmt dieser Anteil beträchtlich ab. Aber unter den jungen Erwerbstätigen haben immerhin noch 16 Prozent eine Nebenbeschäftigung.

5. Prekäre Beschäftigung fördert Unzufriedenheit

Es gibt eine tiefe mentale Kluft in der Jungen Generation. Diejenigen, die prekär beschäftigt sind, äußern sich sehr viel unzufriedener mit ihrer beruflichen Entwicklung als diejenigen, die eine reguläre Arbeit haben. Die jungen Beschäftigten sehen offenkundig in prekärer Beschäftigung keine Übergangslösung, an die sich mit hoher Wahrscheinlichkeit der Ein- und Aufstieg in eine etablierte Berufskarriere anschließt, sondern ein von der Gesellschaft auch zu Recht gering geschätztes Abstellgleis und eine Sackgasse.

Die Ergebnisse im Einzelnen:

Fast zwei Drittel der berufstätigen 14- bis 34-Jährigen sagen, sie seien zufrieden. Sie fühlen sich durch ihre Ausbildung gut gerüstet für ihre jetzige Arbeit. Das Niveau der Ausbildung und die Anforderungen an ihrem Arbeitsplatz entsprechen einander. Ein Viertel fühlt sich in der Arbeit unterfordert und meint, sie seien zu gut ausgebildet. Knapp 10 Prozent geht es genau umgekehrt: Sie fühlen sich überfordert und wollen sich weiterbilden.

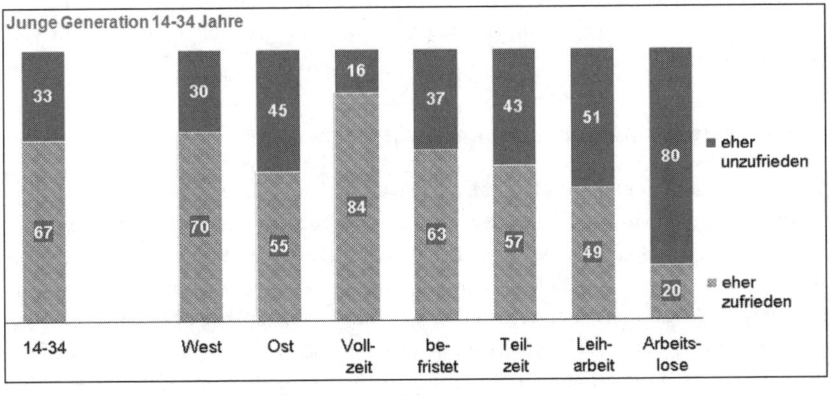

Abb. 2: Zufriedenheit mit beruflicher Entwicklung

Ganz anders sieht dies jedoch bei der Gruppe aus, die in befristeter oder prekärer Arbeit ist. Bei ihnen ist der Anteil derjenigen, die sich unterfordert fühlen, deutlich höher. Je nach Typ von Arbeitsverhältnis liegt die Quote zwischen 34 und 47 Prozent. «Spitzenreiter» sind die jungen Leiharbeiter, von denen fast 50 Prozent sagen, sie seien unterfordert.

Insgesamt seien sie, das sagen gut zwei Drittel der Jungen Generation, mit ihrer bisherigen beruflichen Entwicklung eher zufrieden, ein starkes Drittel ist jedoch eher unzufrieden. Schüler und Studenten wurden zu diesem Punkt nicht befragt. Es zeigen sich klare Unterschiede. Von den jungen Erwerbstätigen äußern sich 78 Prozent zufrieden. Von denjenigen, die in Vollzeitarbeit sind, sind es sogar 84 Prozent. Dagegen ist der Anteil der Zufriedenen in der Gruppe der befristet und prekär Beschäftigten deutlich geringer und der, der Unzufriedenen sehr viel höher.

Auffällig ist, dass Menschen, die sich unterfordert fühlen, zu einem viel höheren Anteil als andere unzufrieden sind: Von ihnen sind nur 56 Prozent zufrieden mit ihrer beruflichen Entwicklung. Die Zufriedenheit fällt bei denen, die sich angemessen eingesetzt sehen (85 Prozent) und die sich selbst als unterqualifiziert einschätzen (90 Prozent) deutlich höher aus. Es ist keine Überraschung, dass die Zufriedenheit mit Alter, Bildungsgrad und Einkommen wächst. Alter und Bildung beeinflussen wiederum das Einkommen positiv.

Die Ergebnisse in der Referenzgruppe der über 35-Jährigen sind ähnlich. Es fällt jedoch auf, dass bei ihnen der Grad an Zufriedenheit weniger von der Art der Beschäftigung abhängt. So äußern unter den älteren Teilzeitbeschäftigten, Leiharbeitern und Arbeitslosen sehr viel mehr ihre Zufriedenheit mit ihrer Lage, als dies bei den Jüngeren der Fall ist.

Möglicherweise haben jüngere Beschäftigte aufgrund ihrer Zukunftsorientierung höhere Ansprüche an ein erfülltes Erwerbsleben. Die Älteren blicken aus einer anderen Perspektive auf diese Fragen. In Teilzeit zu arbeiten, kann bewusste Entscheidung und keine Verlegenheitslösung sein. Angenommen werden kann auch, dass manche Ältere bereits resigniert haben und daher aus Selbstschutz ihre Erwartungen nicht hoch setzen.

6. Probleme beim Berufsstart und Brüche

Wer einen guten Schulabschluss hat, sich anschließend seinen Ausbildungsplatz erkämpft und die Prüfung bestanden hat, der hat heute immer noch keine Eintrittskarte in das Berufsleben. Es ist heute vielmehr selbstverständlich, dass ein guter Ausbildungs- oder Arbeitsplatz eben keine Selbstverständlichkeit ist. Eine mehrmonatige Suche nach einem Ausbildungs- oder Arbeitsplatz, eine längere Phase von Arbeitslosigkeit nach dem ersten befristeten Job – ein solcher Hürdenlauf gehört für junge Beschäftigte zunehmend zum Berufsalltag. Motivierte junge Leute

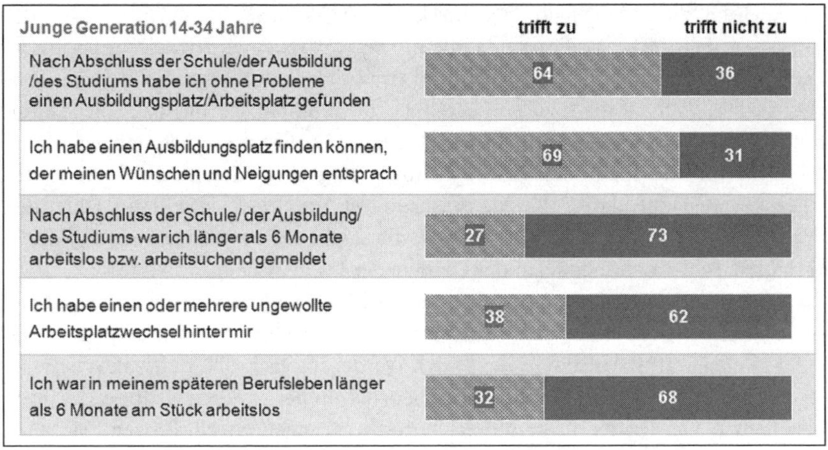

Abb. 3: Probleme beim Berufsstart

sind mit Hindernissen und Umwegen konfrontiert, die ein etabliertes Berufsleben immer schwieriger werden lassen und zeitlich nach hinten verschieben, negative Folgen für die spätere Rentenhöhe inklusive.

Brüche und Einschnitte sind in dieser Lebensphase nicht selten, sowohl im privaten als auch im beruflichen Leben: Der Auszug aus dem Elternhaus, die Aufnahme einer Ausbildung oder der ersten Arbeit, der Wechsel des Studiums oder der Ausbildung, der Wegzug aus dem Heimatort gehören dazu. Heute gibt es jedoch einen entscheidenden Unterschied zu früher. Die Anstrengungen wurden damals meist damit belohnt, dass der junge Mann und die junge Frau einen Einstieg in das Berufs- und Arbeitsleben schafften. Heute gilt das nicht mehr ohne weiteres.

Die Ergebnisse im Einzelnen:

Wir fragten, ob die Jungen ihr berufliches Leben als brüchig ansehen oder ob es eher glatt verlaufen sei. 55 Prozent sagten, es sei bei ihnen eher geradlinig verlaufen, 45 Prozent, also fast die Hälfte, betonten die Brüche und Einschnitte. Der Vergleich mit der Gruppe der Älteren ist interessant, denn bei denen ist es genau umgekehrt. Dennoch ist auch bei den Älteren der Bruch verbreitet. Daraus ist der Schluss zu ziehen, dass offensichtlich heute auch im weiteren Berufsleben keine «Ruhe» einkehrt. Der Wechsel der Arbeitsstelle oder der Wechsel von der Beschäftigung in die Arbeitslosigkeit und zurück, gehört heute zum Berufsleben dazu, egal wie alt der Beschäftigte ist. Die so genannte normale Erwerbsbiographie wird seltener, ungewollte Wechsel des Arbeitsplatzes und wiederkehrende Phasen von Arbeitslosigkeit gehören für fast die Mehrheit zum Alltag.

Auch bei dieser Frage gibt es bemerkenswerte Wechselwirkungen. Je höher Bildungsgrad, berufliche Position und Einkommen, desto eher wird der eigene berufliche Lebensweg als geradlinig beschrieben und empfunden. Wahrscheinlich werden Brüche, die beruflich auf der sozialen Leiter nach oben führen, gar nicht als solche empfunden, sondern nur diejenigen, die negative Folgen haben und aufgezwungen sind.

Es kommt noch eine Besonderheit hinzu. Es gibt bei diesem Punkt in beiden Altersgruppen eine klare Differenz zwischen Ost- und Westdeutschland. Unter den Westdeutschen ist der Anteil derjenigen, die sagen, ihr Berufsleben sei geradlinig verlaufen, sehr viel höher als in der Gruppe der Ostdeutschen.

Ob jemand zufrieden ist mit seiner Berufsbiographie oder nicht, das hängt eng mit diesen Brüchen zusammen und damit, wie jeder diese für sich deutet. So sagt jeder zweite junge Berufstätige, der seinen Werdegang als brüchig charakterisiert, er sei mit seiner Erwerbsbiographie unzufrieden. Von der anderen Gruppe, die ihren beruflichen Werdegang als geradlinig bezeichnet, sagen gut 90 Prozent, sie seien zufrieden.

64 Prozent der jungen Beschäftigten sagen, sie hätten «ohne Probleme» ihren Ausbildungs- oder Arbeitsplatz gefunden, und 69 Prozent bekamen einen Ausbildungsplatz, der ihren Wünschen entsprach. Entsprechend hatte dagegen ein gutes Drittel nennenswerte Probleme, einen Ausbildungs- oder Arbeitsplatz zu finden. Auch hier gibt es wieder die vertrauten Zusammenhänge zwischen Alter, Bildung und Einkommen.

Was verstehen die jungen Erwerbstätigen unter Einschnitten und wie empfinden sie diese: Generell als Last oder auch als Bereicherung? 38 Prozent sagen, sie hätten einmal oder mehrere Male ungewollt den Arbeitsplatz wechseln müssen. Jeder vierte Befragte aus der Jungen Generation empfand dies als Belastung. 32 Prozent der jungen Befragten waren bereits einmal länger als sechs Monate arbeitslos gewesen, für 26 Prozent der Betroffenen war dies eine Belastung. Jeweils etwa 30 Prozent der jungen Beschäftigten geben an, sie hätten aus eigenem Antrieb die Arbeit gewechselt, nach der Ausbildung ein Praktikum oder eine berufsvorbereitende Qualifizierung gemacht. Jeweils 17, 18 und 16 Prozent der Betroffenen sagen, sie hätten dies als eine Bereicherung empfunden.

27 Prozent der Gruppe der Jungen Generation war nach ihrem Bildungs- oder Ausbildungsabschluss entweder mindestens ein halbes Jahr arbeitslos, musste eine zu gering qualifizierte Arbeit annehmen oder hatte häufigere Wechsel zu verkraften, mal Arbeit und mal Arbeitslosigkeit. Die Betroffenen empfanden dies mehrheitlich als eine Belastung.

Jeweils ein Fünftel in der Jungen Generation hat bei einer Zeit- oder Leiharbeitsfirma gearbeitet beziehungsweise eine Ausbildung oder ein Studium abgebrochen. Ebenfalls ein Fünftel hat bis zum Zeitpunkt der Befragung ausschließlich befristet gearbeitet. Die eigene Bewertung fällt unterschiedlich aus: Die Phasen in

Leiharbeit oder befristeter Tätigkeit werden mehrheitlich negativ bewertet (15 und 16 Prozent der Befragten bei 22 Prozent Betroffenen insgesamt). Das heißt: Einer Person mit positiven Erfahrungen stehen mehr als zwei Personen mit negativer Erfahrung gegenüber. Die Wechsel von Studium und Ausbildung werden dagegen auch positiv gesehen. Fast jeder zweite Betroffene sieht darin eine Bereicherung für seinen Berufsweg.

Es gibt bei dieser Frage, das zeigt eine genauere Betrachtung, zudem starke regionale Unterschiede. So sind beispielsweise deutlich mehr junge Ostdeutsche nach ihrer Bildungs- und Ausbildungsphase mindestens ein halbes Jahr arbeitslos: 37 Prozent im Osten gegenüber 24 Prozent im Westen. Und deutlich mehr Ostdeutsche sind in ihrem Berufsleben ein- oder mehrfach länger arbeitslos (Ost: 47 Prozent, West: 28 Prozent). Dagegen wechseln deutlich mehr Westdeutsche aus eigenem Antrieb ihren Arbeitsplatz (West: 31 Prozent, Ost: 24 Prozent), worin sie oft positive Aspekte sehen. Bei der Beurteilung dieser Zahlen muss jedoch beachtet werden, dass viele junge Ostdeutsche in die alten Bundesländer gegangen sind, um dort eine Arbeit zu suchen. Wenn sie dann dort wiederum ihre Arbeitsstelle wechseln, dann gelten sie statistisch als Westdeutsche, da sich die Definition für diese Studie auf den Wohnort und nicht auf den Herkunftsort bezieht.

7. Prekarisierung beginnt in der Schule

Das Prekariat ist kein Naturereignis und kein Zufall, sondern es ist hausgemacht von der Politik, mit recht eigennütziger Unterstützung der Unternehmer und Arbeitgeberverbände. Es droht für die nicht eben kleine Gruppe von Jugendlichen aus den niederen und eher bildungsfernen Arbeitnehmerschichten zu einer lebenslangen Falle zu werden.

Es gibt nicht nur zunehmend prekäre Jobs. Es gibt auch zunehmend prekäre Karrieren. Denn die schlechten Karten sind nicht gleichmäßig verteilt. Das Bildungssystem sorgt dafür, dass diejenigen, die von Haus aus wenig mitbringen, auch wenig von ihm erhalten. Insbesondere Hauptschulabgänger haben kaum eine Chance, dem Prekariat wieder zu entrinnen, wenn sie einmal hineingeraten sind. Diese Schieflage, die alle wesentlichen Aspekte (der eigene Bildungs- und Ausbildungsgrad, die Qualität der Arbeit, die Höhe des Entgelts) umfasst, bleibt dann in den weiteren Berufsjahren bestenfalls gleich schlimm. Die Untersuchung der IG Metall zeigt, dass insbesondere Beschäftigte mit geringen Einkommen, mit geringem Bildungsgrad (u.a. Hauptschulabschluss) und Beschäftigte in Teilzeit in auffallend geringem Umfang an Maßnahmen der Weiterbildung teilnehmen und teilnehmen können.

Die Ergebnisse sind ein klarer Hinweis darauf, dass die Ursachen von Prekarisierung nicht ausschließlich im Erwerbsleben liegen, sondern bereits während der Phase

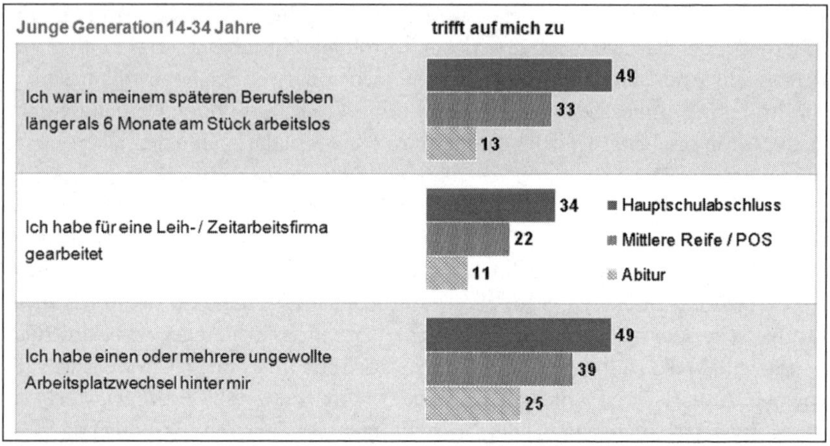

Abb. 4: Prekarisierung beginnt in der Schule

schulischer Ausbildung angelegt werden. Hier besteht dringender Handlungsbedarf seitens der Politik. Hauptschüler dürfen nicht in eine prekäre Existenz abgedrängt werden. Sie brauchen eine faire Chance, ihren Platz in der Gesellschaft zu finden.

Die Ergebnisse im Einzelnen:

Junge Hauptschulabsolventen sind dreimal so häufig von längeren, eventuell auch mehrfachen Phasen der Arbeitslosigkeit betroffen als Erwerbstätige mit Abitur. So erlebt beispielsweise die Hälfte aller Hauptschulabsolventen mindestens eine längere Phase der Arbeitslosigkeit. Ähnlich markant sind die Unterschiede zwischen diesen beiden Gruppen bezüglich der Häufigkeit von ungewollten und erzwungenen Arbeitsplatzwechsel (Hauptschulabsolventen: 49, Abiturienten: 25 Prozent) und der Tätigkeit für Leih- oder Zeitarbeitsfirmen (Hauptschulabsolventen: 34 Prozent, Abiturienten: 11 Prozent).

Jüngere Beschäftigte bilden sich im Vergleich zu den älteren Beschäftigten häufiger weiter. So nimmt jeder Vierte (23 Prozent) der 20- bis 24-jährigen Erwerbstätigen derzeit an einem Lehrgang teil. Mit dem Alter sinkt die Quote. Durchschnittlich profitiert jeder fünfte junge Erwerbstätige von Weiterbildung, während von den über 35-jährigen Berufstätigen nur knapp jeder Zehnte an einer Weiterbildung teilnimmt.

Wer in Bildung, beruflicher Position und Verdienst besser gestellt ist, der nimmt auch häufiger an Maßnahmen der Weiterbildung teil. Hauptschulabsolventen, Arbeiter und Teilzeitbeschäftigte sind weit unterdurchschnittlich vertreten (zwischen fünf und neun Prozent). Weit überdurchschnittlich sind Erwerbstätige mit Abitur (25 Prozent) und mit einem Bruttomonatsverdienst von über 3.000 Euro (32

Prozent) vertreten. Das bedeutet nichts weniger, als dass in der Weiterbildung die bereits vorhandene Ungleichheit noch verstärkt wird. Das schlägt sich auch in dieser Zahl nieder. In den Betrieben profitieren diejenigen jungen Erwerbstätigen, die sich vom Ausbildungsniveau eher unterqualifiziert einstufen, nur durchschnittlich von Weiterbildungsangeboten.

Es fällt auf, dass die Befragten mit niedriger formaler Bildung auch die von anderen Teilgruppen als positiv beschriebenen Veränderungen – beispielsweise Arbeitsplatzwechsel aus eigenem Antrieb, berufsvorbereitende Maßnahmen – mehrheitlich als Belastung empfinden. Offenbar hat der Grad an Bildung einen erheblich stärkeren Einfluss auf den positiven Verlauf eines Berufslebens als andere Faktoren wie beispielsweise das Alter. Die eigentlichen Ursachen für potenziell prekäre Karrieren liegen also bereits in der Phase der Bildung und Ausbildung. Sind formal niedrig Gebildete erst einmal von Arbeitslosigkeit betroffen, dann haben sie es sehr viel schwerer als andere Gruppen, nachhaltig einen besseren Status zu erreichen.

8. Das subjektive Sicherheitsempfinden spiegelt die gesellschaftliche Position wider

Wenn sich das persönliche und das berufliche Leben immer wieder wandeln, wenn zusätzlich Wirtschaftskrisen immer wieder Brüche erzwingen und Unsicherheiten produzieren, dann werden die Sicherheit oder Ängste, die Menschen empfinden, zum bedeutenden Gradmesser für deren eigenes Lebensgefühl und für den mentalen Zustand einer ganzen Gesellschaft. Dabei hängt das Gefühl der Sicherheit natürlich nicht nur von einem Faktor ab, es addiert sich aus mehreren: Halbwegs objektive Merkmale wie der Bildungsgrad, der Verlauf der Berufsbiographie, das Einkommen und die berufliche Stellung spielen ebenso eine Rolle wie subjektive Faktoren, etwa die Eingebundenheit in soziale Netzwerke (Familie, Verwandtschaft, Freundeskreise) oder die eigene Gesundheit.

Die Ergebnisse im Einzelnen:

Die Befragten beider Altersgruppen konnten mit Hilfe einer Skala von 1 bis 7 angeben, wie sicher sie sich derzeit fühlen. Der Wert 1 bedeutet hohe Unsicherheit, der Wert 7 dagegen hohe Sicherheit. Der Durchschnittswert bei den Jungen liegt bei 4,5, bei den Alten bei 4,6. Bei beiden Gruppen ist also gleichermaßen ein vorsichtiger Ausschlag in Richtung eines etwas stärkeren Sicherheitsgefühls feststellbar. Bereits auf den zweiten Blick springen jedoch die großen Unterschiede ins Auge. So fühlen sich die Jungen umso sicherer, je besser ihre Bildung, ihre berufliche Stellung und je höher ihr Einkommen ist. So liegt das durchschnittliche Sicherheitsempfinden von Hauptschulabsolventen bei 4,0, der Realschulabsolventen bei 4,5 und der Abiturienten bei 4,8. Damit wird mehr als deutlich, dass Bildung einen

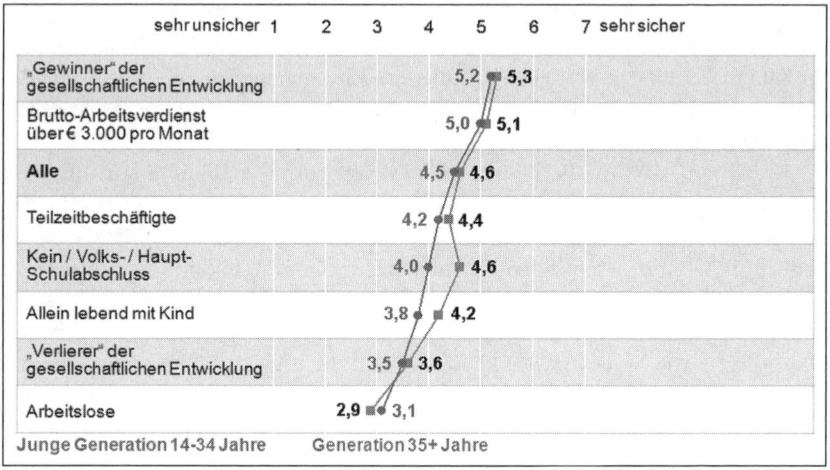

Abb. 5: Persönliches Sicherheitsgefühl – Selbsteinstufung auf Skala von 1 bis 7

wichtigen Schlüssel zu einem erfolgreichen und damit guten Leben darstellt. Es darf aber nicht der Zusammenhang von Bildung und sozialer Herkunft außer Acht gelassen werden. Den «Verlierern» nützt es wenig, dass sie mit mehr Bildung ihr Leben verbessern können, wenn unser Bildungssystem soziale Herkunft prämiert. Sicher, das Bildungssystem muss offener werden und den Aufstieg fördern. Aber: Der vielleicht noch größere Skandal als der Zustand des Bildungssystems ist, dass formal niedriger Gebildeten heute immer weniger Chancen eingeräumt werden, ein gutes Leben zu führen und ein geachteter Teil der Gesellschaft zu sein.

Das subjektive Sicherheitsgefühl hängt noch mit einem weiteren Faktor wesentlich zusammen. Wer in Teilzeitarbeit ist, eine befristete Stelle hat oder gar arbeitslos ist, der fühlt sich auch deutlich weniger sicher als andere. Dies gilt für die Gruppe der Jungen ebenso wie für die Gruppe der Älteren. So kann generell festgehalten werden, dass nicht das unterschiedliche Alter in diesen Fragen entscheidend ist, sondern der jeweilige soziale und berufliche Status. Im Klartext: Wer ohne Arbeit ist, fühlt sich unsicher, wer viel verdient, der fühlt sich sicher. Wer sich sehr sicher fühlt, der bezeichnet sich folglich auch als Gewinner[3] der gesellschaftlichen Entwicklung. Die sehr Unsicheren sehen sich meist als Verlierer.

3 Die Kategorien «Gewinner» und «Verlierer» wurden anhand einer Selbsteinschätzung mittels einer separaten Frage erhoben. Anschließend wurden die jeweiligen Werte für Kategorien bei verschiedenen Fragedimensionen ermittelt.

9. Eine generelle Zufriedenheit mit der Lebenssituation überwiegt trotz aller Schwierigkeiten

Da kann man nur Respekt zollen! Die Bedingungen, unter denen sie arbeiten und leben, sind nicht einfach, für viele sogar schwierig, aber den Kopf lassen sie nicht hängen. Die Junge Generation zeigt sich motiviert, will sich produktiv und engagiert in die Berufswelt einbringen und in der Gesellschaft einmischen. Eine Mehrheit schätzt die eigene persönliche Lage positiv ein.

Die Teilnehmer wurden auch danach gefragt, wie zufrieden sie mit ihrer allgemeinen Situation sind und wie sie ihre Zukunft einschätzen. Dabei zeigte es sich, dass die Junge Generation deutlich zufriedener mit ihrer familiären und gesundheitlichen Situation ist als die Älteren. Die Älteren sind wiederum in stärkerem Maße zufrieden mit ihrer beruflichen und finanziellen Situation. Die Probleme der Jungen haben also stark mit dem Arbeitsmarkt und ihrer persönlichen beruflichen Situation zu tun.

Die Ergebnisse im Einzelnen:

Deutliche Unterschiede gibt es auch hier zwischen den Jungen, die in Ost- und in Westdeutschland leben. So sind 56 Prozent der jungen Ostdeutschen zufrieden mit ihrer beruflichen und finanziellen Situation. In Westdeutschland sind es 68 Prozent. Überraschen können diese Unterschiede aufgrund der bisherigen Ergebnisse nicht mehr. Vielmehr ergeben sie sich schlüssig aus den bisherigen Antworten, Quoten und Unterschieden.

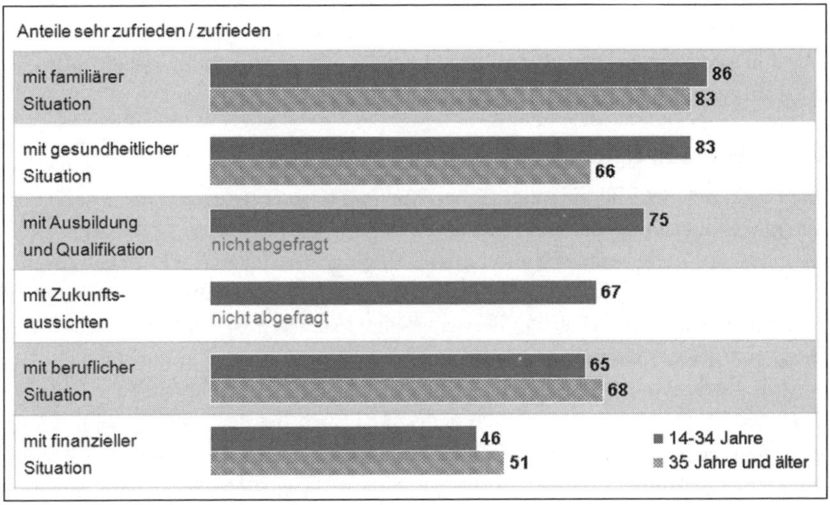

Abb. 6: Zufriedenheit mit Lebenssituation

Zudem wird der Zusammenhang von Bildungsgrad, beruflicher Stellung und Einkommen erneut bestätigt. Je höher gebildet, beruflich positioniert und entgolten, umso zufriedener sind die Befragten und desto sicherer fühlen sie sich. So kann es letztlich nicht überraschen, dass die jungen Arbeitslosen in allen Bereichen und bei allen befragten Merkmalen sich teilweise drastisch weniger zufrieden über ihre Situation äußern als alle anderen Gruppen. Ähnliche Tendenzen sind, wenn auch nicht ganz so stark ausgeprägt, für Teilzeiterwerbstätige, Geringverdiener und Beschäftigte in anderen prekären Arbeitsverhältnissen festzustellen. So sind beispielsweise 75 Prozent der Vollzeitbeschäftigten mit ihren «Zukunftsaussichten» zufrieden bis sehr zufrieden. Bei den Teilzeitbeschäftigten sind dies nur 58 Prozent und bei den Arbeitslosen nur noch bescheidene 19 Prozent. Die Erwerbstätigkeit und ihre Umstände prägen ganz offenbar den Blick auf alle Lebensbereiche.

10. Negative Einschätzungen bei zentralen beruflichen und gesellschaftlichen Entwicklungen

Auf ihr eigenes Leben blicken viele Jugendliche positiv und recht optimistisch. Von dieser guten Grundstimmung der Mehrheit bleibt buchstäblich nichts mehr, sobald sie auf die Gesellschaft und deren Entwicklung schauen. Die Stimmung kehrt sich sogar um. Der Pessimismus überwiegt. Zusammen mit den Älteren haben die Jungen das tiefe Empfinden, dass sie in einer Gesellschaft leben, die geteilt ist, die von einem Oben und Unten geprägt ist, und der nach und nach die Mittelschichten abhanden kommen. Die soziale Gerechtigkeit bleibe, so das Ergebnis der Befragung, auf der Strecke. Der Leistungsdruck steige. Es werde nicht leichter, sondern vielmehr immer schwerer, eine gute Arbeit mit einer guten Bezahlung zu finden. Mit anderen Worten: Die guten Ziele, die man sich selbst und an die sich die Gesellschaft gestellt hat, rücken in die Ferne.

Die Ergebnisse im Einzelnen:

Die Frage, welches Bild die Junge Generation von unserer heutigen Gesellschaft und deren Veränderungen seit der Wiedervereinigung hat, wurde in 18 Themenbereichen gestellt. Insgesamt wird die Entwicklung der Gesellschaft sehr negativ wahrgenommen: Von den 18 Bereichen haben sich nach Einschätzung der Befragten 12 per saldo negativ entwickelt, ein Bereich ist alles in allem unverändert geblieben und lediglich für sechs Bereiche wird eine insgesamt positive Entwicklung konstatiert.

Mit klarer Mehrheit wird die Entwicklung der «Reisemöglichkeiten» positiv bewertet. Etwa jeder Zweite (46 Prozent) sieht auch bei der «Gleichberechtigung von Mann und Frau» positive Tendenzen in den letzten 20 Jahren. Bei einigen Themen sehen mehr Befragte Fortschritte als Rückschritte. So etwa der Aufstieg via Bildung, aber auch Weltoffenheit/Toleranz, persönliche Freiheit und berufliche

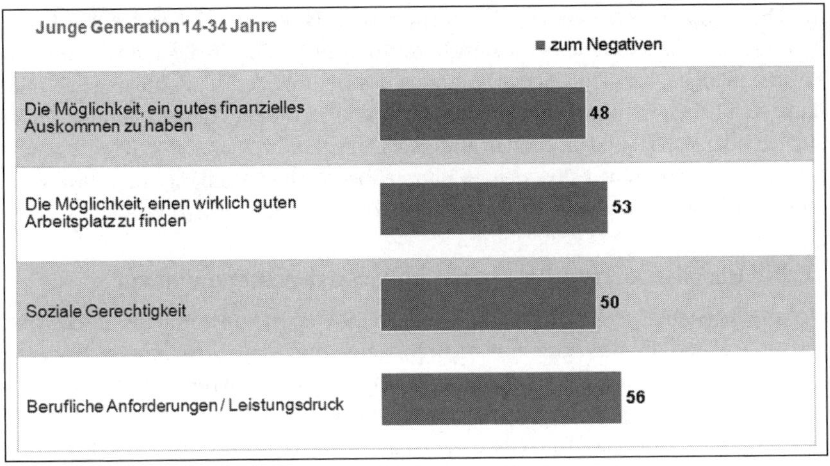

Abb. 7: Negative berufliche und gesellschaftliche Entwicklungen

Entwicklung. In dem Bereich «Karrieremöglichkeiten» halten sich positive wie negative Einschätzungen die Waage.

Die folgenden Bereiche werden mehrheitlich, allerdings in stark unterschiedlicher Tendenz, negativ beurteilt: So wird die Entwicklung in den Bereichen «Anerkennung von Leistung im Beruf», «Lage von Kindern und Familien» zwar negativ beurteilt, aber mit relativ schwacher Gewichtung. Sehr stark negativ werden Bereiche von einer sehr großen Gruppen bis hin zur Mehrheit beurteilt, die mit Existenz und Beruf in engem Zusammenhang stehen. So beispielsweise die Möglichkeiten, «ein gutes finanzielles Auskommen zu haben» und einen «wirklich guten Arbeitsplatz zu finden». «Anforderungen im Beruf» und «Leistungsdruck» werden als negativ steigend wahrgenommen. Die «soziale Gerechtigkeit» ist ebenfalls für die Hälfte der Befragten außer Balance geraten.

Trotzdem sieht die Junge Generation insgesamt positiver auf die Gesellschaft als die Älteren. Diese bewerten die Entwicklung in fast allen Themenbereichen negativ und zudem jeweils negativer als die Jungen. Lediglich der Zugewinn an Reisemöglichkeiten wird auch von den Älteren mehrheitlich positiv wahrgenommen.

Auch an dieser Stelle spielen die bekannten Faktoren formale Bildung und Ausbildung, die Gradlinigkeit des Berufslebens eine Rolle, je ausgeprägter das Gefühl von Sicherheit und je geradliniger das Berufslebens und das Einkommen eine wichtige Rolle. Ein Beispiel für diesen Zusammenhang ist, dass Befragte mit Abitur über die Karrieremöglichkeiten (33 versus 15 Prozent), die Chancen, mit Hilfe von guter Bildung sozial aufzusteigen (40 versus 28 Prozent), und die Chancen, einen guten Arbeitsplatz zu finden (17 versus 11 Prozent), deutlich positiver urteilen als die Befragten mit einem niedrigen formalen Bildungsabschluss.

Dagegen gibt es bei anderen Themen, etwa in Hinblick auf die Lage von Familien oder die soziale Sicherheit kaum Bewertungsunterschiede. Das kann damit zusammenhängen, dass ein Teil der Befragten das Gefühl oder die Erfahrung hat, man kann sein Leben wenigstens in Teilen dann gestalten, wenn es darum geht, Arbeit zu suchen oder sich zu bilden. Bei den anderen Themen fühlt man sich (zu Recht) noch sehr viel stärker von den allgemeinen Rahmenbedingungen abhängig oder sogar bestimmt, die von den Verantwortlichen in dieser Gesellschaft gesetzt werden.

11. Die Gesellschaft wird als sozial polarisiert wahrgenommen

Um noch genauer herauszufinden, wie die Junge Generation auf diese Gesellschaft schaut, wurden die Befragten mit mehreren zugespitzten, gegenläufigen Aussagen konfrontiert. Deutlich wurde, dass das Bild einer sozial polarisierten Gesellschaft nicht nur für jüngere, sondern auch für die Generation 35+ vorherrscht. Die viel beschworene Mittelstandsgesellschaft Deutschland existiert für eine Mehrheit nicht mehr! In Hinblick auf das eigene Fortkommen herrscht hingegen knapp die Meinung vor, dass Leistung eine größere Rolle als Herkunft spielt. So wird die Gesellschaft zwar in ihrer Struktur als sozial zwischen oben und unten segmentiert wahrgenommen, aber es gäbe die Möglichkeit durch Anstrengung das soziale Segment, die eigene Herkunft zu verlassen und aufzusteigen.

Die Ergebnisse im Einzelnen:

Ein Gegensatzpaar lautet, dass das Fortkommen in dieser Gesellschaft in erster Linie von Herkunft und Besitz oder von der eigenen Leistung abhängt.

Auch hier sollten die Befragten auf einer Skala von 1 bis 7 sagen, welcher Behauptung sie eher zustimmen. Als Durchschnittswert ergibt sich 3,8, übrigens auch bei der Referenzgruppe der Älteren. Bei dieser Frage gibt es wieder den bekannten Zusammenhang von Bildung und sozialer Stellung. In der Gruppe der Jüngeren weisen diejenigen der eigenen Leistung einen höheren Stellenwert zu, die sich sicher fühlen, eine höhere formale Bildung und eine bessere berufliche Position haben.

Ein weiteres Gegensatzpaar lautet, dass es Schwerpunkt der Bildungspolitik sein muss, jedem die gleichen Chancen zu ermöglichen. Oder, dass es darum geht, eine Elite zu bilden. Beide Altersgruppen pendeln sich bei dem Durchschnittswert von 2,4 ein, was einem deutlichen Votum für Chancengerechtigkeit gleichkommt. Die Beamten (3,0) neigen von allen Befragten am stärksten zum Elitenansatz, die Arbeitslosen und Befragten mit schwach ausgeprägtem Sicherheitsgefühl (jeweils 2,0) am stärksten zum Gerechtigkeitsansatz.

Schließlich wurden die Befragten mit zwei Aussagen konfrontiert, die den Wandel der Gesellschaft abbilden sollen. Als These wurde formuliert, dass es in unserer Gesellschaft keine Mitte mehr gibt, nur noch ein Oben und ein Unten. Die Ge-

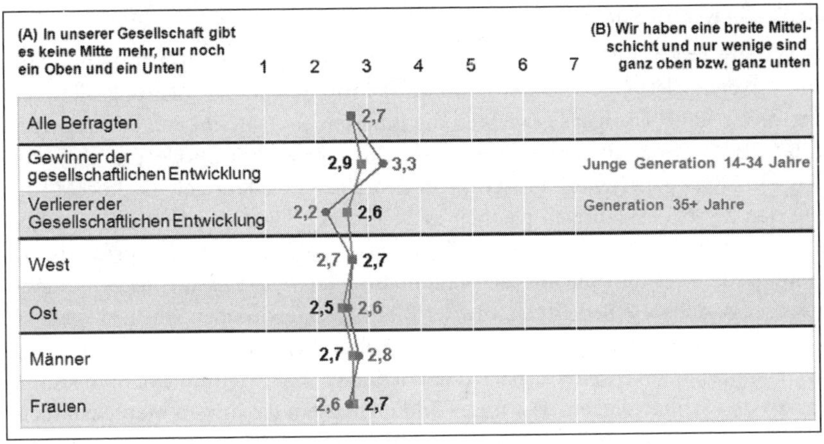

Abb. 8: Sozial polarisierte Gesellschaft

genthese lautete, dass wir eine breite Mittelschicht haben, und nur wenige sind ganz oben oder ganz unten. Beide Altersgruppen landen übereinstimmend bei dem Durchschnittswert von 2,7. Das heißt, dass die sozialen Gegensätze als stark empfunden werden, die Existenz einer breiten Mittelschicht in Frage gestellt wird.

Das Votum, es gebe eine starke Mittelschicht, ist bei den höher Gebildeten (Abiturienten: 3,0) und den beruflich Gesicherten (Beamte: 3,3) etwas, beziehungsweise deutlich stärker, als der Durchschnitt. Die Hauptschulabsolventen (2,3), Arbeitslosen und Geringverdiener (jeweils 2,1) sowie Befragte mit geringem Sicherheitsgefühl (2,0) betonen dagegen sehr viel stärker als der Durchschnitt die soziale Spaltung der Gesellschaft. Die Gründe liegen offenkundig in der jeweiligen sozialen Lage. Die sozialen Schichten schauen sehr unterschiedlich auf die sozialen und gesellschaftlichen Verhältnisse, eben vor dem Hintergrund ihres eigenen Erfahrungshorizonts.

12. Leistung und Gerechtigkeit gehören für die Junge Generation zusammen

In der Bildung sehen die Jungen einen wichtigen Schlüssel für ihre Zukunft. Die Junge Generation will etwas lernen und sie will etwas bewegen, sich produktiv einbringen. Sie hat eine positive Einstellung zur Leistung und sie hat einen ausgeprägten Sinn dafür, dass es in der Gesellschaft gerecht zugehen muss. Sie will also nicht, dass das Eine gegen das Andere ausgespielt wird. Noch glaubt sie mehrheitlich daran, dass jeder mit Leistung vorankommen kann und nicht die Herkunft ausschlaggebend für berufliches Fortkommen und Karriere ist. Aber dieser Glaube wird durch die sozialen Realitäten im beruflichen Feld auf eine harte Probe gestellt.

Die Ergebnisse im Einzelnen:

41 Prozent sagen, Bildung spiele für die Verwirklichung der eigenen beruflichen und privaten Ziele eine sehr große Rolle. 51 Prozent sind der Meinung, sie spiele eine große Rolle. Übrigens gewichten die Jüngsten das Gewicht von Bildung noch höher als die etwas Älteren. Bildung spiele eine sehr wichtige Rolle, das sagen von den 14- bis 19-Jährigen 47 Prozent, von den 20- bis 24-Jährigen 43 Prozent und von den 25- bis 29-Jährigen glauben es 34 Prozent. Die Gewichtung unterscheidet sich ebenfalls sehr deutlich in Abhängigkeit von dem eigenen formalen Bildungsgrad. Je geringer die formale Schulbildung oder die Stellung im Beruf, desto geringer ist auch die Bedeutung, die der Bildung zugeschrieben wird. So spielt sie für jeden zweiten Befragten mit Abitur (51 Prozent) eine sehr große Rolle, von den Hauptschulabsolventen schätzen dies lediglich 27 Prozent so ein. Man könnte daraus den Schluss ziehen, dass unser Bildungssystem die jungen Menschen nicht motiviert, sich noch mehr zu bilden. Es entmutigt sie, obwohl sie in ihren jungen Jahren offensichtlich die Bedeutung von Bildung besonders scharf sehen und deshalb wahrscheinlich auch sehr bereit sind, sich motivieren zu lassen.
Zu den bisherigen Befunden passt leider auch, dass Arbeitslose, Befragte mit Brüchen in der Erwerbsbiographie und Befragte mit einem geringen persönlichen Sicherheitsgefühl Bildung eine auffallend geringe Bedeutung für den eigenen Lebensweg zuweisen. Geradezu das Gegenteil signalisieren die befristet Beschäftigten und die Erwerbstätigen, die noch einen Nebenjob ausüben. Sie schätzen den Faktor Bildung vergleichsweise hoch ein, zeigen sich leistungsbereit und motiviert. Offensichtlich spaltet sich die Gruppe derjenigen, die in unsicheren Verhältnissen arbeiten und leben, in zwei Gruppen auf: In diejenigen, die die Hoffnung schon aufgegeben haben, und in diejenigen, die noch Sinn in ihrem hohen Engagement sehen.

Die Junge Generation wurde auch gefragt, was wichtiger ist, um eine gute Arbeit zu bekommen, eigene Durchsetzungskraft und Disziplin oder Glück und Beziehungen? Mit einem Durchschnittswert von 3,6 überwiegt knapp die Einschätzung, ausschlaggebend sei doch noch die eigene Leistung. Diese Überzeugung, das Leben in die eigene Hand nehmen zu können, wird umso schwächer je niedriger die formale Bildung, die berufliche Position und das Sicherheitsgefühl ist oder eingeschätzt wird. Offenbar werden jungen Menschen mit einer Herkunft aus den unteren sozialen Schichten schon früh und immer wieder ihre Grenzen aufgezeigt, sodass viele schlicht frustriert werden und dann auch möglicherweise aufhören Chancen zu suchen, sondern sich auf niedrigem Niveau arrangieren.

Diese Frage brachte zudem den interessanten Befund, dass die Jungen in den alten Bundesländern die Rolle von Leistung (3,5) sehr viel deutlicher als die in den neuen Bundesländern (4, 0) betonen. Dafür kann es verschiedene Gründe geben. Zum einen haben viele gut qualifizierte und motivierte junge Ostdeutsche im Westen Arbeits- und Ausbildungsstellen angenommen. Sie werden in dieser Un-

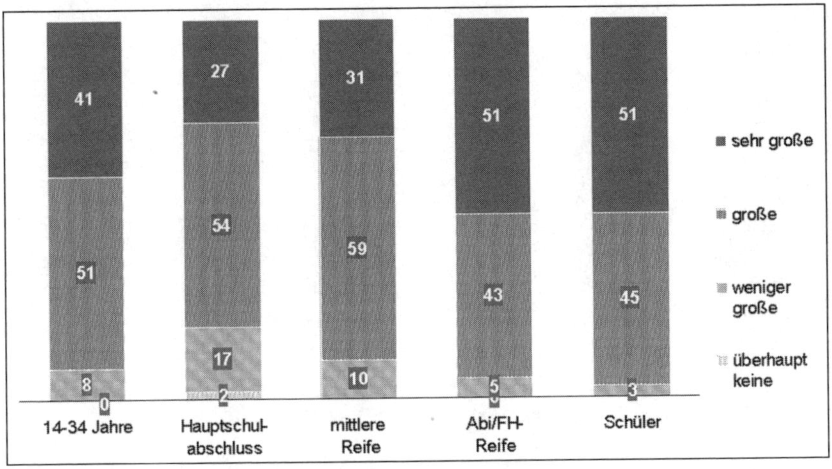

Abb. 9: Rolle von Bildung für die persönlichen Lebensziele

tersuchung als Westdeutsche erfasst. Zum andern kann es sein, dass immer noch das Gefühl vorherrscht, im westdeutsch geprägten Beziehungsgeflecht noch nicht angekommen zu sein, sodass primär «die anderen» von Glück und Beziehungen profitieren. Weiterhin werden die objektiv zum Teil erheblich schlechteren beruflichen Möglichkeiten im Osten eine Rolle spielen.

Dennoch blickt 60 Prozent der jungen Befragten für sich zuversichtlich in die Zukunft. Im Umkehrschluss bedeutet das auch, dass sich immerhin 40 Prozent Sorgen macht, sicher nicht ohne Grund. Die Unterschiede zwischen den Gruppen sind bei dieser Frage jedoch eklatant: Der Anteil derjenigen, die mit Sorge in die Zukunft schauen, steigt, je geringer der formale Bildungsgrad (Hauptschulabsolventen: 61 Prozent), je unsicherer die berufliche und soziale Situation (Arbeitslose: 74 Prozent, Geringverdiener: 54 Prozent) und je geringer das Sicherheitsgefühl (83 Prozent) ist. Abgehängt fühlen sich auch Alleinerziehende. Von ihnen blicken 64 Prozent sorgenvoll in die Zukunft.

13. Die gesellschaftliche Zuversicht ist gebrochen

Es klafft eine große Lücke zwischen persönlicher und gesellschaftlicher Zuversicht. Schaut noch eine Mehrheit der Jungen optimistisch nach vorne, glaubt nur noch etwas mehr als ein Viertel an eine gute gesellschaftliche Zukunft. Bei der Referenzgruppe 35+ sind es nochmals deutlich weniger. Alles deutet darauf hin, dass die Junge Generation eine realistische Wahrnehmung hat. Für sich selbst bewahrt sie zwar mehrheitlich einen gewissen gesunden Grund- oder auch Zweckoptimismus. Aber dieser Optimismus verschließt ihr nicht den Blick auf die völlig unzureichen-

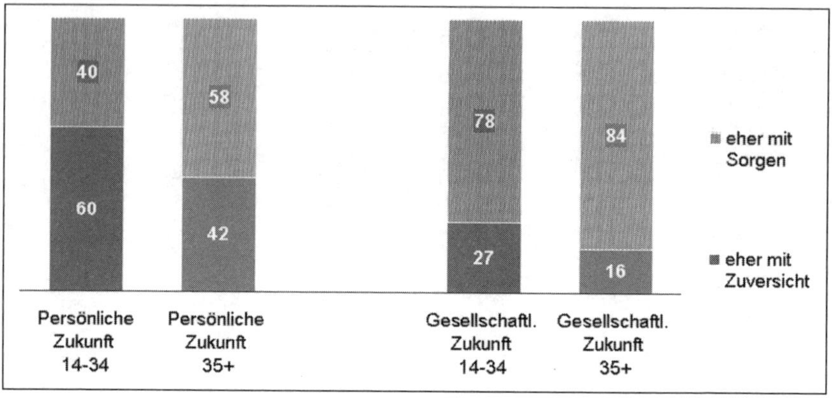

Abb. 10: Gesellschaftliche Zuversicht gebrochen

den Bedingungen und die zu geringen Chancen, die ihr diese Gesellschaft heute bietet. So hat sich für die heutige Junge Generation die Lage förmlich umgekehrt. Sie mag zwar mehrheitlich insgeheim noch auf den sozialen Aufstieg hoffen, stirbt die Hoffnung doch zuletzt. Aber letztlich glaubt sie nicht mehr an ihn. Denn sie erlebt ihn in ihrem Alltag nicht mehr oder nur noch selten. Was sie dagegen in ihrem Alltag als selbstverständlich erlebt, wenn sie beispielsweise die unaufhörliche Zunahme von schlecht bezahlten unsicheren Jobs betrachtet, ist der soziale Abstieg, der jederzeit jedem drohen kann.

Die Ergebnisse im Einzelnen:

Bescheidene 16 Prozent der Älteren äußern sich zuversichtlich zur Zukunft der Gesellschaft. Bei den Jüngeren sind es wenigstens 27 Prozent. In beiden Altersgruppen sorgen sich dagegen die großen Mehrheiten um ihre Zukunft.
Die Befragten unterscheiden also deutlich zwischen der eigenen Lage und der, der Gesellschaft. Die persönliche Zuversicht ist mit der Sorge um die Gesellschaft gepaart.

Westdeutsche Jugendliche beurteilen die gesellschaftliche Zukunft optimistischer als ostdeutsche. Es ist auffällig, dass bei dieser Frage die Zuversicht nur bei den Älteren etwas ansteigt, die eine höhere Bildung und eine bessere berufliche Position haben. Bei den Jungen überwiegt, egal in welchem sozialen und materiellen Status sie sich befinden, die Sorge und Skepsis. Beides ist in der Gruppe der Jungen Generation bei den Arbeitslosen (89 Prozent), Geringverdienern und Alleinerziehenden (beide 83 Prozent), Erwerbstätigen ohne vertragliche Bindung (80 Prozent) sowie bei Befragten mit Brüchen in der Erwerbsbiographie (81 Prozent) und solchen mit einem niedrigen Sicherheitsgefühl (93 Prozent) am stärksten ausgeprägt.

14. Die gesellschaftliche Erzählung der besseren Zukunft ist an ihr Ende gekommen

Die große gesellschaftliche Erzählung über den sozialen Aufstieg, den diese Gesellschaft für denjenigen ermöglicht, die etwas lernen und sich engagieren wollen, dieser Glaube ist erschüttert. Die jungen Menschen reagieren überaus skeptisch auf die Frage, ob sie denken, dass das Versprechen auch für sie noch Gültigkeit habe, es werde ihnen einmal besser gehen als ihren Eltern. Die Älteren sehen sozusagen aus einer gewissen Distanz noch schärfer und skeptischer auf die herrschenden Verhältnisse. Sie sagen in ihrer Mehrheit, es bestehe keine Chance mehr, dass dieses Versprechen für die heutigen Jungen noch gehalten werden kann.

Die Ergebnisse im Einzelnen:

Hinter dem Begriff der gesellschaftlichen Zuversicht steht die Frage, inwiefern die heutige Junge Generation erwartet, dass es ihr in Zukunft besser gehen wird als ihren Eltern heute.

Innerhalb der Jungen Generation prognostizieren 26 Prozent der Befragten, dass es ihnen einmal besser gehen wird als ihren Eltern. 48 Prozent erwarten, es werde ihnen genauso gut gehen. Neun Prozent sagen, ihr Leben werde so schlecht wie das ihrer Eltern verlaufen, 17 Prozent erwarten, es werde ihnen schlechter gehen.

Ganz anders urteilen die Älteren. Nur sechs Prozent glaubt, dass es der Jungen Generation einmal besser gehen wird. Etwa ein Fünftel sagt, es werde ihnen genauso gehen. Und eine deutliche Mehrheit der Älteren (54 Prozent) prognostiziert, der jetzt Jungen Generation werde es schlechter gehen.

Bei der Bewertung dieser deutlichen Unterschiede muss beachtet werden, dass die Jungen bei dieser Frage ihre eigene Lage beurteilen, die Älteren antworten aus einer Perspektive der Gesellschaft und nicht aus einer der direkten Betroffenheit. So ist dieser Kontrast auch einer von Selbst- und Fremdbild der Jungen Generation. Und: Die Älteren übertragen vermutlich ihre skeptische Betrachtung der Gesellschaft auf die Junge Generation.

Bei den Jungen beeinflusst erneut die soziale und gesellschaftliche Stellung die Wahrnehmung. Wem es in Gänze besser geht, der denkt, dass es ihm einmal besser gehen wird als seinen Eltern. Das gilt auch umgekehrt.

Die Befragten wurden zudem gebeten, sich aus ihrer persönlichen Sicht als «Gewinner» oder «Verlierer» der gesellschaftlichen Entwicklung einzuschätzen.

Fast ein Viertel der jungen Befragten (23 Prozent) fühlt sich als Gewinner. Bei den Älteren sagen das 17 Prozent von sich. 22 Prozent der 14- bis 34-Jährigen sehen sich dagegen als Verlierer. Bei den Älteren sind es 25 Prozent. Deutliche Mehrheiten von 55 Prozent (Jüngere) und 58 Prozent (Ältere) sagen, sie gehörten weder zu der einen noch zu der anderen Seite.

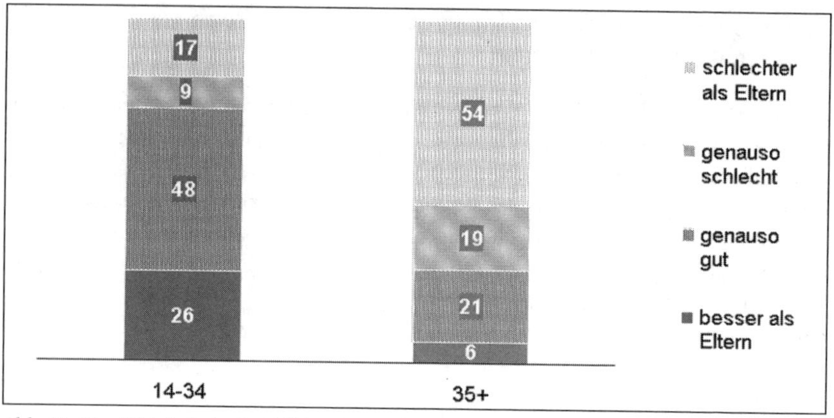

Abb. 11: Tragfähigkeit des Leitbildes ‹*Es wird mir einmal besser gehen als meinen Eltern*›

Auch diese Zahlen belegen, dass die Junge Generation einen grundsätzlichen Optimismus besitzt, der sich jedoch mit der eigenen Lage verstärkt oder abschwächt.

Bei dieser Frage gibt es noch interessante Unterschiede zwischen den Geschlechtern. Die älteren Männer sehen sich im Vergleich zu Frauen überdurchschnittlich häufig als Verlierer oder als Gewinner. Bei der Jungen Generation sehen sich die Männer (27 Prozent) sehr viel häufiger als die Frauen (19 Prozent) als Gewinner an. 20 Prozent der jungen Männer und 24 Prozent der Frauen sehen sich als Verlierer. Ein möglicher Grund ist, dass die jungen Frauen am härtesten mit der Frage konfrontiert sind, ob und wie sich Beruf und Familie vereinbaren lassen, zumal die Zahl der alleinerziehenden Frauen zunimmt.

15. Die Krise trifft die Jungen besonders hart

Die Wirtschafts- und Finanzkrise ist im Alltag der Jungen schon lange angekommen. Ängste und Unsicherheiten sind allgegenwärtig. Viele Jugendliche befürchten sogar, dass sie auf Dauer unter der Finanzmarkt- und Wirtschaftskrise und ihren Folgen zu leiden haben werden. So gehen Folgen und Schäden, die von dieser Krise ausgehen, weit über das Materielle hinaus. Ängste verunsichern, schüchtern ein und können auch engagierte Menschen lähmen und ihnen die Motivation rauben.
Wir wollten wissen, wie sich die weltweite Finanz- und Wirtschaftskrise niederschlägt. Die Jungen wie die Älteren wurden gefragt, ob sie persönlich betroffen sind.

Zum Erhebungszeitpunkt im März 2009 sagt ein knappes Drittel der Erwerbstätigen beider Altersgruppen, dass es sich um den eigenen Arbeitsplatz sorge. Derselbe Anteil, also ein knappes Drittel, arbeitet in Unternehmen, die bereits Sparmaßnahmen (Einstellungsstopp, Aufschub von Gehaltserhöhungen) ergriffen haben. Acht Prozent der Jüngeren und sieben Prozent der Älteren arbeiten kurz.

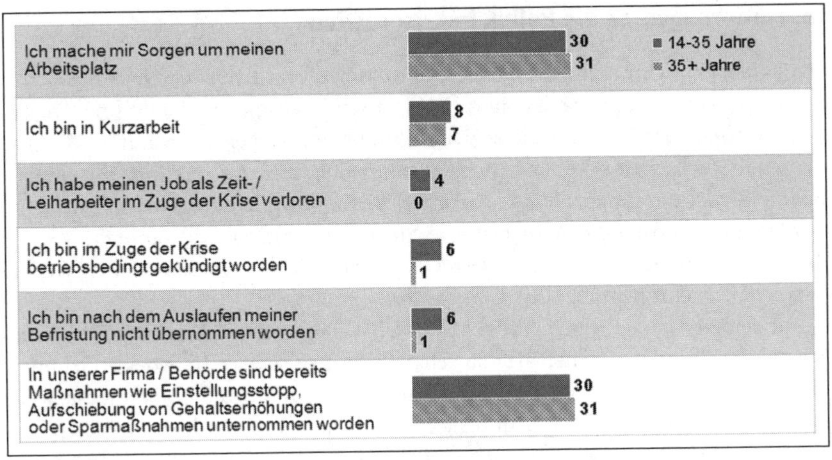

Abb. 12: Betroffenheit von der Krise – *Erwerbstätige*

Existenziell sind die Jüngeren offenbar weit stärker unmittelbar von der Krise betroffen als Ältere. Sie sind die ersten Opfer betriebsbedingter Kündigungen geworden, haben den Job als Zeit- oder Leiharbeiter verloren oder wurden nach dem Auslaufen von befristeten Arbeitsverhältnissen nicht weiterbeschäftigt.

Die Ergebnisse im Einzelnen:

Fast 60 Prozent der Auszubildenden befürchten, dass sie anschließend nicht übernommen werden. Fast 80 Prozent der Schüler bangen darum, ob sie überhaupt einen Ausbildungsplatz erhalten werden. Die Verunsicherung ist also besonders bei den Gruppen groß, die noch nicht etabliert im Berufsleben stehen.

Die Sorgen der momentan nicht Erwerbstätigen (Studierende, Arbeitslose, Hausfrauen und Hausmänner), gar keine Stelle zu erhalten oder schlechtere Arbeitsbedingungen akzeptieren zu müssen, bewegen sich auf vergleichbarem Niveau. Noch eine Zahl, welche die Verteilung der Unsicherheiten illustriert: 87 Prozent der jungen Erwerbslosen befürchten, sie werden keine Arbeit finden. Von den Studierenden sagen dies nur 42 Prozent.

Von den Jüngeren geben 45 Prozent an, Angehörige oder Freunde zu haben, die wegen der Krise in Kurzarbeit sind. 28 Prozent bejahen Angehörige und Freunde zu haben, die im Rahmen der Krise ihren Arbeitsplatz verloren haben.

Und jeder zweite der jüngeren Befragten sorgt sich, dass seine beruflichen Entwicklungschancen dauerhaft unter der Krise leiden werden. Bei den Älteren sind dies nur 31 Prozent.

16. Forderungen an die Politik in Krisenzeiten

Wir haben es mit einer Jungen Generation zu tun, die motiviert und leistungsbereit ist. Sie ist hartnäckig engagiert und optimistisch in eigener Sache und nachhaltig pessimistisch, wenn sie auf die sozialen Probleme und negativen Entwicklungen in dieser Gesellschaft sieht. Es handelt sich um eine Junge Generation, die von den Bedingungen, die ihnen diese Gesellschaft bietet, förmlich ausgebremst wird. Es werden ihr Steine in den Weg gelegt. Der Jungen Generation wird damit der Weg in ihre Zukunft verstellt, und damit verstellt sich diese Gesellschaft auch den Weg in ihre eigene Zukunft. Die Politik ist gefordert.

In beiden Altersgruppen gibt es klare Mehrheiten von deutlich über 50 Prozent für die Forderung, Arbeitsplätze zu schaffen und zu sichern. Für beide Gruppen gilt jedoch auch, je höher Bildungsgrad, berufliche Stellung und Einkommen, desto mehr verliert diese Forderung an Gewicht und wird durch andere verdrängt, beispielsweise von der Forderung nach einer besseren Vereinbarkeit von Familie und Beruf oder einer stärkeren Förderung von Wissenschaft. Für die Jungen kommt mit 43 Prozent an zweiter Stelle die Vereinbarkeit von Familie und Beruf. Für die Älteren ist dafür das Thema eines guten Gesundheitssystems fast gleichauf mit der Schaffung von Arbeitsplätzen, was bei den Jungen nur von 36 Prozent als wichtig angesehen wird. In der Gruppe der Jüngeren ist die Frage der Vereinbarkeit von Beruf und Familie für manche Teilgruppen (Eltern, Vollzeiterwerbstätige) sogar das wichtigste Thema.

Die Ergebnisse im Einzelnen:

38 Prozent der Jungen fordern, der Staat solle Bildung, Wissenschaft und Forschung stärker fördern. Studierende, Besserverdienende und höher Gebildete fordern dies in der Gruppe der Jungen noch erheblich häufiger als andere Teilgruppen. Jeweils etwa ein Viertel wünscht verstärkte Anstrengungen seitens der Politik zum Schutz vor Kriminalität und Terrorismus sowie die Regulierung der Finanzmärkte, Alterssicherung und den Schutz von Klima, Natur und Umwelt. Es gibt markante Unterschiede bei der Gruppe der Älteren: 34 Prozent wollen mehr Anstrengungen zur Sicherung im Alter und nur 14 Prozent fordern einen stärkeren Umweltschutz.

Das Schlusslicht des Forderungskatalogs bilden Finanzhilfen für Unternehmen, die in Not sind. Lediglich fünf Prozent der Jungen und ganze zwei Prozent der über 34-Jährigen fordern, dass der Staat in diesen Fällen den Unternehmen hilft. Die Vermutung liegt nahe, dass die Befragten Hilfen des Staates wollen, um die Arbeitsplätze zu sichern oder neue zu schaffen, jedoch nicht Unternehmern helfen wollen, die möglicherweise aufgrund von Misswirtschaft in eine schwierige Lage geraten sind.

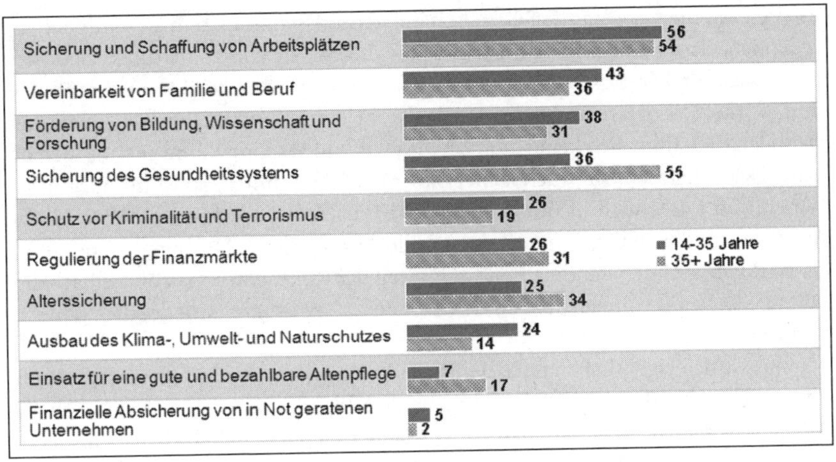

Abb. 13: Forderungen an die Politik im Einzelnen

17. Resümee

Die Antworten auf die meisten Fragen zeigen, dass diese Gesellschaft ihr soziales und humanes Fundament untergräbt, wenn sie weiterhin prekäre, unsichere Arbeitsverhältnisse zulässt statt verhindert, wenn sie den Niedriglohnsektor ungehindert wachsen lässt statt ihn abzubauen. Es mag ja sein, dass die Idee, prekäre Arbeitsverhältnisse zuzulassen und deutlich auszuweiten, für manche Politiker darin bestand, auch in wirtschaftlich schwierigen Zeiten ausreichend Arbeit zu schaffen, um dann in besseren Zeiten diese prekären Verhältnisse wieder in sichere und reguläre Arbeitsplätze umzuwandeln. Wenn dies die Grundidee war, dann ist von ihr nichts mehr geblieben. Sie wurde nach und nach in ihr Gegenteil verkehrt. Bereits im Boom vor der Krise haben die Unternehmer massenhaft verschiedene Formen prekärer Beschäftigung aktiv genutzt. Der Boom war auch ein Aufschwung der Prekarität, vor allem der Leiharbeit. Spätestens nach dem Ende der aktuellen Krise wird prekäre Beschäftigung zur Deckelung und Kürzung der Lohnkosten flächendeckend ein gängiger und fester Bestandteil von Kostenkalkulation und Personalwirtschaft sein. Für die Gefühle und Befindlichkeit der Menschen kommen diese prekären Jobs einer mentalen Katastrophe gleich. Sie sind kein Instrument der Integration und Einbindung von Menschen in den Arbeitsmarkt und in das Berufsleben. Sie sind im Gegenteil ein Förderprogramm für Frustrationen, Enttäuschungen und Verunsicherungen. Es hat sich bei allen Fragen gezeigt: Die Jugendlichen, die in solchen prekären Verhältnissen arbeiten, fühlen sich zurückgesetzt, sind verunsichert und haben deutlich weniger Optimismus. Sie verfügen über weniger Selbstbewusstsein und Zuversicht, sowohl in Hinblick auf die eigene Zukunft als auch auf die der gesamten Gesellschaft. Wir müssen in diesem Zusammenhang bedenken, dass letztlich dies nicht nur auf diejenigen wirkt, die direkt betroffen sind. Diese prekären Arbeitsverhältnisse, die letztlich prekäre Lebensverhältnisse sind, wirken in dieser verheerenden Weise in der gesamten Jungen Generation. Denn letztlich fühlt sich keiner vor ihnen gefeit und geschützt, und es kann sich bei realistischer Betrachtung auch keiner davor geschützt fühlen. So ist für diese Junge Generation tatsächlich in ihrem Alltag nicht der soziale Aufstieg als Vorbild und Ansporn greifbar nahe, sondern der soziale Abstieg ist als Drohung (oder bereits als Wirklichkeit) der ständige Begleiter – weil der Kollege nebenan als Leiharbeiter oder die Kollegin von nebenan als befristet Beschäftigte bereits zu deutlich schlechteren Konditionen arbeitet.

Das ist das eigentliche gesellschaftliche Drama, das von der offensichtlich unaufhörlichen Tendenz der Prekarisierung ausgeht. Sie macht junge Menschen, die solche Jobs haben, zu gesellschaftlich Deklassierten. Diese sehen sich auch so, und weite Teile der Gesellschaft blicken auf sie herunter. Die Abgrenzung von denen da unten erhöht den eigenen Status, zumindest in der Selbstwahrnehmung. Um diese Zahl noch einmal ins Bewusstsein zu heben: Mehr als ein Viertel aller Jungen arbeitet heute bereits in prekären Jobs. Damit werden Ängste und Zweifel in der gesamten Jungen Generation und in der Gesellschaft gesät. So steht auch im Alltag derjenigen, die eine halbwegs sichere Arbeit haben, oft nicht das Positive im Mittelpunkt, also das Engagement aus empfundener Anerkennung oder gar für einen Aufstieg, sondern das Negative, eben der Kampf gegen den jederzeit drohenden Abstieg. Das meinen wir, die IG Metall, wenn wir davon sprechen, dass diese Gesellschaft ihrer Jungen Generation letztlich die Zuversicht auf die eigene Zukunft raubt. Das hat unsere Studie an den Tag gebracht. Dabei hat es die Junge Generation verdient Rahmenbedingungen vorzufinden, die ihr ermöglichen, ihre positive Energie zu entfalten.

Josef Held, Seddik Bibouche, Lucie Billmann,
Martina Kempf, Tobias Kröll

Lebensführung und solidarisches Handeln in der Krise – Ergebnisse des Forschungsprojekts U35

Abstract

Das Projekt der Tübinger Forschungsgruppe «Lebensführung und solidarisches Handeln unter Modernisierungsdruck» steht unter der Fragestellung «Was bewegt junge Menschen unter 35 Jahren im Dienstleistungsbereich?». Das Projekt U35 wurde von Oktober 2007 bis Ende Februar 2010 von der Hans-Böckler-Stiftung gefördert.

Das Projekt U35 – Struktur und zentrale Ergebnisse

Lebensführung und solidarisches Handeln junger Menschen sind eingebunden in vielfältige Lebenswelten und Milieus und diese wiederum in gesellschaftliche Prozesse. Die Analyse dieser komplexen Zusammenhänge ist für die Arbeit mit jungen Menschen heute wichtig. Das Forschungsprojekt U 35 hat diese Aufgabe übernommen.

Ein Merkmal des Tübinger Projekts ist, dass nicht eine besonders auffällige Zielgruppe ausgewählt wurde, sondern gerade eine besonders unauffällige, nämlich die 25- bis 35-Jährigen im Dienstleistungsbereich. In den Gewerkschaften, aber auch in politischen Organisationen, stellt man immer wieder fest, dass junge Menschen dieser Altersgruppe sich bei öffentlichen Angelegenheiten selten beteiligen. In der aktuellen Umfrageforschung zum Beispiel des *Spiegels*, wird von der «Generation der Unsichtbaren» gesprochen.[1]

Wegen der Zurückhaltung in öffentlichen Fragen war es nicht einfach, einen Zugang zu dieser Gruppe von jungen Menschen zu bekommen und sie zum Ausfüllen eines Fragenbogens oder zur Diskussion in so genannten «Focus Groups» zu bewegen.

1 Rohr, Mathieu von; Schulz, Sandra (2009): Die Unsichtbaren, in: Spiegel Spezial. (12). S. 14–23.

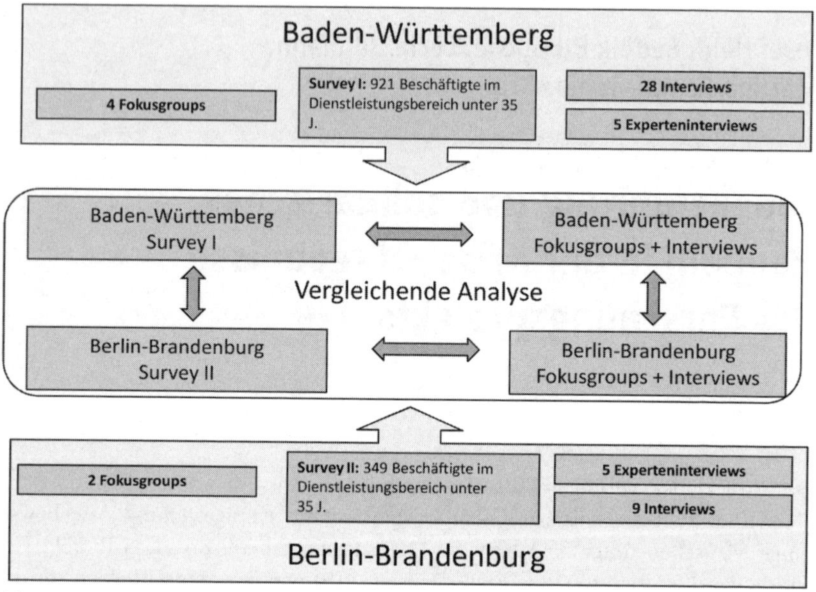

Abb. 1: Das Forschungsdesign

Als der Befragungsprozess 2008 schon fast abgeschlossen war, begannen die großen Turbulenzen der Finanz- und Wirtschaftskrise. Wir setzten deshalb unsere Befragungen 2009 fort, um auch den Einfluss der Krise auf das Bewusstsein der jungen Menschen unter 35 Jahren analysieren zu können.

Das Projektdesign weist eine Methodenvielfalt auf, die aus Umfragen, Diskussionsgruppen und Leitfadeninterviews besteht. Diese Vielfalt der qualitativen und quantitativen Methoden wurde ergänzt durch Teilnehmende Beobachtung. Zusätzlich wurden Experten wie zum Beispiel Betriebsräte und Psychotherapeuten befragt. Um das bundesweite Spektrum in etwa zu repräsentieren, haben wir die sehr unterschiedlichen Regionen Baden-Württemberg und Berlin-Brandenburg ausgewählt, einerseits eine wirtschaftlich starke Region und andererseits eine wirtschaftlich schwache Region.

Theoretische Konzeption

Der theoretische Ansatz des Projekts ist subjektorientiert, das bedeutet, dass die subjektiven Erfahrungen der jungen Menschen im Mittelpunkt stehen und nicht objektivistisch die subjektiven Besonderheiten aus strukturellen Voraussetzungen abgeleitet wurden. An Stelle eines Top-Down-Modells, bei dem die Betroffenen eher als Marionetten der objektiven strukturellen Bedingungen erscheinen, legten

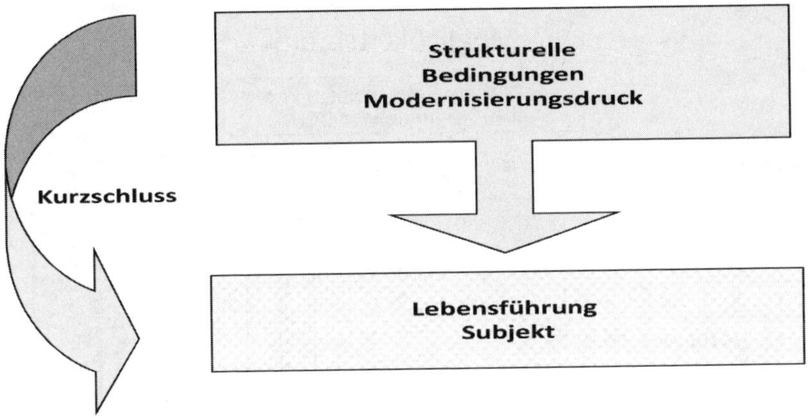

Abb. 2: Das Top-Down-Modell

wir im Projekt ein Bottom-up-Modell zu Grunde, das seinen Ausgangspunkt beim empirischen Subjekt nimmt und von da aus nach dem gesellschaftlichen Rahmen fragt, in dem das Subjekt sein Leben führt.

Um den Ableitungskurzschluss zu vermeiden, gingen wir davon aus, dass Lebensführung und solidarisches Handeln eine eigene individuelle und gruppenspezifische Qualität besitzen, deren Beziehung zu den strukturellen Bedingungen, das heißt dem Modernisierungsdruck und der Krise, erst erforscht werden muss und nicht schon aus den strukturellen Bedingungen abgeleitet werden kann.

Unser Ansatz zur Lebensführung orientiert sich stärker an dem subjektwissenschaftlichen Konzept der Kritischen Psychologie von Klaus Holzkamp[2], als an der Münchner Soziologengruppe.[3] Der Begriff Lebensführung umschließt im vorliegenden Projekt beide Ansätze, das heißt er wird weiter gefasst, damit nicht nur die Organisation des Alltags in den Blick kommt, sondern auch sinnerfülltes, widerständiges und solidarisches Handeln.

Entsprechend dem subjektwissenschaftlichen Ansatz haben wir verschiedene heuristische Modelle entwickelt, die Aspekte der psychologischen Struktur enthalten, die für die Frage relevant sind, was junge Menschen zwischen 25 und 35 Jahren bewegt. Das folgende Schema zeigt ein entsprechendes Modell, welches situations- und personenspezifisches Handeln aufzuschließen versucht. Ein solches

2 Holzkamp, Klaus (1995): Alltägliche Lebensführung als subjektwissenschaftliches Grundkonzept, in: Das Argument. 212. S. 817–847.
Ders. (1996): Psychologie: Selbstverständigung über Handlungsbegründungen alltäglicher Lebensführung, in: Forum Kritische Psychologie. 43. S. 7–122.

3 Kudera, Werner; Voß, G. Günter (Hg) (2000): Lebensführung und Gesellschaft. Beiträge zu Konzept und Empirie alltäglicher Lebensführung. Opladen.

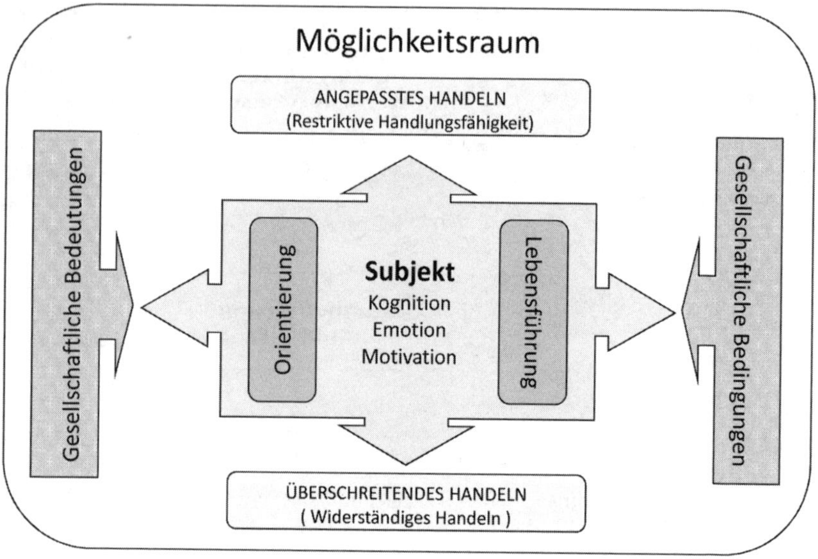

Abb. 3: Situations- und personenspezifisches Handeln

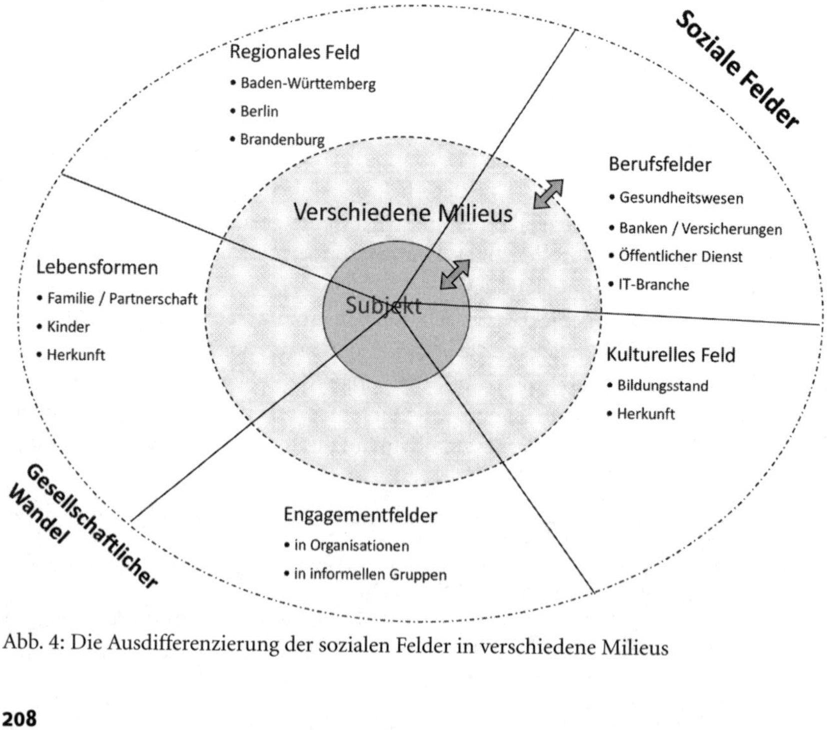

Abb. 4: Die Ausdifferenzierung der sozialen Felder in verschiedene Milieus

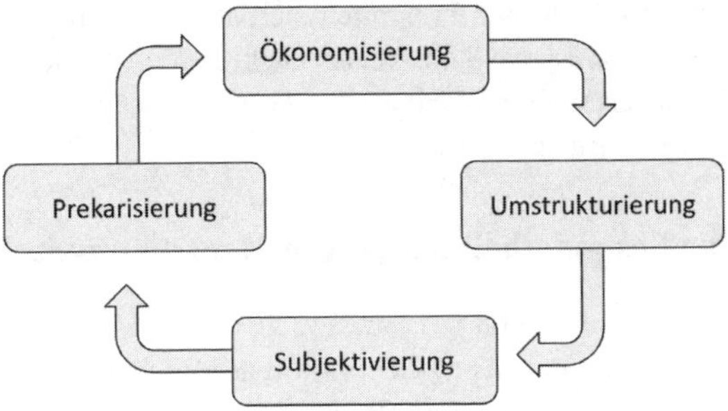

Abb. 5: Theorien zum ‹Modernisierungsdruck›

Schema ist nicht für die wissenschaftliche Analyse nützlich, sondern auch für das Erklären und Verstehen des Handelns in der Praxis.

Das Handeln enthält in Abb. 3 zwei polare Formen, ein angepasstes Handeln und ein überschreitendes Handeln. Demnach gibt es ein Handeln, das vor allem äußere Anforderungen erfüllen will und ein Handeln, das seinen eigenen Weg zu bestimmen versucht. Das Handeln wird gesteuert durch Kognitionen, Emotionen und Motivation und findet auf der Basis von Grundorientierungen und Stilen der Lebensführung statt. Zugleich hat sich aus dem alltäglichen Handeln der eigene Stil der Lebensführung entwickelt. Das Individuum interpretiert die gesellschaftlichen Bedingungen und die Bedeutungen und diese subjektiv interpretierte Welt hat einen Einfluss auf das personale Handeln. Insgesamt bestimmt diese Dynamik den subjektiven Möglichkeitsraum einer Person.

Hinzu kommt, dass das einzelne Subjekt den gesellschaftlichen Strukturen nicht unmittelbar gegenüber steht, sondern dass das Individuum immer in soziale Felder eingebunden ist, wobei sich die sozialen Felder wiederum in verschiedene Milieus ausdifferenzieren.

Die heutigen gesellschaftlichen Bedingungen, die im Projekt durch die Begriffe «neoliberaler Modernisierungsdruck und Krise» markiert werden, stellen ein weites Feld von theoretischen Ansätzen dar. Von den vielfältigen Konzepten, die wesentliche Aspekte heutiger Entwicklung erfassen, wurden für das Projekt diejenigen ausgewählt, die in Beziehung gesetzt werden können zu Lage der unter 35-Jährigen.

Die Ökonomisierung des beruflichen und privaten Lebens wurde präziser als «Vermarktlichung»[4] bezeichnet, wobei die Anpassung an die schnellen Marktbewegungen zu dauernden betrieblichen Umstrukturierungen führt. Das marktgerechte Handeln erfordert eine hohe Flexibilität. Die Subjektivierung der Arbeit wurde von Martin Baethge als ökonomische Notwendigkeit diagnostiziert.[5] Sie bedeutet, dass immer mehr psychische Aspekte im Arbeitsprozess erforderlich werden, die den Beschäftigten den Eindruck zunehmender Autonomie und Selbstverwirkli-

4 Kratzer, Nick; Menz, Wolfgang; et al. (2008): Leistungspolitik als Feld «umkämpfter Arbeit», in: PROKLA. 38 (1). S. 11–27.

5 Baethge, Martin (1994): Arbeit und Identität. Riskante Freiheiten. Frankfurt/M. S. 245–261.

chung vermitteln. Es handelt sich aber eher um «kontrollierte Autonomie»[6] und um «organisierte Selbstverwirklichung».[7] Alle diese Prozesse tragen auch zu einer Reduzierung von Normalarbeitsverhältnissen bei und erhöhten prekäre Beschäftigungsformen.[8]

Die Besonderheit der jungen Menschen zwischen 25 und 35 Jahren

Es gibt eine Reihe von Surveys zu den jungen Menschen unter 35 Jahren, wobei meist von der jungen Generation gesprochen wird, in die alle ab 16 Jahren einbezogen werden. Da in der Praxis von besonderen Problemen der 25- bis 35-Jährigen berichtet wurde, haben wir untersucht, ob sich diese Gruppe von den Jüngeren unterscheidet. Gibt es tatsächlich markante Unterschiede zwischen den unter 25-Jährigen und den 25- bis 35-Jährigen im Dienstleistungsbereich? Für diese Fragestellung haben wir 2008 und 2009 zusätzlich 344 junge Arbeitnehmer im Alter unter 25 Jahren befragt.

Erste Auswertungen der Fragebogen von 2008 führten zu dem konsistenten Ergebnis, dass die Jüngeren ihre Arbeitsverhältnisse kritischer einschätzen, sie die Welt für weniger gerecht halten und entsprechend auch gewerkschaftliche Interessendurchsetzung und solidarisches Handeln für wichtiger ansehen als die über 25-Jährigen. Das stimmte mit unseren Beobachtungen bei verschiedenen gewerkschaftlichen Aktionen überein, bei denen die 25- bis 35-Jährigen stark unterrepräsentiert waren. Außerdem verzeichneten in jüngster Zeit die Gewerkschaften IG Metall und Verdi eine sehr positive Mitgliederentwicklung bei den unter 25-Jährigen. Das könnte damit erklärt werden, dass derzeit die unter 25-Jährigen besonders aktiviert sind, da sie große Schwierigkeiten beim Berufseinstieg haben und auch oft die Ersten sind, die in der Krise entlassen werden.

Andererseits gibt es auch die Einschätzung, dass gerade die Älteren, also die 25- bis 35-Jährigen, besonders belastet sind und sich entsprechend besonders belastet fühlen, von den vielen Aufgaben in Familiengründung, Lebensgestaltung und Arbeitssituation und, dass ihnen unter diesem Druck keine Zeit bleibt für darüber hinausgehendes Engagement.

---

6 Vieth, Peter (1995): Kontrollierte Autonomie. Neue Herausforderungen für die Arbeitspsychologie. Heidelberg.

7 Honneth, Axel (2002): Organisierte Selbstverwirklichung. Paradoxien der Individualisierung, in: Ders. (Hg) 2002: Befreiung aus der Mündigkeit. Paradoxien des gegenwärtigen Kapitalismus. Frankfurt/M. S. 141–158.

8 Dörre, Klaus; Kraemer, Klaus; et al. (2006): Prekäre Beschäftigungsverhältnisse – Ursache von sozialer Desintegration und Rechtsextremismus? Abschlussbericht. Forschungsverband des Instituts für interdisziplinäre Konflikt- und Gewaltforschung der Universität Bielefeld. S. 71–102.

Die Nachuntersuchung 2009 führte zu anderen Ergebnissen als die Hauptuntersuchung 2008; in der Nachuntersuchung schienen die Älteren, die über 25-Jährigen, eher weniger zufrieden, stärker belastet und stärker zu Engagement bereit als die Jüngeren, die unter 25-Jährigen.

Die Unterschiede zwischen den beiden Befragungszeiträumen entstanden dadurch, dass in der Nachuntersuchung 2009 überproportional mehr junge Menschen unter 25 in der Branche Banken/Versicherungen befragt wurden, als in den anderen Branchen und deshalb von ihnen die Ergebnisse dominiert wurden. In der Hauptbefragung 2008 wurden mehr unter 25-Jährige aus dem Gesundheitsbereich befragt, einer Branche, in der gerade Arbeitskämpfe stattfanden. Dies weist darauf hin, dass sich die Unterschiede zwischen den unter 25-Jährigen und den über 25-Jährigen eher durch die Besonderheit der einzelnen Branchen als durch das Alter erklären lassen.

Für die Gesamtstichprobe, also die Befragungsdaten von 2008 und die von 2009 kommt man zu den folgenden Ergebnissen: (je kleiner der Mittelwert, umso größer die Zustimmung).

Vergleich U25 mit Ü25 (Gesamt- und Nachuntersuchung)

	U25 =1 Ü25 =2	Mittelwert	Signifikanz
Autorität	1,00 2,00	2,5491 2,7617	s.s. U25 ↗
Zukunftsangst	1,00 2,00	4,3221 4,4589	s. U25 ↗
Selbstverwirklichung im Beruf	1,00 2,00	1,9572 2,2789	s.s. U25 ↗
Karriereorientierung	1,00 2,00	2,2060 2,5677	s.s. U25 ↗
Gewerkschaftliche Interessendurchsetzung	1,00 2,00	3,1745 3,3675	s.s. U25 ↗
Alltägliche Routine und Rituale	1,00 2,00	3,0402 3,2068	s. U25 ↗
Anerkennung der Arbeit in privaten Beziehungen	1,00 2,00	2,2441 2,4746	s.s. U25 ↗

Es finden sich keine signifikanten Unterschiede zwischen den beiden Altersgruppen bei den Belastungsfaktoren Zeitdruck, Arbeitsdruck und Psychodruck. Dagegen war die Zukunftsangst bei den unter 25-Jährigen stärker ausgeprägt. Die Belastungen der beiden Altersgruppen scheinen zwar unterschiedlich, aber insgesamt etwa gleich hoch.

Selbstverwirklichung im Beruf und Karriereorientierung sind für die unter 25-Jährigen wichtiger als für die Älteren. Gleichzeitig ist ihnen aber auch die gewerkschaftliche Durchsetzung ihrer beruflichen Interessen wichtiger. Erstaunlicherweise sehen die Jüngeren ihr Leben stärker durch Routine und Rituale geprägt als die Älteren und sie stimmen auch einer autoritären Orientierung stärker zu. In Bezug auf solidarische Orientierungen finden sich keine Unterschiede.

Diese Ergebnisse lassen keine klare Linie erkennen und sie stützen insgesamt die These nicht, dass es sich bei den 25- bis 35-Jährigen um eine besondere Altersgruppe handelt, die sich deutlich von den Jüngeren unterscheidet. Nur bei zwei Orientierungen gibt es konstante Unterschiede: Den unter 25-Jährigen sind Selbstverwirklichung im Beruf und Karriere durchgehend wichtiger als den über 25-Jährigen. Das deutet darauf hin, dass der Beruf bei ihnen eine besondere Qualität angenommen hat.

Im Übrigen scheinen nicht das Alter, sondern die branchenspezifischen Lernerfahrungen im Beruf die Unterschiede zwischen Jüngeren und Älteren zu bestimmen. Wertet man die einzelnen Branchen gesondert aus, so finden sich jeweils andere Besonderheiten zwischen den unter 25- und den über 25-Jährigen. Die meisten Unterschiede zwischen den beiden Altersgruppen ergaben sich im Gesundheitswesen. Hier äußerten sich die unter 25-Jährigen deutlich kritischer in Bezug auf ihre Arbeitssituation als die über 25-Jährigen. Die jüngsten Arbeitsauseinandersetzungen und Streiks haben hier offenbar bei den Jüngeren deutliche Spuren hinterlassen. Im Bereich der Banken und Versicherungen finden sich diese Effekte nicht.

Demnach scheinen die 25- bis 35-Jährigen insgesamt keine eigene Altersgruppe zu bilden, die sich in ihrem Selbstverständnis von den unter 25-Jährigen unterscheidet.

Eine Infratest-Umfrage im Auftrag der IG Metall hat zusätzlich die unter 35-Jährigen mit den *über* 35-Jährigen verglichen und dabei festgestellt, dass die U35 die persönliche Zukunftsperspektive positiv und positiver als die Ü35 sehen.[9] Die unter 35-Jährigen haben eine optimistischere Einstellung in Bezug auf das Erwerbsleben als die Ü35. Dazu die Interpretation von Infratest: «Die durchweg optimistischere Sicht der jungen Generation auf explizit das Erwerbsleben betreffende Gesellschaftsbereiche kann auch an dieser Stelle als Zeichen von Motivation und Leistungsbereitschaft gewertet werden. Es entsteht das Bild einer Generation, die

9 Infratest (2009): Persönliche Lage und Zukunftserwartungen der jungen Generation. Berlin. S. 33.

ungeachtet schwieriger werdender Rahmenbedingungen insgesamt ziemlich optimistisch in die Zukunft blickt.»[10]

Diese optimistische Haltung wird auch durch unsere Untersuchung bestätigt, beide Gruppen, die unter 25-Jährigen und die über 25-Jährigen, äußerten sich insgesamt eher optimistisch und sie unterscheiden sich darin nur wenig voneinander.

Wegen der gleichwohl bestehenden Unterschiede zwischen den beiden Altersgruppen werden in den folgenden Auswertungen nur die 25- bis 35-Jährigen einbezogen.

Veränderungen durch die Wirtschafts- und Finanzkrise

Interessante Ergebnisse liefert der Vergleich der Befragten vor und in der Krise, also vor Oktober 2008 und ab 2009. Ein Vergleich der jungen Menschen unter 35 Jahren, die wir vor dem großen Ausbruch der Krise im Oktober 2008 befragt haben, mit denen, die 2009, also in der Krise, befragt wurden, lässt zwar Unterschiede erkennen, es sind aber wenige und sie sind insgesamt gering. Um den Einfluss der unterschiedlichen Branchenproportionen auszuschalten, werden im Folgenden einzelne Branchen gesondert ausgewertet.

Eine Branche hat in der Krise eine große Rolle gespielt, nämlich die der Banken/Versicherungen. Interessant sind hierbei die statistisch signifikanten Unterschiede bei den Befragten vor und in der Krise.

Nur Banken/Versicherung (je kleiner der Mittelwert, umso größer die Zustimmung)

	V163 Nachuntersuchung	Mittelwert	Signifikanzen
V49 Wie sicher ist Ihr Arbeitsplatz?	Nachuntersuchung	1,9355	s. s.
	Untersuchung vor der Krise	2,3548	
V80 Ist Flexibilität eine Voraussetzung in ihrem Beruf?	Nachuntersuchung	1,8254	s.
	Untersuchung vor der Krise	2,2283	
Gerechter-Welt-Glaube	Nachuntersuchung	3,6452	s.
	Untersuchung vor der Krise	3,8558	
Selbstverwirklichung im Beruf	Nachuntersuchung	2,0000	s. s.
	Untersuchung vor der Krise	2,2826	
Identifizierung mit der Arbeit	Nachuntersuchung	2,3456	s.
	Untersuchung vor der Krise	2,5446	
Karriere-orientierung	Nachuntersuchung	2,1393	s. s.
	Untersuchung vor der Krise	2,3738	

10 Ebenda. S. 25.

Abb. 6: Karikatur

Von den insgesamt 160 Fragen sind nur sieben bei den Befragten der Branche Banken/Versicherungen signifikant und auch bei den Indizes gibt es nur wenige Unterschiede. Sie weisen alle in die gleiche Richtung, in der Krise finden die Befragten die Karriere und die Selbstverwirklichung wichtiger, das heißt das, was inzwischen in der Krise schwerer erreichbar ist. Geradezu paradox scheint es, dass sie ihren Arbeitsplatz in der Krise sicherer finden als vorher und, dass sie in der Krise stärker als vor der Krise die Welt als eher gerecht ansehen. Außerdem ist die Identifizierung mit der Arbeit in der Krise gestiegen, damit ist gemeint, dass die befragten jungen Menschen sich stärker mit ihrem Beruf und ihrer Einrichtung verbunden fühlen, dass ihnen die Arbeit tendenziell mehr Spaß macht, sie sich von ihr weniger überlastet fühlen, sie noch engagierter arbeiten und sie stärker zustimmen, dass die Arbeit ihnen Selbstbestimmung ermöglicht.

Man muss sich dabei vor Augen halten, dass es sich nicht um Manager handelt, sondern um «kleine Angestellte», die erst in den Beruf eingestiegen sind. Viele scheinen in der Krise offenbar darauf angewiesen zu sein, sich selbst zu beruhigen, wenn nicht sogar, sich selbst zu täuschen.

Die geringen Veränderungen, die bei den 25- bis 35-Jährigen im Bereich der Banken und Versicherungen durch die Wirtschafts- und Finanzkrise zu beobachten sind, können zuerst einmal darauf zurückgeführt werden, dass die befragten jungen Menschen sich zwar der gesellschaftlichen Bedeutung der Wirtschafts- und Finanzkrise bewusst sind, diese aber bisher kaum auf ihre eigene Situation beziehen. Darauf weisen einige Interviews hin, die wir 2009 durchgeführt haben. Der Sozialpsychologe Harald Welzer hat schon am Beginn der Wirtschafts- und Finanzkrise in einem *Spiegel-Essay* darauf hingewiesen, dass die Reaktion auf die Krise gering ausfallen wird, da die Leute die Dissonanz zwischen ihrer Alltagsroutine und den globalen Bedrohungen kaum verarbeiten können und sich deshalb in einen allgemeinen Optimismus flüchten.[11] Sie versuchen so schnell wie möglich zur Nor-

11 Welzer, H. (2009): «Blindflug durch die Welt. Die Finanzkrise als Epochenwandel», in: Der Spiegel (1). S. 132–133.

malität, das heißt zum bisherigen Handeln und zu bisherigen Orientierungen zurückzukehren. Demnach sind es nicht nur die Banken- und Börsenbosse, die schnell zu den alten Verfahren wieder zurück finden, sondern auch viele junge Arbeitnehmer/innen im Bankenbereich.

Die politische Karikatur (Abb. 6)[12] lässt sich also nicht nur auf die oberen Etagen in den Banken und Börsen anwenden, sondern auch auf den Umgang junger Bank- und Versicherungsangestellter mit der Krise übertragen: In der Gesundheitsbranche, also vor allem bei den befragten Pflegern und Krankenschwestern, finden sich noch weniger Unterschiede zwischen der Befragung vor dem Ausbruch der Krise, das heißt vor Oktober 2008 und in der Krise 2009. Nur das Arbeitsklima wird in der Krise als wichtiger angesehen.

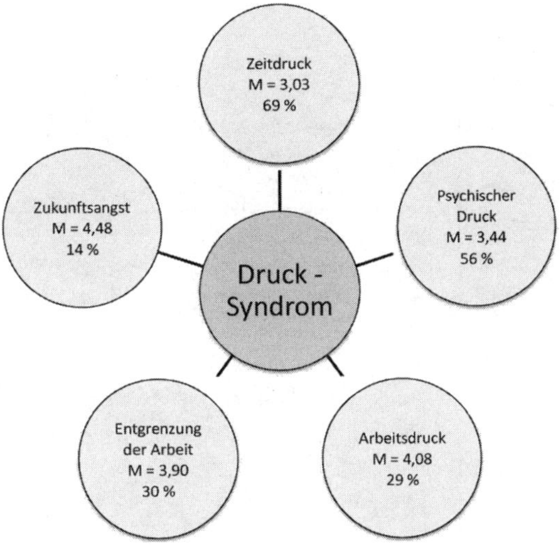

Abb. 7: Das Drucksyndrom

Viele Unterschiede finden sich dagegen im öffentlichen Dienst und dort vor allem bei den Erzieherinnen. Mit der Krise hat die Zufriedenheit mit der eigenen Lage in Beruf und Privatbereich abgenommen, dagegen haben die Entgrenzung der Arbeit und die Zukunftsangst zugenommen. Auch Zeitdruck, Arbeitsdruck und Psychodruck werden signifikant stärker erlebt. Entsprechend werden in der Krise die gewerkschaftliche Interessendurchsetzung sowie Solidarität stärker befürwortet.

Die subjektive Verarbeitung des Modernisierungsdrucks

Wir sind davon ausgegangen, dass die 25- bis 35-Jährigen stark unter Zeitdruck, psychischem Druck, Arbeitsdruck und Entgrenzung der Arbeit leiden und dass sie in hohem Maße Zukunftsangst entwickeln. Zu jeder dieser Faktoren haben wir einen Index erstellt. Die Ergebnisse der Indizes zeigen, dass unsere Erwartungen in dieser Allgemeinheit nicht zutreffen.

12 Aus: Erziehung und Wissenschaft. 7/8. 2009.

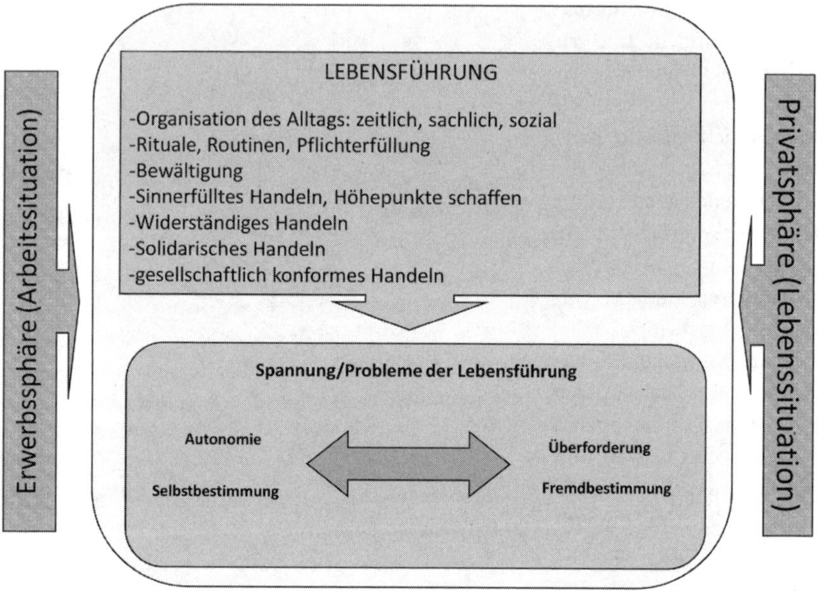

Abb. 8: Lebensführung

Nur 29% der Befragten stimmten zu, dass sie unter Arbeitsdruck stehen, Entgrenzung der Arbeit wurde nur von 32% angegeben. Noch geringer ist die Zustimmung bei Zukunftsangst, die nur bei 15% der Befragten auf der Zustimmungsseite der sechsstufigen Skala liegt. Am höchsten sind offenbar der Zeitdruck, der von 69% der Befragten angegeben wird und der psychische Druck, der von 56% der Befragten bestätigt wird.

Interessant ist, dass alle Druckfaktoren miteinander in einem sehr signifikanten Zusammenhang stehen, das heißt, Zeitdruck, psychischer Druck, Arbeitsdruck, Zukunftsangst und Entgrenzung der Arbeit treten bei vielen in Kombination auf.

Am stärksten wird der Zeitdruck erlebt. Der forcierte neoliberale Zeitrhythmus «in der extrem beschleunigten Welt des flexiblen Kapitalismus»[13] stellt offensichtlich die Grundlage für den erlebten Zeitdruck dar. Dieser entsteht aus der Entgrenzung der Arbeit und kann auch zu psychischem Druck führen. Psychotherapeuten, die mit unter 35-Jährigen arbeiten und mit denen wir Interviews durchgeführt haben, betonten, dass sich Zeitdruck und psychischer Druck nicht einfach als Folge erhöhter Anforderungen in der Arbeit interpretieren lassen, sondern, dass sie auch eine Folge der Deregulierung des Alltagslebens darstellen. Das bedeutet, dass viele sich in der Optionsvielfalt verirren und sich dadurch unter Druck bringen. Kaum

13 Seddon, Terri (2009): An einer «Politik des Wir» arbeiten, in: Das Argument. 281. (3). S. 437.

etwas ist mehr tradierte Selbstverständlichkeit in der Lebensführung, alles muss scheinbar jeweils neu bestimmt werden.

Als Mittel gegen den Druck wird heute oft eine Arbeit am eigenen «Zeitmanagement» empfohlen. Die Befragten berichteten uns verschiedene Varianten dieser Strategie. Der Druck wird hierbei vor allem durch straffe Organisation des Alltags zu lösen versucht, das heißt, sie versuchen möglichst viele Aktivitäten in eine Zeiteinheit hineinzupressen, bringen sich aber dadurch selbst wiederum unter Druck. So kann aus der Wahrnehmung von Freiheit Unfreiheit entstehen. Deutlich wird das zum Beispiel in einem Interview, das wir mit einer jungen Mutter, die im Sozialbereich beschäftigt ist, geführt haben. Sie zählt zuerst sehr genau auf, was sie an einem Tag alles machen muss, um sofort anschließend zu sagen, dass sie das alles auch machen will. Es muss also mit einer starken Verinnerlichung von äußeren Zwängen zu inneren Zwängen gerechnet werden.

Die Optionsvielfalt in der heutigen Zeit sowohl in der Arbeit als auch in der Privatsphäre ermöglicht viele autonome Entscheidungen in der Lebensführung, die aber leicht in Überforderung und damit Unfreiheit umschlagen können.

In einer derartigen subjektiven Drucksituation geht es überwiegend nur um Bewältigung der unmittelbaren Lebenstätigkeiten und nicht um übergeordnete Ziele wie zum Beispiel die Erhöhung der gewerkschaftlichen Durchsetzungsfähigkeit. Übergeordnete, langfristige Ziele und Festlegungen werden offenbar in unsicheren Zeiten und unter Flexibilitätsdruck vermieden. Eine subjektive Folge dürfte Perspektivlosigkeit sein, die teilweise für den Anstieg von Ängsten und Depressionen verantwortlich gemacht werden kann, worauf Psychotherapeuten in unseren Experteninterviews und auch in der Literatur vielfach hingewiesen haben.[14] Sie lassen sich also nicht nur durch die Zunahme von äußerem und innerem Druck erklären. Lebensziele und Zukunftsorientierung sind für eine bewusste Lebensführung und Lebensgestaltung insgesamt entscheidend. Die Handlungsfähigkeit speist sich nicht nur aus vergangenen und gegenwärtigen Erfahrungen, sondern auch ganz wesentlich aus der Zukunftsperspektive. Auch wenn heute bei den jungen Beschäftigten im Dienstleistungsbereich ein nach außen zur Schau gestellter Optimismus vorherrscht, scheinen doch Perspektiven und längerfristige Ziele zu fehlen.

Der Blick in die Zukunft – eine subjektive Perspektive

Um die Frage nach den Handlungsmöglichkeiten zu klären, muss man die Sicht der Betroffenen einnehmen. Das gilt auch für die Zukunftsperspektive. Die 25- bis 35-Jährigen fühlen sich im Hinblick auf die Zukunft tendenziell eher unternehmungslustig und zuversichtlich. Sie geben an, eine konkrete Vorstellung darüber

14 Honneth, Axel (2002). S. 155f.

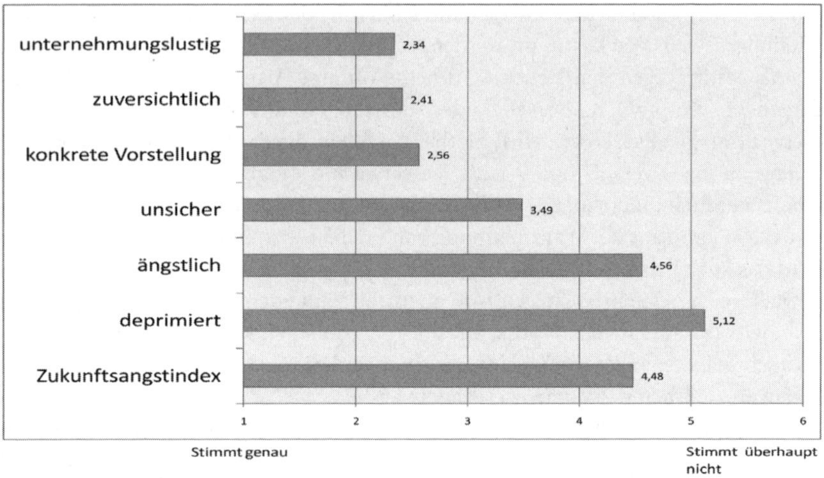

Abb. 9: Die subjektive Zukunftsperspektive der 25- bis 35-Jährigen

zu haben, wie ihr Leben zukünftig verlaufen soll. Sie scheinen in Bezug auf die Zukunft weniger unsicher, ängstlich oder deprimiert zu sein. Dementsprechend zeigt der «Zukunftsangstindex», auf einer Skalierung von 1 bis 6, wobei 1 für zustimmend und 6 für überhaupt nicht zustimmend steht, den Mittelwert von 4,48. Dieser Index ist aus folgenden Items zusammengesetzt: Wenn ich an das kommende Jahr in meinem Leben denke, so fühle ich mich: ängstlich (V31), nicht zuversichtlich (V32u), nicht unternehmungslustig (V33u) und deprimiert (V34). Sowie, es beunruhigt mich, dass die Zukunft so unsicher ist (V35). Auf der folgenden Grafik ist zu sehen, dass die Befragten diesen negativen Merkmalen nicht zustimmen, sondern positiv im Hinblick auf die Zukunft eingestellt sind.

Somit stellt sich die Frage, worauf diese optimistische Zukunftsperspektive gründet?

Das Individuum nimmt in der sozialen Ordnung eine bestimmte Position ein. Beispielsweise in unserer Studie, in der es als Krankenschwester/Krankenpfleger, Bankkaufmann/-frau oder Versicherungsvertreter/-in arbeitet oder in der kommunalen Verwaltung bzw. im IT-Bereich tätig ist. Allerdings zeichnet sich der/die Einzelne in dieser sozialen Ordnung nicht nur durch bestimmte Kompetenzen und Funktionen aus, sondern ebenso durch seine/ihre subjektiven Erlebnisse und Denkweisen.

Somit stellt sich die Frage, wie bestimmte Situationen erlebt werden und welcher «Sinn» mit diesen Situationen verbunden wird. Um sich der Zukunftsperspektive der 25- bis 35-Jährigen zu nähern, müssen «alltägliche Sinnstrukturen»[15]

15 Plöger, Wilfried (1986): Phänomenologie und ihre Bedeutung für die Pädagogik. München. S. 66ff.

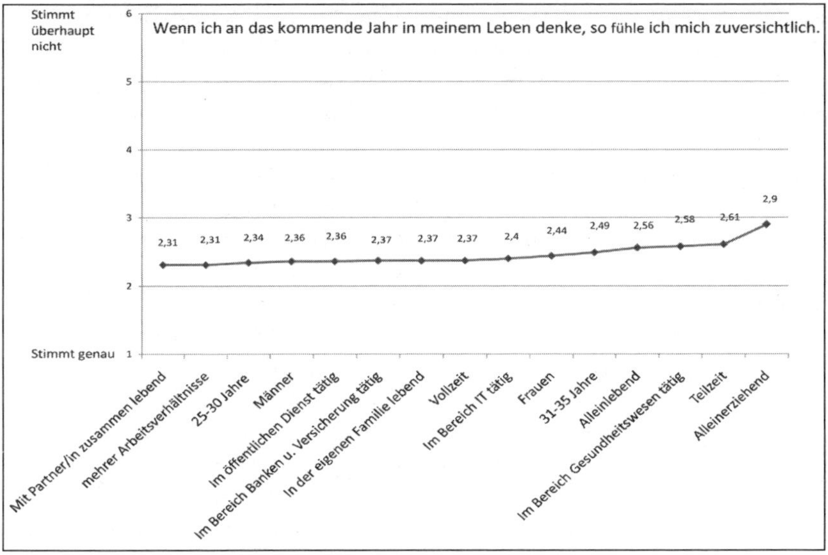

Abb. 10: Ähnliche Zuversicht in unterschiedlichen Lebenslagen

rekonstruiert werden. Dabei wird dieses Wissen oft sehr spontan und unreflektiert angewandt. Diese Sinn- und Relevanzstrukturen in der vorgegebenen Lebenswelt sind ein subjektives Gebilde: Es ist die Leistung des erfahrenden bzw. des vorwissenschaftlichen Lebens der im Alltag denkenden, lebenden und handelnden Menschen. Der alltägliche Mensch erfährt schließlich die Welt «wahrnehmend, handelnd, genießend, wertend, fühlend», usw. in «ihrer qualitativen, sinnlich-leiblich, sprachlich vorgeformten und intersubjektiv und kulturell bedingten Vielgestaltigkeit.»[16] Wenn also die Zukunftsperspektive der Subjekte beschrieben werden soll, so muss auf den damit zusammenhängenden subjektiven Sinn Bezug genommen werden. Bestimmte Sichtweisen sind an bestimmte Bewusstseinserlebnisse gekoppelt, die einen bestimmten Sinn haben. Eine optimistische Zukunftsperspektive muss also im Zusammenhang mit diesem subjektiven Sinn stehen.

Die Lebensphase der 25- bis 35-Jährigen ist stark geprägt von dem Übergang hin zum selbständigen Leben. Damit ist u.a. die Ablösung von der Herkunftsfamilie gemeint, um ein eigenständiges Leben zu führen, einen eigenen Haushalt und eine eigene Familie zu gründen. Hinzu kommt der Berufseinstieg und die damit verbundene finanzielle Unabhängigkeit. Ausgehend von dieser angestrebten Selb-

16 Husserl, Edmund (1996): Krisis der europäischen Wissenschaften und die transzendentale Phänomenologie – Eine Einleitung in die phänomenologische Philosophie. Hamburg. S. 70.

ständigkeit ist das zentrale Thema junger Menschen ihr Verständnis von Selbstbestimmung. Der Blick in die Zukunft knüpft an dieses Verständnis an.

Aus den Interviews ging hervor, dass Zukunftsperspektiven in diesem Sinn angestrebt werden. So erscheint zum Beispiel ein Studium sinnvoll «um später variabler sein zu können». Oder es wird ein Beamtenstatus angestrebt, um «eine gesicherte Zukunft» zu haben. Oder man beabsichtigt die Karriereleiter höher zu steigen, um seine Arbeitszeiten mehr selbst bestimmen können. Diese Bestrebungen dürfen nicht völlig losgelöst von dem jeweilig eingenommen Standort betrachtet werden. Auffällig ist dabei, dass zwischen unterschiedlichen Personengruppen, zwar Abweichungen festzustellen sind, was die Zuversicht im Hinblick auf die eigene Zukunft anbelangt. Insgesamt wurde jedoch bei allen eine relativ einheitliche Tendenz in Richtung auf optimistische Zukunftsperspektiven sichtbar.

Die verschiedenen Lebens- und Arbeitsverhältnisse unterscheiden sich nicht stark voneinander in der Sicht auf die Zukunft. Entscheidender als der jeweilige soziale Standort ist dagegen das Selbstverständnis der einzelnen Person. Dieses Verständnis drückt sich in der jeweiligen Einstellung aus, inwieweit der Verlauf des eigenen Lebens selbstbestimmt oder fremdbestimmt gedeutet wird. Desweiteren inwiefern Selbstverwirklichung in und Identifizierung mit dem Beruf möglich sind, und wie die eigene Lebens- und Arbeitssituation eingeschätzt wird. Ein Vergleich zwischen zukunftssicheren und -unsicheren jungen Menschen verdeutlicht dies. In der nachfolgenden Grafik (Abb. 11) steht der Wert 1 für zustimmend und 6 für überhaupt nicht zustimmend.

Aus dem Index «Ich- Orientierung» geht hervor, dass diejenigen, die eher zuversichtlich in die Zukunft blicken, sagen, dass ihr Leben hauptsächlich von ihnen

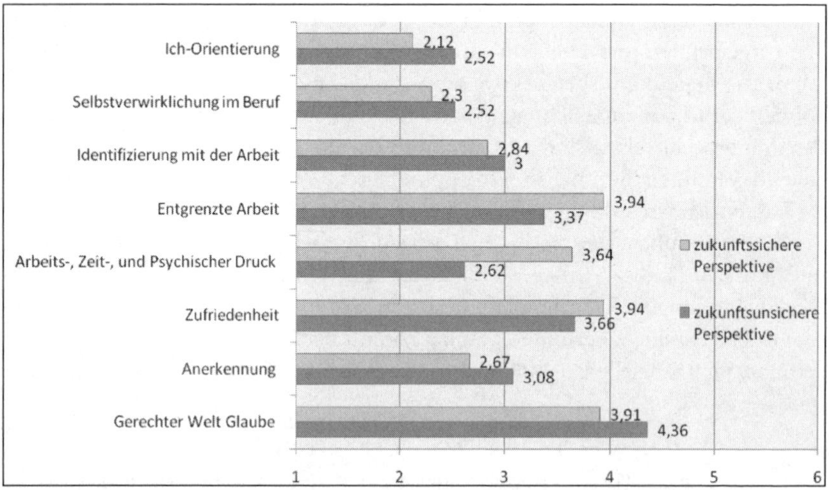

Abb. 11: Vergleich zwischen zukunftssicheren und -unsicheren Jugendlichen

selbst abhängt und dass, jeder selbst für seine eigene berufliche Entwicklung verantwortlich ist. Dagegen sagen diejenigen, die eher zukunftsunsicher sind, dass ihr Leben eher nicht von ihnen selbst abhängt, sondern eher von äußeren Umständen oder von anderen Menschen.

Desweiteren zeigt sich, dass die hohe Zustimmung bei den Indizes «Selbstverwirklichung im Beruf», die «Identifizierung mit der Arbeit», sowie bei der Einschätzung eher nicht «entgrenzter Arbeit» für eine optimistische Zukunftssicht spricht. «Arbeitsdruck», «Zeitdruck» und «Psychischer Druck» werden von den Zukunftssicheren weniger wahrgenommen. In diesem Zusammenhang findet sich eher eine allgemeine «Zufriedenheit», der Eindruck allgemein gerechter Behandlung (Index «Gerechter-Welt-Glaube») und «Anerkennung in persönlichen Beziehungen und in der Arbeit».

Diese persönlich und positive Selbsteinschätzung und die damit zusammenhängende Zuversichtlichkeit für die Zukunft überrascht, wenn man sich die Antworten auf die Frage des allgemeinen gesellschaftlichen Wandels genauer anschaut. Mit 61,7% ist der Großteil der Befragten der Meinung, dass der Druck in allen Lebenslagen zugenommen hat. Dennoch sehen sie sich persönlich nicht von dieser Zunahme betroffen.

Die 25- bis 35-Jährigen zählten in den Interviews zahlreiche Situationen auf, worin sie gestiegene Anforderungen in ihren Arbeits- und Lebensfeldern feststellen konnten, wie zum Beispiel Personalmangel oder die Vereinbarung von Familie und Beruf. Dennoch empfinden sie sich persönlich im Umgang damit selbstbestimmt und haben, was ihre Zukunft anbelangt, deswegen weniger Sorgen.

Dieser zuversichtliche Umgang junger Menschen mit dem wahrgenommenen gestiegenen Modernisierungsdruck beinhaltet allerdings ein aktiv angepasstes Verständnis von Selbstbestimmung. Denn diese positive Perspektive ist an Bedingungen geknüpft, die zunächst eine Aneignung und Übernahme der Anforderungen in der Lebens- und Arbeitswelt bedeuten, die jedoch als selbstbestimmt übersetzt werden. Dabei scheint es, dass die Akteure in diesem Verinnerlichungsvorgang eine eigene soziale Identität entwickeln. Dies geschieht im Zuge einer optimistischen Sicht in die Zukunft, wenn zum Beispiel die Anforderung der Flexibilität Teil des Selbstbildes wird oder die Person sich selbst als flexibel versteht. Axel Honneth spricht in diesem Zusammenhang von einer organisierten Selbstverwirklichung, «die Mitglieder der westlichen Gesellschaften wurden gezwungen, angehalten oder ermutigt, sich um ihre Zukunftschancen willen zum Zentrum ihrer eigenen Lebensplanungen und Lebensführungen zu machen.»[17] «[...] sie müssen um ihrer zukünftigen Beschäftigungschancen willen ihre eigene Berufsbiographie fiktiv nach

17 Honneth, Axel (2002). S. 148.

dem Muster der Selbstverwirklichung organisieren, obwohl weitgehend doch nur der Wunsch nach sozialer und ökonomischer Sicherheit bestehen dürfte.»[18]

Wird der Fokus indessen auf solidarisches Handeln gerichtet, so wird in unserer Studie sehr deutlich, dass gerade dieses Verständnis von Selbstbestimmung und die damit zusammenhängende optimistische Haltung das solidarische Handeln eher schwächen.

Solidarisches Handeln

Sehr bald wurde im Forschungsprozess klar, dass der Begriff «Solidarität» als Voraussetzung für die Untersuchung vom solidarischen Handeln nicht auf bloß theoretischer Grundlage geklärt werden kann. Zum einen fanden sich in der einschlägigen Literatur sehr unterschiedliche und zum Teil widersprüchliche Annäherungen an den Begriff wie die Kontroverse zwischen Bierhoff/Küpper und einer Reihe anderer Wissenschaftler zeigt.[19] Zum anderen stellte sich in den Interviews der qualitativen Voruntersuchung heraus, dass die Interviewpartner mit dem Begriff «Solidarität» wenig anfangen konnten, bzw. ein viel weiteres Verständnis von Solidarität hatten als das, was klassischerweise im historischen und sozialen Kontext der Arbeitnehmerbewegung zu verorten ist. Eine weitere noch problematischere Feststellung war die Tatsache, dass die meisten Interviewten nicht unbedingt etwas mit dem Begriff «Solidarität» zu tun haben wollten. Aufgrund dieser Schwierigkeiten den Begriff «Solidarität» präzise zu bestimmen, verzichteten wir auf eine vorgängige theoretische Festlegung und entschieden uns für eine empirische Bestimmung des Begriffes durch die Befragten selbst. Das heißt, wir untersuchten das, was die Befragten selbst unter Solidarität verstehen. Im Sinne der sensibilisierenden Konzepte[20] sammelten wir Anhaltspunkte, die uns ermöglichen sollten, zum einen den Begriff der Solidarität so zu operationalisieren, dass er an die Alltagssprache der Befragten anschlussfähig wird, zum anderen suchten wir in den theoretischen Auseinandersetzungen mit dem Begriff nach Konzepten, die die vielfältige Vorstellungen von Solidarität adäquat umreißen. Diese unterschiedlichen Konzepte ordneten wir auf

---

18 Ebenda. S. 153.

19 Bierhoff, Hans-Werner; Küpper, Beate (1999): Das «wie» und «warum» von Solidarität: Bedingungen und Ursachen der Bereitschaft zum Engagement für andere, in: Ethik und Sozialwissenschaften, Streitforum für Erwägungskultur (H. 2). S. 180–196.
Zoll, Rainer (2000): Was ist Solidarität heute? Frankfurt/M.

20 Vgl. Flick, Uwe (1995): Qualitative Forschung. Theorie, Methoden, Anwendungen in Psychologie und Sozialwissenschaften. Reinbek b. Hamburg.
Bibouche, Seddik; Held, Josef (2009): Rechtsextreme Dynamiken in der politischen Kultur. Zur sinnvollen Verbindung von quantitativen und qualitativen Methoden am Beispiel eines Forschungsprojektes, in: Melter, Claus; Mecheril, Paul (Hg) 2009: Rassismuskritik - Band 1: Rassismustheorie und -forschung. Schwalbach/Ts. S. 258–277.

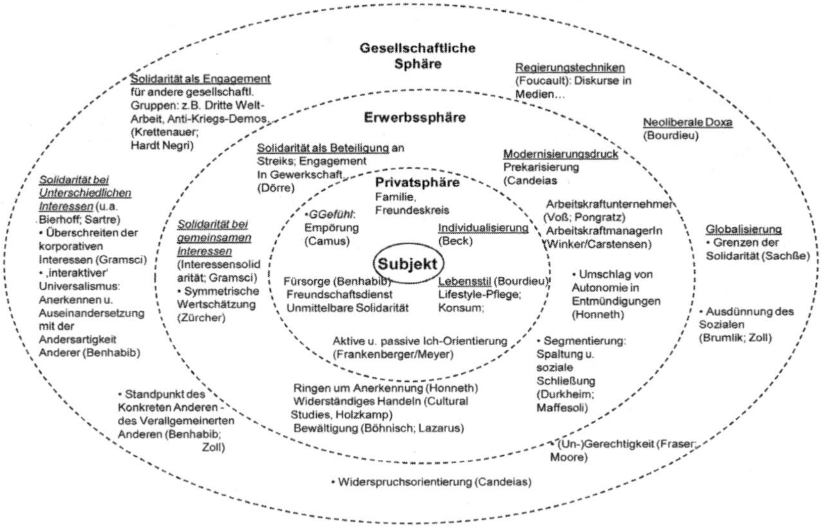

Abb. 12: Solidarisches Handeln – Was bewegt die unter 35-Jährigen?

sozialökologischer Art in der obigen Grafik (Abb. 12): Alle empirischen Hinweise aus der Voruntersuchung und die theoretischen Konzepte wurden in unserem Fragebogen in Form von 39 verschiedenen Variablen übersetzt. Die Formulierung der Items zum Begriff «Solidarität» in all seinen Ausprägungen übernahmen wir zum Teil aus der einschlägigen Literatur[21], die meisten formulierten wir selbst. Konsequenterweise suchten wir den Weg aus dieser großen Menge an Bestimmungsmöglichkeiten durch eine Faktorenanalyse. Diese ergab sieben Faktoren, bei denen wir die jeweils dazu gehörenden Fragen zu einem Index zusammenfassten, fünf Indizes davon ließen sich wiederum statistisch zu einem Solidaritätssyndrom zusammenfassen. Interessanterweise spiegeln die fünf Indizes die Bestimmungen wider, die der Solidaritätsbegriff in der Geschichte durchmachte, nämlich von der Solidarität als gegenseitige Hilfe, über die Solidarität als Zusammenhalt von Gruppen und Solidarität als Tugend der Arbeitnehmerbewegung, bis hin zu Solidarität als staatlich organisierte Maßnahme.

Die fünf Indizes, die das Solidaritätssyndrom bildeten, setzen sich aus folgenden Fragen zusammen, für die jeweils eine sechsstufige Skala von «stimmt genau» (1) bis «stimmt gar nicht» (6) vorgegeben war.

21 Z. B. Krettenauer, Tobias (1998): Gerechtigkeit als Solidarität. Entwicklungsbedingungen sozialen Engagements im Jugendalter. Weinheim.

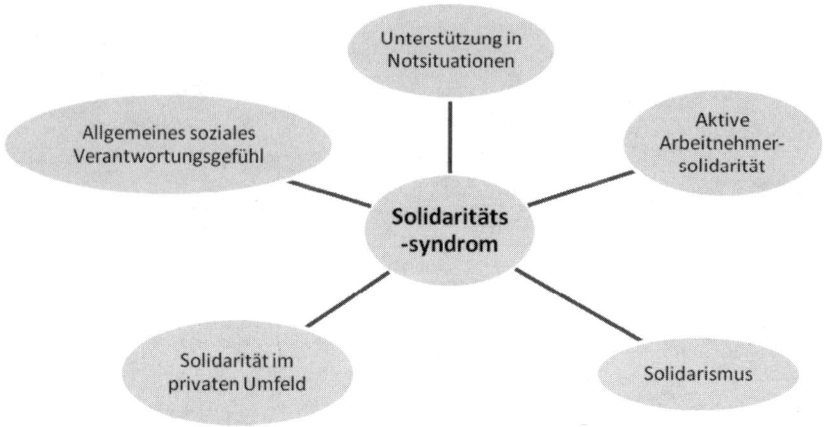

Abb. 13: Das Solidaritätssyndrom

Index «Unterstützung in Notsituationen»

- Welche Menschen oder Gruppen können in Notsituationen auf jeden Fall mit Ihrer Unterstützung rechnen? *Benachteiligte Menschen*
- Welche Menschen oder Gruppen können in Notsituationen auf jeden Fall mit Ihrer Unterstützung rechnen? *Ungerecht behandelte Menschen*
- Welche Menschen oder Gruppen können in Notsituationen auf jeden Fall mit Ihrer Unterstützung rechnen? *Menschen aus meiner Kultur*
- Ich fühle mich für Menschen, die in Not geraten sind, verantwortlich: grundsätzlich, auch über Ländergrenzen hinweg
- Ich fühle mich für Menschen, die in Not geraten sind, verantwortlich: Wenn sie zu einer sozialen Gruppe gehören, die mir wichtig ist
- Ich fühle mich für Menschen, die in Not geraten sind, verantwortlich: *Kollegen*

Der Index «Unterstützung in Notsituationen» bildet sich nicht aus Items, die den klassischen Themen der Arbeitnehmerbewegung entsprechen, sondern eher einem «empathischen Kummer», wie ihn M. L. Hoffmann in Anlehnung an Kohlberg beschrieben hat.[22] Sie sind näher an einer traditionellen Art der Barmherzigkeit, die ihre Wurzeln in der *fraternitas* bzw. Brüderlichkeit der jüdisch-christlichen Tradi-

22 Vgl. Schreiner, G. (1992): Zum Verhältnis von moralischer Erziehung und politischer Bildung, in: Grundfragen und Praxisprobleme der politischen Bildung. Bundeszentrale für politische Bildung. Band 305. S. 473–499.

tion hat.[23] Diese Form der Solidarität unterscheidet sich insbesondere von der so genannten Barmherzigkeit bzw. Brüderlichkeit dadurch, dass sie auf moralische Verpflichtung bzw. religiösen Zwang nicht angewiesen ist. Die zweite Unterscheidung von der Barmherzigkeit liegt darin begründet, dass diese Art von Solidarität nicht mehr nur in den primären Netzwerken wie Familie, Nachbarschaft, religiöse Vereinigung usw. gilt[24], sondern durchaus Menschen aus fremden Gruppen oder Milieus einschließt, auch über Ländergrenzen hinweg. Eine weitere Unterscheidung von der Barmherzigkeit ist das Fehlen der «schimpflichen Gönnerhaftigkeit des reichen Almosengebers».[25] Diese Form der Solidarität ist frei von politischen Konnotationen, also nicht an Forderungen gebunden. Die Variable 100 erweckt wegen der Formulierung «über Ländergrenzen hinweg» einen Eindruck von internationaler Solidarität, hat aber in diesem Falle wenig mit den gängigen Parolen der früheren politischen linken Bewegungen zu tun, welche Staaten als Adressaten ihrer Solidarität hatten wie zum Beispiel Vietnam oder Nicaragua. Mit der Formulierung «über Ländergrenzen hinweg» ist lediglich gemeint, dass die Unterstützung in Notsituationen nicht an den eigenen Landesgrenzen aufhört, dies wird zum Beispiel durch die große Spendenbereitschaft bei Katastrophen auf der ganzen Welt deutlich.

Index «Allgemeines soziales Verantwortungsgefühl»

- *Jede/r ist auch für das gesellschaftliche Ganze verantwortlich:*
  stimmt genau (1) (2) (3) (4) (5) (6) stimmt gar nicht
- *Wie gut passen die folgenden Zitate zu ihrer Lebenseinstellung?*
  Einer für alle und alle für einen. (1) (2) (3) (4) (5) (6) Jeder ist sich selbst der Nächste.
- *Das Leben ist zu kompliziert, um sich auch noch um Andere zu kümmern:*
  stimmt gar nicht (1) (2) (3) (4) (5) (6) stimmt genau

In diesem Index weisen alle drei Items sehr eindeutig auf eine ausgeprägte soziale Orientierung mit starkem Verantwortungsgefühl für gesamtgesellschaftliche Zusammenhänge hin, hier auch ohne explizite politische Dimension, es sei denn, man interpretiert die Verantwortlichkeit für das gesellschaftliche Ganze als implizite politische Haltung. Allerdings weist er eher auf ein Kollektivbewusstsein im Dienste einer offenen, sozialen Solidarität im Sinne Bergsons[26] hin.

23 Vgl. Brunkhorst, Hauke (2002): Solidarität. Von der Bürgerfreundschaft zur globalen Rechtsgenossenschaft. Frankfurt/M. S. 55ff.

24 Vgl. Zoll, Rainer (2000). S. 94f.

25 Mauss, Marcel (1990): Die Gabe – Form und Funktion des Austauschs in archaischen Gesellschaften. Frankfurt/M. S. 157.

26 Bergson, Henri (2008): Les deux sources de la morale et de la religion. Paris.
Bayertz, Kurt (Hg) (1998): Solidarität: Begriff und Problem. Frankfurt/M. S.22.

Index «Aktive Arbeitnehmersolidarität»

- Im Notfall bin ich zu einem Streik bereit
- Es ist wichtig, sich für gerechte Arbeitsverhältnisse einzusetzen
- Ohne gemeinsamen Kampf erreicht man nicht viel im Leben
- Es bringt nichts, sich über aktuelle Ereignisse oder öffentliche Angelegenheiten Sorgen zu machen; ich kann ohnehin nichts dagegen tun

Die traditionelle Arbeitnehmersolidarität, so wie sie sich im Zuge der Industrialisierung innerhalb der Arbeiterbewegung entwickelt hat, spiegelt sich voll und ganz in diesem Index wider. Die konstitutiven Momente dieser Form von Solidarität sind Gerechtigkeit, die Wahrnehmung einer aktiven Politikfähigkeit der einzelnen Subjekte, die einem überschreitenden Handeln in Richtung auf «verallgemeinerte Handlungsfähigkeit»[27] entsprechen, die Orientierung auf der Grundlage einer gemeinsamen sozialen Lage und schließlich die Überzeugung von der Wirksamkeit gemeinsamen Handelns für gemeinsame Belange. So wie dieser Index sich bei der Faktorenanalyse herausgebildet hat, wird die universalistische Dimension der Solidarität, wie sie zum Beispiel als Losung im «Manifest der kommunistischen Partei»[28] formuliert wurde – «Proletarier aller Länder vereinigt euch» – und wie sie in den Statuten der Gewerkschaften steht, nicht ersichtlich. Rainer Zoll[29] weist in Anlehnung an Irene von Reitzenstein[30] genau auf diese Diskrepanz hin, nämlich zwischen der offiziellen Haltung der Organisationen der Arbeiterbewegung, welche wohl bei ihrem Streben nach Gleichheit einen universalistischen Anspruch erheben, und der empirischen Wirklichkeit, bei der die Forderungen sich notwendig auf die Interessen einer Klasse oder Gruppe beschränken. Dies hat mit dem grundsätzlichen Widerspruch zwischen der Logik des Zusammenhalts einer konkreten Gruppe mit einer spezifischen Problematik und einem universalistischen Konzept von Solidarität zu tun, das per se alle Menschen einschließt, also auch gegnerische Gruppen oder Konkurrenten.

Index «Solidarität im privaten Umfeld»

- Welche Menschen oder Gruppen können in Notsituationen auf jeden Fall mit Ihrer Unterstützung rechnen? *Freunde*
- Ich fühle mich für Menschen, die in Not geraten sind, verantwortlich: *Wenn ich sie persönlich kenne*

27 Holzkamp, Klaus (1983): Grundlegung der Psychologie. Frankfurt/M. S. 367f.

28 Marx, Karl; Engels, Friedrich (1848): Manifest der kommunistischen Partei. Berlin.

29 Zoll, Rainer (2000). S. 74ff.

30 Von Reitzenstein, Irene (1961), zitiert nach Zoll, Rainer (2000).

- Welche Menschen oder Gruppen können in Notsituationen auf jeden Fall mit Ihrer Unterstützung rechnen? *Die eigene Familie*

Die wichtigste Dimension dieser Art von Solidarität ist die persönliche Beziehung. Diese entspricht daher eher einer Form von gegenseitiger Hilfe, bei der der Zusammenhalt auf der Grundlage von engen sozialen Beziehungen bessere Überlebens- oder Durchsetzungschancen ermöglicht. Diese Form der Solidarität, durchaus von Eigennutz motiviert[31], scheint in der Moderne ganz gängig zu sein und bestätigt die These von Durkheim, «dass Segmentstrukturen trotz Individualisierung und sozialer Differenzierung, niemals völlig verschwinden.»[32] Sie erinnert stark an die «nepotistische Solidarität» (eine Form der Vetternwirtschaft), wie sie von Voland[33] am Beispiel der fraternalen Polyandrie in Tibet, der Beuteteilung der Yanomani-Indianer und der Pilgerväter der Mayflower dargestellt wird.[34]

Index «Solidarismus»

- Der Staat muss für soziale Gerechtigkeit sorgen:
- Es ist beschämend, dass es Menschen gibt, die in so einem reichen Land wie Deutschland in Armut leben

«Nur ein kundiger Leser wird heute den Begriff Solidarismus kennen», schreibt Rainer Zoll.[35] Diese Form von Solidarität hat ihre Wurzeln in der christlichen Soziallehre und stellte Ende des 19. Jahrhunderts bis zum Anfang des 20. Jahrhunderts den Versuch dar, «Individualismus und Sozialismus zu versöhnen».[36] Aus der Kritik an den üblichen Vorstellungen von Solidarität im Sinne von «Klassen- oder Kampfsolidarität, die Interessensolidarität in der Wirtschaft oder die Sektensolidarität»[37], entstand die Überzeugung, dass soziale Gerechtigkeit nicht nur, sondern auch vom Staat organisiert werden kann. «Die Assoziation von Kapital und Arbeit sollte nicht nur in Form von Genossenschaften, sondern mittels der Partizipation der Arbeiter am Kapital und am Gewinn realisiert werden.»[38] Bei diesem Index wird der Rolle des Staates ein großes Gewicht beigemessen. Er wird für die Missstände in der

31 Zoll, Rainer (2000). S. 109.

32 Durkheim, Émile (1988): Über soziale Arbeitsteilung. Studie über die Organisation höherer Gesellschaften. Frankfurt/M. S. 283ff.

33 Voland, E. (1998): Die Natur der Solidarität. Frankfurt/M.

34 Bayertz, Kurt (Hg) 1998. S. 297ff.

35 Zoll, Rainer (2000). S. 87.

36 Ebenda.

37 Ebenda.

38 Ebenda. S. 88.

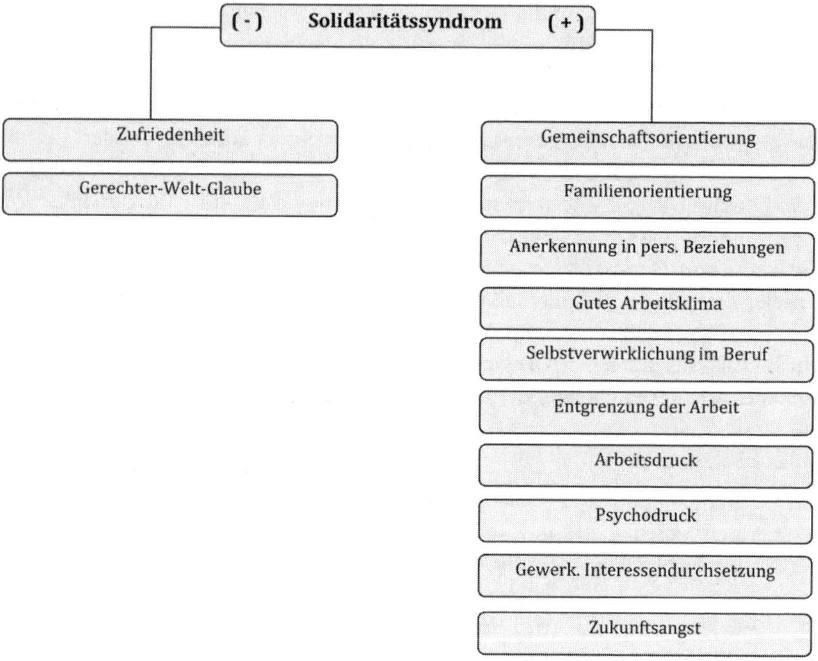

Abb. 14: Korrelation des Solidaritätssyndroms

Gesellschaft verantwortlich gemacht, und muss für ihre Aufhebung sorgen. Diese Verpflichtung wird moralisch begründet. Bei unseren empirischen Ergebnissen ist es wohl kein Zufall, dass dieser Index sehr signifikant mit dem Index «Ich-Orientierung» negativ korreliert.

Alle Solidaritäts-Indizes korrelieren sehr signifikant miteinander. Dies weist darauf hin, dass die unterschiedlichen Formen und Haltungen der Solidarität nicht unbedingt in Widerspruch zueinander stehen. So kann eine Person wohl der Meinung sein, der Staat solle für Gerechtigkeit sorgen, und dennoch als Individuum sich selbst für die Gesamtgesellschaft verantwortlich fühlen und gezielt andere Menschen unterstützen. Eine Festlegung auf eine bestimmte Variante der Solidarität scheint im Allgemeinen nicht explizit zu existieren, vielmehr scheint eine grundsätzliche solidarische Haltung zu bestehen, die je nach Individuum mit dem einen oder anderen Schwerpunkt ausgestattet ist.

Dies lässt sich bestätigen, wenn man die Korrelation aller Faktoren miteinander betrachtet. So stellt man fest, dass alle Solidaritäts-Indizes sehr signifikant negativ mit dem «Gerechten-Welt-Glauben» korrelieren, gar nicht oder negativ mit der «Karriereorientierung», dafür alle aber sehr signifikant mit der «gewerkschaftlichen Interessendurchsetzung», mit dem «guten Arbeitsklima» und, bis auf «Solidarismus», alle mit der «Gemeinschaftsorientierung». Deshalb ist es möglich, am Solidaritätssyndrom stellvertretend für die anderen Solidaritäts-Indizes als allgemeine Haltung festzuhalten. Eine Korrelation des Solidaritätssyndroms mit den anderen Faktoren ergibt nebenstehendes Bild, wobei links negativ und rechts positiv jeweils sehr signifikant mit dem Solidaritätssyndrom korreliert:

Menschen unter 35 Jahren im Dienstleistungsbereich zeigen sich also solidarischer, wenn sie unzufrieden sind und weniger an eine gerechte Welt glauben. Das erscheint schlüssig, weil die Menschen in einer gerechten Welt normalerweise dies bekommen würden, was ihnen zustünde. Dementsprechend wäre man weniger auf die Unterstützung von anderen, also auf ihre Solidarität angewiesen. Aus dieser Logik speist sich auch die Gemeinschafts- und Familienorientierung, welche man kompensatorisch zur ungerechten Welt braucht und die anscheinend als Quelle von Anerkennung benötigt wird. Ihnen wäre ein gutes Arbeitsklima wichtig, in dem sie sich selbst verwirklichen würden. Dies scheint allerdings nicht immer der Fall zu sein, weil sie unter Arbeitsdruck und psychischem Druck, sowie unter Entgrenzung der Arbeit leiden. Gegen diese belastenden Faktoren in der Arbeit setzen sie eher auf eine gewerkschaftliche Interessensdurchsetzung, also auf eine auf Gemeinschaft beruhende Widerstandsform. Ihre Zukunftsangst ergibt sich offensichtlich aus der allgemeinen Unzufriedenheit gepaart mit den unterschiedlichen Belastungen in der Arbeit und dem niedrigen Glauben an eine gerechte Welt.

Solidarität: Sind Frauen solidarischer als Männer?

Die Auswertung der Fragebogenergebnisse im Hinblick auf Unterschiede zwischen der Gruppe der Frauen und der Gruppe der Männer ergibt, dass die befragten Frauen bezüglich fast aller Solidaritäts-Indizes signifikant positiver geantwortet haben. Der einzige Index, in dem beide Gruppen annähernd ähnliche Mittelwerte aufweisen, ist der Index «Aktive Arbeitnehmersolidarität» (Mittelwerte Frauen: 2,66; Männer: 2,68).

	Solidaritätssyndrom	Solidarität im privaten Umfeld	Solidarität: Allgemeines Verantwortungsgefühl	Unterstützung in Notsituationen	Solidarismus
Frauen: 60% (Zahl = Mittelwert; 1 trifft zu – 6 trifft nicht zu)	↗ 2,26	↗ 1,32	↗ 2,38	↗ 2,75	↗ 2,26
Männer: 40%	↘ 2,51	↘ 1,39	↘ 2,51	↘ 2,89	↘ 2,51

Was könnte der Grund sein für die unterschiedlichen Antworten hinsichtlich der Solidaritätsformen? Wenn man die Gruppe der Frauen nach Branchen unterteilt und sie miteinander vergleicht, dann zeigt sich, dass hier die Werte bei einigen Solidaritäts-Indizes – bis auf «Solidarität im privaten Umfeld» – signifikant voneinander abweichen. Daher ist die Gruppe der Frauen an sich nicht homogen. Im Gegenteil, das Berufsmilieu, in dem man sich befindet, spielt eine entscheidende Rolle für die solidarische Haltung. Dazu kommt, dass vor allem die Bereiche Gesundheitswesen und Öffentlicher Dienst im Zeitraum unserer Erhebung in Arbeitskämpfen standen. In diesen Bereichen arbeiten mehr als 70% Frauen. Wie Vester[39] betont, steht die Entwicklung einer solidarischen Haltung immer in Abhängigkeit zu einer bestimmten Praxis, wie zum Beispiel in Arbeitskämpfen. Die Frage ist, ob diese Erfahrung, einschließlich dem, an einer bestimmten Organisationslogik ausgerichtete Berufsmilieu, (siehe auch den nächsten Abschnitt) zu einer positiveren Bewertung solidarischen Handelns führt.

Was Engagement im Allgemeinen anbelangt, hat sich in unserer Befragung kein signifikanter Unterschied ergeben zwischen Männern und Frauen. Nur in der Art und Weise des Engagements zeigen sich Differenzen: Proportional unterrepräsentiert sind Frauen in Bereichen öffentlichen Engagements (in der Politik oder in einer Partei), überproportional hingegen beim Engagement, die der Fürsorge zugeordnet werden können, wie zum Beispiel in Kinder- und Jugendarbeit.

Eine weitere Erklärung für die Tatsache, dass Frauen signifikant positiver auf die Solidaritäts-Indizes antworten, könnte daran liegen, dass Frauen sich intensiver an sozialen Bezügen orientieren und daher sich und ihren Bezug zu ihrer sozialen Umgebung in anderer Weise bewerten als Männer.

Ergebnisse aus der Untersuchung können diese These stützen.

Frauen: stärkere Verortung / Orientierung an der Familie, an sozialen Beziehungen

	Index «Familienorientierung»	Index «Karriereorientierung»	Index «Gutes Arbeitsklima»	Index «Anerkennung in der Arbeit»	Index Psychischer Druck	Index «Zukunftsangst»	Index «Gerechter-Welt-Glaube»
Frauen: 60%	↗ 1,93	↘ 2,7	↗ 1,67	↘ 2,96	↗ 3,38	↗ 4,42	↘ 4,03
Männer: 40%	↘ 2,20	↗ 2,51	↘ 1,8	↗ 2,78	↘ 3,64	↘ 4,59	↗ 3,85

39 Vester, Michael (2009): Aufgezeichneter Beitrag, Konferenz «Lebensführung und solidarisches Handeln in der Krise – U35» am 10.10.2009 in Tübingen.

Die Ergebnisse weisen auf den ersten Blick auf das geläufige Phänomen, dass Frauen sich stärker an Familie orientieren.[40] Sie messen Familie und eigenen Kindern eine größere Bedeutung bei als Männer. Zudem geben sie signifikant stärker an, durch die Hausarbeit belastet zu sein.

Dies verweist auf die in der Geschlechterforschung vertretene These der «doppelten Vergesellschaftung». Diese beschreibt die Tatsache, dass Frauen nach wie vor nicht nur im Beruf gefordert sind, sondern auch die Hauptverantwortung im familiären Bereich, in der Reproduktionssphäre tragen.[41] In unserer Studie zeigt sich, dass Frauen nicht nur den Wert von Familie stärker betonen, sondern sie bewerten insgesamt soziale Bezüge höher als Männer: Es gibt signifikante Unterschiede bezüglich der Wertigkeit und Unterstützung von Freunden. Auch sind sie stärker an einem guten Betriebsklima interessiert (vgl. Index «Gutes Arbeitsklima»). Die befragten Männer hingegen orientieren sich stärker an ihrem Beruf (vgl. Index «Karriereorientierung»).[42] Das zeigen die signifikanten Unterschiede in der Bewertung von Karriere und der Wichtigkeit von Aufstiegschancen. Auch erhalten sie mehr Anerkennung von Vorgesetzten (vgl. Index «Anerkennung in der Arbeit»).

Frauen: «Druck in allen Lebenslagen»: stärkere psychische Belastung/höhere Zukunftsangst

Gründe, für die stärkere Tendenz von Frauen, «Druck in allen Lebenslagen» (vgl. Index «Psychischer Druck») zu empfinden, könnten zum einen im erforderlichen Engagement sowohl in der beruflichen als auch in der privaten Sphäre, und zum anderen in der deutlichen Überrepräsentation in prekären Arbeitsverhältnissen liegen. Sie arbeiten tendenziell überproportional in Teilzeitstellen, ein Tatbestand, auf den auch andere Studien immer wieder verweisen.[43] Darüber hinaus geben sie

40 Vgl. Index «Familienorientierung»; u.a. Hoff, Ernst-H. (2008): Alte und neue Formen der Lebensgestaltung. Segmentation, Integration und Entgrenzung von Berufs- und Privatleben, in: Jurczyk, Karin; Oechsle, Mechthild (2008): Das Private neu denken. Erosionen, Ambivalenzen, Leistungen. Münster. S. 133–153.
Jurczyk, Karin; Oechsle, Mechthild (2008). S. 8–47.

41 Becker-Schmidt, Regina (2003): Umbrüche in Arbeitsbiografien von Frauen: Regionale Konstellationen und globale Entwicklungen, in: Knapp, Gudrun-Axeli; Wetterer, Angelika (Hg) 2003: Achsen der Differenz. Gesellschaftstheorie und feministische Kritik II. Münster. S. 101–132.
Dies. (2007): Geschlechter- und Arbeitsverhältnisse in Bewegung, in: Aulenbacher, Brigitte; Funder, Maria; et al. (2007): Arbeit und Gesellschaft im Umbruch der modernen Gesellschaft. Forschung im Dialog. Wiesbaden. S. 250–268.

42 Vgl. Index «Karriereorientierung», auch u.a. Dörre, Klaus (2007): Prekarisierung und Geschlecht. Ein Versuch über unsichere Beschäftigung und männliche Herrschaft in nachfordistischen Arbeitsgesellschaften, in: Aulenbacher, Brigitte; et al. (Hg) 2007. S. 285–301.

43 Böcklerimpuls. (19/2008). Viele Mütter arbeiten kürzer, als sie möchten, in: Hans-Böckler-Stiftung (Hg): http://www.boeckler.de/pdf/impuls_2008_19_gesamt.pdf (19.03.09).
Dörre, Klaus (2007).
Jurczyk, Karin, Lange, Andreas, Szymenderski, Peggy (2005). Zwiespältige Entgrenzungen:

stärker an, dass ihr Arbeitsplatz unsicher sei. Zudem sind sie unzufriedener mit dem Lohn. Sie stimmen häufiger zu, sich erschöpft und gestresst zu fühlen. Das Gleiche gilt für die tendenziell stärker empfundene Zukunftsangst (vgl. Index «Zukunftsangst»). Zudem kommen Frauen zu einer negativeren Einschätzung der sozialen Lage in Deutschland als die befragten Männer. Darauf weisen die Ergebnisse bezüglich des Index «Gerechter-Welt-Glaube», dem die Gruppe der Frauen signifikant weniger zustimmt als die Gruppe der Männer.

Die verstärkte emotionale Belastung von Frauen kann hier auch unter dem Aspekt der Geschlechterverhältnisse im Sinne herrschender Machtverhältnisse betrachtet werden. Gefühle, Gefühlsäußerungen können eventuell ein Hinweis auf unterdrückte Erfahrungen sozialer Widersprüche bieten, die sich unter anderem in ungleichen Löhnen und der Prekarität durch Teilzeitstellen widerspiegeln.[44] Auch diese Ergebnisse könnten Gründe sein, warum Frauen tendenziell positiver antworten bezüglich der Solidaritäts-Indizes.

Ein wesentlicher Ausgangspunkt jedoch für eine mögliche unterschiedliche Sichtweise auf Solidaritätsformen ist das Ergebnis, dass die von uns befragten Frauen großen Wert auf soziale Beziehungen legen, bzw. diesen offensichtlich eine andere Wertigkeit im Leben beimessen als die Gruppe der Männer. Diese These wird unterstützt durch den Blick auf Aussagen über Solidarität in den Interviews.

In den 60er Jahren hat die US-amerikanische Psychologin Carol Gilligan die These aufgestellt, dass Frauen eher ein Moralverständnis haben, das sich an Werten der Fürsorge orientiert. Das Moralverständnis, das sie in ihren Studien vor allem bei Männern vorfindet, richtet sich tendenziell eher nach abstrakten ethischen Normen und Rechten.[45] Auf diese These aufbauend entwickelt Seyla Benhabib zwei Standpunkte, die das Verhältnis zum Anderen beleuchten. Es handelt sich um zwei Perspektiven «die sowohl moralische als auch interaktive Strukturen

---

Chancen und Risiken neuer Konstellationen zwischen Familien- und Erwerbstätigkeit, in: Mischau, Anina; Oechsle, Mechthild (Hg) 2005: Arbeitszeit – Familienzeit – Lebenszeit: Verlieren wir die Balance? S. 13–33. Wiesbaden.

44 Vgl. auch Treeck, Werner van (2004): Gefühlskonstruktionen und Geschlechterverhältnisse, in: Helduser, Urte.; Marx, Daniela.; et al. (2004): under construction? Konstruktivistische Perspektiven in feministischer Theorie und Forschungspraxis. Frankfurt/M. New York. S. 119. Geschlechtsspezifischer Lohnspiegel: BMFSFJ (2009): Geschlechtsspezifische Lohndifferenzen nach dem Berufsstart und in der ersten Berufsphase. Eine Analyse von Einkommensdaten auf Basis der WSI-LohnSpiegel-Datenbank in Deutschland und im europäischen Vergleich. S. 40ff. http://www.boeckler.de/pdf/p_ta_lohnspiegel_berufsanfaengerinnen.pdf (21.10.2009) Gilligan, Carol (1996): Die andere Stimme. Lebenskonflikte und Moral der Frau. München.

45 Benhabib, Seyla (1989): Der verallgemeinerte und der konkrete Andere. Ansätze zu einer feministischen Moraltheorie, in: List, Elisabeth; Studer, Herlinde (1989): Denkverhältnisse, Feminismus und Kritik. Frankfurt/M. S. 454.

verdeutlichen.»[46] Seyla Benhabib unterscheidet den Standpunkt des «verallgemeinerten» von dem des «konkreten Anderen».

In den Interviews finden sich Aussagen über Solidarität vorgefunden, die man diesen beiden Standpunkten zuordnen kann.

Beim Standpunkt des «verallgemeinerten Anderen» ist die Beziehung zum Anderen geprägt sowohl durch Normen formaler Gleichheit als auch durch Reziprozität. Wobei die Normen öffentlich und institutionell verankert sind. Die moralischen Kategorien, an denen das Verhalten ausgerichtet wird, bewegen sich im Feld des Rechts, des Anspruchs und der Verpflichtung. Die dazugehörigen moralischen Empfindungen sind Respekt, Pflicht, Würde und Ehrbarkeit.[47]

Zunächst muss festgehalten werden, dass es in den Interviews «reine» Aussagen über Solidarität, die sich auf Normen formaler Gleichheit beziehen, eigentlich nicht gibt. In den meisten Interviews spielt solidarisches Handeln im «Nahbereich», das heißt gegenüber Familienangehörigen, Freunden, Kollegen, in irgendeiner Weise eine Rolle. Daher werden im Folgenden Interviews genannt, die sich in bestimmter Form auf einen «verallgemeinerbaren Rahmen» (wie zum Beispiel Demokratie, Arbeitnehmerrechte, Gerechtigkeit etc.) beziehen. Aussagen zu Solidarität, die man am ehesten einem Standpunkt des «verallgemeinerten Anderen» zuordnen kann, macht beispielsweise ein Erzieher, der auf die Frage, was Solidarität für ihn bedeutet, antwortet: Solidarität sei für ihn «gerechtes Handeln für beide Seiten». Ein weiteres Beispiel findet sich in dem Interview eines Krankenpflegers, ein engagierter Gewerkschafter, tätig als JAVler. Auf die Frage, was für ihn persönlich solidarisches Handeln ist, antwortet er, dass angesichts der Globalisierung, die sich vor allem an ökonomischen Aspekten ausrichtet, eine weltweite Solidarität notwendig sei. In Europa gäbe es bei allen Verträgen keine gemeinsame soziale Linie, das heißt eine Sicherheit, die gegeben wird. Das sei komplett ausgeblendet. Diese Art von Aussagen findet sich nicht nur bei den Interviews mit Männern, aber sie sind in der Mehrzahl.

Bei den meisten Frauen finden sich Aussagen, die eher den Standpunkt des «konkreten Anderen» einnehmen.

«Der Standpunkt des ‹konkreten Anderen› verlangt […] von uns, jedes einzelne rationale Wesen als ein Individuum mit einer konkreten Geschichte, Identität und affektiv-emotionalen Verfassung zu betrachten.»[48] Dieser Standpunkt bedeutet, dass von Gemeinsamkeiten abstrahiert wird. Es wird versucht, die Bedürfnisse der anderen Person, ihre Motivationen, was sie erreichen möchte, was sie sich wünscht, zu verstehen. Die Normen, die in dieser Form von Beziehung eine Rolle spielen, heißen Fairness und komplementäre Reziprozität.

46 Ebenda. S. 467.

47 Ebenda. S. 468.

48 Ebenda. S. 468.

Die Aussagen über solidarisches Handeln, die sich diesem Standpunkt zuordnen lassen, orientieren sich tendenziell stärker an konkreten Beziehungen, an Bedürfnissen, an der jeweiligen Situation. Das sind dann Aussagen wie zum Beispiel «Solidarisches Handeln bedeutet für mich, anderen helfen zu können, wenn ich sehe, dass es notwendig ist». Eine Diplom-Verwaltungswirtin antwortet auf die Frage, was sie unter solidarischem Handeln verstehe, wenn sie merke, dass sie jemandem helfen könne. Hier betont sie, dass es wichtig sei, zu erkennen, ob man in der Lage sei, jemandem zu helfen. Ansonsten würde man sich nur unnötig den Kopf zerbrechen und Sorgen machen. In einer langen Passage reflektiert die Befragte darüber, wie viel Sinn es mache, jemandem zu helfen. Bei Freunden oder in der Familie würde man schon immer wieder helfen. Jedoch wenn die Geschwister kämen und hinter dem Rücken der Eltern Hilfe einfordern, dann würde sie diese nicht gewähren. Kurzfristig könne man das gute Verhältnis zu den Geschwistern wahren, aber langfristig das zu den Eltern gefährden. Hier steht die Beziehung, der Blick auf die konkrete Person, aber auch auf die Situation im Vordergrund. Dies bestimmt das Handeln und keine Bezugnahme auf abstrakte Werte.

Eine kommunikative Ethik der Bedürfnisinterpretation und das beziehungsorientierte Modell moralischer Autonomie

Seyla Benhabib gibt kritisch zu bedenken, dass beide Perspektiven, jede für sich, nicht ausreichen. Eine Moraltheorie, die sich nur auf den Standpunkt des «konkreten Anderen» beruft, ist zu einseitig und läuft Gefahr rassistisch, sexistisch oder kulturrelativistisch zu werden. Es braucht den Abstraktionsschub durch die Einnahme eines verallgemeinerten Standpunktes.[49] Sie entwirft deshalb das «Modell der kommunikativen Bedürfnisinterpretation», das diese beiden Standpunkte verbindet[50]: Nötig ist es, den Blickwinkel auf die konkrete Geschichte des Anderen mit einem verallgemeinerbaren Standpunkt zu verknüpfen. Ein solche Sichtweise kann eine dialogische, interaktive Verständigung ermöglichen sowohl über innere Dispositionen und Bedürfnisse von Individuen als auch über die Gestaltung der öffentlichen Sphäre, über universelle Rechte und Gerechtigkeit. Zum anderen könnte das Modell einen Bezugsrahmen liefern, in dem alle politisch Handelnden an einem Verfahren beteiligt sind, sowohl ihre konkreten Identitäten (und damit auch ihre Erfahrungen mit unterdrückenden und versteckten Differenzierungen) als auch mit der gegenseitig anerkannten Würde als generalisierte Andere. Eine kommunikative Ethik der Bedürfnisinterpretation bedeutet für Benhabib den Ge-

---

49 Ebenda. S. 475.

50 Vgl. Benhabib, Seyla (1989). S. 477. Biebeler, Hendrik; Lesch, Hagen (2006): Mitgliederstruktur der Gewerkschaften in Deutschland, in: IW-Trends-Vierteljahreszeitschrift zur empirischen Wirtschaftsforschung aus dem Institut der deutschen Wirtschaft 33. Jg. 4/2006. Köln.

genstandbereich der Moraltheorie zu erweitern, «so dass nicht nur Rechte, sondern auch Bedürfnisse, nicht nur Gerechtigkeit, sondern auch mögliche Formen des guten Lebens in eine antizipatorisch-utopische Perspektive gerückt werden können. Solche Diskurse können nicht nur universelle Normen hervorbringen, sondern auch Anregungen für zukünftige Formen des Zusammenlebens bieten.»[51]

Zusammenfassend lässt sich sagen, dass zumindest auf der Ebene der Interviews die Aussage, Frauen seien solidarischer, nicht gestützt werden kann. Die Interviews zeigen jedoch unseres Erachtens, dass die subjektiven Vorstellungen, was solidarisches Handeln sei, unter anderem zwei unterschiedliche Orientierungen beinhalten: Zum einen die Orientierung an verallgemeinerbaren Werten und zum anderen an konkreten sozialen Beziehungen und der Art und Weise diese zu gestalten. Gewerkschaftspolitische Strategien haben historisch bedingt den «Standpunkt des verallgemeinerten Anderen» als Grundlage: den des Arbeitnehmers/der Arbeitnehmerin und seiner/ihrer Rechte. Die Frage ist, inwieweit der «Standpunkt des konkreten Anderen», der offensichtlich tendenziell mehr der vielfältigeren sozialen Lebenswelt von Frauen entspricht, bereits seinen Platz hat bzw. stärker betont werden müsste.

Das Verhältnis zu Gewerkschaften und Solidarität

Gewerkschaften – Einstellungen und Mitgliedszahlen

In der Stichprobe sind 15,5% der Frauen und 20,1% der Männer Gewerkschaftsmitglieder. Gewerkschaftliche Arbeit halten 52% eher für sinnvoll, um ihre berufliche Interessen durchzusetzen, 48% finden dies eher sinnlos. Letztere sind nicht zwangsläufig alle gegen Gewerkschaften eingestellt. In vielen Beschäftigungsverhältnissen, erscheint es den Beschäftigten sinnlos, über klassische Gewerkschaftsarbeit ihre Interessen durchzusetzen, wie beispielsweise wenn der Träger einer Kindertagesstätte ein kleiner Verein ist und der finanzielle Spielraum durch Mitgliedsbeiträge und öffentliche Gelder begrenzt wird.

Der Netto-Organisationsgrad (NOG) – also das Verhältnis von abhängig beschäftigten Gewerkschaftsmitgliedern zu allen abhängig Beschäftigten, das heißt ohne Rentner und Arbeitslose – unterscheidet sich stark nach Branchen (Abb.15). Im Gesundheitsbereich und dem Öffentlichen Dienst sind in der Stichprobe etwa ein Viertel der Befragten Gewerkschaftsmitglieder, im IT-Bereich jede/r Achte und bei den Banken und Versicherungen 7,3%.

51 Benhabib, Seyla (1989). S. 477.

Branchen	Gewerkschaftsmitglieder %	Nicht-Mitglieder %
Banken/Versicherungen	7,3	92,7
IT	12,5	87,5
Öffentlicher Dienst	25,3	74,7
Gesundheitswesen	24,5	75,5
Gesamt U35/2008	**16,9**	**83,1**

Abb. 15: Gewerkschaftlicher Organisationsgrad (NOG) 2008 / U 35 Studie

Genaue Vergleichszahlen aus offiziellen Statistiken (zum Beispiel der Gewerkschaften) sind schwer zu finden, da der Organisationsgrad sich stark nach Branchen, Berufen und Größe des Betriebs unterscheidet und zudem in den Gewerkschaften vielfach nicht bekannt ist, in welchem Bereich die Mitglieder momentan genau arbeiten. Der Durchschnittswert von 16,9% Gewerkschaftsmitgliedern in der Stichprobe entspricht in etwa den vom Institut der Deutschen Wirtschaft (IW) auf Basis der ALLBUS-Umfrage (im 2-Jahres-Rhythmus durchgeführte «Allgemeine Bevölkerungsumfrage der Sozialwissenschaften») genannten Zahlen für «Angestellte mit schwierigen, bzw. selbständigen Tätigkeiten» (16,4 % bzw. 16,3%) für die Jahre 2000-2004.[52] Seidel und Schlese nennen für das Jahr 2003 auf Basis des sozioökonomischen Panels des Deutschen Instituts für Wirtschaftsforschung (DIW) einen durchschnittlichen Organisationsgrad von 17,62% für alle Beschäftigten.[53]

Solidarität – Branchenvergleich

Wenn man die Branchen hinsichtlich der Solidaritätswerte vergleicht, zeigt sich durchgehend dasselbe Muster (Abb. 16). Die Beschäftigten im Gesundheitsbereich zeigen – bei Mittelwerten, die alle im solidarischen Bereich liegen – die höchsten Solidaritätswerte. An zweiter Stelle folgen die Beschäftigten des Öffentlichen Dienstes, gefolgt vom IT-Bereich. An vierter Stelle liegen die Beschäftigten aus dem Bereich Banken und Versicherungen.

Solidarität in Bezug auf differenzierte Arbeitslogiken

Durch die Veränderungen in der Arbeitswelt der letzten dreißig Jahre greifen klassische Einteilungen der Beschäftigten (zum Beispiel Handarbeit versus Kopfarbeit) immer weniger. Der Schweizer Soziologe Daniel Oesch hat deshalb ein Modell der

52 Biebeler, Hendrik; Lesch, Hagen (2006): Mitgliederstruktur der Gewerkschaften in Deutschland, in: IW-Trends-Vierteljahreszeitschrift zur empirischen Wirtschaftsforschung aus dem Institut der deutschen Wirtschaft. 33. Jg. 4/2006. Köln.

53 Seidel, Eckart; Michael, Schlese (2005): Sind die Gewerkschaften noch zu retten? Gewerkschaftsmitgleidschaft im Wandel und die Folgen für die politische Strategie. spw – sozialistische Politik und Wirtschaft. 4/2005. S. 20–23.

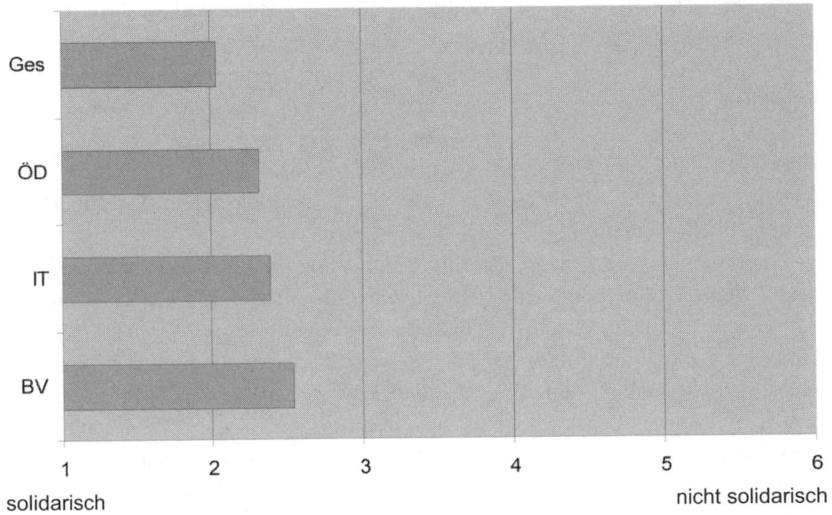

Abb. 16: Das Solidaritätssyndrom

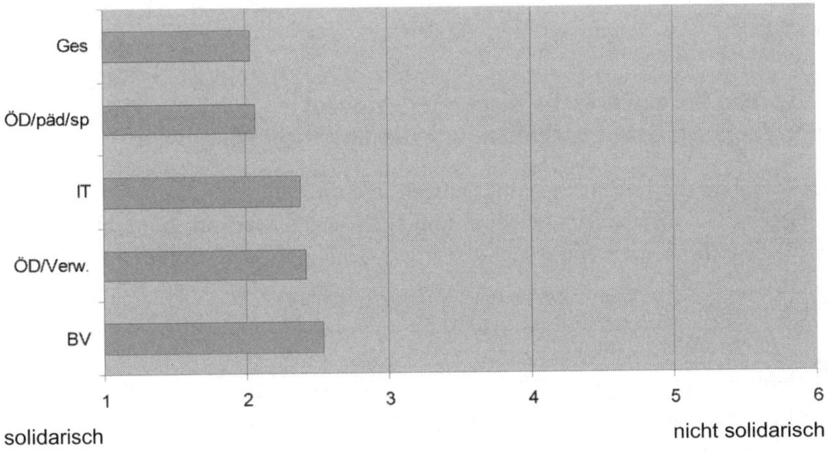

Abb. 17: Das Solidaritätssyndrom – differenzierte Arbeitslogiken im Öffentlichen Dienst

Differenzierung in Arbeitslogiken entwickelt, um die verschiedenen Berufe einzuteilen und damit die Veränderungen in der Arbeitswelt analytisch in den Griff zu bekommen.[54] Oesch unterscheidet Berufsgruppen nach technischer Arbeitslogik,

54 Oesch, Daniel (2006): Redrawing the Class Map. Stratification and Institutions in Britain, Germany, Sweden and Switzerland. New York. S. 59–71.

organisatorischer Arbeitslogik und interpersoneller Arbeitslogik. Bei der technischen Arbeitslogik ist der Arbeitsprozess von technischen Parametern bestimmt, in der organisatorischen Arbeitslogik herrscht eine bürokratische Aufteilung der Arbeit vor. Die interpersonelle Arbeitslogik ist durch persönlichen Kontakt und Austausch geprägt. Die Berufe bei Banken/Versicherungen lassen sich somit einer organisatorisch-kaufmännischen Arbeitslogik zuteilen. Im IT-Bereich herrscht eine eher technische Arbeitslogik vor und im Gesundheitsbereich dominiert die interpersonelle Arbeitslogik.

Folgt man der Logik dieser Aufteilung, dann sind die Beschäftigten des Öffentlichen Dienstes keine homogene Gruppe, wie in den anderen Branchen. Sie lassen sich in unserer Stichprobe in Beschäftigte der Verwaltung mit organisatorischer Arbeitslogik und Beschäftigte im pädagogischen/sozialpädagogischen Bereich mit interpersoneller Arbeitslogik unterscheiden. Wertet man die Beschäftigten des Öffentlichen Dienstes danach getrennt aus, dann zeigt sich, dass die Beschäftigten mit interpersoneller Arbeitslogik (Erzieher, sozialpädagogische Berufe) sich in ihren zusammengefassten Solidaritätswerten (Solidaritätssyndrom, Abb. 17), signifikant von den Verwaltungsberufen unterscheiden und nahezu gleichauf mit den Pflegekräften eine höhere Zustimmung bei den Solidaritätswerten aufweisen. Die Verwaltungsangestellten des Öffentlichen Dienstes rangieren bei den Solidaritätswerten zwischen dem IT-Bereich und den Bankangestellten.

Ursachen für gewerkschaftliches Engagement – Der Vergleich Gewerkschaftsmitglieder und Nicht-Mitglieder

Bei der quantitativen Auswertung ergaben sich mehrere signifikante Unterschiede zwischen Gewerkschaftsmitgliedern und Nicht-Mitgliedern. Beim Vergleich zeigt sich, dass Mitglieder weniger «Ich-orientiert» sind als Nicht-Mitglieder (Abb. 18).

Ich-Orientierung	↘
«Gerechte-Welt-Glaube»	↘
Zukunftsangst	↗
Allgemeines soziales Verantwortungsgefühl	↗
Solidarismus	↗

Abb. 18: Signifikante Abweichungen der Gewerkschaftsmitglieder von den Nicht-Mitgliedern

Mitglieder haben einen geringeren «Gerechte-Welt-Glauben», also die Vorstellung, die Welt sei gerecht organisiert und alle bekämen das, was ihnen zusteht. Gewerkschaftsmitglieder blicken pessimistischer in die Zukunft als Nicht-Mitglieder. Auffällig ist auch, dass Gewerkschaftsmitglieder im Vergleich zu Nicht-Mitgliedern ein höheres allgemeines soziales Verantwortungsgefühl aufweisen und bei gesellschaftbezogener Solidarität (Solidarismus) höhere Werte zeigen. Zusammenfassend könnte man schlussfolgern, dass Gewerkschaftsmitglieder gesellschaftliche Probleme und Missstände eher sehen und weniger verdrängen (weniger «Rosa-Brille-Verhalten»). Gleichzeitig fühlen sie sich jedoch auch eher verantwortlich für die Gesellschaft. Betrachtet man die Zahlen derer, die prinzipiell Gewerkschaften für sinnvoll halten (rund 52 %), um ihre Interessen durchzusetzen und vergleicht sie mit den Mitgliederzahlen (17 %), dann scheint es hier durchaus noch Potenzial zu geben.

Verinnerlichung neoliberaler Logiken und gewerkschaftliche Gegenmacht

Im Hinblick auf solidarisches Handeln zeigt die qualitative Untersuchung, dass sich in nahezu allen untersuchten Branchen eine neoliberale, bzw. betriebswirtschaftliche Logik ausgebreitet hat. Viele Beschäftigte haben Argumentationsmuster neoliberaler Politik verinnerlicht[55] und beugen sich vermeintlichen oder tatsächlichen ökonomischen Sachzwängen. Es wird oftmals mit neoliberalen Allgemeinplätzen argumentiert, statt über diese nachzudenken, sie ggf. in Frage zu stellen oder auch Zusammenhänge zu reflektieren.[56] So meint beispielsweise eine Erzieherin, dass sie nicht an Streiks teilnehme. Fakt sei, dass zu wenig Geld da ist. Deshalb seien Sparmaßnahmen nötig. Folglich müssen Opfer gebracht werden und jeder müsse seinen Beitrag leisten. Dies sei die Voraussetzung, um später wieder Forderungen stellen zu können. Eine Hartz IV-Empfängerin, die früher in einer großen Bank arbeitete, bezeichnet manche Gewerkschaftsforderungen als «frech». Sie würde auch für weniger Geld arbeiten, Hauptsache, sie habe wieder Arbeit. Ein Betriebsrat aus einer Berliner Klinik berichtet vom Widerspruch zwischen der Plausibilität der Bedrohung eines Unternehmens durch die verschärfte Marktsituation und seiner «old-schooligen Aufgabe», die Mitarbeiter zu vertreten. Er pendelt nach eigener Aussage immer zwischen der Identifikation mit dem Unternehmen und einem halsstarrigen «Nein-Sagen» zu Kündigungen. Der «Jargon der Ökonomisierung» sei innerbetrieblich unglaublich wirkungsmächtig. Der Druck sei sehr groß. Immer mehr Mitarbeiter seien deshalb auch bereit, Entlassungen von Kollegen zuzustimmen, die lange krank waren.

Auf der anderen Seite gibt es sehr solidarische Beschäftigte, wie einen Krankenpfleger, der schon an mehreren Streiks teilgenommen hat und der nicht nur für sich selbst streikt, sondern auch für die «Reinigungsdamen» im OP. Diese haben ebenfalls eine enorme Verantwortung, die honoriert werden müsse.

55 Kröll, Tobias (2008): Die Ideologie des Neoliberalismus als kulturelles Kapital, in: Blätter für deutsche und internationale Politik. 12/2008. Berlin.

56 Vgl. Bourdieu, Pierre (1998): Prekarität ist überall, in: Ders. (1998): Gegenfeuer: Wortmeldungen im Dienste des Widerstands gegen die neoliberale Invasion. Konstanz. S. 19.

Kampf um Räume als Grundlage für Interessenvertretung

Einige Beschäftigte (Mitglieder wie Nicht-Mitglieder) äußern in den Interviews, dass sie stark unter ökonomischem Druck stehen und zuerst schauen müssen, wie sie sich selbst über Wasser halten.

Diese Ökonomisierung, bzw. «radikale Vermarktlichung» erschwert soziale Verständigungsprozesse, die Voraussetzung für solidarisches Handeln sind. Es entstehen jedoch auch Widersprüche, vor allem wenn neoliberale Logiken verinnerlicht wurden. Das Interesse der Beschäftigten an der Sicherung ihrer Existenz und der Entfaltung ihrer Individualität gerät in einen Gegensatz zum Interesse am betriebswirtschaftlichen Erfolg des Unternehmens, bzw. Trägers sozialer/gesundheitlicher Dienstleistungen. «Das Kapitalverhältnis verwandelt sich in ein unmittelbares persönliches, alltäglich erfahrenes Problem.»[57]

Die Bestimmung ihrer Arbeitnehmerinteressen müssen die Beschäftigten in Auseinandersetzung mit sich selbst und ihren widersprüchlichen Arbeitsbedingungen erarbeiten. Es geht für sie letztlich darum, Räume (zurück) zu erobern, in denen sie sich mit anderen über ihre Arbeit und ihre Arbeitsbedingungen verständigen können, darüber was mit ihnen unter diesen Bedingungen geschieht und wo dabei ihre Interessen liegen. Dies kann nicht stellvertretend geschehen.

Benötigt werden jedoch politische Anstöße nicht zuletzt von Betriebsräten und Gewerkschaften, so Kratzer u.a.[58] Da die Räume, in denen Verständigung stattfinden kann, durch Prozesse der Vermarktlichung massiv eingeschränkt werden, scheint der Kampf um diese Räume zu einer zentralen politischen Aufgabe zu werden, um die Interessen der Beschäftigten zu vertreten.

Resümee

Die 25- bis 35-Jährigen bilden eine Gruppe, die sich von den Älteren unterscheidet. Der Vergleich zu den Jüngeren unter 25 Jahren fiel uneinheitlich aus. Wichtiger als der Altersunterschied sind Branchenunterschiede, die sich mit unterschiedlichen Lernerfahrungen in Aktionen und Arbeitskämpfen verbinden. Die 25- bis 35-Jährigen konzentrieren sich auf die Arbeit und betonen eine Distanz zu öffentlichen Angelegenheiten. Charakteristisch scheint eine optimistische Haltung. Obwohl man davon ausgehen kann, dass der Druck durch zunehmend prekäre Arbeitsverhältnisse zugenommen hat, geben sie an, den Arbeitsdruck nicht als belastend zu empfinden.

Durch die derzeitige Krise zeigt sich die Generation der unter 35-Jährigen wenig beeindruckt. Im Gegenteil, sie scheinen mit paradoxen Verhaltensmustern zu versuchen, die Krise zu bewältigen. So wird beispielsweise der eigene Arbeitsplatz

57 Kratzer, Nick; Menz, Wolfgang; et al. (2008). S. 24.

58 Kratzer, Nick; Menz, Wolfgang; et al. (2008).

in der Krise signifikant für sicherer gehalten als vor der Krise. Darüber hinaus vertreten sie stärker als vor der Krise den Glauben, dass es in der Welt im Allgemeinen gerecht zugehen würde.

Über die Hälfte der unter 35-Jährigen sehen sich unter Zeitdruck und psychischem Druck. Einige Befragte führen zudem an, dass sie es schwierig empfinden, bei den scheinbar vielen Möglichkeiten, die aus ihrer Sicht heute existieren, die richtigen Entscheidungen zu treffen. Individuelle Selbstverwirklichung und Selbstbestimmung scheinen ein wesentlicher Anspruch geworden zu sein.[59] Dieser Anspruch kollidiert aber vielfach mit einem zunehmend unter Druck geratenen Alltag und einer von betriebswirtschaftlichen Logiken durchdrungenen Arbeits- und Lebenswelt.

Die Gruppe der Befragten, die dabei in ihrer Lebensführung stärker auf ihre eigenen Kräfte vertraut und auf Eigenverantwortung setzt, besitzen eine wesentlich optimistischere Sicht auf die Zukunft und äußern sich zufriedener über ihre Arbeits- und Lebenssituation. Sie glauben in der Regel auch stärker, dass es im Allgemeinen gerecht auf der Welt zugehe («Gerechter-Welt-Glaube»). Gleichzeitig stimmen sie den Solidaritätsaussagen weniger zu. Eine solche Einstellung ist an Bedingungen geknüpft: Diese Befragten neigen dazu, die Anforderungen der Lebens- und Arbeitswelt für sich positiv zu bewerten und zu verinnerlichen. Diejenigen, die eher auf gewerkschaftliche Interessenvertretung setzen, blicken tendenziell pessimistischer in die Zukunft. Das deutet wohl darauf hin, dass sie in den momentanen gesellschaftlichen Entwicklungen eher die Risiken für Arbeitnehmer/innen erkennen.

Die Frage ist, welche Bedeutung der Solidarität im Allgemeinen von der Generation der unter 35-Jährigen beigemessen wird. Ein Verständnis von Solidarität lässt sich nur in der praktischen Erfahrung entwickeln. Die Möglichkeit des Praktizierens von Solidarität scheint aufgrund der realen oder vermeintlichen Sanktionsandrohungen seitens der Betriebe für die meisten Arbeitnehmer subjektiv kaum mehr vorhanden. Das Verständnis von Solidarität hat diffuse Formen angenommen, die wenig mit der traditionellen Arbeitnehmersolidarität zu tun haben. Eine große Rolle spielt solidarisches Handeln im Nahbereich, also das sich gegenseitige Unterstützen und Helfen im engen familiären, Freundes- und Kollegenkreis. Letztlich bewegen sich diese Formen solidarischen Handelns im Rahmen des Erlaubten und führen nicht zu einer grundlegenden Kritik am System oder gar zu widerständigem Handeln.

Frauen zwischen 25 und 35 Jahren stehen vor besonderen Aufgaben. Neben den beruflichen Anforderungen, setzen sie sich biographisch in besonderer Weise mit Fragen der Familiengründung auseinander, bzw. wenn sie bereits Kinder haben, mit Fragen, wie Familie und Beruf vereinbar sind. Sie haben tendenziell eine höhere Zukunftsangst. Darüber hinaus geben sie signifikant stärker an, psychischen Druck zu empfinden. Den Fragen nach Solidarität haben sie positiver zugestimmt als die

59 Vgl. Honneth, Axel (2002).

Gruppe der Männer. Die Ergebnisse zeigen, dass Frauen in einer intensiveren Weise in Familien- und anderen sozialen Bezügen eingebunden sind. Das könnte der Grund dafür sein, dass der Maßstab für ihr solidarisches Handeln sich tendenziell stärker an ihrem konkreten Gegenüber, an dessen Bedürfnissen und an der Art der Beziehung orientiert. Die Ergebnisse deuten darauf hin, dass sie weniger aufgrund eines abstrakten Wertes, wie zum Beispiel soziale Gerechtigkeit, handeln.

Die Ergebnisse zeigen, dass solidarische Einstellungen der Beschäftigten in Berufen des Pflege- und Sozialbereichs signifikant höher sind als in Berufen, die einer kaufmännischen oder technischen Logik folgen. Ein Grund dafür könnte darin liegen, dass Formen solidarischen Handelns angeboten wurden, die soziale Interaktionsformen beinhalten, wie sie zum Beispiel der Index «Allgemeines soziales Verantwortungsgefühl» inne hat. Ein anderer Grund liegt wohl darin, dass gerade im Gesundheitswesen und in den Berufen der sozialen Dienste im letzten Jahr Arbeitskämpfe stattfanden. Diese Erfahrung hat sicherlich dazu beigetragen, dass Fragen nach Arbeitnehmersolidarität positiver zugestimmt wurden.

Nicht nur die IT-Branche, die Banken und Versicherungen, sondern auch die Arbeitsfelder Gesundheitswesen und Sozialdienste stehen zunehmend unter Ökonomisierungsdruck. Durch Vermarktlichung und Verinnerlichung neoliberaler Logiken werden die Räume torpediert, die Beschäftigte benötigen würden, um sich über ihre gemeinsamen Bedürfnisse und Interessen zu verständigen.

Es ist jedoch zu betonen, dass über die Hälfte der Befragten die Gewerkschaften für wichtig halten, um ihre Interessen durchzusetzen. Damit wäre das Potenzial dreimal so hoch wie die Zahl der tatsächlichen Gewerkschaftsmitglieder.

Literatur

Baethge, Martin (1994): Arbeit und Identität, in: Ders. (1994): Riskante Freiheiten. Frankfurt/M. S. 245–261.

Bayertz, Kurt (Hg) (1998): Solidarität: Begriff und Problem. Frankfurt/M.

Becker-Schmidt, Regina (2003): Umbrüche in Arbeitsbiografien von Frauen: Regionale Konstellationen und globale Entwicklungen, in: Knapp, Gudrun-Axeli; Wetterer, Angelika (Hg) 2003: Achsen der Differenz. Gesellschaftstheorie und feministische Kritik II. Münster. S. 101–132.

– **(2007):** Geschlechter- und Arbeitsverhältnisse in Bewegung, in: Aulenbacher, Brigitte; Funder, Maria; et al. (Hg) 2007: Arbeit und Gesellschaft im Umbruch der modernen Gesellschaft. Forschung im Dialog. Wiesbaden. S. 250–268.

Benhabib, Seyla (1989): Der verallgemeinerte und der konkrete Andere. Ansätze zu einer feministischen Moraltheorie, in: List, Elisabeth; Studer, Herlinde (Hg) 1989: Denkverhältnisse, Feminismus und Kritik. Frankfurt/M.

Bergson, Henri (2008): Les deux sources de la morale et de la religion. Paris

Bibouche, Seddik; Held, Josef (2009): Rechtsextreme Dynamiken in der politischen Kultur. Zur sinnvollen Verbindung von quantitativen und qualitativen Methoden am Beispiel eines Forschungsprojektes, in: Melter, Claus; Mecheril, Paul (Hg) 2009: Rassismuskritik. Bd.1: Rassismustheorie und -forschung. Schwalbach/Ts. S. 258–277.

Biebeler, Hendrik; Lesch, Hagen (2006): Mitgliederstruktur der Gewerkschaften in Deutschland, in: IW-Trends – Vierteljahreszeitschrift zur empirischen Wirtschaftsforschung aus dem Institut der deutschen Wirtschaft Köln. 33. Jg. 4/2006.

Bierhoff, Hans-Werner; Küpper, Beate (1999): Das «wie» und «warum» von Solidarität: Bedingungen und Ursachen der Bereitschaft zum Engagement für andere, in: Ethik und Sozialwissenschaften, Streitforum für Erwägungskultur. 2. S. 180–196.

BMFSFJ (2009): Geschlechtsspezifische Lohndifferenzen nach dem Berufsstart und in der ersten Berufsphase. Eine Analyse von Einkommensdaten auf Basis der WSI-LohnSpiegel-Datenbank in Deutschland und im europäischen Vergleich. http://www.boeckler.de/pdf/p_ta_lohnspiegel_berufsanfaengerinnen.pdf (21.10.2009)

Böcklerimpuls (19/2008): Viele Mütter arbeiten kürzer, als sie möchten, in: Hans-Böckler-Stiftung (Hg) 2008. http://www.boeckler.de/pdf/impuls_2008_19_gesamt.pdf. 19.03.2009.

Bourdieu, Pierre (1998): Prekarität ist überall, in: Ders. (1998): Gegenfeuer. Wortmeldungen im Dienste des Widerstands gegen die neoliberale Invasion. Konstanz. S. 96–103.

Brunkhorst, Hauke (2002): Solidarität. Von der Bürgerfreundschaft zur globalen Rechtsgenossenschaft. Frankfurt/M.

Dörre, Klaus; Kraemer, Klaus; et al. (2006): Prekäre Beschäftigungsverhältnisse - Ursache von sozialer Desintegration und Rechtsextremismus? Abschlussbericht, Forschungsverbund des Instituts für interdisziplinäre Konflikt- und Gewaltforschung der Universität Bielefeld. S. 71–102.

Dörre, Klaus (2007): Prekarisierung und Geschlecht. Ein Versuch über unsichere Beschäftigung und männliche Herrschaft in nachfordistischen Arbeitsgesellschaften, in: Aulenbacher, Brigitte; Funder, Maria; et al. (Hg) 2007: Arbeit und Gesellschaft im Umbruch der modernen Gesellschaft. Forschung im Dialog. Wiesbaden. S. 285–301.

Durkheim, Émile (1988): Über soziale Arbeitsteilung. Studie über die Organisation höherer Gesellschaften. Frankfurt/M.

Flick, Uwe (1995): Qualitative Forschung. Theorie, Methoden, Anwendung in Psychologie und Sozialwissenschaften. Reinbek b. Hamburg.

Gilligan, Carol (1996): Die andere Stimme. Lebenskonflikte und Moral der Frau. München.

Hoff, Ernst-H. (2008): Alte und neue Formen der Lebensgestaltung. Segmentation, Integration und Entgrenzung von Berufs- und Privatleben, in: Jurczyk, Karin; Oechsle, Mechthild (Hg) 2008: Das Private neu denken. Erosionen, Ambivalenzen, Leistungen. Münster. S.133–153.

Holzkamp, Klaus (1995): Alltägliche Lebensführung als subjektwissenschaftliches Grundkonzept, in: Das Argument. 212. S. 817–847.

– (1996): Psychologie: Selbstverständigung über Handlungsbegründungen alltäglicher Lebensführung, in: Forum Kritische Psychologie 43. S. 7–112.

– (1983): Grundlegung der Psychologie. Frankfurt/M.

Honneth, Axel (2002): Organisierte Selbstverwirklichung. Paradoxien der Individualisierung, in: Ders. (2002): Befreiung aus der Mündlichkeit. Paradoxien des gegenwärtigen Kapitalismus. Frankfurt/M. S.141–158.

Husserl, Edmund (1996): Krisis der europäischen Wissenschaften und die transzendentale Phänomenologie – Eine Einleitung in die phänomenologische Philosophie. Hamburg.

Infratest (2009): Persönliche Lage und Zukunftserwartungen der jungen Generation. Berlin. IG Metall. S. 2–45.

Jurczyk, Karin; et al. (2005): Zwiespältige Entgrenzungen: Chancen und Risiken neuer Konstellationen zwischen Familien- und Erwerbstätigkeit, in Mischau, Anina; Oechsle, Mechthild (Hg) 2005: *Arbeitszeit – Familienzeit – Lebenszeit: Verlieren wir die Balance?* S. 13–33. Wiesbaden.

– **; Oechsle, Mechthild (2008):** Privatheit: Interdisziplinarität und Grenzverschiebungen. Eine Einführung, in: Dies. (2008): Das Private neu denken. Erosionen, Ambivalenzen, Leistungen. Münster. S. 8–47.

Kratzer, Nick; Menz, Wolfgang; et al. (2008): Leistungspolitik als Feld «umkämpfter Arbeit». PROKLA 38. (1). S.11–27.

Krettenauer, Tobias (1998): Gerechtigkeit als Solidarität. Entwicklungsbedingungen sozialen Engagements im Jugendalter. Weinheim.

Kröll, Tobias (2008): Die Ideologie des Neoliberalismus als kulturelles Kapital, in: Blätter für deutsche und internationale Politik. Berlin. 12/2008. S. 70–78.

Kudera, Werner; Voß, G. Günter (Hg) (2000): Lebensführung und Gesellschaft. Beiträge zu Konzept und Empirie alltäglicher Lebensführung. Opladen.

Marx, Karl; Engels, Friedrich (1848): Manifest der kommunistischen Partei. Berlin.

Mauss, Marcel (1990): Die Gabe – Form und Funktion des Austauschs in archaischen Gesellschaften. Frankfurt/M.

Oesch, Daniel (2006): Redrawing the Class Map. Stratification and Institutions in Britain, Germany, Sweden and Switzerland. New York.

Plöger, Wilfried (1986): Phänomenologie und ihre Bedeutung für die Pädagogik. München.
Rohr, Mathieu von; Schulz, Sandra (2009): Die Unsichtbaren, in: Spiegel Special. (12). S. 14–23.
Schreiner, G. (1992): Zum Verhältnis von moralischer Erziehung und politischer Bildung, in: Grundfragen und Praxisprobleme der politischen Bildung. Bundeszentrale für politische Bildung. Schriftenreihe. Band 305. S. 473–499.
Seddon, Terri (2009): An einer «Politik des Wir» arbeiten, in: Das Argument. 281. Heft 3. S. 437–447.
Seidel, Eckart; Michael, Schlese (2005): Sind die Gewerkschaften noch zu retten? Gewerkschaftsmitgleidschaft im Wandel und die Folgen für die politische Strategie. spw – sozialistische Politik und Wirtschaft. 4/2005.
Treeck, Werner van (2004): Gefühlskonstruktionen und Geschlechterverhältnisse, in: Helduser, Urte; Marx, Daniela; et al. (Hg) 2004: under construction? Konstruktivistische Perspektiven in feministischer Theorie und Forschungspraxis. Frankfurt/M., New York. S. 117–126.
Vester, Michael; Teiwes-Kügler, Christel; Lange-Vester, Andrea (2007): Die neuen Arbeitnehmer. Zunehmende Kompetenzen – wachsende Unsicherheit. Hamburg
Vester, Michael (2009): Aufgezeichneter Beitrag, *Konferenz «Lebensführung und solidarisches Handeln in der Krise – U35» am 10.10.2009 in Tübingen.*
Vieth, Peter (1995): Kontrollierte Autonomie. Neue Herausforderungen für die Arbeitspsychologie. Heidelberg.
Voland, Eckart (1998): Die Natur der Solidarität. Frankfurt/M.
Welzer, Harald (2009): «Blindflug durch die Welt. Die Finanzkrise als Epochenwandel», in: Der Spiegel(1). S. 132–133.
Zoll, Rainer (2000): Was ist Solidarität heute? Frankfurt/M.

Die Autoren

Dr. Martin Allespach, Bereichsleiter des Funktionsbereichs Grundsatzfragen und Gesellschaftspolitik beim Vorstand der IG Metall; Privatdozent an der Universität Hamburg.

Martin Bartmann, Gewerkschaftssekretär im Funktionsbereich Grundsatzfragen und Gesellschaftspolitik beim Vorstand der IG Metall.

Dr. Seddik Bibouche, Lehraufträge an diversen Hochschulen. Begleitung von Projekten, Beratung und Fortbildungen für Schulen, Einrichtungen im sozialpädagogischen Bereich sowie Städten und Gemeinden; er war Mitarbeiter im Forschungsprojekt *Lebensführung und solidarisches Handeln unter Modernisierungsdruck – Was bewegt die unter 35-jährigen im Dienstleistungsbereich? (U35)*; Leitungsteam der Tübinger Forschungsgruppe für Migration, Integration, Jugend, Verbände.

Lucie Billmann, Promotionsstipendiatin der Hans-Böckler-Stiftung; sie war Mitarbeiterin im Forschungsprojekt *Lebensführung und solidarisches Handeln unter Modernisierungsdruck – Was bewegt die unter 35-jährigen im Dienstleistungsbereich? (U35)*; Tübinger Forschungsgruppe für Migration, Integration, Jugend, Verbände.

Dennis Eversberg, wissenschaftlicher Mitarbeiter am Institut für Soziologie der Universität Jena; er führte die Literaturstudie *Lebenssituation und -perspektiven jüngerer Arbeitnehmerinnen und Arbeitnehmer* durch.

Prof. Dr. Dr. h.c. Josef Held, lehrt und forscht am Institut für Erziehungswissenschaft der Universität Tübingen; er leitete das Forschungsprojekt *Lebensführung und solidarisches Handeln unter Modernisierungsdruck – Was bewegt die unter 35-jährigen im Dienstleistungsbereich? (U35)*; Leitungsteam der Tübinger Forschungsgruppe für Migration, Integration, Jugend, Verbände.

Berthold Huber, 1. Vorsitzender der IG Metall.

Martina Kempf, war Mitarbeiterin im Forschungsprojekt *Lebensführung und solidarisches Handeln unter Modernisierungsdruck – Was bewegt die unter 35-jährigen im Dienstleistungsbereich? (U35)*; Tübinger Forschungsgruppe für Migration, Integration, Jugend, Verbände.

Tobias Kröll, Lehrbeauftragter an der Dualen Hochschule Baden-Württemberg in Villingen-Schwenningen; er war Mitarbeiter im Forschungsprojekt *Lebensführung und solidarisches Handeln unter Modernisierungsdruck – Was bewegt die unter 35-jährigen im Dienstleistungsbereich? (U35)*; Tübinger Forschungsgruppe für Migration, Integration, Jugend, Verbände.

Prof. Dr. Andrea Lange-Vester, Fakultät für Pädagogik der Universität der Bundeswehr in München; Methodische Begleitung des Forschungsprojektes *Junge Arbeitnehmermilieus – Explorationen der typologischen Differenzierung jüngerer Berufsmilieus von Arbeitnehmern.*

Dr. Sören Niemann-Findeisen, Gewerkschaftssekretär im Funktionsbereich Mitglieder und Kampagnen beim Vorstand der IG Metall.

Christel Teiwes-Kügler, Wissenschaftliche Mitarbeiterin an der Fakultät für Bildungswissenschaften der Universität Duisburg-Essen; sie war Mitarbeiterin im Forschungsprojekt *Junge Arbeitnehmermilieus – Explorationen der typologischen Differenzierung jüngerer Berufsmilieus von Arbeitnehmern.*

Prof. Dr. Michael Vester, lehrt und forscht am Institut für Politische Wissenschaft der Universität Hannover; er leitete das Forschungsprojekt *Junge Arbeitnehmermilieus – Explorationen der typologischen Differenzierung jüngerer Berufsmilieus von Arbeitnehmern.*

Detlef Wetzel, 2. Vorsitzender der IG Metall.